정치놈, 정치님
DILEMMA OF POLITICS

The 3rd edition

정치놈, 정치님

초판 발행   2017년 3월 27일
수정증보판   2017년 9월 9일
제3판 발행   2020년 9월 24일

저   자   박상철
펴 낸 이   김재광
펴 낸 곳   솔과학
등   록   제10-140호 1997년 2월 22일
주   소   서울특별시 마포구 독막로 295번지
           302호(염리동 삼부골든타워)
전   화   02-714-8655
팩   스   02-711-4656
E-mail   solkwahak@hanmail.net

I S B N   979-11-87124-75-7 (93340)

값 23,000원

정치놈, 정치님

박상철

제3판

민주시민교육총서

DILEMMA of politics

솔과학

『정치놈, 정치님』(dilemma of politics) 제3판의 서문을 쓴다는 것, 감개 무량하다. 한국정치에 여러 가지 처방전을 찾고 있는 '살아있는 시민들'의 지적 수요 덕분인 것 같다. 시간과 상황이 바뀌어도 변화와 진화를 할 줄 모르는 한국정치의 실체를 관찰·분석하고 그 근원의 뿌리를 걷어내려는 각오로 집필하였다.

2014년 10월~2017년 9월까지 제1·2판의 37편에, 제3판은 2020년 최근 까지 26편을 추가해 책이 두꺼워졌다. 양적 증가의 대부분이 퇴행되어가는 한국정치 구조를 개혁 또는 개조하는 방안에 치중하다 보니, 정당정치 복원 과 남북관계의 정상화에 관한 글이 많아졌다. 민주주의의 주체 내지 중심인 정당정치가 정상궤도를 일탈하고 있는 한 세계경제가 잘 된들, 한반도가 평 화체제에 들어선들 그 정치경제적 효과들은 곧장 분산·분해·소실될게 뻔하 다. 소화기 계통에 이상이 있는 사람에게 좋은 음식이 들어가는 격이다.

한국의 위기는 낮은 수준의 정당정치에서 비롯되기 때문에 그 원인 진단 과 대안제시는 한국청사진의 핵심이 될 수 있다. 현재 더불어민주당과 국민의힘의 여야 경쟁구조와 리더십은 각각이 중도진영을 향하고 있다는 점에서 정당 본래의 경쟁적 대결구도의 궤도에 진입할 수도 있다. 그러나 오랜 세월 증오의 질곡에 갇혀있는 요지부동의 한국정치가 움직일지 의문이다. 대세정치의 파도타기에 능한 모습은 아닌지(이낙연), 당노선 변경이 진짜의 한쪽이 숨죽인 상태에서 진행되고 있는 것은 아닌지(김종인) 걱정될 뿐이다.

한국정치에서 정당정치복원 문제 못지않게 대통령의 정치력은 국가운명과 직결된다 해도 과언이 아니다. 직전 대통령들과 비교했을 때, 문재인 대통령은 경제·외교·사회문화적 이슈에서 국민들 눈높이에 예민하게 반응하고 있다는 점을 높이 평가할 수 있다. 그럼에도 불구하고 큰 틀에서 문재인 대통령의 세 가지 맹점과 모순을 지적하고 제2출사표를 기대한다.

국민적 총의를 받는 대북 승부수 불발

한반도운전자론까지 거론했던 대통령으로서 대북 승부수가 전혀 없었다는 것이 첫 번째 맹점이다. 북한의 비핵화는 전제조건이 아니라, 남북대화와 교류협력을 통해 기획적으로 치밀히 추구해야 할 목표이다. 북한의 평창 평화게임에 비해 대통령의 대응은 보잘것없었고, 국민적 총의(總意)를 받는 승부수를 띄우지 못했다. 아무리 적대적 야당과 보수 언론의 거부와 훼방이 있다 할지라도 그것을 핑계와 변명의 근거로 하는 후퇴가 있어서는 안된다. 핵동결을 입구로 하고 핵폐기를 출구로 하자는 비핵화조치 단계론에 충실히 매진하여 북한 비핵화 포기로의 회귀를 원천봉쇄해야 한다. 최소한 북한 비핵화의 상태, 비유컨대 "못을 뽑기 전에 못대가리를 약간 뽑아놔야지 '뽑힌다'"는 말처럼 그정도 수준의 시금석은 마련하고 바톤터치를 하여야 한다

개헌실패

두 번째 맹점은 개헌실패다. 4·19혁명과 6·10항쟁 이후 정치권은 어떻게든 진일보된 개헌, 즉 국민에게 다가가는 정치체제 변경의 결단을 해냈다. 촛불혁명의 힘을 개헌으로 연착륙시키지 못한 것은 시대적 사명을 방치·폐기한 것으로 누군가 책임을 져야 하고, 다시금 그 불씨를 살려야 한다. 한국 근·현대사에는 최장집 교수류의 정당중심론으로는 볼 수 없는 직접민주주의적 전통이 있기에 제10차 개헌에서는 국민의 직접적 정치참여 채널을 장치할 때가 되었다. 같은 맥락에서 지방분권에 대한 외면이 유신·제5공화국 헌법조문과 동일한 현행헌법을 그대로 안고 가는 것은 너무도 반민주적이고 반시대적이다. 2018년 상반기 개헌 관계자들의 비전과 정무적 능력은 허술·허접 그 자체였다. '촛불혁명 후의 개헌 과업'을 재시동하기 위한 인재 영입과 대통령의 집단적 읍참마속이 필요하다.

통합정부론 공약 폐기상태

대북 승부수의 불발과 개헌실패가 제대로 살피지 못하고 지나쳐버린 차원의 맹점이라면, 세 번째로 대통령의 통합정부론 공약 폐기상태는 정치적 자기모순에 해당된다. 촛불혁명은 진보만의 승리라기보다 전국적 범위의 국민주도형 정치결단이었다. 문재인 대통령의 후보 공약으로 통합정부론은 매우 시의적절하고 탁월하였다. 야합형 공동정부가 아닌 협치형 통합정부론은 지나간 시간과 무관하게 아직 유효한 공약이다. 늦어지면 그러한 시도도 미래권력이 형성되기 전단계의 관리형정부 중립내각쯤으로 비쳐질 수 있으니, 올 가을 연구와 실천을 바란다.

이제 한국정치에서 경제와 북한 문제만큼은 정쟁(政爭)의 영역에서 벗어난 곳으로 자리이동시킬 수 있어야 한다. 통합정부에 대한 대통령의 정치력 발휘는 양극단의 광장대결 구도를 끊으며 대한민국 정치사회의 새로운 주류를 등장시키고, 한반도평화·개헌과제까지 추가적으로 완수·완성하는 효과를 가져다줄 수 있다. 만약에 문재인 정부마저 그동안의 5년 단임제 정부들처럼 되어버린다면 대한민국의 미래는 더이상 없다는 긴박감에서 정리한 대통령의 3대 맹점과 모순이다. 촛불혁명이라는 거대한 에네르기는 4·19혁명과 6·10항쟁도 비할 수 없기에 국민이 준 국가 대전환의 호기를 놓치지 말라는 것이다.

시사관련 월간지 창간과 함께 6년 간 한 달도 거르지 않고 한국정치의 클리닉과 갈 길에 대해서 지속적으로 칼럼을 집필해 왔다. 6년이라는 짧지 않은 기간 동안 한국정치는 모든 문제들을 보여주었고 무수히 그 대안들을 제시해왔으나, 다람쥐 쳇바퀴 도는 것보다 더 무심하게도 변화가 없었다. 한국정치는 오히려 퇴보·퇴행·퇴영되어만 가고 있다. 이제 말과 글로 할 수 있는 것은 충분히 했기에 더이상 한국정치클리닉의 집필 필요성이 없다고 본다. 포스트 코로나 이후 한국사회변동과 정치변화의 폭이 매우 커져서 새로운 사회과학적 분석·대응이 요구될 때 다시 집필하기로 하고, 당분간 민주시민사회의 일원으로서 한국정치를 관찰하고자 한다.

2020. 9. 24.
저자 박상철

『정치놈, 정치님』 수정증보판 서문

『정치놈, 정치님』 초판 발행 5개월 만에 증보판을 발행하게 되어 솔직히 기분이 좋다. 대학생 및 대학원생부터 정치인·평론가·언론인·시민단체 관계자 그리고 정치와 상관없는 성직자들까지 독자층에 포함되어, 『정치놈, 정치님』은 민주시민교육의 국민총서로서 자리 잡았다는 생각이 든다.

웃기는 예로서, 많은 사람들이 '국회의원과 처음 보는 사람 중 누가 더 믿을만한가'라는 질문에 '처음 본 사람'을 더 신뢰했다는 조사결과가 있었다. 낯선 사람보다 더 믿을 수 없는 사람이 되어버린 국회의원의 입장에서는 상당히 불쾌하겠지만, 정치인에 대한 일반 국민들의 생각에도 큰 문제가 있다고 생각한다.

정치인에 대한 일반국민들의 지나치게 큰 실망은, 어쩌면 모든 것을 정치인에게 일방적으로 의존하면서 수틀리면 묻지마식 비판을 해버리는 잘못된 습관 내지 정치수동적인 비민주적인 행태에서 비롯되었는지도 모른다. 정치는 정치인들만이 하거나 그들만의 전유물은 아니며, 정치야말로 국민과 정치인이 함께하는 협치의 장이라 할 수 있다. 특히 한국정치의 구조와 문화를 깊이 관찰할 때, 한국정치야말로 정치인과 국민 간의 협치에 의해서 발전했으며 한국정치사에서 국민의 힘은 매우 컸다. 『정치놈, 정치님』과 같은 민주시민교육총서들이 많이 연구·발간되어 많은 국민들에게 정치적인 지적 파워(intellectual power)를 불어 넣어줬으면 하는 바램이 크다.

최근 중국의 공공외교 채널인 차하얼학회(주석 : 한방명)에서 『정치놈, 정치님』을 중국에서 발행하기로 제의·합의하여 번역작업을 마무리하고 있는 중이다. 얼마 전, 북경과 차하얼학회의 본부인 장가구(張家口) 방문 중에 번역작업에서의 흥미롭고도 상당히 당혹스러운 수정요청을 받았다. 사연인즉 중국어로 번역한 결과 민주주의·개헌논쟁·촛불정신·탄핵메시지 등과 같은 내용 때문에 중국 본토에서의 출판은 불가능하고, 대안으로 홍콩에서 발행하는 것에 대한 양해를 제의받았다. 중국의 정치체제 사정상 불가피한 내용들이어서 전적으로 수용하였으며, 동시에 정치적 곤혹스러움을 감내하면서까지 홍콩에서의 출판을 준비하고 있는 중국 차아얼학회 관계자들에게 이 서문을 통해서 심심한 감사를 드리고 싶다.

『정치놈, 정치님』 수정증보판의 발행은 집필기간 내내 열과 성을 다해 준 김재광 솔과학 출판사 대표·류홍채 경기대 정치전문대학원 교수·박종국 머니투데이 더리더 편집장이 함께 했기 때문에 가능했다. 수정증보판에는 ① 민심(民心) : 지지율과 토론회, ② 국민참여 개헌과 한국정치의 DNA, ③ 인사청문회, 이대로는 안된다, ④ 한국정당정치, 진화하고 있는가, ⑤ 한국 국무총리론과 이낙연 등 다섯 편이 추가되었다. 그리고 사족 같지만, 『정치놈, 정치님』 책 제목과 유사한 최근 MBC 드라마 '도둑놈, 도둑님'은 2017년 5월 13일 시작된 바 초판이 2017년 3월 31일 발행된 『정치놈, 정치님』과 비교할 때 훨씬 이후의, 후발 작명(後發作名)임을 분명히 해 둔다.

2017. 9. 9.
저자 박상철

누가 읽어야 할 책인가

정치를 의인화하여 부르라면 대부분 '정치놈'이라고 하대부터 할 것 같다. 무능·부패한 정치인 때문에 한국정치가 탄핵당하고 있는 셈이다. 정치인에 대한 실망으로 정치마저 비하하는 것은 우리 자신·공동체·국가·사회를 부정하는 것이다. 정치인이 하기에 따라서 정치놈이 정치님으로 격상된 역사는 허다하다. 현재, 정치놈으로 불러야 할지 정치님이 맞는 건지 한마디로 딜레마(dilemma of politics)다.

민주시민사회로의 진입이 코앞에까지 온 시절에, 한국 정치인들이 각종 사회현상과 세상사를 객관적으로 보려는 노력을 하고 여·야가 토론을 한다면 한국은 단숨에 동북아 최고의 국가로 탈바꿈될 것이다. 『정치놈 정치님』(dilemma of politics)을 최우선적으로 우리 정치인들이 정치교양의 필독서로 삼았으면 하는 바람이 있다. 국가와 민주주의, 개헌과 법치, 한국정치와 정당 적폐, 정당공천의 각론, 유권자와 선거구제, 연정과 협치, 통일과 외교, 한국정치의 비전 등 정치인의 공통과목을 필수적으로 이수하기를 바라는 것이다. 이 글들이 필자의 철학과 이론에서 비롯된 것도 있지만 원칙에 충실하려는 노력을 했기 때문에 토론과 철학의 충돌을 전제로 자신 있게 권해본다.

정치인 다음으로 사회과학 전문학자와 사회과학도들과 전문서적으로서 이 책의 내용을 공유하고 싶다. 사회과학분야의 광활성 때문에 분야별 논리와 팩트는 서로 다른 차원일 수 있지만, 우리 학계에 절대 부족한 것이, 중요한 어젠다에 대하여 진지하고 격렬한 문제의식, 철학의 충돌과 토론이 너무 없다는 것이다. 보통의 일간지 칼럼(이 책에는 7편이 실려 있는데 목차에 [*] 표시)은 2,000자 내외로서 저널리즘의 범주에 머무르기 십상이지만, 머니투데이 더리더에서의 정치클리닉 칼럼은 평균 5,000자 내외로서 길게는 8,000자 넘게 3여년을 매월 시사적 사회현상에 전문적·이론적 성찰을 쏟아 부은 작업이었기에 문제의식의 공유와 토론의 근거를 충분히 제공하고 있다고 본다.

대중적으로 요즘 한국사회에서 신주류를 이루고 있는 언론·평론·방송인들에게 읽어야 할 책으로 인정받기를 원한다. 많은 식자층에서 방송과 언론·평론 관계자들이 사회적 영향력에 비하여 전문성과 사회과학성이 부족하다고 비판하는 것에 대하여 100% 동의하지는 않지만 일리는 있다고 본다. 많은 애독자·애청자에 대한 답례로서, 언론·평론·방송인들의 읽어야 할 필독서로서 이 책이 그 목록에 추가되었으면 좋겠다. 『정치놈, 정치님』의 많은 글들이 기본적인 전문지식을 제공하고 있고, 특히 사회현상에 대한 문제의식의 중요성을 강조하고 있기 때문이다.

끝으로 아주 큰 욕심인데, 우리 사회가 진정한 민주사회로의 진입을 위하여 정치적 결단을 최종적으로 책임져야 할 유권자, 즉 민주시민들에게 이 책이 정치교양 국민교과서로서 애용되었으면 하는 바람이 있다. 개인적으로 '집단지성'의 실체를 신뢰하는 입장이지만, 민주시민사회의 자율성·지속성·효율성을 위하여 국민대중들의 충분한 독서와 토론이 뒷받침되어야 한다. 『정치놈 정치님』이 좋은 자습서에 포함되었으면 좋겠다.

　책의 제목을 만들어 낸 머니투데이 더리더 박종국 편집장과 저술의 동반자로서 모든 일을 도맡아 챙겨준 김재광 솔과학 대표에게 감사한다. 그 누구보다도 전 과정을 같이한 제자 류홍채 교수에게 한없는 감사를 느끼고, 바쁜 가운데에서도 정확한 교열과 교정을 맡아준 동업자·동지 같은 제자·후배 심홍식·조규범·최경원 박사에게도 무한정의 고마움을 갖고 있다.

2017. 3. 27
저자 박상철

차례

남북통일/국제

한국은
민주사회인가

1. 토론이 있는 사회

지금 한국은 민주시민이 주도하고 있는 민주사회인가. '2016~2017 광화문 촛불시위'와 '2017 탄핵'이 상징적이지만 아직은 아닌 것 같다. 겉모양새와 절차는 민주국가로 손색이 없지만, 보수·진보 서로 간의 토론과 소통이 거의 없어 민주질서의 힘이 약하고 불안한 사회다.

민주시민사회를 인류사회 고도의 완성단계로 보는 것 중 가장 절실한 것은 "서로 다른 생각을 가진 사람들이 같이 사는 교육이 되어 있는 공동체"이기 때문이다. 어느 과장하기 좋아하는 교수 왈, 독일은 민주시민사회를 유지하기 위하여 국가예산 편성에 있어서 도로보수비용보다 민주시민교육에 더 쏟아 붓는다고 한다. 과장은 분명하지만 민주시민사회 공동체 유지를 위한 민주시민교육의 중요성 역설만큼은 실감이 난다.

누가 주도하느냐에 따라 그 사회는 규정되어진다. 원시사회는 원시인이, 산업사회는 산업일꾼이 주도했을 것이고 야만사회는 야만족, 독재국가는

18

독재자가 지배한다. 인류사회 진화의 최종(最終)을 민주시민사회라고 할 때, 민주시민이 이끄는 사회를 우리는 선진국가요 민주시민사회라고 명명한다. 대다수의 국민대중이 참여한 광화문 촛불집회가 강한 민주주의 국가 완성에 기여했다고 하여 우리 사회가 민주시민사회의 진입에 성공했다고 단언할 수 없다.

우리사회의 아픔이자 취약점 중 하나가 보수와 진보가 적대적 관계에 있다는 것이다. 한국사회의 적대적 균열구조는 천문학적 사회경제갈등비용을 허공 속에 뿌려대고 있고, 국가는 저발전의 늪 속에서 한발짝도 못나가고 있다. 정상적인 발전궤도로의 진입을 위한 필수조건은 보수·진보가 상호보완적 관계에 설 때에 그것을 민주사회로의 진입이라 할진대, 비로소 한국의 제2 비약적 발전이 가능한 시점이기도 하다.

서로 간의 토론과 소통이 없는 민주사회는 일사불란한 독재보다 못할 수도 있다. 우리나라는 중국·일본·북한 등 다른 동북아 국가들과 달리 여·야 정권교체형 민주체제를 가진 유일한 국가로서, 토론과 소통, 협치와 공생의 사회운영방식을 갖추는 순간 엄청난 국가적 에너지와 민족적 에네르기를 갖게 될 것이다. 2002 월드컵 때 모두가 체험한 바 있다.

'토론이 있는 사회'는 진정한 민주사회로의 진입을 의미한다. 생산적 토론은 세상을 제대로 보려는 노력에서 시작된다. 민주한국사회의 구성원으로서 권리와 의무 배양을 위하여 각자에게 탈3차원적 장애와 탈한계적·탈고정적·탈허구적 사고를 권한다.

2. 탈3차원적 장애인 : 탈토론장애

신체장애자를 제1차원적 장애인, 정신장애자를 제2차원적 장애인이라고 한다면, 세상을 제대로 보려는 양식과 양심을 못가진 자를 제3차원적 장애인(토론장애)이라고 규정할 수 있다. 인간은 비록 신체와 정신적 장애는 불가피하게 겪게 될 수도 있지만, 세상을 객관적으로 보려고 노력하는 자는 제3차원적 장애인에서 벗어난, 완전한 사람이라 할 수 있겠다. 인간이 동물·짐승과 다른 것은 '세상을 객관적으로 보는 눈'을 가질 수 있다는 점에서 비교된다.

사회현상을 객관적으로 보려는 노력이 실종되면서 부질없는 이념과 허구, 심지어는 환상과 환각에 의해 우리 사회가 정치·사회 갈등으로 병들어가고 있다. 갈릴레오와 코페르니쿠스 이전, 태양이 동쪽에서 떠서 서쪽으로 지는 천동설(天動說)이 상식이었다면, 과학적 집념은 객관적인 사실로서 지구가 돈다는 자전(自轉)의 사실을 밝혀냈다. 상식도 적지 않은 경우 과학적, 객관적이 아닐 수 있다는 좋은 방증이다.

과학의 눈부신 발전만큼 사회현실도 과학적, 객관적으로 보려는 노력이 필요하다. 같은 사회적 사실과 팩트를 두고 다른 철학과 입장, 다른 시각으로 이야기할 수 있는 것이 사회적 논쟁이다. 북한문제·경제침체원인·사드문제 등을 두고 싸움부터 할 것이 아니라 사회적 합의를 위한 토론을 할 줄 알아야 한다. 사회적 합의는 개개인 간의 철학과 입장이 부딪치면서 결론을 향해 갈 때, 사회적으로 가장 객관적인 답에 도달할 수 있다. 이에 많은 국민들이 탈3차원적 장애인을 목표와 최고의 교양으로 삼아줄 때 한국사회는 한차원 높은 단계로 급상승하게 될 것이다.

구체적으로 예를 들어 설명할 경우, 남북관계와 북한현실을 사회과학적으로 연구할 때 크게 두 가지 어려움을 지적할 수 있다. 첫째는 북한사회 자체를 관찰하기가 어렵다는 점에 있다. 북한사회 구석구석을 조사·연구할 수만 있다면 북한사회 변동예측과 남북한 통일방법의 답을 찾기 훨씬 쉬울 것이다. 그러나 이러한 사실보다 더 심각한 두 번째의 어려움은 남북관계를 바라보는 편향적 시각 및 이데올로기와 잘못 형성된 북한관(北韓觀)에 있다. 대북정책이 정치적인 남남갈등으로 이어질 때 보수·진보의 진영논리는 각자의 고집을 부리고 객관적으로 보려는 노력을 포기한다. 서로가 토론은커녕 적대적 관계로 설정하는 여·야의 대북논리에서 무슨 답이 나오겠는가. 북한문제를 바라보는 시각과 눈이 삔 사람, 3차원적 장애인들 즉 토론장애인들이 많은 힘을 갖고 있는 한 대북문제는 한국사회가 풀 수 없는 난제가 되고 말 것이다. 비단 북한문제만이 아니라 우리사회를 정상화시키고 토론 있는 사회로 만들기 위해서는 완전한 사회과학도(社會科學徒), 탈3차원적 장애인이 되기 위해 각자의 노력이 필요하다고 하겠다.

3. 탈한계적·탈고정적·탈허구적 사고, 토론의 시작

과거 대중교통 풍속도 중 하나, 큰소리로 "본 제품은 그 효능이 과학적으로 입증되었습니다"고 외치며 여러 가지 상품들을 팔았다. '과학적'이란 말이 많은 사람들에게 신뢰를 주는 것이다. 과학이란 주관적으로가 아니라 누가 보아도 어느 곳에서도 객관적으로 맞다는 것을 뜻한다.

과학적인 것은 자연과학에만 있는 것이 아니라 사회과학에도 있다. '자연과학'이 자연현상을 객관적으로 연구·관찰·조사하는 것이라면, '사회과학은 사회현상을 객관적으로 보는 것이다. 물리학·화학·생물학 등과 같은 자연과학 부문뿐만 아니라, 아주 다양한 사회적 현상·세상사를 객관적으로 볼 줄 알아야 그 사회가 발전하는 것이다.

정치인과 학자, 언론인·방송인 등 많은 국민들이 북한문제·경제성장·복지·사드 문제·교육개혁·역사교과서 국정화 등의 사회현상을 객관적으로 보고 민주적으로 토론할 수 있다면, 우리 사회가 탈바꿈되고 큰 도약을 할 수 있다고 장담한다. 사회과학은 자연과학과 달리 똑같은 사실·팩트를 보고도 철학과 입장, 즉 생각이 서로 다를 수 있기에 객관적·과학적 결론에 도달하기 위해서는 토론과정이 필수적이다.

민주사회를 인류사회 진화의 최종으로 보는 것은 서로의 실체와 서로 다른 입장을 인정하면서 토론하여 사회발전의 쟁점과 대안을 찾아가기 때문인 것이다. 우리사회에 세상을 객관적으로 보는 구성원들이 많아질수록 고도의 민주사회로 진입하게 된다. 세상을 객관적으로 보기 위해서는 옹졸한 한계적 사고와 경직된 고정적 사고 그리고 사실과 동떨어진 허구적 사고 습관에서 벗어나야 한다.

① 탈한계적 사고 : 오만과 자만

첫째, '한계적 사고'는 지식의 단순한 축적이 '앎의 세계'에 도달한다는 착각에서 비롯된다. 예를 들어, 헌법·민법·형법 등 기본 3법 외에 상법·행정법 등을 암기하면 모르는 법이 점점 없어질까. 육법전서를 달달 외운다는 것이 곧 법학전문가로 인정되는 것은 아니다. 법적 사고(legal mind)와 철학의 정립이 뒷받침되어 있지 않은 지식은 어느 지점에 이르러서, 알면 알수록 모르는 상황이 생기게 된다. 소크라테스는 이 지점을 "나의 앎은 내가 무식하다는 것을 알게 되면서 비로소 시작되었다"에 해당된다고 본다. 눈에 보이는 세상사, 사회현상들이 전부 다가 아니다. 앞뒤, 위아래로 뒤집어보고 타인들과 대화와 토론 과정에서 깊이 우러나는 면들이 있다는 것을 인정하는 것이 객관적 사고를 갖는데 도움이 된다. 탈한계적 사고를 위하여.

② 탈고정적 사고 : 집착과 아집

둘째, '고정적 사고'에서는 돌고 도는 변화무쌍한 세상사, 사회변동의 흐름을 볼 수 없다. 보수적 입장 또는 진보적 입장에 고정되어서 변화무쌍한 세상을 바라보는 것은 주관적 판단에 머무르기 십상이다.

『조용한 혁명』(The Silent Revolution)의 저자 잉글하트는 글·70년대 유럽 사회가 부익부 빈익빈·대량생산의 산업사회가 아니라, 삶의 질과 가치를 중시여기는 정보와 지식 등 기술이 중요시되는 탈산업사회가 되었다고 서베이를 통해서 입증했다. 산업사회에서 상대적으로 잘살아서 보수적이었던 사무직 화이트칼라가 반핵·녹색운동 등 자아가치 실현을 위한 변화주도 세력, 좌파(Left)로 바뀌었다. 그 변화가 눈에 보이는 물리적 변동이 아니라 소리 없이 각 계층과 계급의 의식전환을 통하여 탈산업사회로 바뀌었다고 해서 '조용한 혁명'이라고 명명하였다. 인류역사에서 훌륭한 사회과학자·철학가·전문가일수록 특정 세계관에 집착하기보다는 변동하는 사회의 핵심 사항을 본다. 탈고정적 사고를 위하여.

③ 탈허구적 사고 : 가식과 허상

셋째, '탈허구적 사고'는 세상을 객관적으로 보기 위한 가장 기초적 조건
이다. 한국사회가 보수·진보 간의 적대적 대결을 해온 것 중에 가장 큰 원
인은 거짓된 허구에 자신들의 세계관을 근거하고 있다는 점이다. 마르크스
가 자신의 과학적 사회주의만이 객관성과 사실에 근거했고, 나머지 사상들
은 허위의식에 불과하다고 광폭적으로 비판해 왔으나, 마르크스의 사회주
의도 긴 역사 속에서 그 허구성이 발견되면서 비과학적 이데올로기로 치부
되고 있다.

허구적 사고는 군사독재정권 시절 기승을 부렸다. 정권의 정통성을 한
국사회에서 무리하게 찾다보니 역사적 사실들의 허구적 연결과 위장을 많
이 동원하였다. 당시 산업화의 정통성을 단군신화에서 찾는 해프닝도 있었
다. 역사적 사실을 무리하게 연결시키면서 산업화는 반공과 승공에서 비롯
되고, 반공은 대한민국 정부수립과 독립운동으로 연결시키며, 구한말 개혁
사상과 실학사상에까지 역사적 근원으로 거슬러 올라가는 시도를 하였다.
여기서 멈추지 않고 이순신 장군과 세종대왕 그리고 단군신화까지도 연
결하여 설파하는 어용전문 역사학자들마저 등장하였다. 사회과학은 엄
연한 사실과 실체에서 출발되어야 함에도 불구하고 허구적 사고에 빠져
든 순간 가식과 허상을 과거역사에 강제이식, 임플란트하게 되는 것이다.
이러한 허구적 사고는 한국역사와 사회과학에서 일소해야 할 최우선의
기초 작업이다.

허구적 사고는 과거 역사 속에서만 발생하는 것이 아니고 현재의 사회문
제에서도 큰 해악이 되고 있다. 당면한 하나의 현실문제를 들자면 남북통

일문제가 대표적이다. 한국사회에서 왜 남북분단이 되고, 어떻게 통일하는 게 옳다고 보느냐고 토론할 때 좌파·우파 간 진영논리의 고정적 사고에서 비롯된 대립은 차라리 약과(藥果)다. 철학과 고집의 충돌은 언젠가 토론이 가능할 때 협의 내지 최소한 정·반·합(正反合)의 과정이 있을 수 있으나, 허구에 근거한 논리는 허무맹랑하기 그지없다. 우리 사회에서 잘못된, 거짓의 사실에 근거하여 분단과 통일을 이야기할 때가 가장 큰 문제다. 어느 국가, 어떤 민족도 겪어보지 못하는 분단 및 전쟁의 아픔과 통일과제에서 허구적 사고는 정말 금물이다.

아주 오래된 프랜시스 베이컨의 『동굴의 우화』를 한번쯤 읽어보길 권한다. 탈허구적 사고의 출발을 위하여.

I

국가/민주주의·보수진보

DILEMMA *of politics*

1948. 8. 15의
정확한 이해

칼럼의 배경과 쟁점　　　　　　　　　　　　　　　　　　2015. 11.

● 2015년 8월 15일 경축사에서 박근혜 대통령이 1948년 8월 15일을 '건국절'(建國節)이라고 언급하면서, 1948년 8월 15일을 '대한민국 정부수립일'이라고 하는 기존의 입장과 정면충돌함

● 박근혜 대통령의 '건국절' 주장은 보수 정치권 및 보수 학계에서 1948년 8월 15일을 대한민국 정부의 수립이라고 하는 것은 대한민국을 스스로 격하시키고, 동시에 이승만 대통령의 국부로서의 위상을 폄하하는 것으로 보고 있었음 ➡ "건국절 주장은 박근혜 정부 역사교과서의 국정화 추진과 직접적 관련성을 가지고 있다"

● 1948년 8월 15일 대한민국 정부의 수립이라는 기존의 입장에서는 '건국절' 주장은 오히려 일제의 식민지배 기간을 합당화시켜주는 식민사관이며, 보수·진보 간의 남남갈등이라는 이념적 배경을 갖고 있는 것으로서 비판하고 있음

키포 인트	역사는 특정 역사관에 의해서 만들어져서는 안된다는 것을 경고하면서, 역사의 객관적 해석을 강조하는 칼럼

　　　√ 임시정부의 법통과 대한민국 헌법
　　　√ 건국설은 일제의 한국통치설
　　　√ 남남갈등의 뿌리로서 건국설
　　　√ 역사적 사실로서 1948. 8. 15

1948년 8월 15일의 대한민국 정부 수립을 정확히 이해하고 공감할 때 한국정치의 소모적인 논쟁과 저주의 정치에 종지부를 찍는다고 본다. 박근혜 대통령이 올해 8·15 경축사에서 2015년 8월 15일을 '…광복 70주년이자 건국 67주년…'이라고 규정하였다. 정확한 시비를 걸자면 엄청난 실수였거나 바람직하지 못한 역사관과 그 인식에 근거한 소신발언일 수 있다. 실수였으면 좋겠다.

임시정부의 법통과 대한민국 헌법

1948년 8월 15일을 대한민국 건국절로 삼자는 주장에는 대한민국 헌법을 스스로 부정하는 모순에 빠지는 자가당착적 오류와 일본의 식민사관을 액면 그대로 인정해주는 오류, 그리고 남남갈등의 한국정치를 조장하는 오류 세 가지가 있다. 첫 번째 자가당착적 오류는 헌법해석의 쿠데타로까지 몰아갈 필요는 없지만, 현행헌법의 규범력을 무시하는 태도다. 1987년 한국헌정사상 처음으로 여야 합의에 의해 탄생한 현행헌법의 전문에는 대한민국을 1919년 3. 1운동 직후 건립된 대한민국 임시정부의 법통을 계승하고 있음을 천명하고 있다.

1948년 8월 15일 건국절을 주장하는 이들이 40년 가까이 정치적·이념적 논쟁 끝에 합의한 대한민국의 법통을 의도적으로 무시하고 있다기보다는 자신들의 현재의 정치적·이념적 입장을 강변하다가 저지르고 있는 오류라고 여기고 싶다.

헌법 전문(前文)도 규범력과 법적 강제력을 갖는다. 과거에 정당공천에서 탈락한 김상현 전 의원이 국회의원 선거에 출마하면서 정당공천 출마자

보다 무소속 출마자가 선거 기탁금을 더 내는 것은 부당하다고 헌법소원한 적이 있었다. 이에 헌법재판소는 헌법전문의 '… 정치·경제·사회·문화의 모든 영역에 있어 각인의 기회를 균등히 하고 …'를 근거로 정당공천 출마자와 무소속 출마자 간의 선거기탁금의 차별성은 불균등하다고 위헌결정을 하였다. 헌법전문의 법적 강제력으로 1948. 8. 15 건국절 주장이 헌법에 위배됨을 지적한다.

이승만 대통령을 국부(國父)로 인정하여 미국의 초대 대통령 조지 워싱턴처럼 '건국의 아버지'라고 칭하는 데는 동조할 수 있다. 미국에서 독립운동을 한 이승만 전 대통령의 정치적 롤 모델은 조지 워싱턴이었기에 초대 대통령으로서 국부로 추앙받고 싶은 것 또한 자연적일 수 있다. 더욱이 이승만 전 대통령은 1919년 건립된 대한민국 임시정부의 초대 대통령이기도 하였기에 '건국 대통령'으로서 묘사될 충분한 조건을 갖추었다. 그러나 이것을 1948년 8월 15일을 건국절의 근거로 삼는 것은 지나친 정치적 과장이며 종국적으로 현행헌법을 부정하는 정치이념적 오류이다 할 것이다.

건국설은 일제의 한국통치설

두 번째 오류로서 1948. 8. 15의 건국설은 통치로서의 일본의 한국식민 지배론에 날개를 달아주는 역할을 하게 된다. 일본은 내선일체(內鮮一體)의 뿌리를 역사적으로 일본식 임나본부설과 같은 한국의 지배 내지 통치에서 찾으려 하고 있다. 일본의 역사 왜곡 능력은 한국의 역사를 샅샅이 뒤지면서 절묘하게 휘어진 역사를 생산해 낸다.

만약에 일본이 대한민국은 1948년에 비로소 건국되었다고 주장하면 과연 우리는 어떠한 생각을 갖게 되고 무엇을 해야 할까? 1910년 한일합방은 나약한 조선의 외교권을 박탈하고 결국 힘으로 지배하게 된 것을 당시 국제사회도 승인해줄 수밖에 없었다고 일본이 얘기한다고 치자. 그리고 일본은 36년의 식민통치를 했는데 2차 세계대전 당시 미국을 비롯한 연합군에 져서 1945년 8월 15일 전쟁 패배를 인정하고 한국에서 퇴각했고, 미군정 하에서 한국은 3년 후 대한민국을 건국했다고 한일현대사를 회고하고 있다고 치자. 분명한 것은 우리민족은 지속적인 독립운동을 위해 그 중심에 상해임시정부를 수립하고 망명정부로서 법적 정통성을 지니는 정부를 구성하고 있었다.

1948년 8·15 건국설은 1910년부터 1945년까지 한국 지배(통치개념 포함)는 일본이 했음을 인정하고 상해임시정부의 망명정부로서의 정통성을 부정하는 것이다. 이에 40여 년의 사회과학적 역사논쟁 끝에 현행헌법에 1919년 상해임시정부를 대한민국 임시정부라고 명기하는데 합의했다. 그래야만 일제식민시대 힘이 없어서 영토는 빼앗겼지만 상해에서 망명정부를 건립해 대한민국의 주권을 간직하고 항일투쟁을 했다고 주장할 수 있기에 그 역사를 확인하고 합의한 것이다.

인생관이 인생이 아니라 실제 삶이 한 사람의 인생이 되듯이 역사 또한 역사관이 아니라 역사적 사건이 역사인 것이다. 부끄러워도 자랑스러워도 내 인생이고 내 역사인 것이다. 그런데 우리 스스로 역사적 사실마저 제대로 못 봐 잘못 해석해 버린다면 무슨 할 말이 있겠는가. 왜 이러한 사실이 박근혜 대통령의 8·15 경축사 까지 옮겨와 있을까?

남남갈등의 뿌리로서 건국설

세 번째 오류로서 '건국설'에 남남갈등의 한국정치를 조장하는 오류가 있다는 것에 주목할 필요가 있다. 정치에 있어서 정책과 이념의 대결은 불가피하고 오히려 바람직할 수 있다. 필자의 개인적인 생각인지 모르겠지만 동북아 한·중·일·북한 중 여와 야, 보수와 진보, 좌와 우의 경쟁구도가 살아있는 유일한 국가로서의 한국은 상생과 공존의 여·야 균형정치가 정착하면 가늠하기 힘든 엄청난 발전동력을 갖게 되리라 굳게 믿고 있다.

그럼에도 불구하고 현재 한국정치에 여·야, 보수·진보, 좌·우 대결 형태는 너무 심각한 지경에 이르러 역사해석에 까지 손을 뻗치고 있다. 1948. 8. 15 건국설이 기존의 대한민국 단독정부 수립론에 대한 반론이라면 깊이 있는 토론을 해야겠지만 남남갈등의 정치적 목적에서 나온 정치적 시비이기 때문에 그 동기를 지적하고자 한다.

1948. 8. 15 건국설은 현재의 보수·진보, 좌·우 대결의 뿌리를 이승만 전 대통령의 반공 이데올로기를 해방정국 당시 김구 등의 남북협상에 대해 비교우위에 두려는 목적에서 비롯된 것이다. 이데올로기적 관점에서 김구 선생의 해방정국 당시 남북협상은 공산주의의 수용으로 보고 이승만 박사의 반공과 단독정부 수립은 새로운 국가건설 즉 건국으로 보고 싶은 것이다. 이승만 대통령을 지나치게 비하하려는 태도가 거북한 만큼 건국 대통령으로 추앙하는 것 까지는 좋으나 역사를 왜곡하는 우까지 범해서는 안될 것이다. 현재 대한민국의 보수·진보 간의 남남갈등 문제는 그나마 지금의 상황설정에서 마무리 단계로 가야 하는데, '건국설'은 대한민국 정부수립으로까지 끌고 가려는 태도로서 남남갈등의 역사적 뿌리를 한국현대사

에 임플란트하려는 것이다.

건국설은 현재 최고조에 달한 남남갈등에 의한 한국정치의 산물에 불과하다. 일제식민지배의 역사를 한반도 지배와 통치로 보려는 일본 역사해석에 동조 내지 지지하는 오류를 범하지 않으려면 건국설은 철회되어야 마땅하다.

역사적 사실로서 1948. 8. 15

일본을 '멀고도 가까운 나라'라고 칭하는 데는 정신 바짝 차리고 일본을 대하라는 속뜻을 담고 있다. 한국에게는 일본의 과거사 속죄는 받아내야 하면서도 남북 분단상황에서 한·미·일 동맹체제의 관계를 유지해야 하는 복잡함이 있다.

일본은 우리의 근대적 자각을 원천봉쇄 하였다. 보수적인 위정척사(衛正斥邪), 개혁적인 개화사상(開化思想), 혁명적인 동학사상(東學思想) 모두 조선왕조 이후 새로운 체제에 대한 근대적 준비였다. 일제의 지배는 한국이 전통사상을 정리하고 통합하려는 노력을 억제하고 전통사상을 부정하여 한국사상으로 하여금 자기소외를 강요하며 근대적 자각의 기회를 원천적으로 박탈하였다. 식민지배를 한 것이다. 대한민국 임시정부, 상해 망명정부를 현행헌법에서 법통으로 정하는 것은 대한민국 역사의 현대적 자각인 셈이다.

한일 간의 역사적 불행과 재앙에도 불구하고, '가까운 나라'로 만나는 이유는 남북분단과 갈등 및 대결의 구도에서 한·미·일 동맹체제가 불가피하고 절실하기 때문이다. 역사적으로 불구대천의 원수이지만 외교·안보적 측면에서는 어깨동무를 해야 하는 이중적 모습이 한일관계이다.

요컨대 1948년 8월 15일의 정확한 이해는 역사적으로 한일관계를 정상적으로 설정하고 우리의 헌법적 가치를 지키며 남남갈등의 진원지를 제거하는 것이다. 1948년 8월 15일은 근본적으로 일본과의 관계에서부터 그 경계를 찾아야지 대한민국에서 우리끼리 다툴 경계선은 아니다. 1948. 8. 15를 건국 67주년이라고 한 대통령의 발언에 이렇게 많은 주를 달게 되는데, 정치적 이해관계와 이념적 관점에 사정권에 들어와 있는 근현대사를 너무쉽게 일거에 국정화 방식으로 정리·재편집해서는 안되겠다는 시사를 하기위해 '1948. 8. 15의 정확한 이해'를 더리더스 11월의 칼럼으로 정하게 되었다.

광화문
촛불정신의
정치적
실천과제

- 2016년 12월 9일 박근혜 대통령 탄핵안이 가결되고 24일 9차 촛불집회가 진행되면서 국민들의 한국정치의 적폐청산과 정치개혁, 그리고 정권교체에 대한 열망이 높아짐

- 한국 현대사에서 3·1 항일운동, 4·19 혁명, 5·18 광주항쟁, 6·10 항쟁을 돌이켜 보면서 '투쟁하는 주체'들이 '지배받는 피치자'가 되어버린 국민혁명의 역사를 반성·경계하고, 현재의 정치권은 2016 광화문 촛불정신에 담긴 정치적 실천과제와 요구를 받아들여야 함

- 지역주의·남남갈등·정경유착 등을 청산하고 보수의 개혁과 야당의 수권정당 역량 확보로 안정적 정권교체가 가능한 정당체제의 민주성 확보 필요

키포인트	2016 광화문촛불정신은 대한민국의 주인이 국민이라는 것을 확인시키고, 탈지역·탈이념·탈부패 등을 정치적 실천과제로서 제시하는 칼럼

     √ '지배받는 주체'로 전락했던 국민혁명

     √ 새로운 정치의 출발지로서 광화문 촛불정신

한국정치는 '살아있는 화산'임을 광화문의 촛불집회가 다시한번 입증했다. 짧은 근현대사를 잠깐만 보더라도, 고종황제의 승하 직후 일제 압박 속에서 3·1 항일 운동이 분출되면서 1919년 4월 13일 대한민국임시정부를 탄생시켰다. 한참을 국제질서와 정치하는 사람들에게 국가를 맡겨두고, 오래 참다가 1960년 4·19 혁명은 이승만의 자유당 독재를 퇴출시켰다. 지금의 한국 민주시스템을 틀지어준 1980년 5·18 광주항쟁과 1987년 6·10 항쟁의 정신들이 2016년 광화문 촛불에 재집결했다.

'지배받는 주체'로 전락했던 국민혁명

불행하게도 한국정치에서 우리 국민들은 스스로 일어났지만 결과적으로 '지배받는 주체'로 되어 가버리곤 했다. 일제 독립운동사를 연구할수록 빛나는 독립운동사가 크게 드러나지만 광복 후 정부를 지배하고 담당하는 자는 대부분 독립운동과 거리가 멀고 부일협력자가 다수였다. 피를 흘렸던 독립운동가와 민중들은 보통 국민으로 전락해버렸다. 새로운 역사의 주인공들이 '지배받는 주체'가 되어버린 셈이었다.

대학시절 데모를 할 때마다, 부모님이 일단 대학을 졸업하고 성공해서 무엇을 해야지, 데모해봤자 너만 힘들어진다고 이야기를 했던 것들이 기억난다. 어쩌면 역사적 목격과 증언일 수도 있다. 제1공화국을 붕괴시킨 4·19 혁명의 주역들은 극소수만 역사와 현대정치의 주체가 되었을 뿐 약 30년, 1987년 체제가 탄생할 때까지 많은 고생을 하였다. '지배받는 주체'로 전락되었던 것이다. '87체제의 출범도 역사적 심판의 대상들이 오히려 6·29 선언과 야권의 분열로 새로운 체제의 첫 장을 열었고, 소위 '투쟁하는 주체'들은 정치적으로 지배받는 피치자(被治者)가 되고 말았다. 재주는 곰이 피우고 돈은 왕서방이 가져간 꼴이 된 것이다.

작금의 광화문 촛불의 함성이 실제의 정치에서 어떻게 결합되고 모양새를 갖춰야 할 지 많은 걱정과 고민이 앞선다. 거창하게 이야기 하자면 역사적으로 혁명에는 분명히 주체가 있음에도 불구하고 오히려 개혁대상들이 새로운 시대의 주체가 되면서 혁명정신이 좌절될 때가 참으로 많았다. 혁명이 성공하기 위해서는 혁명주체가 중심이 되어 모든 것을 담당하면 최고이겠지만 현실의 정치세계에서는 불가능에 가까운 것이고, 가장 중요한 것은 혁명정신을 유지할 수 있는 세력들이 그 중심에 있어야 한다고 본다. 광화문 촛불정신은 아주 간명하다. 첫째 지역주의정치를 버릴 때가 되었다는 것이고, 둘째 남남갈등 수준의 이념갈등을 종결하라는 것이며, 셋째 다시는 정경유착 같은 것은 발본색원하여 청산하라는 것이다. 이것이 전제된 새로운 정치를 해달라는 것이 '광화문 촛불'함성의 구체적 메시지라고 본다.

새로운 정치의 출발지로서 광화문 촛불정신

차기 정치는 광화문 촛불정신(탈지역·탈이념·탈부패)에서 시작되어야 한다. 그 동안 대한민국의 국정운영 시스템은 박근혜 대통령과 최순실 내각의 협치(協治)였다. 최순실 국정농단의 게이트가 열리기 시작 할 때 어느 기자 왈, "고구마 줄기를 잡은 줄 알았는데, 대형 냉장고를 발견한 느낌이었다"는 것이다. 매일매일 드러나는 한국정치권력의 추악한 모습에 국민들은 분노와 좌절을 넘어선 국가적 위기감에 촛불을 들었다. 돌이켜 보건대 한국정치를 3류 이하라고 하면서 국회의원들을 싸잡아 비판했지만, 이것은 한국정치의 몸통인 대통령의 추락을 못보고 꼬리에 집착해왔던 셈이다. 일상의 정치도구인 의회, 정부, 정당으로는 사지(死地)에 빠져있는 한국정치를 건져낼 수 없기에 '초일상의 정치'라고 명명할 수 있는 광화문 촛불이 등장한 것이다.

어쩌면 이번 기회가 대한민국의 진정한 발전을 위한 마지막 성장통일 수도 있다. 기존 정치권, 특히 집권권력층의 체질개선이 필요하다. 한국헌정사를 돌이켜볼 때 집권세력과 정경유착을 비롯한 기득권층의 각성은 전혀 없었다. 지금의 새누리당 정권은 생존의 정치를 버리고 이 시대가 필요로 하는 '제대로 된 보수정치'의 깃발을 들어야 할 때다. 당내 분열 속에서, 탄핵·개헌·특검·국정조사 등 속에서 서바이벌의 양지를 쫓을 게 아니라 그동안 은폐되고 왜곡되어 왔던 보수정치의 속살과 가치를 과감하게 보여줄 때다. 이 경우에 한하여 한국에서의 보수정치가 생존의 정치를 넘어서서 재기와 부활의 기회를 가질 수 있다고 본다.

야당 또한 '만년야당'이 아닌 언제든지 집권할 수 있는 준비된 대안정당의 체질로 바꿔져야 한다. 겉은 투쟁하는 야당이지만 속을 들여다보고 새누리당과 무엇이 다르냐고 물었을 때 답할 수 있는가. 좋은 야당이 있는 국가가 진정한 민주국가이며 집권여당만 잘하면 독재로 흐르기 쉽다. 국민 마음속의 진정한 야당은 국가적 위기와 전장 속에서 등장하는 구세주와 같은 정치세력으로서의 존재감이다.

야당은 언제든지 집권할 수 있는 준비가 되어 있어야 한다. 지금의 광화문 촛불의 주인공은 일반국민이지만 현실적으로 이것을 대변·대리·대표하는 주체는 야당일 수밖에 없다. 민주당을 비롯한 소위 야권들은 광화문촛불 이후의 정치를 생각해야할 때다. 어떠한 경우에도 지역주의 정치가 되살아나고, 이념대결의 정치가 부활하며, 정경유착의 구조가 복원될 조짐을 완전히 일소시킬 시스템을 준비하고 있어야 한다. 이것은 이미 국민들이 내어놓은 답이다. 앞으로 국민들은 박근혜 대통령과 집권·기득권 세력의 무수한 항변과 대응에 대한 야권의 해결능력과 과정을 지켜볼 것이다.

요컨대, 광화문 촛불이 대한민국 민주역사의 마지막 성장통이 된다면, 오히려 전화위복이다. 절망적이고 힘든 정국에서 국민의 힘이 살아있다는 것을 확인한 것, 이것은 대한민국의 큰 소득이라 하겠다.

탄핵 메시지, 민주시민사회 진입

칼럼의 배경과 쟁점   2017. 3.

- 최순실 게이트와 박근혜 대통령에 대한 탄핵정국은 국민대중이 민주주의를 강화시키는데 직접적으로 기여하였으며, 대한민국이 명실공히 민주시민사회로 진입하였음을 웅변하고 있음

- 민주시민사회를 "서로 다른 생각을 가진 사람들이 같이 사는 교육이 되어 있는 공동체"라 고 정의할 때, 주권자 및 유권자적 정치교육으로서 민주시민교육이 본격화되어야 함을 역 설함

키포 인트	국민대중이 탄핵을 주도하면서 성숙한 주권자로서 대한민국 정치와 민주주의를 건강하고 강하게 하였으나, 여기에 그치지 않고 국민대중에 민주시민교육을 실 시하여 진정한 민주시민사회를 만들어야 한다는 것을 강조하는 칼럼

　　√ 선진국의 청신호로서 민주시민사회
　　√ 시대적 과제로서 한국민주시민교육
　　√ 유권자 정치교육으로서 민주시민교육

국민대중이 탄핵정국의 시작과 끝을 주도하고 있다. 우리 모두는 '나라의 주인은 국민'이라고 배웠고, 탄핵은 나라의 주인이 대통령을 문책하는 것이다. 탄핵 인용시 당면할 첫 과제는 새로운 대통령을 뽑는 일인 것 같다. 탄핵이 질책의 주인행세라면, 대통령을 뽑는 것은 새로운 일꾼을 맞이하는 선택과 결정의 주인행세이다.

광화문 촛불집회에서 국민대중이 성숙한 주권자로서 정치에 참여하여 대한민국을 건강하게 했고, 민주주의를 강하게 했다. 강한 민주주의 국가는 대통령과 특권세력의 부패와 특권정치를 몰아내고 모든 영역에서의 민주시민의 자율과 책임이 뒷받침될 때 비로소 가능하다. 탄핵 메시지로서 명실상부한 민주시민사회로의 진입을 천명하여도 무방한지 꼼꼼히 살펴보아야 할 때가 바로 지금부터라고 본다.

선진국의 청신호로서 민주시민사회

누가 주도하느냐에 따라 그 사회는 규정되어진다. 원시사회는 원시인이 주도했을 것이고 야만사회는 야만족, 독재국가는 독재자가 주도한다. 인류사회 진화의 최종을 민주시민사회라고 볼 때, 민주시민이 이끄는 사회를 우리는 선진국가요 민주시민사회라고 명명한다. 대다수의 국민대중이 참여한 광화문 촛불집회가 강한 민주주의 국가 완성에 기여했다고 하여 우리 사회가 민주시민사회의 진입에 성공했다고 단언할 수 있을까.

민주시민사회를 인류사회 고도의 완성단계로 보는 것 중 가장 절실한 것은 "서로 다른 생각을 가진 사람들이 같이 사는 교육이 되어 있는 공동체"이기 때문이다. 어느 과장하기 좋아하는 교수 왈, 독일은 민주시민사회를 유지하기 위하여 국가예산 편성에 있어서 도로보수비용보다 민주시민교육에 더 쏟아 붓는다고 한다. 과장은 분명하지만 민주시민사회 공동체 유지를 위한 민주시민교육의 중요성 역설만큼은 실감이 난다.

독일의 경우 연방정치교육센터와 주정치교육센터에서 1999년 5월 26일 '민주주의는 정치교육을 필요로 한다'는 구호를 걸고, 공적 과제로서 정치교육은 다원적·초당적·독립적으로 수행되어야 하며, 시민들의 정치참여를 요구하고 구동독에서의 정치교육을 특별한 과제로 한다는 등을 내용으로 하는 뮌헨선언(Münchener Manifest)을 한 바 있다. 최근 대한민국 국회에서도 비슷한 정치교육을 내용으로 하는 「선거정치교육기관 법률안」등이 상정되었는데 정치적 오해와 예산문제로 항상 난항 중이다.

민주시민교육에 관한한 몇 걸음 앞서 간 독일의 보이텔스바흐 협약(Beutelsbacher Konsens)은 광화문 일대에서 보수·진보, 여·야, 국민대중 간 적대적 대치 경험을 크게 한 우리에게 뼈에 사무친 교훈을 준다. 보이텔스바흐 협약은 1976년 서독의 보수·진보 정치교육자들 간의 토론 끝에 정립한 민주시민교육 지침이다. 첫째 강압적인 교화·교육이나 주입식 교육을 금지하자, 둘째 학교 수업시간에도 실제와 같은 논쟁적 상황과 현실을 바탕으로 항상 논쟁성을 유지하자, 셋째 정치적 상황과 이해관계를 고려하는 정치적 행위능력을 강화시키자는 세 가지 원칙을 골자로 하고 있다. 현재 독일 정치교육의 헌법과 같은 기능을 하고 있다. 실로 한국사회를 민주시민사회의 정상적인 궤도에 진입시키기 위해서 필수적 지침이 아닌가 싶다.

시대적 과제로서 한국민주시민교육

우리사회에서는 왜 국가차원에서 민주시민교육이 아직도 시작되지 않고 있는 것일까. 그 속사정을 들여다보면 참담한 한국 민주주의의 현재의 질곡과 불투명한 미래를 확인하게 된다. 제5공화국을 군사쿠데타로 출발시킨 전두환 전 대통령이 과욕을 부렸다. 각 대학교의 사범대학에 국민윤리학과를 신설시키고 모든 공무원 시험에서 국사 과목 대신 국민윤리 과목을 강제 대체하면서 가식적 민주시민교육을 단행했다. 이에 한국에서는 국민윤리나 정치교육이 독재정권의 어용교육으로 둔갑하면서 처음부터 비정상적이고 국민적 거부감 속에서 시작되었다.

경기도 민주시민교육 조례안 공청회를 준비하는 과정에서 생겼던 해프닝을 한 가지 소개하면, 민주시민교육에서 '민주'라는 용어에 대한 새누리당과 새정치민주연합의 경기도 대표의원들의 반응이었다. 다수당인 새정치민주연합에서는 민주시민교육이 중앙선거관리위원회에서도 사용하는 공식명칭임을 주장한 반면 새누리당에서는 민주라는 용어가 당내에서이 조례안이 좌파 내지 새정치민주연합을 위한 내용으로 생각할 수 있다는 이유로 거부반응을 보였다. 한국 정치권과 보수 진보 간의 대립양상이 민주라는 명칭에서 부딪치는 것을 보고 깜짝 놀랐으며 우리 사회의 정치권은 이미 사회통합 내지 국민통합에는 아무런 도움이 되지 않고 있다는 것을 재확인했다. 정말 정치권에 대한 민주시민교육이 필요한 대목이라 할 수 있겠다.

민주시민교육의 좋지 않은 시작은 정권교체가 정상적으로 이루어지고 있는 현재의 제6공화국에서도 여전하다. 민주시민교육의 국가적 필요성을 인정하지만 여·야 서로의 불신·부정 때문에 정치적 합의가 이루어지지 않고 있다. 민주시민교육이라는 국민의식교육이 없는 한국 민주주의에서 어떠한 위기나 어떠한 상황에서도 정쟁만이 남고 진정한 의미의 즉 시민의식에 뿌리를 둔 국민통합과 화합은 요원할 뿐이다. 보수는 진보를 종북세력으로까지 몰아붙이고 진보는 보수의 본질을 극우폭력세력으로 보고 있는 것이 오늘의 한국 정치·경제·사회·문화 등의 자화상이다. 이에 한국사회의 갈등비용은 천문학적이다. 갈등과 대립의 참담한 한국사회에서 벗어날 수 있는 길은 많은 국민들이 '깨어난 시민'으로 거듭날 때만 가능하다.

1999년 선진정치국가로 인정받는 독일에서 '민주주의는 정치교육을 필요로 한다'라는 구호를 채택한 것은 민주시민교육의 절대적 필요성을 웅변하고 있는 것이다. 과거로 거슬러 올라갈 필요 없이 2014년 세월호 참사와 2015년 메르스 사태에서의 공중의식 실종, 그리고 최근의 맞불집회로서 태극기 집회에서의 정치적 선동행위에서 우리는 실종된 민주시민의식을 확인할 수 있다. 물론 대통령을 지키고자 하는 순수한 의미에서의 태극기 집회는 수긍할 수 있으나, 여러 가지 측면에서 우리사회에서는 학교에서의 민주시민교육보다는 고집불통의 어른들과 무책임한 정치인들에게 민주시민교육을 정조준해야 한다고 강변하고 싶다.

유권자 정치교육으로서 민주시민교육

민주시민교육의 핵심은 '정치교육'에 있다. 정치권에서 상용되고 있는 정치교육이라는 용어는 그들의 정치적 상(商)행위에 불과하고, 간혹은 불신의 늪으로 인도하는 악마의 유혹마저 가미되어 있어서 특별히 구별하여야 한다. 민주시민교육에 있어서 정치교육은 간단하다. 선거 때 제대로 투표하는 것이다. 여·야 등 보수·진보의 지지와 상관없이 올바른 세계관에서 비롯된 정치적 결단을 하도록 도와주는 것이 정치교육이다. 그래서 정치교육은 국가기관 중 정치중립이 가장 많이 보장될 수 있는 중앙선거관리위원회의 몫으로 해야 한다.

우리 사회의 풍토가 대통령·국회의원·지방단체장·지방의원·교육감 등 공직자 선출은 물론 대학교 총장, 농·수·축협 및 산림조합장, 정당의 당내 경선, 학생회장, 동네 반장을 비롯한 각종 사적 영역까지 선거와 투표방식은 이미 시비 불가능한 정통성 부여 행위로 일상화되어 자리잡고 있으며 정형화된 직접민주적 사회행위가 되었다. 일반국민의 정형화된 직접민주적 정치행위가 공적영역이든 사적영역이든지 제대로 뿌리를 내리려면 정치중립적인 국가기관의 제대로 된 서비스를 충분히 받아야 하고 국민은 그것을 향유할 권리를 갖고 있다. 그 정치중립적인 국가기관이 바로 중앙선거관리위원회이다. 동 위원회의 분발과 정치권의 협조를 당부한다.

당장에 제19대 대통령으로서 최적의 조건이 무엇일까. 여·야, 좌·우의 영역을 초월하여 민주시민교육 차원의 팁을 준다면, 대통령 후보의 정치적 전공이 무엇이든 상관없이 민주주의·경제·안보 세 분야 만큼은 대학 학점으로 치자면 공통필수과목으로 우수하게 이수한 자여야 한다. 한국사회의 세 기둥인 민주주의·경제·안보를 좌·우, 보수·진보, 여·야의 칼날로 들이댄 자는 대통령 자격이 없다고 본다. 민주주의와 경제 그리고 안보는 객관적 검증이 가능하기에 이미 과학에 해당한다.

요컨대 대통령을 투표할 때 유권자는 민주시민의 자격과 수준으로서 대통령의 조건을 객관적으로 검증할 줄 알아야 한다. '민주시민'의 시대 방식에 걸맞는 새로운 대통령이 탄생할 때 국민대중이 원하는 국가지대사가 염려 없이 진행될 수 있다고 보며, 비로소 탄핵 메시지로서 민주시민사회로의 진입을 자신 있게 천명할 수 있다 하겠다.

블랙리스트의
정체와
민주주의

칼럼의 배경과 쟁점   2017. 2.

- 최순실 게이트에서 비롯된 국정농단사건에 대한 특별검사의 수사 중 청와대와 문체부의 블랙리스트의 실체가 확인되면서, 탄핵절차 못지않게 민주주의를 수호하는 특검의 성과로 평가할만함

- 블랙리스트는 일제와 같이 지독한 독재와 억압의 필수품으로서 반대세력에 대한 배제와 탄압을 위한 수단으로 활용되어지는 것이고, 박근혜 정부에서는 문화체육계에만 국한된 것이 아니라 역사교과서 국정화와 연결되어 사상과 표현의 자유 그리고 창의적 사고를 보장하는 민주주의를 마비시킨다는 점에 그 심각성이 있음

키포인트 | 블랙리스트는 사상과 표현의 자유, 그리고 정치적 상상을 금함으로써 민주주의와 헌법질서를 근원적으로 파괴하기 때문에 괴멸되어야 한다고 주장하는 칼럼

√ 지독한 독재의 필수품, 블랙리스트
√ 국정역사교과서 동일선상, 블랙리스트
√ 잘못된 만남, 김기춘과 블랙리스트

블랙리스트란 '경계를 요하는 사람들의 목록'이자, 고도 독재국가의 필수품이다. 이에 박영수 특검의 블랙리스트 수사와 김기춘 전 대통령 비서실장의 구속은 민주주의를 수호하기 위한 탄핵정국에서 가장 큰 성과라고 평가하고 싶다.

얼마 전 토론회에서 새누리당을 탈당하고 바른정당으로 옮겨간 전직 국회의원의 블랙리스트 수사 폄하발언에 상당히 놀랐다. 형법에 사상 강요와 탄압죄라는 것은 없기 때문에 블랙리스트 작성을 지시하고 실행한 자들은 기껏해야 직권남용죄에 불과하다는 것이다. 너무도 놀란 나머지 토론의 예의에서 벗어나 '블랙리스트가 무엇인지나 알고 있는가'의 기초적 질문을 하고, 그것이 헌법적으로 얼마나 중요한가를 일방적으로 티칭(teaching)을 하였다.

지독한 독재의 필수품, 블랙리스트

일제는 식민통치에 필요해서 한국의 독립투사와 그 관련자들을 색출하기 위한 명단을 작성했다는 것, 누구든지 알고 있을 것이다. 그 목록은 일제 식민통치 수단으로서의 블랙리스트였다. 이 블랙리스트는 일본 제국주의자들에게는 식민지배를 위한 통치수단이었을 뿐 반인륜적, 반문명적 불법행위가 결코 아니었던 것이다. 일제 식민통치와 지배를 위하여 이를 거부한 자를 배제시키기 위해서 만든 것이 일제시대 블랙리스트의 정체이다.

'일제'대신에 '독재'로 용어를 대체시켜보자. 김기춘 비서실장이 블랙리스트가 불법인줄 몰랐다고 진술했다. 블랙리스트가 있다는 것을 분명하게 확인해준 셈이었는데, 그것이 불법이 아니라는 것은 경계를 요하는 사람들의 목록을 작성해서 문화·예술계 등에서 배제시켜야 한다는 것은 그의 소신이었던 셈이다. 청와대 정무수석과 문화체육부장관을 역임했던 조윤선 또한 장관의 자유재량 범위로 생각했던 것 같다. 박근혜 정부의 블랙리스트는 그들에게는 반헌법적 불법이었다기 보다는 자연스러운 정권의 통치수단이자 일종의 규범이었던 것이다. 문화체육부를 비롯한 관계부처는 독선적이고 독재적인 시스템을 가동시키고 감시했던 식민통치시대의 탄압자와 별반 차이가 없는 지배자였던 것으로 볼 수 있다. 블랙리스트가 고도의 독재국가에서나 존재한다는 것을 감안했을 때, 지금 한국사회는 몇 십년의 과거 속으로 역주행 했던 것이다.

국정역사교과서 동일선상, 블랙리스트

문화체육부 제1차관이 산하 공무원들을 집합시켜놓고 블랙리스트와 관련해서 전·현직 장관이 구속된 것에 대해 국민 앞에 사죄하는 퍼포먼스를 보면서 참 한심하다 생각했다. 블랙리스트라는 것이 단순히 특정 정치인을 지지하거나 좌파 성향을 가진 문화·예술인들을 지원 배제하는 것이기에 비판하는 것, 그것이 본질은 아니다. 블랙리스트는 청와대에서 시작해서 관계부처와 민간단체에까지 연결되어 있고 사상과 표현의 자유, 그리고 창조적 상상을 보장하는 민주주의를 마비시켜버린다는 점에서 그 심각함이 있는 것이다.

민주주의 붕괴와 파괴 앞에서 일개 부처에 불과한 문화체육부가 집단적, 도의적 반성으로 간단히 끝낼 문제인가. 문체부 직원들은 지금까지 저질러왔던 각종 만행에 대해서 자기반성은 물론, 이미 저질러졌거나 진행되고 있는 것들을 속속들이 수집하고 자체적으로 적발하여 발본색원시키는 것은 기본임무이다. 더 나아가 문체부는 민주주의를 복원시킨다는 헌법적 사명감을 가지고 같은 국가기관으로서 특검과 협업한다는 자세로 적극적으로 협조하는 것이 마땅하다 할 것이다.

박근혜 정부에 있어서 블랙리스트의 심각함은 문화체육 분야에 국한된 것이 아니라 국정교과서의 발상에까지 연결되었다는 점에서 실로 민주주의에 대한 총체적 거부이다. 국정교과서를 만들면서 집필진을 몰래 선정하고, 비밀리에 대한민국의 교과서를 집필하고 있었던 것을 상상해보자. 모든 학생들이 학교에서 공개적으로 배우고, 가르치고, 시험치는 역사교과서를 비밀리에 만들고 있었다는 것, 역사인식에 대한 독점이요 독재일 수밖에 없다. 블랙리스트보다 더 무서운 것이 화이트리스트인데, 교육부가 국정교과서를 만들기 위해서 허용된 사람들만 지명하여 작성한 비밀 명단이 블랙보다 무서운 화이트리스트인 것이다.

국정교과서에 대한 사회적 비난과 저항은 정치와 역사에 관한 대통령의 독점에 대한 반발이다. 예를 들어 이승만 대통령이 대한민국의 국부인 것은 누구든지 인정할 수 있지만, 1948년 8월 15일을 건국일로 삼으려고 하는 것은 친일적인 판단으로서 그 역사관에 경악을 금할 수 없다는 반론이 있다. 일본정부가 원하는 한국 식민통치의 합법화는 패전 후, 즉 일제식민통치 이후 한반도에 새로운 신생국가가 생겨났는데, 그 중 하나가 1948년 8월 15일 건국된 대한민국이라는 것으로 규정되는 것이 식민지 사관의 최고의 논리이다. 유감스럽게도 몰래, 비밀리에 만들고 있었던 대한민국 정부, 교육부의 국정교과서가 일본정부의 식민지 역사관을 정당화시키고 있었던 것이다. 물론 이러한 일제식민사관의 수용은 적극적이었다기보다는 좌편향을 우편향으로 급선회 시켜야 되겠다는 이념적 독선과 독점의식에서 비롯되었다 하겠다. 블랙리스트의 국정 전반으로의 확산이 읽혀지는 대목이다.

잘못된 만남, 김기춘과 블랙리스트

박근혜 대통령을 탄핵의 위기에 직면하게 한 것은 본인에게 제1 책임이 있지만, 비선실세로서 최순실의 국정농단이 그 핵심에 있다는 것에 동의하면서도, 다른 의견을 제시하고 싶다. 박근혜 대통령의 탄핵은 부정부패와 뇌물 또는 비리에서 그 원인을 찾을 수 있지만, 김기춘과 블랙리스트와의 잘못된 만남에서도 그 싹이 움트고 있었다. 어쩌면 최순실은 박근혜라는 정치인이 대통령이 되는데 있어서 필요악으로서의 역할이 있었다고 볼 수 있는 측면이 있지만, 김기춘과의 만남은 박근혜의 정치를 30년 전으로 돌려버리는 불행한 만남이었다. 블랙리스트가 불법인지 몰랐다 하고, 대통령을 '윗분'으로 칭해버리는 김기춘의 구시대적 역사관과 정치감각과의 만남이 박근혜 대통령의 불행이자 정치적 사고였다. 법률위반의 문제는 대통령의 탄핵에서 어느 정도의 정상참작이 있을 수 있지만 블랙리스트 작성 및 작동과 같은 헌법위반은 참작이 불가능하다. 블랙리스트의 정체는 민주주의와 헌법질서를 파괴시키기 때문이다.

블랙리스트와 연루된 자들 대부분이 '본 적이 없다', '지시한 적이 없다'등의 발뺌을 하고 있는 것은 블랙리스트 특성상 자연스러울 수도 있다. 블랙리스트는 눈밭의 눈덩이와도 같이 작은 것에서 출발돼서 눈사태까지도 확산될 수 있는 속성을 가지고 있다. 작성의 필요성을 이야기하면서 몇몇 사람을 경계 내지 배제명단에 오르내리면서 체계를 갖춰가고, 지시한 사람과는 별도로 실무적으로 리스트업을 반복해간다. 그리고 일선 현장에서는 아주 사소한 기준으로 블랙리스트를 실행 또는 가동시키게 된다. 작동되고 있는 블랙리스트에 대해서 정기적 점검을 하면서 공식적·비공식적으로 청와대와 국가기관이 총동원되기도 한다. 블랙리스트의 정체가 매우 다양하면서 비공식적 차원에서도 작동된다는 점에서 블랙리스트의 연루자들은 죄의식이 전혀 없을 수도 있다. 만약에 최순실 사태가 없었다면 블랙리스트는 실존하면서 더욱 강력해져서 우리사회의 민주주의 구조를 돌이킬 수 없는 상태로까지 치닫게 만들었을 것이라고 본다. 어떠한 정권이 들어서더라도 블랙리스트의 복원이 불가능하도록 차제에 완전 괴멸시켜버릴 것이 블랙리스트이다. 블랙리스트를 가지고 민주주의의 길을 갈 수는 없기 때문이다.

2017 정계개편 척도로서 보수와 진보

칼럼의 배경과 쟁점   2017. 1.

- 2016년 광화문 촛불집회와 국회에서 박근혜 대통령 탄핵안 가결에 참여한 새누리당 비박계 의원들이 탈당하여 진정한 보수라는 기치로 가칭 개혁보수신당 창당을 선언함으로써, 한국정치의 정계개편이 불가피하게 되었음

- 한국에서의 이념대결은 민주화에 대한 반공주의·지역주의·편협한 좌·우의 대결구도가 형성되고 왜곡된 보수·진보 프레임으로 귀결되면서 한국정치를 망가뜨려왔으며, 상호배제적이고 적대적인 정치행태가 반복되오고 있음

- 한 가정에서 엄마와 아빠의 역할이 다 필요하듯이 한국정치에서 보수와 진보, 좌·우의 역할이 상호보완적이어야 함을 역설함

키포 인트   한국정치의 왜곡된 이념적 프레임을 지적하면서 2016 광화문촛불을 계기로 올바른 보수·진보, 좌·우를 기준으로 하는 정계개편이 이루어져야 한다는 것을 지적하는 칼럼

     √ 왜 보수와 진보가 공존해야 하는가
     √ 국민 생활 속에까지 파고 든 보수·진보 이념대결
     √ 광화문촛불혁명과 2017 조기대선
     √ 보수와 진보는 상호보완의 정치공간

금년 1월 24일 (가)개혁보수신당이 보수의 기치를 들고 창당한다고 한다. 작년 말 준비 중인 책임자 중 한사람에게 신당이 새로운 보수의 기치를 든다면 개혁 → 보수 → 신당의 순서가 180도 뒤바뀐 신 → 보수 → 개혁당으로 개념정의를 하는 것이 낫겠다고 귀띔한바 있었다. 새누리당을 박차고 나온 가장 큰 이유가 진정한 보수를 하기 위해서라면 새로운 보수에 대한 개혁, 리폼(reform)하는게 맞다는 이야기였다. 국민 전체는 아닐지라도 기존의 새누리당을 비롯한 보수지지층에게 제대로 된 보수의 비전을 보여야 한다라는 충고이기도 하다. 신당이 앞으로 제대로 된 보수를 할지, 단순한 친박과 비박의 경계선을 넘어온 창당에 불과할지 두고 볼 일이다.

왜 보수와 진보가 공존해야 하는가

한국정치의 아픔이자 취약점 중 하나가 보수·진보가 적대적 관계에 있다는 것이다. 정치세계에 있어서 보수와 진보는 동서고금을 망라해서 전통적인 편가르기의 척도이다. 양자 간의 관계가 치열하더라도 상호 공존적 관계가 될 때 정치적 번영을 구가할 수 있다.

정치의 보수와 진보를 가정에 비교하자면 각기 엄마와 아빠의 역할을 하는 것으로 볼 수 있겠다. 아버지가 가장으로서 역할을 하는 것이 중요하다 할지라도, 어떨 때는 엄마의 역할이 절대적으로 필요할 때가 있다. 보수와 진보 중 무엇이 엄마와 아빠에 비유될지는 모르겠지만 한국정치의 보수와 진보 간의 역할변경이 이와 같이 이루어질 때 얼마나 안정적인 정치가 되겠는가. 엄마나 아빠 중 한사람이 없거나 둘 다 무기력해질 때 결손가정이라 할 수 있듯이 한국정치에서 보수와 진보는 서로 망가질 때까지 적대적으로 정치를 망쳐왔다.

해방 이후 한국의 집권당들은 반공·시민적 자유·근대화·체제안정·민주화·이념대결이라는 불연속적인 정치목표를 추구하여왔다. 대부분을 보수적인 정치세력이 국정의 중심에 있었고 간헐적으로 진보적 정치세력이 집권하기도 했다. 보수·진보 간 관계가 매우 적대적이어서 상호공존이나 상호보완을 통한 정치체제의 정립과 구축이 없었던 것이다. 정치발전을 위한 양자 간의 순기능적인 관계보다는 상호배제적 정치를 지속하면서 한국정치의 좌표는 롤러코스터를 타는 것과 같았다.

국민 생활 속에까지 파고 든 보수·진보 이념대결

한국정치를 돌이켜 보건대, 한때 현존하는 정권의 급격한 변화에만 치중하고 현 체제의 효율적인 기능과 역할에는 관심을 두지 않는 혁명주의자들의 존재로 인하여 정치마비현상이 나타나기도 하였다. 혁명주의자들의 체제부정은 한국자본주의 경제질서와 정치체제에 대한 전면부정은 물론 일부에서는 김일성의 주체사상을 그 이념적 준거로 삼은바 있었다.

그러나 한국의 민주적 정치체제를 정지시킨 주범은 두말 할 것 없이 군사쿠데타 세력과 반민주인사들이었고, 이들은 '반공'을 정권탈취 및 유지수단으로 활용하였으며, 나아가 이를 '국시'로 삼으려는 시도를 끊임없이 했기 때문에 야당 내지 진보정치 세력은 더욱 좌경화로 몰릴 수밖에 없었다. 이러한 현상은 한국정치의 정상적인 정치발전을 가로막고 정치집단 간의 극단적인 양극화와 한국정치체제의 경직성을 극대화하였으며, 그 여진과 구조가 그대로 유지되어 오고 있다.

한국정치체제의 이념적 대결구도가 민주화 과정과 각종 선거를 거치면서 좋지 않은 방향으로 국민들의 일상생활에 파급·확산되는 현상이 나타났다. 70-80년대, 90년대 초에 만연한 지역대결구도가 이념추종적인 보수·진보 진영 간의 대결로 전환되면서 국민들 생활 속에서의 불필요한 분열과 균열, 그리고 묻지마식의 편싸움은 거의 저주의 수준에 이르렀다.

경험적인 이야기로서 한 예를 들자면, 많은 사람들 앞에서 국가보안법을 폐지하는 게 좋으냐, 유지하는 게 좋으냐고 물어봤을 때 우리 국민들은 분명한 찬반 입장을 취한다. 그런데 심각한 것은 어느 누구도 국가보안법을 제대로 읽어보지도 못했고, 무엇이 문제인가에 대한 확신도 없이 묻지마식의 이전투구를 하는 것이다.

이러한 국론분열적 갈등은 큰 선거를 치를수록 더 심각해졌고 급기야 박근혜 대통령을 당선시킨 2012년 제18대 대통령 선거는 '박근혜 대 문재인', '보수 대 진보', '좌 대 우'의 극단적인 일 대 일 대결구조로 치루어졌다. 박근혜 후보가 대통령이 되었지만 누가 당선되어도 보수와 진보 간의 관계를 38선 내지 정치적 사선(死線)으로 삼고 있는 한 국가적 혼란과 비민주적 정치질서로의 복귀가 불가피했었다.

광화문촛불혁명과 2017 조기대선

임기를 1년 이상 남겨 둔 박근혜 대통령의 탄핵은 많은 국민들의 절대적 정치합의다. 2016년 하반기부터 2017년 초까지 한국정치를 뒤흔들고 정치를 중지시켜버린 광화문촛불시위는 초당적·초이념적으로 보수와 진보진영의 많은 국민들이 함께 한 정치혁명이다. 박근혜 대통령과 최순실에 대한

국민적 분노는 80% 이상의 국민적 지지를 받은 탄핵을 이끌어냈고 이는 보수진영과 진보진영이 공감을 하는 '합의의 공간'이라 할 수 있다.

촛불정신의 최종 목적은 박근혜 대통령과 최순실 등에 대한 심판에 그치지 않고 제대로 된 한국정치체제를 만드는 것에 있다. 국민의 정치적 의사를 반영시키는 직접민주주의적 제도라든가, 분권형 대통령 및 권력구조의 개헌을 한다든가, 지방분권과 같은 민주적 시스템을 갖추는 것에도 있지만 무엇보다도 보수·진보, 좌·우 계층 간의 새로운 정치질서를 탄생시키는 것이 핵심사항일 것이다. 그동안의 정치체제의 경직성을 극복하기 위하여 보수·진보의 새로운 가치 주입은 불가피하며, 관료제적 폐단을 방지하기 위해서는 가능한 모든 정치행동집단을 체제에 편입시켜야할 것이다. 구체적으로 보수와 진보 간 상호공존과 상호보완을 하는 정당대결 구도가 그 모범답안이다.

조기대선이 다가오면 올수록 대선주자 중심으로, 또는 정당 간의 이합집산을 축으로 해서 정계개편이 이루어질 수밖에 없다. 이왕이면 개헌의 찬반 내지는 결선투표의 찬반 등의 정치적 이해관계의 명분보다는 보수·진보의 정치적 이념과 좌표를 척도로 해서 이루어지는 것이 바람직하다 하겠다. 모든 정치행동집단들이 정치안정 속에서 본연의 위치를 차지하고 평화적인 경쟁상태를 구가하기에 이르기까지는 현재 한국적 상황은 아직도 과도기적이다. 참여민주주의 내지는 직접민주주의가 고도화될 수밖에 없는 상황에서 전국민의 정치적 참여와 위치를 큰 틀에서 그 공간을 마련해주어야 한다. 이 시점에서 보수와 진보에 대한 간결하고도 분명한 개념규정이 있어야 하겠다.

보수와 진보는 상호보완의 정치공간

　보수와 진보의 진정한 구별은 우선적으로 보편적인 가치관과 행동양식에서부터 구분이 되어 진다. 보수적인 행동양식은 현실적인 것에서 합리적 가치를 찾는 것에서 시작하고, 진보는 합리적인 기준에서 현실화할 것을 찾는 속성을 갖는다. 이러한 보수·진보 간의 사고와 행동양식의 차이는 서로의 다른 특성을 보여주는 것으로서, 상호공존과 보완이 될 때 소위 시너지효과가 있을 것이다.

　보수와 진보가 정치현실적으로 또는 이념적으로 상호경쟁을 할 때 좌와 우로 뚜렷하게 대비 될 때가 있다. 그러나 정치·사회·경제에서의 좌와 우의 개념구분은 명확하게 구별되기도 하지만 상황에 따라서 또는 지역에 따라서 정반대로 표현되기도 한다. 한국과 유럽에서의 좌와 우가 중국과 러시아에서의 그것과는 서로 다를 때가 왕왕 있다. 소련이 러시아로 바뀌면서 좌파는 맑스-레닌이즘을 버리고 서구적 민주주의나 민족주의로 가는 것이었고, 보수적 우파는 소련공산체제를 유지하는 입장으로 분리되었다. 좌와 우의 개념은 시공을 초월한 불변의 것이 아니라 상황에 따라 가변적임을 명심할 필요가 있다. 이에 좌·우의 입장은 언제든지 서로 바뀔 수밖에 없기 때문에 보수와 진보 정치세력은 서로 간의 적대적이고 파괴적 경쟁관계에 설 필요가 없다.

　요컨대 2017년 탄핵과 조기대선 정국에서 정계개편은 불가피하다. 이왕이면 촛불혁명 이후 기존의 잘못된 보수·진보, 좌·우의 극단적인 대결구도를 청산, 백지화한다는 의미에서 제대로 된 보수와 진보의 정치경쟁체제가 탄생되었으면 좋겠다. 반복컨대 한 가정에서 엄마와 아빠의 역할이 다 필요하듯이 한국정치에서 보수와 진보, 좌·우의 역할은 모두 필요하다. 엄마나 아빠의 역할이 없어질 때 '결손가정'이 되듯이, 보수·진보의 균형이 무너질 때 한국정치는 또다시 '불량정치'가 되기 때문이다.

포스트 양박(兩朴) 이후, 보수정치가 가야할 길

칼럼의 배경과 쟁점   2017. 11.

- 제1야당인 자유한국당의 보수로서의 정체성 재정립을 위한 비교 사례로서, 김대중 대통령 → 노무현 대통령 → 문재인 대통령으로의 가치확대 전환의 변화를 성공시킨 것이 인물 중심에서 가치 중심으로 진보의 맥이 진화해 온 것처럼, 박정희·박근혜라는 양박의 테두리에서 벗어나 보수와 그 가치를 재구성 해야 함을 지적함

키포 인트 박근혜 대통령 탄핵 이후 보수정치가 변화해야 할 방향으로서 과거에 대한 합리적이고 객관적인 재평가와 보수의 가치를 중심으로 하는 재구성을 역설하는 칼럼

√ '양박'의 실체 규명과 극복의 길
√ '양박'의 반면교사로서 양김정치(兩金政治)

'포스트 양박'이라 함은 한국 보수정치에서 박정희·박근혜 전 대통령 시대 이후를 일컫는다. 아마도 박정희와 박근혜 전 대통령을 양박이라고 표현한 것은 이 글이 처음일 것이고, 양박에 대한 절대 지지층에서는 그 무례함에 대해서 크게 격분할 수도 있다고 생각한다. 그럼에도 불구하고 양박이라는 표현을 굳이 사용하는 것은 한국 보수정치에서 박정희·박근혜 전 대통령이 숭모의 대상에서 탈피·극복되어야만 한다는 데서 출발한다.

'양박'과 엇비슷한 의미에서 이제는 집권 정치세력이 되었지만 한국 야당사에는 '양김'이라는 정치 용어가 있었다. 김대중·김영삼 전 대통령을 상징하는 말로서 양김은 민주당 전통의 매우 큰 준령(峻嶺)으로서 평가받는다. 무엇보다도 김대중 전 대통령이 동교동계류의 가신적(家臣的) 숭모의 대상에서 탈피하여 노무현 대통령의 정치로 진화·극복됨으로써, 현재의 문재인 정부로 진보정치가 재생산되고 있다. 이렇듯 한국 보수정치에서 박정희·박근혜 전 대통령의 탈피·극복·재생산이 자유한국당·바른정당 등이 가야할 길이라고 생각한다.

'양박'의 실체 규명과 극복의 길

한국 보수정치에서 이승만과 박정희·박근혜 전 대통령을 제외하고는 의미 있는 인물은 별로 없다. 이승만·박정희 전 대통령이 장기집권을 했기 때문이기도 하지만, 전두환·노태우 전 대통령은 사법적 단죄를 이미 받았고 이명박 전 대통령에 대해서는 특별한 역사적 의미가 없다. 양박 중 박정희 전 대통령은 한국 보수정치에서 우뚝 선 준령(峻嶺)으로서, '박정희'라는 거대한 산을 이어가기 위해서는 그에 대한 실체의 규명이 정확하고 객관적인

데서부터 시작되어야 한다.

박정희 전 대통령만큼 파란만장한 영욕의 삶을 살아온 사람도 없을 것이다. 일제시대 만주국 육군 군관학교와 일본 육군사관학교를 편입학하고 만주국 군복무를 하였다. 일제시대 타카기 마사오(高木正雄 たかぎ まさお)로 창씨개명을 하였는데 이 팩트를 특별히 비난할 필요는 없다. 그 시절 창씨개명을 안한 자가 대단할 뿐 대부분 수동적으로 창씨개명을 했다고 볼 수 있기 때문이다. 그러나 일본사람처럼 받아들여지는 일환으로써 오카모토 미노르(岡本 實 おかもと みのる)로 제2차 창씨개명을 한 부분은, 사실이라면 식민통치하에서 한 인간으로서의 수치로 치부하기에는 상당히 심각한 부분이다. 친일행각을 덮어두지 않는 한국 역사에서 보수정치 지도자로서의 박정희 대통령의 이 시절에 대한 재평가와 해명이 보다 적극적일 필요가 있다. 미화와 회피보다는 사실에 입각한 회고적 재해석이 있어야 할 것이다.

해방 후 박정희는 장교 경험자를 찾고 있던 한국 광복군에 편입되고, 묘하게도 남조선노동당 하부 조직책으로 체포되어 1심에서 파면·급료몰수·무기징역을 선고받은 바 있었다. 한국전쟁 이후에는 부산 정치파동과 이승만 전 대통령 축출계획에 연루된 사람들과 인맥을 같이하고 있어서 박정희 전 대통령은 군시절은 물론이고 정치를 시작하면서부터 수차례 사상 의심을 받고 있었다. 박정희 전 대통령에 대한 이 부분 또한 은폐보다는 솔직담백한 규명과 재해석을 해 내는 것이 한국 보수정치의 영역을 분명히 하는 것이다.

박정희의 정치는 5·16 군사쿠데타에서 시작되었다. 제2공화국의 몰락과 5·16 군사쿠데타가 조국 근대화라는 혁명적 전환기에서 불가피한 것이었는가는 분명한 논쟁거리다. 진보정치의 영역에서는 반역적 군의 정치개입이라고 단정짓고 있지만, 소위 근대화 및 산업화의 보수정치에서는 5·16은 경제발전의 측면에서는 대한민국 발전의 대전환으로 규정짓고 있다. 그러나 3선 금지를 폐기한 제6차 개헌과 유신체제를 탄생시킨 제7차 개헌은 '장기집권'외에는 달리 설명할 해명거리가 그다지 많지가 않다.

일제·해방정국·장기집권의 박정희 부문에 대한 역사적 평가는 불가역적 팩트이다. 반면에 중공업적 경제성장론과 한일협정의 불가피성은 사뭇 논쟁적일 수밖에 없다. 논쟁에는 거듭되는 토론이 불가피하다. 과연 박정희는 대한민국의 비약적 발전에 '절대적 존재'였나에 대한 여러 번의 해명이 있어야 한다. 지금의 한국경제에서 박정희의 스타일이 '절대적 유산'으로서 작동되고 있는 것에 대한 논쟁에도 거듭된 답을 할 수 있어야 하는 것이다. 한국 보수정치에서 박정희의 존재가 불변의 가치로서 생존하기 위해서는 끊임없는 해명과 해석이 이어져야 된다는 것이다. 이는 자유한국당·바른정당 등 보수정당들과 보수 사회과학자들의 역사적 사명이자 정치적 임무이다. 박근혜 전 대통령의 석방을 호소하는 친박단체와 태극기 집회의 몫은 결코 아니다.

'양박'의 반면교사로서 양김정치(兩金政治)

양박의 박정희와 양김의 김대중은 정치적 라이벌이었다. 두 분 다 이미 고인이 되었지만 정치적 부침을 계속하고 있다. 지금은 김대중의 햇볕정책과 경제발전 및 사회복지 등이 재평가 받고 있지만 박정희 또한 보수정치의 변화에 따라서 그럴 날이 온다. 김대중의 정치적 부활현상이 단순히 정권교체에서 비롯된 것만은 아니다. 만약에 김대중 전 대통령의 가신이었던 동교동계가 김대중과 야당정치의 중심을 계속해 왔다면, 김대중은 진보정치의 준령과 후광(後光)으로 존재하지 못했을 것이다. 김대중 정치의 중심이었던 동교동계가 주변부로 형해화(形骸化)되고, 새로이 진화된 노무현 정치와 문재인 정부로 이어지고 있기 때문에 준령·후광·부활 등이 운운 되고 있는 것이다.

유감스럽게도 제1 보수야당인 자유한국당이 환골탈태하지 못하고, 변신과 변장에 연연한 것 같아 보인다. 박근혜 전 대통령을 출당시키고 친박의 몇 명을 제명시키면, 과연 한국 보수정치의 본당이 되는 것인가. 자유한국당의 밖에 있는 또 다른 작은 보수야당인 바른정당과 보수정치의 논쟁은 필요 없고, 분열 이후 봉합을 시도하는 것이 과연 보수의 통합인가. 지금의 한국 보수정치는 힘과 숫자 싸움 보다는 토론과 논쟁이 절대적으로 필요한 시점이다. 자유한국당 안에서의 논쟁 못지않게 바른정당과의 토론, 그리고 보수 지지층 및 전 국민과의 대화가 공당(公黨)으로서의 면모를 보여주는 것이다.

예를 들어, 북핵이라는 지금의 한국적 상황에서, 보수 정객으로서 자유한국당의 홍준표 대표와 바른정당을 대표하는 유승민 의원 등의 안보관이 안정감이 없고 뿌리가 없는 듯 해서 아쉬움이 크다. 만약에 이들의 대북정책론이 박정희의 자주국방론과 통일관(선개발 후통일)·핵개발 추진 등에 근거하고 계승·발전시킨 논리였다면 현실성과 족보 있는 정견으로 비춰지고 그 정치적 힘도 클 수 있다. 전체적으로 박정희에 대한 평가는 냉혹하리만큼 비판적일 수 있지만, 한국 보수정치에서는 새로운 해석과 재구성을 통하여 박정희를 보수의 연혁으로 삼을만한 것을 제작하여야 한다. 탄핵이

라는 정치적 비운을 맞이한 박근혜 전 대통령을 포함한 양박의 보수정치
는 한국 보수정치에서 취사선택을 해야 할 정치적 뿌리이지 제거의 대상은
아니다. 현재 자유한국당에서 진행되고 있는 박근혜 및 친박 제거작업은
보수정치 과정으로서는 낙제이며, 경우에 따라서는 새로운 보수의 탄생도
충분히 예견된다.

　요컨대, 보수정치의 가장 큰 강점은 전통과 통합을 중시 여김으로써 안
정감을 보여주는데 있다 하겠다. 지금 보수 야당들은 양박으로 일컬어지는
박정희·박근혜 전 대통령에 대한 객관적이고도 합리적인 재해석을 통하여
새로운 보수의 재구성을 고민할 때이지, 보수영역의 땅싸움을 할 때가 아
니다.

II

개헌/주권·법치

DILEMMA *of politics*

개헌 성공의
세 가지 조건

칼럼의 배경과 쟁점   2016. 11.

● 2016년 하반기 최순실 게이트가 정치적인 문제로 대두되기 시작하는 과정에서 박근혜 대
   통령이 10월 24일 갑작스런 개헌논의를 시작하면서 정치권은 그 저의에 상당한 의구심을
   가짐

● 현행헌법은 1987년 당시 개헌성공을 위한 조건을 모두 갖추었으나 구체적 내용에 있어서
   국민심판권이 없는 5년 단임제의 한계와 대통령의 절대권력을 견제할 수단을 마련하지 못
   하는 등의 오류, 그리고 지방분권에 대한 헌법적 보장과 남북관계 및 통일에 대한 시대적
   성찰, 다양한 기본권의 발굴 등이 현행헌법의 개정사항으로 추가되고 있음

● 국민과 정치권은 현행헌법 개정의 필요성에는 대체적으로 동의하고 있으나, 구체적 개헌
   방향에 대해 권력구조 변경을 최우선으로 하여 분권형 대통령제·4년중임 대통령제·의원
   내각제 등 다양한 입장이 단일화되고, 모든 과정에 있어서 정치권 및 국민적 합의라는 정
   치적 결단이 뒷받침될 때 개헌이 가능함

키포 인트	현재 진행 중인 개헌논쟁 속에서 개헌이 이루어지기 위해서는 정권말기 대통령 의 무간섭, 합의된 하나의 개헌안, 정치권과 국민의 열망이라는 세 가지 현실적 조건이 갖추어져야 가능하다고 주장하는 칼럼

   √ 절대 반복해서는 안 될 한국헌법 개정의 역사
   √ 현행 헌법의 문제점과 제10차 개헌 로드맵

한국정치에서 개헌이 되려면 충족해야할 세 가지 조건이 있다. 첫째는 정치권과 국민의 강한 욕구가 있어야 한다. 둘째, 구체적으로 협의가 가능한 어느 정도의 안(案)이 있어야 한다. 셋째는 개정 대상의 핵심인 현재의 권력 즉, 대통령이 전혀 개입하지 않고 무조건적 수용이 있어야 한다. 이른바, '순실개헌'으로 명명되고 있는 금년 10월 24일 박근혜 대통령의 느닷없는 개헌 제안은 그 속에 숨어있는 정치적 복선과 불순한 의도를 괘념치 않는다고 하여도, 한국정치에서의 개헌 성공조건을 어느 하나도 갖추지 못했다. 구체적인 단일안도 없었고 가장 금기시 되어야 할 현직 대통령의 불간섭을 결여했기 때문이다.

2007년의 소위 '원포인트 개헌'으로 불리우는 노무현 대통령의 개헌 제안 또한 정치권과 국민적 요구와 함께 4년 연임제라는 구체적인 국민적 합의가 어느 정도 있었음에도 불구하고 임기 말 현직 대통령의 적극적 개입으로 좌절되었다. 이에 반하여 헌정사상 최초로 여·야 합의에 의한 현행 헌법의 개정은 개헌 성공을 위한 세 가지 조건을 모두 갖추었다. 첫째, 정치권과 국민의 강한 헌법개정의 욕구와 에네르기가 있었다. 둘째, 6·10 민주항쟁의 구호였던 '직선제'라는 구체적 단일안이 있었다. 그리고 6·29로 상징되는 현직 대통령의 무조건적 수용이 개헌을 성공리에 마무리 짓게 한 것이었다.

이렇게 탄생한 현행 헌법도 헌법학의 전문적인 식견과 토론이 매우 부족한 채로 개헌과정을 거쳐서 결정적인 오류를 갖고 있는 헌법으로서 언젠가부터 개헌의 대상이 되고 있다. 이제 와서 보니 현재의 단임 대통령제는 직선제와 5년의 짧은 임기라는 전략적 고민 외에는 제3공화국보다도 비민주적인 대통령제였던 것 같다. 현행헌법에서 대통령을 제4·5공화국의 대통령과 진배없는, 견제가 부족한 절대권력으로 방치해 놓았던 것이 결정적인 오류였다. 그 외에도 남북분단과 대북정책 및 통일에 관한 시대적 통찰이 없었던 점, 지방자치에 대한 헌법적 규정이 권력의 지방 이양 및 분산, 분권의 내용을 전혀 담지 못하였던 것, 이 외에도 거칠은 개헌과정은 많은 허점을 노정하고 있기에 언제나 개헌의 대상이 되고 있는 것이다. 계속적으로 실패와 좌절을 거듭해온 개헌작업의 성공적인 로드맵은 무엇일까에 대한 심각한 고민이 필요하다 하겠다.

절대 반복해서는 안 될 한국헌법 개정의 역사

절대 반복하지 말아야 될 한국헌법의 개정 역사이기에 그 근원적인 맹점을 정확히 꿰뚫어 보아야 한다. 제헌헌법은 대한민국 수립과 동시에 만들어지는 필연적 제정이었으나, 의회주권의 의원내각제와 당시 미국식 정부형태였던 대통령제의 성찰없는 결합 내지 야합이 제헌헌법의 민주적 시스템의 불안정성을 처음부터 노정시키고 있었다. 제1공화국에서 두 번의 개헌이 있었는데 1차 개헌은 6·25 한국전쟁 중에 이루어진 것으로서 야당이 장악한 국회에서 당선이 어려운 바, 직선제로 바꾸었다. 2차 개헌은 절차상 4사5입이라는 반칙 이외에도 초대 대통령에 한해서 장기집권이 가능하도록 3선 제한 조항을 무력화시켜 버렸다. 이에 대한 반성으로 4·19 혁명 이후 제2공화국은 정당민주주의와 의회민주주의의 상징인 의원내각제로 들어섰다. 대통령이 바뀌어서 2공화국이 아니라 권력구조의 본질적인 변경으로 인한 제2공화국이었다. 한 번의 개헌이 있었는데 이는 부칙사항으로서 반민족적, 반민주적 인사에 대한 처벌의 소급효의 근거를 마련하기 위한 것이었다.

　제3공화국은 5·16 군사쿠데타로 의원내각제였던 제2공화국을 폐기시키고 출범하였다. 쿠데타란 모름지기 국가기구 내지 헌법기관이 현행 헌정질서를 파기시키는 것이고, 4·19 같은 혁명은 노동자, 농민, 학생 또는 지식인 등 국가기구가 아닌 사람들 즉, 국민과 백성이 하는 것이 혁명인데, 5·16 군사쿠데타는 쿠데타를 해 놓고 혁명이라고 했던 것이다. 이러한 용어의 잘못된 선택은 먼 훗날 과거사 재정리의 대상이 되었던 것이다. 흔히들 혁명은 좋고 쿠데타는 나쁜 것이라는 연상에서 시작된 허튼 짓에 불과했는데 정확하게 지적하자면 쿠데타에도 좋은 것이 있고 안좋은 것이 있으며, 혁명도 마찬가지이다. 구한말 갑신정변은 개혁관료 양반들의 쿠데타(정변)였기에 그것이 성공하지 못한 것에 대한 아쉬움이 아직도 있는 것이다. 제3공화국 헌법이 대통령제로서 가장 교과서적이고 민주적이었던 것에 비해서 그 국정 담당자의 비민주적 역사관은 거듭된 권력추구와 쿠데타 연속의 한국헌정을 만들어버렸다.

　제3공화국 당시의 5차 개헌은 박정희 대통령이 한 번의 임기를 더 하기 위한 3선 개헌이었고, 후일 제5공화국 때문에 제4공화국으로 명명되고 있는 유신체제의 유신헌법은 장기집권을 위한 친위쿠데타적 헌법개정이었다. 그 내용적으로 볼 때도 영도자적 대통령은 국회와 국민으로부터의 아무런 제한도 받지 않고 선출방식과 임기에 있어서도 별도 규제가 없었던 절대권력이었다. 제5공화국 또한 절차적으로는 무척 합법적으로 진행되었지만 국민적 동의를 구하는데 있어서 비민주적이었기에 쿠데타의 산물로 보고 있는 것이다. 전두환 전 대통령의 측근으로서 '쓰리허'의 한사람이 제5공화국은 4공화국의 헌법적 절차에 따라서 국민의 동의를 얻은 합법적 헌법이라고 PR 했다. 그러나 이는 법만능주의 본질을 간직한 법실증주의적 해석에 불과한 것으로서 독일의 히틀러정권 탄생이 우리나라 5공화국 헌법과 그 궤를 같이한다는 면에서 다분히 궤변적 변명에 불과하다.

이러한 대한민국의 헌법역사가 부끄럽기도 하지만 절대 재현되어서는 아니 될 것이고, 당연히 그럴 것이라 장담한다. 제6공화국의 현행헌법은 6·10 민주항쟁과 6·29 선언 그리고 여·야 합의에 의한 헌법개정이었고, 진정한 의미의 개헌의 세 가지 성공조건을 다 갖추고 있지만 그 내용과 절차에 있어서 아쉬움이 참 많은, 어쩌면 그 수명을 다한 헌법이라고 볼 수도 있다. 혹자들은 5년 단임제로 상징되는 현행헌법이 오히려 대한민국의 국민성과 맞아떨어지는 엄청난 동력을 갖는 헌법이라고도 호평하기도 하지만 여러 가지 다양한 헌법학적 고민을 할 때 가능하면 빠른 시일 내에 개헌은 불가피하다 하겠다.

현행 헌법의 문제점과 제10차 개헌 로드맵

현행 헌법의 권력구조 중 가장 큰 문제는 국민들에게 대통령의 선출권만 있지 심판권이 없는 단임제라는 것이다. 이에 미국식의 4년 중임제로 개헌해서 현직 대통령이 항상 국민으로부터 재심판을 받는 긴장관계 속에서 민주적인 시스템을 갖추자는 것이다. 그러나 5년 단임제의 맹점은 단임제이기 때문에 대통령의 무책임한 독선이 5년마다 주기적으로 악순환 된다고 볼 수 있지만 대통령 권력에 대한 견제와 제한이 별로 없다는 것이 더 심각한 문제이다. 의원내각제도 아닌데 대통령에게 법률안 제출권을 주고 있어서 미국 대통령에 비해서 한국 대통령은 권력이 지나치게 크다. 특히 집권여당을 통해서 의회까지 지배함으로써 대통령 권력이 더욱 절대적인 것은 현행헌법의 현주소이다. 더 나아가 지방자치와 지방분권의 수준이 매우 미약하여 대통령은 중앙과 지방 통틀어서 어느 누구도 견제하기 힘든 존재가 되었다. 5년짜리 권력의 악순환과 정당정치의 부활을 위해서 단임제의 폐기와 4년 중임제의 도입은 불가피할 수 있다.

그러나 요즘은 4년 중임제 외에도 분권형 대통령제를 주장하는 이들이 많아지고 있다. 소위 이원집정부제를 이야기하는 것인데 한국헌정에는 너무 생소하기에 우려되는 측면이 많은 것이 사실이다. 외치와 내치가 어떻게 정확히 구분될 것인가에 대한 문제와 함께 정치권에서의 갈등을 수습하기 힘든 상황이 쉽게 예견되기도 한다. 특히 최근에 김무성 새누리당 전 대표를 비롯한 많은 국회의원들이 오스트리아식 이원집정부제의 도입을 이야기하고 있는데 기실 오스트리아의 헌법을 살펴보면 말이 대통령과 수상이 분권형 헌정을 유지하는 것으로 되어 있지만, 실질적으로 대부분의 권력이 연방수상에게 집중되어 있다. 즉, 오스트리아 헌법은 겉으로 볼 때는 분권형 이원집정부제 같지만 실질적으로는 많은 연합정치를 경험하고 있는 순수내각제에 가깝다고 볼 수 있다. 이와 같은 부정확한 개헌논의도 요즘 개헌정국에 있어서 골칫거리 중의 하나다.

2007년 참여정부 때 원포인트 개헌은 정치권의 반발로 철회한바 있었고 최근 박근혜 대통령발 개헌논의는 한 가을 날 해프닝이 되고 말았다. 그렇다면 현행 헌법의 문제점을 분명하게 체험하고 있는 우리 국민들에게 개헌은 영원히 불가능할 것인가. 그에 대한 대답으로 개헌의 원칙에 맞는 조건과 상황이 된다면 '가능하다'고 얘기하고 싶다. 즉, 개헌성공의 세 가지 조건을 충족시키는 것이 제10차 개헌 로드맵이라고 생각한다.

개헌 성공의 세 가지 조건으로서 첫 번째, 현 대통령의 개입이 전혀 없어야 한다는 점이다. 즉, 개헌의 주체가 대통령이 아닌 국회와 국민이어야 한다. 국회에 개헌특위와 같은 것이 설치되어 개헌의 물꼬를 터야할 것이다. 둘째, 구체적으로 국민적 협의가 가능한 단일안이 나와야 하는데 이를 위해서는 국회 안팎에서의 적극적이고 다양한 공론화 과정이 있어야 한다. 단일안이 나오기까지는 긴 시간이 소요될 수도 있고 의외의 국민적 합의가 도출될 수도 있을 것이다. 세 번째 조건으로서 정치권과 국민의 강한 욕구가 있어야 하는데, 이는 국회와 국민이 개헌논의의 주체가 되고 공론화 과정을 거쳐서 바람직한 개정방향이 나오게 되면 자연스럽게 이루어지는 상황조건이다. 요컨대 제10차 개헌 로드맵은 개헌성공의 세 가지 조건이 지켜질 경우 순항하리라 믿어 의심치 않는다.

개헌논쟁과
근본적 · 구체적 ·
현실적 고민

칼럼의 배경과 쟁점　　　　　　　　　　　　　　2015. 2.

● 개헌논쟁에서 근본적 쟁점으로 협의제민주주의(내각제)와 다수제민주주의(대통령제)에 대
한 선택에 있어서 한국적 전통에서는 대통령제를 유지하는 것이 바람직하고, 구체적 고민
으로서 내각제에 대통령제의 강제적 가미라는 제헌헌법에서부터 야기된 국가통치원리의
왜곡을 바로잡기 위한 노력 – 대통령제다운 대통령제로의 전환 –이 필요하며, 현실적 고
민으로서 한국대통령의 반복적 실패 원인으로 작용하는 5년단임제를 폐기하고 국민이 대
통령에 대한 중간심판권을 갖는 4년중임제로의 개헌이 필요함

키포 인트	노무현 대통령 시기 시작된 개헌논쟁은 한국정치에서 지속적인 정치적 화두로 존재하고 있는데, 이에 대한 근본적·구체적·현실적 고민을 통해 개헌방향을 제 시할 필요가 있다는 칼럼

　　√ 개헌의 근본적 쟁점 : 민주주의 방식 논쟁
　　√ 개헌의 구체적 쟁점 : 권력구조 변경
　　√ 개헌의 현실적 쟁점 : 5년 단임제의 폐기

현행헌법 개헌문제로 가장 활발하게 공론화된 대표적 사례로서 노무현 대통령이 집어든 '원포인트 개헌'을 꼽을 수 있겠다. 현재 국민대 김병준 교수(당시 대통령자문 정책기획위원장)가 필자에게 개헌 공론화를 책임져 달라고 요청하였다. 필자가 헌법전공 학자이자 대통령자문 정책기획위원이라는 명분이기도 했겠지만, 아마도 정치적으로 골치 아픈 문제를 떠안긴 감도 있었다. 헌법학자로서 흥미롭기도 해서 크게 주저하지 않았고, 추진과정에서 참 많은 경험을 했던 것으로 회고된다.

　　한국헌법학회 회장 및 임원, 한국정치학회 회장 및 임원들과 청와대에서 고(故) 노무현 대통령과 찬반논쟁을 했던 일, 광주·대구·부산 등 대도시에서 공청회를 개최했던 일은 학자로선 매우 실감나는 현장경험들이었다. 특히 서울대 강원택 교수가 사회를 보고 서강대 임지봉 교수와 체육관에서 '4년 연임제 개헌론'과 '5년 단임제 유지론' 논쟁을 실시간 여론조사로 토론한 적이 있었는데, 일반 국민과의 공감대 형성이 생각보다 실제적으로 체감되고 있음을 느꼈다.

　　개헌논쟁에는 정치·사회·경제적 접점과 쟁점이 무수하다. 흔히들 말하는 육하원칙, 누가·어디서(who·where, 국회 또는 대통령), 왜(why) 무엇을(what) 어떻게(how) 언제(when) 개헌 하는지가 모두 접점이자 쟁점 투성이이다.

　　요컨대 개헌에 대한 국민적, 정치적 합의가 이루어질 경우 거대한 국가발전 대계가 완성되는 것이고 해당 대통령에게는 최고의 국정 마무리라는 인식이 필요하다. 개헌에 대한 필자의 고민이 진정 근본적이고 구체적이며 현실적인가에 대한 반문이 있을 수 있겠으나, 개헌에 관한 한 정말 애국적이고 미래지향적, 탈이념적 비전이 요구된다 하겠다.

개헌의 근본적 쟁점 : 민주주의 방식 논쟁

대한민국헌법에는 '헌법제정권력'에 의한 헌법제정과 '헌법개정권력'에 의한 헌법개정이 없었다고 하여도 과언이 아니다. 제헌헌법부터 전혀 다른 민주주의 이념에 바탕을 둔 내각제와 대통령제를 동시에 규정하면서 한국헌법은 처음부터 권력구조와 정부형태의 이데올로기적 가치를 가볍게 여기는 헌정사적 전통을 갖게 되었다. 각기 다른 정부형태를 민주주의적 성찰과 고민도 없이 정치적 헤게모니 장악 의도와 정치야합에 의해 받아들인 것이다. 권력구조라는 헌법상 제1차적 규범적 가치가 위정자의 취향에 따라 취사선택의 대상이 되어버렸고, 이후 한국헌정사는 대통령제와 내각제의 윤번제적 선택과 논쟁으로 점철되었다.

한국헌법의 권력구조와 정부형태가 민주주의 원리에 대한 논쟁과 국민적 토론과정에서 재정립되는 계기가 이제 마련되어야 한다. 그것이 바로 헌법개정과 민주주의에 대한 논쟁이다. 정치적 민주주의에 있어서 정부형태로서의 대통령제와 내각제 논쟁은 다수제민주주의와 협의제민주주의의 논쟁과 직결된다.

내각제 정부형태와 양원제 및 비례대표선거제를 조건으로 하는 협의제민주주의론자들은 한국사회의 불평등조건과 갈등을 매우 심각하게 받아들이면서 다수자지배의 견제장치로서 협의제민주주의의 당위성을 강조한다. 나아가 내각제 실현을 한국민주주의의 진보로 간주하고 있다.

그러나 그러한 소수자 소외와 배제의 문제는 다수자와 소수자간의 정권교체로서 충분히 완화할 수 있는 문제에 불과하기 때문에 한국적 상황에 맞는 민주주의의 모색이 더 본질적이다. 다수제민주주의(대통령제)와 협의

제민주주의(내각제)의 논쟁은 제도적 우월성 보다는 그 사회의 민주적 조건과 현실적 적합성에서 결론을 도출할 필요가 있다. 한국 사회에서 다수자와 소수자간의 합의와 다수결의 결과에 따른 승복 중 어떤 것이 더 강한 규범력을 갖을까. 한국의 헌정경험·선거제도·정당체제·정치문화가 합의민주주의(協議制民主主義)와 승복민주주의(다수제민주주의) 중 어떠한 민주주의에 더 적합한가. 민주주의 논쟁이라는 이데올로기 및 헌정사적 성찰이 대한민국 헌법의 권력구조 재정립에 있어서, 즉 헌법개정문제에 있어서 필수불가결한 요소가 된 것이다.

협의제민주주의를 다원화된 시민사회에 부합하는 민주적 메커니즘으로 보고, 다수자와 소수자 사이의 권리박탈, 권력기관 간의 권력분산·권력위임·권력제한 등의 장치를 통하여 다수자의 지배를 견제하는 것으로 평가한다. 이러한 협의제민주주의는 정치적으로 연립(coalition)정부의 이데올로기적 토대가 되고 있으며, 제도적으로 내각제·양원제·다당제·비례대표선거제 등을 구성요소 내지 조건으로 하고 있다.

그러나 한국 헌정에서 협의제민주주의의 이념적 토대가 되고 조건이 되는 연립정부·내각제·양원제 등의 경험은 매우 부족하고 성공한 사례를 찾기 힘들다. DJP연합으로 상징되는 한국 최초의 연립정부는 선거연합에 불과하며, 근본적으로 다수제민주주의(대통령제)의 틀에서의 비정상적인 연정이었다. 참여정부 당시 노무현 대통령이 한나라당과의 대연정 제안 또한 협의제민주주의, 즉 합의민주주의의 이념적·제도적 토대가 전무한 상태에서의 제안이어서 정치적 공세로 실패하고 말았다. 내각제와 양원제 또한 한국헌법사에서 성찰할 만한 제도적 경험이 없었으며, 비례대표선거제의 전면적 확대도 소선거구제를 대체할 만한 제도로서 수용하기에는 기존 정당의 정략적 계산과 장벽이 지나치게 높아졌다.

한국에서 협의제민주주의의 토양이 약한 원인은 위와 같이 헌정사적 경험이 부족한 측면도 있지만 그것이 과연 한국사회와 정치문화에 맞는 민주주의인가에 대한 의구심에서도 찾을 수 있다. 무엇보다 협의제민주주의의 중심축은 정당인데 한국정당들이 '협의'가 필요할 만한 정당간의 정책의 차별성과 불변성을 갖추고 있는가에 대한 부정과 불확신이 그것을 입증하고 있다. 그리고 정당이 권력과 이익의 정치에 몰두하거나 중심에 있는 한 협의제민주주의는 매우 위험하다.

협의제민주주의 논자들이 우려하고 있는 소수자의 배제는 다수자와 소수자간의 정권교체가 이루어짐으로서 완화될 수 있다. 그리고 동질성이 비교적 높은 사회에서는 정당간의 정책차이가 그리 크지 않기 때문에 한 정당이 권력으로부터 배제되더라도 투표자의 이익이 집권정당에 의해 어느 정도 충족된다면, 그 체제는 다수 국민을 위한 다수제민주주의를 수용하는 것이 순기능적이다. '다수제민주주의'는 헌법의 권력구조 내지 정부형태론에서는 '대통령제'로 제도화된다.

대통령제와 4년중임제는 역대 한국헌법에서 가장 익숙한 민주주의의 시도이다. 많은 위정자들이 유럽에서 꽃을 피운 대화와 타협의 합의민주주의(협의제민주주의)와 내각제를 시도하고 동경하였지만, 한국사회에는 합의보다는 결과에 승복하는 미국형 승복민주주의(다수제민주주의)가 더 적합하다. 미국은 결선투표가 없어도 제도적으로 과반수 득표자의 대통령이 나오게 함으로써 권력의 권위를 인정받게 한다. 반면에 협의제민주주의와 의원내각제에 요구되고 있는 유럽풍의 사회적 대타협과 비례대표제가 우리 사회에서 성공한 적이 있는가는 깊이 성찰할 문제다. 현행헌법에 남아있는 국무총리 국회동의와 국무위원 해임건의와 같은 내각제 흔적도 상호견제와 합의민주주의 강화보다는 입법부와 행정부의 임무를 약화시키고 있을 뿐이다. 4년중임 대통령제는 정치권의 합의정신 보다는 국민심판에 충실한 정치제도이기 때문에 한국정치문화와 조화(調和)관계에 있다 하겠다.

개헌의 구체적 쟁점 : 권력구조 변경

현행헌법에는 제헌헌법부터 야기되어온 개헌시 국가통치원리의 왜곡, 반입헌주의적 흔적이 상당부문 축적되어 있다. 현행헌법은 민주적 정통성을 확보하고 국민의 기본권 신장과 권력구조의 민주화가 확대되었음에도 불구하고 정치권의 이해관계가 반영된 5년단임 대통령제를 채택함으로써 5년짜리 권력을 둘러싼 정치적 악순환이 반복되고 개헌외의 방법으로는 악순환의 고리를 해소시킬 방도가 사실상 없는 게 엄연한 헌법현실이 되었다고 볼 수 있다.

물론 5년단임 대통령제의 현행헌법의 폐단이 4년중임 대통령제로의 전환을 통하여 완전히 종식될 수는 없다. 중요한 것은 헌법개정의 중핵으로서 권력구조(정부형태)에 대한 이데올로기 및 헌정사적 고찰을 통하여 최소한 정상적인 대통령 권력구조 복원의 불가피성을 진단하는 것이다. 동시에 새로운 헌법개정이 4년중임 대통령제로의 개헌을 통하여 표류하던 한국형 권력구조를 1차적으로 마무리 짓는 작업으로서 인정할 만한 가치를 갖고 있는가에 대한 확인도 중요하다. 동시에 현행헌법의 시급한 개정이 대한민국 헌정의 정상화와 직결된다는 문제의식을 갖고 단계론적 개헌론의 유용성도 검토할 필요가 있다.

이미 민주주의가 고도화된 우리나라의 경우 헌법개정 사항에 대한 국민적 합의 과정과 정치적 결단이 단순하지 않기 때문에 시대적 상황에 따른 단계별·순차적 개헌이 현실적이다. 과거 한국 헌법의 전부개정 전통은 구체제(舊體制)와의 단절 내지 권력 연장의 위장(僞裝)에서 비롯된 것이다.

　가능한 빨리, 즉 1단계 개헌(정상적인 대통령 권력구조 복원)의 성과 토대 위에서 2단계 개헌의 일정·방법·범위를 확정하는 것이 바람직하다. 향후 정·부통령제, 결선투표제, 대통령의 사면복권 및 국회의원 면책특권 제한, 헌법재판소의 사법기관화(헌법법원)에 따른 사법부 일원화, 영토 및 통일조항, 토지공개념과 복지조항 등의 종합적 검토는 오랜 찬반논쟁이 필요한 문제로서 미국의 CCS(Committee on the Constitutional System)처럼 비정치권 중심의 전문가들이 모여 정치권의 필요성이 아닌 시대적 상황과 국민참여적 민주주의의 강화의 입장에서 헌법개정논의를 활발히 할 필요가 있다. 헌법수정의 절차가 엄격한 미국(상·하원 각각 3분의 2 이상의 찬성과 전국 50개주 중 36개주 이상에서 비준)에서도 헌법개혁에 관한 연구와 토론이 여전히 활발하다.

　대한민국 헌법사의 가장 큰 문제는 제헌과 개헌과정에서 국가의 통치원리를 '왜곡·변질'시키고, '갑작스런 변경'을 하였다는데 있다. 헌법 제정당시 내각제 제헌안으로 준비된 헌법 기초안에 이승만 대통령의 대통령제의 강제적 권유가 가미되면서 국회간선제의 대통령제가 탄생되고, 그후 재집권을 위해 국민직선제로 바꾸는 것이 제헌과 개헌의 왜곡·변질과정의 대표적 예이다. 또한 제1·2·3공화국 개헌과정에서 대통령제→내각제→대통령제로의 변화가 '갑작스런 변경'의 전형이기도 하다.

　헌법개정에 대한 논의는 권력구조변경에 대한 찬반론과 그외 다양한 측면에서 제기되고 있지만, 한국헌법사에 점철되었던 통치원리 즉 권력구조의 개정과정을 고찰할 때, 권력구조론적 차원에서의 왜곡·변질된 부문의 정상화로의 개헌 필요성이 엄존한다. 헌법학 전문가를 대상으로 실시한 헌법개정에 대한 설문응답은 현행 헌법상 권력구조에 초점이 맞추어졌다. 대체적으로 정부형태에 대한 선호도는 대통령중심제로서 임기는 4년 1차중임제 그리고 부통령제의 도입을 선택하였다. 이러한 경향성은 각 전문가와 일반국민간의 상당한 편차에도 불구하고 대체적으로 유지되고 있다.

4년중임 대통령제로의 정부형태 변경을 논의할 때 국무총리제도의 존폐와 부통령제도의 도입 필요성에 대한 논쟁은 불가피하다. 현행 국무총리제의 헌법사적 연혁은 제헌헌법 당시 헌법을 기초한 자(내각제 주장)와 정치적 헤게모니를 장악한 자(대통령제 고집) 간의 야합으로 탄생된 기형적인 정부형태에서 비롯되었다. 겉은 대통령제이고 속은 내각제인 제헌헌법의 전통에서 한국헌법상 국무총리제는 내각제적 요소의 핵심으로 자리잡게 된다.

즉 국무총리제도에 대해 가장 흔히 제기되는 비판은, 국무총리를 국회의 동의를 얻어 임명하도록 하는 것은 의원내각제적 요소로서 대통령제와 어울리지 않는다는 것이다. 제헌헌법 제정시 정치적 타협의 산물로 나온 국무총리제도가 특히 권위주의적 대통령제하에서 방탄총리, 대독총리 등으로 불리며 위상을 제대로 확보하지 못한 현실은 역대 국무총리들이 실질적 권한이 없으면서 대통령이 져야 할 정치적 책임을 대신함으로써 대통령직을 성역화시키는 기능을 해왔다는 것이다.

물론 국무총리제에 대한 찬성입장에서는 국무총리제도에 대한 적극적인 해석이 가능한데 프랑스식 동거정부에서처럼 현행헌법을 여소야대의 상황에서 이원집정부제적으로 운용하는 문제와 연결된다. 이 경우에는 의회에 정치적 기반을 두고 있는 총리와 국민직선의 대통령이 상호 협력하는 형태로서 대통령과 총리가 다른 경우 유럽내각제형태의 연정(聯政)까지를 상정할 수 있다. 그러나 현행 한국헌법에서의 연정은 헌법적으로 제도화될 수 있는 정부형태가 아니라 여소야대라는 특수한 정치적 상황에서 나올 수 있는 비제도적인 정치타협의 변종에 불과하다.

국무총리제도를 폐지하는 대신 부통령제를 도입하자는 제안은 국무총리제도는 대통령제와 체계적으로 어울리지 않는다는 점과 대통령 유고시에 민주적 정당성이 약한 국무총리가 대통령의 권한을 대행하는 것의 문제점, 그리고 대통령과 국회 사이의 임기일치의 필요성 등을 기초로 하여 제기되고 있다.

또한 현재 대통령선거가 실질적으로 영호남간의 지역대결 양상으로 이루어지는 현실 속에서 정부통령 후보가 지역연합으로 이루어진다면 이러한 문제점을 완화할 수 있다는 주장도 있다. 그러나 지역주의에 기초한 정당구도 하에서 지지기반이 취약한 지역에서의 득표를 위해 부통령후보를 정해 당선된 경우에 이러한 부통령이 대통령직을 승계했을 때 대통령으로서의 임무를 제대로 수행할 수 있을지 심각하게 고려해 보아야 한다. 이러한 상황은 양당제가 아직 정착되지 않은 체제에서 다수정당의 대통령후보가 소수정당과의 연립을 목적으로 부통령후보를 지명하는 경우와 비슷한 상황이다.

미국헌법이 처음 제정되었을 때 부통령제를 도입한 가장 커다란 이유는 부통령제가 행정부의 기능에 필요해서가 아니라 선거인에게 2표가 있는 대통령선거제도가 제대로 작동하기 위한 도구로서의 의미가 컸다. 따라서 부통령은 일상적으로는 상원의장의 업무를 수행하고 대통령의 궐위시에도 그 직을 승계하는 것이 아니라 권한을 대행하는 것에 그쳤다.

수정헌법 제12조(1804. 9. 25 공포)는 대통령과 부통령 후보에게 별도로 투표하도록 했지만 1800년 대통령선거(애덤스 중심의 연방파, 제퍼슨 중심의 공화파)에서 정당국가화 현상이 심화되고 정당정치가 확립되면서 적지 않은 의원들이 1표만을 행사함으로써 부통령제를 도입한 중요한 이유가 사라졌다.

이와 같이 19세기 미국에서의 부통령제는 거의 유명무실한 존재였다가 20세기 연방정부의 활동이 활발해지면서 부통령의 권한이 강화되었다. 정치권력의 중심에 서게 된 대통령이 대통령선거에서의 러닝메이트를 정당지도부가 아니라 대통령후보 스스로 선택하면서 부통령의 존재가치와 권한 강화도 동시에 수반된 것이다. 이러한 부통령직의 현실적인 변화는 1967년에 통과된 수정헌법 제25조에 반영, 부통령의 궐위에 대비하는 조항까지 신설하였는데 이는 미국 헌정의 현실에서 부통령직의 중요성이 커졌음을 보여주고 있다.

미국에서의 부통령제에 대한 논쟁은 다양한데 부통령제 폐지론은 대통령이 갑자기 궐위된 경우라도 권한대행을 임명하고 다시 선거를 치루면 된다는 것이고, 부통령권한 강화론은 내각을 이끄는 지위를 부여하든지 아니면 상원에서 투표권을 행사하게 하는 등 권한을 강화하자는 입장이다. 동시에 선출방식 개선론으로서 대통령과 부통령의 후보가 예비선거부터 함께 하도록 하자는 안으로부터 양자를 별도로 선출하자는 안까지 다양하게 제기되고 있다.

한국헌법에 부통령제 도입이 현실화될 때 대통령과 부통령의 선출방식이 가장 핵심적일 것이다. 우선 전체후보자 중 제1득표자를 대통령으로, 제2득표자를 부통령으로 하는 방법은 정당국가의 현실에서 선거에 패배한 경쟁자를 부통령으로 선출하는 것으로 부적합하다.

반면 대통령과 부통령을 별도로 선출할 경우에 러닝메이트 제도를 도입할 것인가의 여부가 문제될 수 있다. 그렇지 않으면 제1공화국에서 이승만 대통령과 장면 부통령의 경우나 미국 초기의 정·부통령처럼 정파가 서로 다른 경쟁자가 정·부통령으로 재임하게 되고 이 경우 대통령의 유고시에 부통령이 승계하면 정권이 교체되는 문제를 발생시키게 된다.

여하튼 대통령중임제로의 개헌을 할 경우 국무총리제 존치여부와 부통령제 도입방법에 대해서 다양하게 논의될 수밖에 없는데, 이는 한국헌법사에 엄존해온 내각제적 전통에 대한 재검토와 동시에, 정당국가적 대의민주정에서의 정당체계의 질적 변화와도 직결되는 문제가 발생하기 때문에 심도있는 논의가 필요하다.

개헌의 현실적 쟁점 : 5년 단임제의 폐기

현행헌법을 개정한다면 ① 제1차 개헌부터 제8차 개헌까지의 1인 장기집권의 독재헌법의 시기, ② 1987년 6·10시민항쟁으로 시작하여 정치권에서 완성된 제9차 개헌의 민주주의헌법의 도입 시기, ③ 국민의 결단으로 마무리 짓는 제10차 개헌의 민주주의헌법의 발전시기로의 전개와 연장선상에서 파악할 필요가 있다. 민주주의헌법의 발전시기에 해당되는 새로운 헌법개정은 일차적으로 4년중임 대통령제로의 개헌을 통하여 표류하던 한국형 권력구조를 정상화하는데 있다. 한국민주주의의 미발전이 제도(헌법)와 사람(대통령) 중 누구의 탓인가에 대한 대답으로서 4년중임 대통령제로의 개헌이 제기되는 것이다.

역사에서 다섯 번의 실패와 반복은 없다. 실패한 대통령을 만들고 있는 한국정치의 구조적 문제와 제도상의 결함을 실패한 제도, 헌법에서 찾을 수 있다. 5년단임 대통령제는 민주주의 헌법으로 가고 있는 과도기의 비정상적 대통령제일뿐이다. 역대 5년단임 대통령제 선거에 있어서 국민은 최선의 선택을 하였으나, 다섯 번에 걸쳐 5년마다 반복되는 책임정치 살상과 사회적 자멸은 제도(헌법)에서 기인한다고 볼 수밖에 없다.

과거 대한민국헌법사가 반입헌주의적 개헌역사이자 정치세력간의 야합에 의한 정치권력의 변천사였다면, 현행헌법의 개정은 절차적으로 국민과 정치권의 정치적 합의가 있었고, 국민의 기본권 신장과 권력구조의 민주화 확대에 따른 민주적 정통성을 상당부분 확보하고 있었다. 그러나 정치권의 이해관계가 반영된 5년단임 대통령제를 채택함으로써 5년짜리 권력을 둘러싼 정치적 악순환이 반복되었다. 유신체제와 5공 정권의 대통령독재를 경험한 국민들은 대통령을 직접선거로 뽑을 수 있다는 그 자체에 만족해 더 이상의 변화와 논쟁을 접었다.

4년중임제가 대통령제에서의 책임정치를 제도화하는 대안으로 등장하는 데는 현행헌법의 단임제대통령의 정치형태에 대한 비판에서 비롯되고 있다. 1인 장기집권방지라는 시대적 소명을 다한 현행헌법에 권력누수와 책임정치 실종의 반복, 지역주의 정치행태의 고착 등의 헌법적 부작용이 현실로 드러나면서 제도적 결함의 개선이 절실해졌다. 대체할 권력구조로서 4년중임 대통령제가 사회적 합의단계에 이르렀고, 개헌시기도 참여정부의 임기말이 최적기로 설정되었으며, MB 정부와 박근혜 정부에서도 지속적으로 개헌논쟁 중이다.

통상적으로 대통령은 임기 초에는 개헌을 약속할 수 있을 뿐이다. 만약에 임기 초에 대통령 스스로 발의하여 헌법을 개정해 버리면 한국헌법 규정상(제128조 제2항) 상당기간 두 개의 통치규범이 존재하는 최고규범 중첩이라는 초유의 상황이 발생한다. 임기 초에 새로운 헌법을 만들면 '신법이 구법을 우선한다'는 원칙에 따라 구헌법은 자동 폐지된다는 주장이 있지만 이는 헌법과 법률의 법리적 차이를 혼동한 착오에 불과하다. 5년단임 대통령제 헌법과 4년중임 대통령제 헌법은 통치구조와 운영에 있어서 전혀 다른 차원의 차이가 있으므로 현직대통령은 현행헌법에 근거하여 통치할 수밖에 없다.

4년중임제를 채택하고 있는 미국헌법에서도 단임대통령제 운동이 여러 번 시도되었으나 번번이 실패하였다. 특히 미국의 6년단임 대통령제안은 "4년중임제가 다음 선거 준비 때문에 소신 있는 국정운영을 어렵게 한다"는 이유로 헌법수정의 검토대상이 되어왔다. 이 안은 1826년부터 150회 이상 의회에 제출(9명의 대통령이 시도함)됐으나 "단임제는 대통령이 선출될 때부터 권력누수현상을 초래할 수 있고, 국민에 대한 책임성과 대응성을 기대하기 어려우며, 분할정부가 탄생하면 그 기간을 더 연장시켜 버린다"는 이유로 계속 채택되지 않았다. 4년중임제의 문제가 아무리 많아도 단임제의 폐해와는 비교도 안된다는 미국적 경험과 판단은 한국 헌법사에서 매우 소중한 타산지석이다.

5년단임 대통령제를 4년연임 내지 중임 대통령제로 개정할 경우 대통령과 국회의원의 선거주기 불일치와 만연된 여소야대 현상이 해소될 것으로 예견할 수도 있다. 그러나 대통령과 국회의원선거의 일치가 여대야소를 반드시 보장하지는 않는다. 대통령과 국회의원 선거를 동시에 치를 경우 대통령과 정당을 동시에 심판하는 것이기에 팀 투표제(Team Ticket Voting: 일명 줄투표)에 의한 다수당 통합정부가 자주 구성되지만, 대통령과 정당에 대한 지지가 다를 경우와 견제투표심리가 확산되면서 여소야대 현상이 나타날 수도 있다.

4년중임제는 여소야대의 분할정부 하에서 국민의 선택과 정치권 정책변경의 선순환구조를 담보하는 제도적 강점을 가질 수 있다. 4년중임제는 대통령을 선택하고 심판하는 권력이 국민에게 있음을 명백히 하고 있기 때문에, 즉 대통령 권력이 국민에 의해서 통제되고 있기 때문에 단임제에서 자주 발생하는 야당에 의한 국정발목잡기 수준의 권력누수현상이 심하게 나타나지는 않을 것이다.

요컨대 5년단임 대통령제의 현행 헌법의 폐단이 4년중임 대통령제로의 전환을 통하여 완전히 치유되지 않는다. 제도론적 장단점 비교와 분석으로 최적의 정부형태를 단정지을 수는 없다. 중요한 것은 헌법상 통치구조가 국민의식과 한국사회의 정치문화 및 정치현실과 어울릴 수 있을 지를 민주주의 관점에서 결정하는 것이다.

분명한 것은 4년중임 대통령제로의 개헌은 국민에게 권력이 더 가는 민주헌법 개정이다. 독재 헌법에서는 대통령이 국민을 통제했고, 현행 5년단임 대통령제도 국민에게 선출권만 있지 심판권은 없는 비정상적인 대통령제이다. 4년중임 대통령제에서는 국민이 선출권과 심판권을 동시에 갖기 때문에 비로소 국민이 대통령을 통제할 수 있다.

국민참여 개헌과 한국정치의 DNA

칼럼의 배경과 쟁점   2017. 6.

● 국민들의 직접정치의 결과로 실시된 제19대 대선과정에서 한국헌법과 부수법률 등의 허술함과 위험성이 노출되었고, 문재인 대통령이 2018년 지방선거에서의 개헌을 공약으로 내세우면서 헌법개정은 중요한 정치적 이슈로 부상하였음

● 개헌의 사회적 합의는 '적접정치의 힘'에서 비롯되었기에 국민참여는 개헌의 추진동력이며, 국회는 국민·국회·정부 등의 다양한 의견수렴에 많은 시간을 투여해야 하고, 4·19 혁명, 6·10 항쟁, 촛불탄핵 등 한국헌법 역사 변혁의 주체인 국민의 정치참여 욕구를 제도화시키기 위한 국민소환·국민발안 도입에 주저해서는 안됨

● 2018년 6월 13일은 4년 중임제 개헌의 최적기로서, 2년마다 주기적으로 중간선거와 본선거가 치러지는 국민심판의 싸이클을 갖게 되고 헌법개정의 시기적으로도 국민의 존재감을 명확히 한다는 측면에서 중요함

키포인트	2018년 6월 13일 지방선거에서의 개헌은 국민의 존재감, 국민심판을 위한 선거주기, 한국헌법과 법장치에 대한 보완 등의 측면에서 최적기이며, 이러한 장점을 최대한 확보할 수 있는 헌법개정을 위해서는 대통령·국회·시민단체·언론 등 모두가 협업의 자세로 나서야 완성될 수 있다는 칼럼

     √ 개헌추진 동력으로서 국민참여
     √ 개헌추진 출발로서 한국정치의 DNA
     √ 개헌추진 최적기로서 2018

예정대로 2018년 6월 13일, 제10차 헌법개정이 이루어진다면, 영욕의 헌정 70년이 주었던 수많은 아픔들과 고통들이 언제 그랬냐는 듯이 눈 녹듯이 사라질 게다. 오히려 힘들었던 과거 역사는 새로운 민주한국의 미래를 담보하는 기반이요 든든한 배경이 될게다. 참으로 신나는 일이 우리 앞에 놓여 있다.

국회와 문재인 대통령은 '제10차 개헌' 프로젝트 수행에 있어서 정치공학적 계산은 일체 금물이며, 차세대에게 새로운 대한민국을 넘겨주는 것이라는 역사적 사명감을 가져야 한다. 이에 제10차 개헌은 당리당략에서 벗어나 오로지 국민의 뜻과 한국정치 DNA를 정밀히 파악하는데서 출발하면 좋겠다.

개헌추진 동력으로서 국민참여

제10차 헌법개정의 핵심사항은 국민참여이다. 6·10 항쟁에 의해 탄생한 제9차 현행헌법이 최초로 여·야 합의에 의하여 개정되었다는 의미를 갖고 있지만, 국민참여는 철저히 봉쇄되었다. 특히 개헌과정에서 5년 단임제 등 권력구조의 주요사항을 정치권의 협의(協議)와 합의(合意)의 범주 내로 한정하여 전문가적 검토와 국민적 공론화 과정이 전무하였다.

제10차 개헌의 사회적 합의는 촛불민심과 탄핵, 사회과학적 표현으로 '직접정치의 힘'에서 출발하였기에 국민참여는 개헌과정에서 중요한 추진동력이 될 수밖에 없다. 이것이 제10차 개헌과정에서 다양한 공론화를 필수불가결한 전제로 설정하게 한다. 국회 개헌특위가 개헌논의의 전담창구가 되어야 한다는 국회의원들의 인식은 잘못된 상황판단이다.

국회는 국민을 대표하는 기관이기 때문에 각 당의 개헌의견을 각기 지지하는 국민의 것으로 간주할 수는 있으나, 직접민주주의의 틀에서 볼 때 정당정치과정을 거친, 간접적이라는 한계를 갖는다. 동시에 국회에서의 개헌작업에는 각 정당의 정치적 비전과 이해관계가 크게 반영될 수밖에 없다. 제10차 개헌에서 국민참여의 비중을 강화시키려면 국민들의 직접투표·직접정치에 의해 등장한 대통령의 참여와 역할은 절대적이다.

대통령과 정부는 가칭 '국민참여개헌추진위원회'를 설치해 헌법개정권자인 국민이 직접 참여하는 개헌추진을 보장하여야 할 것이다. 가장 이상적인 것은 '국민참여개헌추진위원회'의 방안을 정부의 개헌의견으로 확정해 국회의 개헌특위에서 수렴할 수 있도록 하는 것이다. 상식적인 얘기지만 개헌안 공고·의결·투표 등의 기계적인 절차보다는, 국민·국회·정부 등의 다각도의 의견수렴과 구체적인 개헌안 작성에 더 많은 시간이 투여되어야 할 것이다.

개헌추진 출발로서 한국정치의 DNA

제10차 개헌에서 국민의 정치적 결단 못지않게 한국정치의 변경을 위한 한국정치의 자체 연구에 몰두하여야 한다는 점을 지적한다. 제10차 개헌의 해법을 마치 '헌법 백화점'이나 '헌법 국제박람회'에서 쇼핑(eye 쇼핑 포함)하듯이 해서는 안된다는 것이다. 한국정치의 출발점으로 거슬러 올라가서 근본적인 정치적 유전인자(DNA)를 분석하는데서 답을 구해야한다.

70년 헌정사에서 한국정치 DNA의 대체적 특징은 크게 국민무시와 대통령의 존재감이다. 한국정치에서 '국민주권'이라는 표현은 상투적 말투에 지나지 않을 만큼 주권자로서 국민의 존재감이 미약했다. 그럼에도 불구하고 4·19 혁명, 6·10 항쟁, 촛불탄핵을 통하여 한국헌법 역사를 변혁시킨 주체 또한 국민이기도 했다. 이번 개헌에서 권력분립·기본권 강화 못지않게 국민의 정치참여 욕구를 제도화시킬 직접정치의 기제로서 국민소환·국민발안 도입에 주저해서는 안된다고 본다.

한국정치 DNA의 또 하나의 특징으로서 대통령의 존재감을 꼽을 수 있는데, 이는 자연스럽게 4년 중임제로의 개헌을 불가피하게 한다. 특히 국민의 직접적 정치참여욕구는 정당정치의 내각제보다는 직접정치의 대통령제에 쏠리게 된다. 헌법학적으로 볼 때 대통령제에서 국민은 대통령 선출과 국회의 구성 즉, 이중적 정통성 부여와 구성권을 갖는 격이다. 이번 개헌은 보다 큰 권력이, 실제 사용 가능한 형태로 국민들에게 주어지는 방향으로 추진되어야 순리이다.

개헌추진 최적기로서 2018

공교롭게도 조기대선 덕분에, 4년 중임제 개헌으로 국민적·정치적 합의를 볼 때 2018년 6월 13일은 최적기이다. 지금까지 5년 단임 대통령제를 4년 연임 내지 중임 대통령제로 개정할 경우 대통령과 국회의원 및 지방선거와의 주기 불일치로 미국과 같은 중간선거 및 본선거의 2년 터울의 주기적 싸이클을 확보하지 못하는 것이 큰 장애로 여겨졌었다. 그러나 조기대선 때문에 내년 상반기에 4년 중임 대통령제를 골격으로 하는 헌법개정을 하였을 때 현직 대통령은 5년 임기를 고스란히 채우고 헌법개정 이후 2년 후인 2020년 제21대 국회의원 선거 그리고 그 2년 이후에는 대통령선거와 지방선거가 동시에 치러지게 된다. 졸지에 2년마다 주기적으로 중간선거와 본선거가 치러지는 국민심판의 싸이클을 갖게 된다. 내년 개헌시기는 일부러 만들기 힘들 정도의 최고의 적기인 셈이다.

그 외에 헌법개정의 시기적으로나 국민의 존재감을 명확히 하는 개헌은 큰 틀에서는 100점 만점이나, 구체적이고도 디테일한 규정, 명문화가 또한 절실하다. 만약에 한국에서 미국의 트럼프와 같은 대통령이 탄생했다면 아마도 국가 전체가 기우뚱거렸을 것이다. 미국 수정헌법을 보노라면 별로 중요한 것 같지 않은 권력승계 조항, 대통령 최종 당선자 절차규정 등을 국가 최고규범이자 권리장전이기도 한 헌법전의 품위에 맞지 않게도 아주 상세히 규정하고 있다. 이론적으로 가능할 수 있는 모든 상황을 설정한 결과인 것이다. 아마도 이래서 미국 헌법과 법규들은 트럼프 트러블에도 불구하고 흔들림이 없는 버팀목이 되고 있다고 본다.

갑작스런 제19대 조기대선을 전후로 한국헌법과 법장치가 얼마나 허술하고 위험한가를 느꼈을 것이다. 헌법과 각종 법률들이 큰 우주선이라고 가정할 때 나사 하나 빠지고 부실하면 어떻게 되겠느냐와 비교할 필요가 있다. 제10차 개헌은 제법 오래된 대한민국을 전면적으로 개편하는 중차대한 프로젝트이기 때문에, 대통령·국회·전문가·시민단체·언론 등 모두가 협업(協業)적 자세로 나서야 완성될 수 있다.

개헌의
해법과 전략

칼럼의 배경과 쟁점   2018. 2

- 문재인 대통령의 헌법개정 공약을 실천하기 위해 절차적으로 국회의 3분의 2 동의가 있어야 하지만, 자유한국당의 반대로 지방선거에서의 개헌 여부가 불투명한 상황에서 개헌의 주체·내용·시기에 대한 로드맵을 제시함

- 헌법개정의 최종책임자는 국민이고, 대통령의 개헌안 발의는 국민발안에 준하는 것으로 해석할 수 있음

- 제10차 개헌은 내용에 있어서 지방분권 강화와 정부형태의 4년 중임 대통령제로의 전환 그리고 개헌 시기로서 6·13 지방선거와 동시에 국민투표를 실시하는 것이 바람직함

키포인트   헌법개정의 최종 책임자는 국민이기에 정치권은 개헌에 대한 찬반논쟁을 하기보다 국민투표가 실시될 수 있도록 합의하여야 하며, 제10차 개헌의 핵심내용으로서 지방분권과 4년 중임 대통령제 등 새로운 주권이 중심이어야 하며, 6·13 지방선거에서 개헌을 실시하는 것이 가장 바람직함을 주장하는 칼럼

   √ 제10차 개헌의 주체는 국민이다
   √ 제10차 개헌의 핵심내용은 지방분권·4년 중임 대통령제·새로운 주권이다
   √ 제10차 개헌의 최적기는 6·13 지방선거와 동시에 하는 것이다

일부 야당이 100석 이상의 국회의원 숫자를 무기로 촛불개헌을 막고 있는데, 이는 반헌법적 태도이다. 개헌을 하려면 그 해법과 전략이 분명해야 하겠다. 크게 세 가지의 핵심사항과 충돌지점이 있다.

① 헌법개정 주체의 중심은 국민·대통령·국회 중 누구인가를 분명히 해야 된다.

② 헌법개정 내용의 핵심이 새로운 기본권·지방분권·4년 중임 대통령제 등 무엇인가를 분명히 해야 된다.

③ 헌법개정 시기의 최적기가 6·13 지방선거와 동시 개헌·연내 개헌·단계적 개헌 등 언제인가를 분명히 해야 된다.

제10차 개헌의 주체는 국민이다

촛불혁명의 결과로서 제10차 개헌을 한다면 저항권에 의한 헌법개정은 4·19 혁명 → 6·10 시민항쟁 → 2017 촛불혁명으로 이어지는 세 번의 전통을 갖게 된다. 특징적인 것은 헌법개정권자로서의 주체의 범위가 점점 확대되었는데, 학생·교수 및 지식인으로 주도된 4·19 혁명 → 진보를 포함한 중도적 일반 시민들의 참여로 확산된 6·10 시민항쟁 → 보수·진보 가릴 것 없이 전 국민이 장기간 참여한 2017 촛불혁명이었다.

촛불개헌이 불가피한데, 시비가 많다. 개헌주체가 국회 중심이어야 하느냐, 또 다른 발안권자인 대통령 주도이어야 하느냐인데 양측 모두 국민개헌이어야 한다고 한다. 밥상을 만들기 보다는 누가 밥상을 들고 가느냐는 것에 초점이 맞추어진 일종의 정치적 다툼인데, 지방선거가 겹쳐 만만치 않을 것 같다.

대통령·국회·국민 중 누가 헌법개정권력의 주체인가. 헌법개정의 최종책임자는 국민이기 때문에 정답은 국민이다. 현행헌법은 개정절차상 이중적 개헌발의 구조로서 대통령과 국회에게 각각 발의권을 주고 있는데, 이는 역설적으로 대통령·국회 어느 곳에도 독점적 헌법개정 발안권 행사를 인정하고 있지 않다는 것을 의미한다.

헌법제정권력은 대통령도 국회도 아닌 국민에게 있다는 것은 현대 민주주의의 기본적인 상식이다. 국민에게 헌법제정권력이 있다는 것은 헌법개정에서도 국민의 주체성에 대한 규범적 장벽이 있어서는 안된다는 것을 의미한다. 즉 국민이 헌법개정의 실질적 결단에서 소외된다면 헌법제정권력 주체로서의 지위가 헌법개정과정에서 실종된 것이라고 밖에 볼 수 없다.

과거 한국헌법개정사가 독재자의 헌법을 만들어 놓고 국민의 동조(同調)와 동의(同意)를 구하는 것이었다면, 지금은 민주헌법 개정에 대한 국민의 결단·결정·최종 제가를 구하는 것이다. 발의권자(대통령 또는 국회)→의결권자(국회)→투표권자(국민)로의 헌법개정 절차는 헌법개정의 최종결정권자가 실질적으로 국민임을 의미한다. 국회의원 3분의 2 이상의 찬성절차는 과거에 독재자의 반민주적 개헌을 막기 위한 민주주의의 방어장치이지 국회의원과 정당의 이해관계를 고려하는 숫자가 아니다. 국회의 의결절차는 독재자의 반민주적 개헌을 막기 위한 저지선으로서 위헌정당해산절차와 함께 방어적 민주주의(防禦的 民主主義) 원리에 입각하고 있다. 이에 국회의 의결절차가 국민의 직접적 개헌결단 이전의 여과장치적 성격을 일탈하면 위헌적 권력남용에 해당될 수도 있다.

국민을 회사의 사장으로 비유하자면, 국민의 개헌투표권은 일반회사의 과장→부장→사장의 결재라인과 동일선상에서 볼 수 있다. 이에 과장의 결재안이 엉터리가 아닌 한 부장이 사장의 최종결재를 방해할 수 없듯이, 부장에 해당하는 국회의 권한남용으로 개헌에 대한 국민의 최종결단의 기회가 박탈되어서는 안 된다. 촛불혁명 및 탄핵과 조기대선에 의하여 선출된 문재인 대통령에게는 개헌이 제1의 책무로 부여된 것이고, 대통령의 개헌발의는 국민발안(國民發案)과 동일시 된다.

제10차 개헌의 핵심내용은 지방분권·4년 중임 대통령제·새로운 주권이다

한국정치에서 개헌이 되려면 충족하여야 할 세 가지 조건이 있다. 첫째는 정치권과 국민의 강한 욕구가 있어야 한다. 둘째, 구체적으로 협의 및 합의가 가능한 어느 정도의 안(案)이 있어야 한다. 셋째는 현직 대통령의 정치 미래와 무관하여야 한다. 문제는 역시 구체적인 협의 및 합의안이 있느냐이다. 크게 '왜 개헌을 하는가'에 대한 '인식 및 개념의 합의'와 4년 중임 대통령제·내각제 등 '권력구조의 합의'가 있어야 할 것이다. 인식과 개념의 합의는 주로 헌법전(憲法典)상 전문과 총강에서 많은 토론이 있겠지만, 권력구조의 합의는 민주주의 정치방식을 바꾸는 것이어서 개헌의 본질과 핵심사항에 해당되고 정파 간 논쟁이 치열할 수밖에 없다. 문재인 대통령이 신년사에서 권력구조 개헌을 미룰 수 있다는 단계론적 개헌방식을 언급했던 것도 권력구조 합의의 난해함을 토로한 것이다.

한국정치사에서 개헌의 기회는 그리 쉽게 찾아오는 것이 아니고 5년 단임 대통령제의 폐해를 모든 국민이 경험해 왔기 때문에, 가능하면 제10차 개헌의 정치적 결단에서 '권력구조 변경의 보류'는 하지 않는 것이 옳다고 본다. 헌법개정이 이루어지려면, '정치권의 협의'와 '국민적 합의'부분을 명백히 구분할 필요가 있다. 예를 들어 기본권 조항의 신설과 수정, 감사원·중앙선거관리위원회·사법부 등 체계 정립, 선거구제 등은 정치권 협의사항의 디테일한 부분이지만, 권력구조와 지방분권 도입 등은 국민적 합의 등 범국민적 여론에 충실할 필요가 있다. 개헌에 있어서 권력구조와 지방분권 도입의 골격과 방향은 국민적 합의가 전제될 때 비로소 가능하기에, 이는 정치적 이해당사자로부터 벗어난 국민의 몫으로 구별하여야 한다.

상당기간동안 국민들은 개헌을 강하게 요구하고 있었다. 구체적으로 국회의 개헌합의 불발시 대통령이 직접적인 제안자로서 6·13 지방선거와 동시에 실시하되, 권력구조에 관한 한 4년 중임 대통령제를 선호한다는 것이다. 4년 중임 대통령제로의 개헌은 국민에게 대통령을 선출하고 심판하는 온전한 권력을 되돌려 주는 헌법개정의 의미가 있고 최대 수혜자가 국민이 된다.

그 동안 대한민국 사람들은 주민·시민 또는 인민(people), 즉 자연인으로서의 권리와 인권을 보장받지 못한 채 오직 국민으로만 살아왔다. '좋은 국민'은 애국심으로 무장되어 국가와 조국을 위한 존재로만 여겨져 왔다. 모든 국민은 대한민국 국민으로서 권리와 의무를 갖는 자로 헌법에 규정되어 있을 뿐이다. 국민이기 이전에 자연인으로서의 권리와 인권을 보장받고, 국가는 그것을 더 확고하게 만들기 위한 공동체에 불과함에도 불구하고, 국민은 국가를 위해서 봉사하고 희생하는 존재로 전락되었던 것이다. 시민으로서의 주민의 지위를 포기하고 국가의 정치·경제·사회생활을 하고 있는 것이 진정한 의미에서 국가의 주인일 수 있겠는가.

이번 제10차 개정헌법의 핵심이 지방분권에 있다는 것은 국민주권과 주민자치권을 동시에 갖는 온전한 민주시민으로서의 권력을 정상화시키는데 있다 하겠다. 지방분권이 될 경우 현행헌법에서 최고의 한국고질병으로 여겨온 제왕적 대통령 권력의 병폐가 사실상 절반 이상 치유될 수 있다. 지역발전의 책임이 지역주민에게 먼저 있고 주민자결권(住民自決權)을 갖게 되는 지방분권의 헌법화는 국가발전의 새로운 비전이기도 하다.

제10차 개헌의 최적기는 6·13 지방선거와 동시에 하는 것이다

4년 중임 대통령제는 정치권의 협의 또는 합의에 의존하기 보다는 국민심판에 충실한 정치제도이기 때문에 한국정치문화와 조화(調和)관계에 있다. 국민이 대통령 선출권만 갖고 심판권은 없는 현행헌법의 5년 단임 대통령제는 한번 당선되면 그만인 속성이 있어서 공약사항의 규범력과 정치적 구속력 상실을 초래하고 책임추궁과 심판의 대상을 실종시켜 버린다. 선거로부터 자유로운 단임 대통령제는 제왕적·동양 덕치적(德治的) 군왕론이 투영되는 퇴행적 대통령상을 조장함으로써 비민주적인 전근대적 정치문화를 불식시키지 못하고 있다.

이번 제10차 개헌에서 대선후보의 공통된 공약사항대로 6·13 지방선거와 함께 치러질 때 4년 중임 대통령제로의 개헌을 강변하는 것은, 4년 중임 대통령제의 제도적 적합성 못지않게 '천재일우'(千載一遇)라 할 만큼 시기적으로 최적기이기 때문이다. 촛불혁명과 탄핵으로 치루어진 제19대 대통령 보궐선거, 즉 조기대선으로 인하여 그동안 대한민국 헌법의 대통령·국회의원·지방단체장·지방의원의 임기 주기의 불일치 문제를 졸지에 해결할 수 있는 상황이 조성되었다.

즉 2018년 6월 13일에 4년 중임 대통령제로 개헌 할 경우 2년 후 2020

년에 국회의원 총선거를 치르고 그로부터 2년 후, 즉 2018년부터의 4년 후인 2022년에 대통령선거와 지방선거를 동시에 치를 수 있기 때문에 향후 대통령선거 및 지방선거와 국회의원 총선거가 2년 간격을 주기로 국민의 심판을 받을 수 있게 된다. 한국정치 일정이 2년마다 국민의 주기적 심판을 받는 사이클을 갖게 되는 것이다. '본 선거'로서 국가의 대통령과 지방의 단체장 선거를 치르고, 2년 후 국회의원 총선거로서 '중간선거'를 갖는 순환 구조는 미국의 정치싸이클보다 훨씬 더 체계적이고 합리적인 정치적 궤도이다. 이번 6·13 지방선거와의 동시 개헌은 한국정치사의 천재일우, 천년이 지나야 한번 만날 수 있다는 그런 기회 즉 최적기이다.

개헌정치의
현실과 플랜B

칼럼의 배경과 쟁점   2018. 4.

● 국회의 개헌논의가 정체되면서 문재인 대통령이 개헌안을 제시하였으나 이에 대한 야당의 반발로 6·13 지방선거에서의 개헌이 불투명한 상황이 됨

● 개헌 내용에 있어서 정치권의 협의 및 합의대상이 되는 것과 국민적 합의가 있어야 하는 부분을 구분하여 결정해야 하고, 개헌 시기에 대해서는 대통령의 유연성이 요구되며 야당과의 적극적인 조율이 필요함

**키포
인트**   제10차 개헌 성공을 위한 개헌시기 및 내용에 대해 야당과의 정치적·법률적 합의 가능성이 중요하고, 개헌 내용에 있어서 정치권의 협의와 국민적 합의를 구분하여 조율하는 과정이 필요하다는 소위 개헌을 위한 플랜B를 제시한 칼럼

     √ 개헌정치로서 개헌 내용의 문제
     √ 개헌정치로서 시기의 문제
     √ 제10차 개헌의 정치적 로드맵

문재인 정부의 제10차 헌법개정 발의안은 상당부분 국민적 개헌이라고 할 수 있기에 여·야가 합의·의결해서 6·13 지방선거 때 국민투표를 해도 무방하다 싶다. 그러나 현재로서는 기대난망인 것 같다. 어쩌면 대통령의 발의안이 국회에서 가이드라인으로 전환될 수도 있다. 제10차 개헌에 있어서 정무적·정치적 작업이 불가피할 것으로 보인다. 즉, 개헌플랜B인 셈이다.

개헌정치로서 개헌 내용의 문제

대통령 발의안이 가이드라인으로 전환되고, 이에 따른 여·야 간의 협의와 합의를 현실적 로드맵으로 가정한다면 해결해야 할 두 가지가 있다. 개헌 내용과 시기의 문제이다.

첫째, 개헌 내용 모두가 정치권의 독점적 협의 및 합의대상은 아니라는 점을 지적한다. '정치권의 협의'와 '국민적 합의'를 명백히 구분하여야 한다. 기본권 신설과 감사원·사법부 독립문제, 선거제도 등은 정치권의 여·야 합의대상이 될 수 있지만, 정부형태와 지방분권·국민정치참여 등 큰 틀의 민주주의 시스템은 국민적 합의에 따라야할 것이다. 국민적 합의가 필요한 부분에 대해서 여·야는 범국민적 여론에 충실할 필요가 있다. 한마디로 국민 여론조사의 방법과 시기를 정치권이 협의해서 국민 앞에 내놓아야 한다. 즉, 4년 연임 대통령제·내각제·이원집정부제 등 정부형태 결정과 지방분권의 도입문제 그리고 국민소환 및 국민발안과 같은 국민 정치참여 제도에 대해서 국민의 의견을 100% 수용하는 조사결과를 토대로 하여 헌법개정 내용을 결정하여야 할 것이다.

개헌정치로서 시기의 문제

둘째, 여·야 간의 개헌협상 즉, 개헌정치에 있어서 국민투표의 시기가 가장 예민한 현안과제일수도 있다. 지난 대통령 조기선거 때, 대통령 후보 간의 6·13 지방선거와의 동시 실시를 합의하였다지만 이는 법률적 합의는 아니었다. 특히 야당의 경우 지방선거에서 불리하다는 판단으로 대선 공약으로서의 정치적 합의를 파기하고 싶어 한다. 김성태 자유한국당 원내대표가 개헌은 시기보다는 내용이 더 중요한 문제라고 역설하고 있는 것 자체가, 개헌 시기의 문제가 10차 개헌의 본질적인 문제에 포함됨을 반증하고 있다 하겠다.

야당의 6·13 개헌 시기 거부반응에 대한 대통령의 정무적 판단이 필요한 시점이다. 하나의 팁을 드리자면, 국민이 원하고 여·야가 합의할 수 있는 개헌안의 내용에 대한 정치적·법률적 담보를 받아낼 수 있다면 개헌 시기의 문제를 변경할 필요도 있다. 10차 개헌은 촛불혁명의 역사적 산물이기에 국민혁명의 완성을 위해서 개헌의 촛불이 꺼지지 않도록 대통령은 개헌의 정치적인 일을 감수하여야 한다. 6월 13일을 7월 17일 제헌절 또는 8월 15일 광복절로 미루어주는 정치적 유연성을 보일 때다. 개헌 프리미엄 없이 집권당이 지방선거에 당당히 임하도록 독려할 필요도 있다.

제10차 개헌의 정치적 로드맵

문재인 정부의 개헌 발의안은 국회 의결의 대상으로서 무방하지만, 여·야 합의 과정에서 가이드라인으로도 작동될만한 내용들을 담고 있다. 무엇보다도 대한민국의 정부형태로서 4년 연임 대통령제를 취하고 있는 것은 한국민주주의의 전통과 현실을 감안하고 국민이 정부를 직접 선택하여야 한다는 촛불국민의 염원을 확고히 한 것이다. 지방분권 도입 또한 그 동안 중앙정치로만 일관되어 온 대한민국 헌정에 주민의 지방자치라는 잃어버린 절반의 민주주의를 비로소 복원시켰기 때문에 큰 의미를 갖는다. 국민소환 및 국민발안과 같은 국민참여제도는 정치적 저항권을 발동하고 피와 죽음으로서 희생해 온 국민들에게 민주적 참여와 방어장치를 주는 것이다.

그럼에도 불구하고 못내 아쉬운 것은 한국헌법에서 전문(前文)은 역사성과 법적 효력을 동시에 갖는 것인데 촛불혁명에 대한 정치사회적 의미를 언급하지 않은 점이다. 특히 5·18을 5공 세력과의 타협점에서 만들어낸 '민주화운동'으로 묘사한 것은 큰 오류이다. '광주학살'이라고 표현하지는 못할망정 부마·6·10 '항쟁'이상으로 규정하여야 했었다. 그러나 개헌은 현실 정치의 정반합(正反合)적, 점진적 역사의 반영이기에 개헌 좌표의 큰 골격이 유지된다면 어느 한 측의 100% 만족은 불가능할 수도 있다.

제10차 개헌의 정치적 로드맵은 ① 6·13 지방선거 동시투표라는 개헌 시기의 변경(길어도 7·17 제헌절 또는 8·15 광복절 까지로 한정)과 양보에 따른 개헌 내용의 정치적·법률적 담보 및 보장장치에 대한 여·야 합의 ➡ ② 개헌 내용의 정치권 협의사항과 국민적 합의사항의 구분 이후 국회에서 정치권 협의안 도출 ➡ ③ 개헌 내용의 국민적 합의사항으로서 정부형태·지방분권·국민정치참여시스템에 대한 국민적 여론조사 방안 확정 등 세 가지가 핵심이다.

요컨대 여·야 간의 정치적 이해와 정치관(政治觀)에 따른 협의사항 및 과정과 4년 연임 대통령제와 같은 국민적 결단사항을 구분하는 것이 개헌을 위한 필수작업이고, 시기의 문제는 제10차 개헌을 대전제로 대통령과 야당이 협의할 수 있다고 본다. 제10차 개헌은 촛불국민, 즉 전국민(全國民)의 명령이고 대통령과 국회의 역사적 책무이기에, 개헌에 있어서 정치적 판단, 즉 정무적 팁을 정치권에 제시한다.

국민과
지방분권
주체로서 주민

칼럼의 배경과 쟁점 　　　　　　　　　　　　　　　　　　2017. 10

- 2018년 실시될 제7회 동시지방선거를 앞두고 헌법개정에 대한 논의가 본격화 되었는데, 개헌의 최대 쟁점으로 절차에 있어서 국민을 위한, 국민에 의한 최초의 헌법개정 가능성과 내용에 있어서 지방분권 강화의 필요성을 역설함

- 대한민국 헌법에서 국가에 대한 의무와 권리를 가진 국민만 존재하고, 자연인으로서 인민 (people), 즉 주민은 존재하지 않은 바, 민주주의 정치체제에서 국민과 주민을 동시 포함하고 주권자로서 자기결정권을 가진 시민의 존재는 중요하며, 주민자결권을 강화하는 지방분권 개헌이 필요함

키포인트	제10차 개헌의 핵심 내용은 지방분권 강화이며, 지방분권 강화는 주민의 자치권을 보장하는 주민자결권을 강화하는 방향이어야 함을 역설하는 칼럼

　　　√ 주민은 없고 국민만 존재했던 대한민국 헌법
　　　√ 지방분권 개헌과 주민자결권

요즘 들어 부쩍 내년 6월 13일 날 지방선거와 함께 헌법개정이 이루어질지 매우 우려가 된다. 국가의 근본 틀을 바꾸는 개헌작업에 대한 국민들의 관심이 아주 낮고 그 열망마저도 보이지 않기 때문이다. 그렇다고 해서 정치권, 국회와 정당이 몰두하고 있는 것 같지도 않다.

근본적인 질문을 던진다. 개헌은 누가 하여야 하는가. 헌법개정의 최종 책임자는 누구인가. 결국 국민이다. 그 동안 아홉 번의 개헌을 하면서 4·19 혁명에의 제3차 개헌과 6·10 항쟁 이후의 현행헌법 외에는, 모두 권력자에 의해서 권력자를 위한 헌법으로 바꾸어 왔다. 4·19 혁명과 6·10 항쟁 당시에도 개헌작업에서는 국민의 소리가 아닌 정치권의 권력적 이해관계에 의해서 헌법을 개정하였다. 만약 이번에 제10차 개헌 헌법이 국민에 의해서 개정되고, 그 개정 내용에 있어서 국민과 주민이 그 중심에 있게 된다면 아마도 국민을 위한, 국민에 의한 최초의 헌법개정이 될 것이다.

주민은 없고 국민만 존재했던 대한민국 헌법

얼마 전, 경기도 언론인 클럽에서 학계와 시민사회단체의 전문가들과 함께 내년 지방선거와 헌법개정에 대한 토론회에 참여한 바 있었다. 이 날의 주제는 지방선거를 앞두고 정당공천과 교육감 러닝메이트·선거연령·여성참여할당제 문제가 주요 논제였다. 그런데 우리 현행헌법의 가장 큰 문제점이 지방자치에 대한 제도적 보장이 미비하다는 것을 망각한 채 지엽적인 문제에 매달린 듯한 토론이어서, 대뜸 지방분권이라는 매우 근본적인 문제제기를 하였다.

구체적으로 현행헌법에는 지방분권이라는 조항이 없다는 점을 지적했

다. 지방자치에 관한 현행 9차 개헌헌법의 조항은 제5공화국 헌법은 물론
이요 유신헌법의 지방자치 조항과도 별반 차이가 없다. 지금 실시되고 있는
낮은 수준의 지방자치도 DJ와 YS의 단식투쟁에 의해서 쟁취되어 실시되고
있는 것에 불과하다.

똑같은 지방자치 규정을 놔두고 유신 때는 평화통일 될 때까지 유보시
킨다는 명분으로 지방자치를 포기하였고, 제5공화국 헌법에서는 지방재정
자립도가 충족될 때까지 미룬다고 하였다. 민주국가인 대한민국에서 지방
자치를 하지 않았던 것이다. 현행헌법도 지방선거와 지방자치를 실시하고
있지만 지방분권과는 거리가 매우 먼 개념의 지방단체 자치의 확장에 불과
할 뿐이다. 즉 지방자치의 주인이 주민이 아니라 지방단체인 셈이다.

내년으로 예고되고 있는 제10차 개헌의 핵심은 무엇보다도 지방자치에
관한 규정을 완전히 개조하여 지방분권을 실현시키는 것에 있다고 장담·단
언한다. 지방분권이 될 경우 현행헌법에서 최고의 한국 고질병으로 여겨온
제왕적 대통령 권력의 병폐가 사실상 절반이상 치유될 수 있다. 지방의 권
력이 중앙권력으로부터 분리가 되어있지 않았기 때문에, 대통령이 어느 지
방을 찾아 갈 때 그 지방의 손님으로 가는 게 아니라 재정권과 인사권 및
조직권을 거머쥔 왕으로 행차했던 것이다. 지방의 견제로부터 완전히 자유
로웠던 대통령의 권한을 인정하고 있는 현행헌법은 풀뿌리 민주주의를 방
치해 온 셈이다. 즉 현행헌법은 국민의 기본권과 권력구조만 나열할 뿐 지
방분권을 외면하여, 지역주민으로서의 권리와 권력 그리고 자율성 및 독립
성 확보에 관한한 시스템의 공백상태이다. 대한민국 국민에게 시민과 주민
으로서의 삶을 돌려주어야 할 때가 되었다.

지방분권 개헌과 주민자결권

그 동안 대한민국 사람들은 주민·시민 또는 인민(people), 즉 자연인으로서의 권리와 인권을 보장받지 못한 채 오직 국민으로만 살아왔다. '좋은 국민'은 애국심으로 무장되어 국가와 조국을 위한 존재로만 여겨져 왔다. 모든 국민은 대한민국 국민으로서 권리와 의무를 갖는 자로 헌법에 규정되어 있을 뿐이다.

모든 인간은 국민이기 이전에 자연인으로서의 권리와 인권을 보장받고, 국가는 그것을 더 확고하게 만들기 위한 공동체에 불과함에도 불구하고, 보기에 따라서 국민은 국가를 위해서 봉사하고 희생하는 존재로 전락되었던 것이다. 시민으로서의 주민의 지위를 포기하고 국가의 정치·경제·사회생활을 하고 있는 것이 진정한 의미에서 국가의 주인일 수 있겠는가. 이번 제10차 개정헌법의 핵심이 지방분권에 있다는 것은 국민주권과 주민자치권을 동시에 갖는 온전한 민주시민으로서의 권력을 정상화시키는데 있다 하겠다.

대한민국 국민은 국민으로서의 지위와 함께, 자기가 살고 있는 지역에서 주민으로서의 지위도 동시에 확보되어야 한다. 지역주민으로서의 권력을 확보하지 못한다는 것은 모든 것을 중앙의 정치에 의존하고 있다는 것을 뜻한다. 동시에 지역주민으로서의 권력을 가지려면 그만큼의 책임도 떠안아야 한다. 지역발전의 책임은 중앙정치보다는 지역주민에게 먼저 있다는 것이 지방분권 정신의 첫 출발이다. 민족자결과 같은 주민자결권을 얘기하는 것이다.

2010년 캘리포니아 주립대학 UCI에 교환교수로 있을 때, 미국 중간선거와 캘리포니아 지방선거를 직접 목도하였다. 당시 캘리포니아의 중요한 정치적 현안으로서 동성결혼의 합법화를 인정할 것이냐 아니냐에 대한 논쟁이 있었다. 중앙권력을 좌지우지하는 민주당과 공화당이 정치적 역풍을 우려하여 이 문제를 외면하고 있었고 거기에 따른 현실적 고민과 고통은 캘리포니아 주민에게 고스란히 넘겨져 있는 상태였다. 결국엔 주민발안에 의하여 동성결혼을 합법화시킬 것인가에 대한 정치적·법적 결정을 당시 하던 모습을 보았다. 49:51로 보수적 성향의 동성결혼 합법화 반대로 결정 났지만 그 결과와는 상관없이 주민자치와 주민자결권이 실현되었던 것은 상위개념의 지방분권이 있었기 때문에 가능했다고 본다. 우리 대한민국의 경우에도 각 지역마다 정치적·사회적 자치 및 자결적 결정사항이 당연히 많이 있을 것이고 그 해결은 최우선적으로 그 지역에서 해결해야 한다는 지방분권의 헌법적 보장이 있어주어야 하겠다.

요컨대, 내년 제10차 개헌에 있어서 지방분권을 헌법적으로 보장했을 때 비로소 대한민국 국민은 국민으로서의 지위와 주민으로서의 지위를 보장받는 명실상부한 민주시민으로서의 정치적·법적 지위를 획득하게 된다 하겠다. 내년 지방선거를 잘 치르기 위하여 경기언론인 클럽에서 심각하게 문제제기 되었던 기초단체장과 기초의원에 대한 정당공천 폐지, 여성정치참여할당제와 선거제도 개편, 교육감 러닝메이트와 정치적 중립성 및 공정성, 선거연령 기준의 하향화의 해결 등 각종 문제들이 지방분권을 전제로 했을 때 쉽게 결론이 났다. 지방분권의 헌법화는 국가발전의 새로운 비전이다.

김영란법의 교훈 :
지킬만한 법과
바람직한 법

칼럼의 배경과 쟁점   2015. 3.

- 김영란법 적용 예비범죄자가 지나치게 광범위하고 광역화됨으로써, 소위 벤츠 여검사로 상징되는 직무관련성과 대가성 없는 공직자의 행위를 처벌할 수 있도록 하는 입법목적을 무기력화 시켜버리고 있는 것이 부각되면서 김영란법의 규범력과 그 실효성이 의심되고 있음

- 법률을 제·개정함에 있어 '바람직한 법'과 '지킬만한 법' 사이의 고민은 논쟁적일 수 있지만, 과도하게 규범적이고 바람직한 방향의 입법 양산은 국민들의 반법치주의적 사고를 조장할 수 있기 때문에 현실에 맞는 법을 강구하는 것이 선행되어야 함

키포 인트	법을 잘 지키는 사람이 잘 사는 사회가 법치사회이며, 김영란법에 대한 필요성과 당위성에도 불구하고 그 적용대상이 광범위하다는 우려와 같이 실제 규범력 논란이 일고 있기 때문에 국회가 법률을 제정함에 있어 현실적 고민과 정성을 다해주길 당부하는 칼럼

    √ 법은 대한민국의 자화상이다
    √ 법을 잘 지키는 사람이 잘 사는 사회가 법치사회다

법치사회는 법을 잘 지키는 사람이 잘 사는 사회이다. 법을 지키는 사람이 편하고, 법을 지키지 않는 사람은 불편하고 힘든 것이 정상적인 법치사회이다. 과연 우리 사회는 법을 잘 지키는 사람이 잘 살고 있고, 법을 지키지 않은 자가 상응하는 불편과 고통을 감내하고 있을까.

김영란법(「부정 청탁 및 금품 등 수수의 금지에 관한 법률」)에서 교훈을 찾아야 한다. 현재 김영란법은 국회 정무위를 통과하고 법사위로 옮겨져서 핵심적인 사항이 논쟁의 대상이 되고 있다. 여야 모두 "최근 지속적으로 발생하고 있는 공직자의 부패·비리 사건으로 인하여 공직에 대한 신뢰 및 공직자의 청렴성이 위기상황에 직면해 있으며, 이는 공정사회 및 선진국가로의 진입을 막는 최대 장애요인으로 작용하고 … 이에 공직자의 공정한 직무수행을 저해하는 부정청탁 관행을 근절하고, 공직자의 금품 등의 수수 행위를 직무관련성 또는 대가성이 없는 경우에도 제재가 가능하도록 하며, 공직자의 직무수행과 관련한 사적 이익 추구를 금지하는" 김영란법의 필요성과 당위성에 모두 동의하고 합의한 상태이다.

문제는 김영란법의 적용을 받는 예비 범죄자 대상이 너무 광범위하다는 데 반론이 제기되고 있다. 형사벌을 수반하는 법률의 초점은 누구를 처벌하느냐 인데 김영란법은 많은 공직자 이외에도 사적영역에서 언론인과 사립학교 교원이 포함되면서 이 법의 실효성에 의문이 제기되고 있다. 그리고 일상적인 촌지가 오갈 수 있는 금융 관련 분야와 대기업과 하청 기업 간의 관행에 대해서는 언급하고 있지 않는 것은 과연 입법환경에 대해서 충분히 숙지하고 있는 지에 대한 우려가 크다. 이 법의 적용 대상자가 광범위하다는 것 외에도 수사기관과 감사원 국민권익위원회 등이 언제든지 인지수사가 가능하다는 점은 향후 엄격한 절차적 규정이 없는 한 21세기 기본권의 핵심인 사생활 침해와 관련하여 많은 혼란이 초래될 수도 있을 것이다. 김영란법은 구체적 불법행위에 대한 범죄 구성요건과 위법성 및 형벌책임성을 기본 전제로 하고 있는 법정범의 조건을 완벽하게 갖추어야 한다. 김영란법은 우리 사회의 적폐와 잘못된 관행을 바로잡는 사회적 행동규범 내지 요강이 아니라 그야말로 형사관계법으로써의 본질을 일탈해서는 절대 안 된다.

현재 국회 이상민 법사위원장의 강력한 문제제기는 상당부분 설득력을 가지고 있다. 김영란법의 적용범위가 법적 문제는 없는지, 김영란법이 국민생활을 불편하게 할 결정적인 문제는 없는지 따져보자는 것은 국회의원이 입법자로서 갖추어야 할 필수적인 직무덕목이라 할 수 있겠다. 김영란법을 만든다면 이제 우리나라에도 로비스트의 양성화는 불가피할 것이며, 각종 민원처리 절차가 새롭게 혁신되어야 하는 매우 중요한 부수적 입법과제가 있다. 한국사회와 국민 법생활에 큰 변화를 줄 수 있는 입법사항에 대해 지금의 국회 법사위원장과 같이 소신 있는 문제제기를 하는 것은 바람직하다고 본다.

한국 언론들이 김영란법에 침묵하고 있다. 어쩌면 입법적용 대상에 포함되어 있다는 이유 하나로 한국 언론인들이 모르쇠로 일관하고 있는 것은 당당하지 않다. 국회의원은 물론 사회적 공론 형성을 위해 한국 언론인들도 제 몫을 하여야 하겠다.

법은 대한민국의 자화상이다

국회의 입법권한이 다수결의 원칙 앞에 무한적 허용되는 것은 아니다.

무엇보다 헌법에 위배되는 법률을 만들어서는 아니 될 것이지만, 너무 현실과 동떨어져 현실과 무관한 입법을 해서도 안 될 것이다.

과거 「가정의례에관한법률」(1994년 7월 개정됨)은 결혼청첩장을 내는 것과 초상집에서 술과 음식을 제공하는 것을 규제함으로써 허례허식을 일소하고 건전한 미풍양속을 조성하고자 하였다. 그러나 상주의 낙심과 건강을 위로하러 간 조문객들이 술과 도시락을 싸들고 갈 리 만무하기에 이 법률은 아무도 지키지 않게 되었다. 이는 우리의 입법태도 가운데 지킬만한 법을 만들려는 것보다는 바람직한 법을 만들려는 강한 욕구에서 비롯된 것으로써 자칫 사회현실과 법규범간의 괴리가 커져 법조문의 사문화 현상을 초래할 수 있다. 더욱이 금지사항이 묵인되고 있는 법현실은 일반국민 사이에 '법이라는 것이 꼭 지켜야만 되는 것은 아니구나'라는 반법치주의적 사고를 조장할 우려가 있다.

전두환 및 노태우 정권 시대 때 공인중개사와 공인노무사 관련법이 신설되었는데, 복부인의 부동산 투기와 노동계의 만연된 데모 풍조를 근절하기 위해 미국과 일본에서 도입한 제도였다. 과연 미국사회에 공인중개사가 있어서 부동산 투기가 없는 것이었을까. 우리 한국과는 달리 광활한 국토를 가지고 있고, 부동산 이외에도 다양한 투자 대상이 있음으로 미국사회에 부동산 투기가 없었던 것은 아니었겠는가. 일본에서 직수입한 공인노무사 제도는 당시 한국의 노동운동을 막는데 효과적인 제도로 작동되지 못했다. 우리나라의 잘못된 사회현상을 개혁하기 위해서 법을 만들 때 외국의 제도를 도입하거나 참조할 수 있지만, 그 이전에 한국 사회의 현실에 맞는 법을 강구하는 것이 선행되어져야 할 것이다.

김영삼 정권 때 국무총리가 싱가포르를 방문하면서 싱가포르의 「효도법」을 한국사회에 도입해서 기성세대에 반항적인 신세대에게 효도하는 마음을 함양하겠다고 피력한바 있었다. 그러나 싱가포르의 「효도법」은 불효자를 처벌하는 법이 아니라 유교라는 통치 이데올로기를 규정하는 법으로서 우리로 치자면 「국가보안법」에 해당되는 것이었다. 법현실을 따지지도 않고 법률명칭만 보고 얘기하는 어처구니없는 국무총리가 있었던 것이다.

현실에 맞지 않은 법으로서 김대중 노무현 정부의 예를 들자면 「청소년보호법」을 대표적으로 꼽을 수 있는데, 이 법은 청소년에게 술과 담배를 파는 업주를 처벌하는 법이었다. 그러나 술과 담배를 찾는 청소년은 성인으로 위장해서 술과 담배를 구입한 후, 업주에게 미성년자에게 술과 담배를 판 악덕업주로 경찰에 고발하겠다고 협박한 사건들이 많이 발생한 바 있었다. 과연 술과 담배를 찾는 청소년은 보호의 대상일까 교육의 대상일까를 고민하는 과정이 「청소년보호법」을 제정할 때 놓친 결과이기도 하다. 이 외에도 현실에 맞지 않은 법이 본래의 입법목적과 상치되는 부작용이 자주 발생하고 있다.

법률명을 정할 때도 이와 비슷한 현상이 나타나는데, 몇 년 전 「국민건강증진법」이 제정되었을 때 필자는 입법관계자에게 '국가에서 인삼, 녹용을 싼 값에 주려나 보다'라는 농담을 던지기도 하였는데, 법률명을 그럴싸하게 만들려는 명분론적 입법자세 또한 향후 반드시 일소되어야 할 것이다. 단순히 '금연법'하면 체인 스모커들은 한번이라도 더 이법을 뒤져보게 될 것이 아닌가.

입법과정에서 실질적이고 정성스런 입법자세가 요청되는 대표적인 사례를 소개한다. 몇 해 전 대한민국 국회에 한국 근·현대사의 격동기에 일어났던 사건들을 재조명하기 위한 법안들이 봇물을 이룬 적이 있었다. 여기에

는 1894년에 일어난 「동학농민혁명군의명예회복에관한특별법안」도 포함돼
있었다. 동학농민혁명은 100년이 훨씬 넘은 역사적 사건으로, 학계에서 활
발히 문제제기하여 객관적으로 정리하면 명예회복될 문제를 국회의 장으
로 끌고 온 것부터가 문제였던 것이다. 이는 6·25전쟁 전후의 함평·거창·여
수·순천 등의 사건 규명의 법적 성격과 혼동시키는 수준 이하의 물타기 법
률제안이었다. 국회의 입법권 행사는 국가개조라는 경건한 작업이므로 헌법
위배적이고 독선적이며 비현실적이고 선심적인 작업자세가 있다거나, 치밀
하지 못하여 추상적이고 애매모호한 입법과 국가기관 간의 분쟁의 빌미를
제공하는 법률은 만들어서는 안 될 것이다.

또 예를 들자면 「국적법」에서 국적회복허가금지의 요건으로 '품행이 단정
하지 못한 자'와 같은 표현은 지극히 추상적이고 애매모호하여 법집행당국
의 자의적 적용가능성이 다분한 규정이다. 그리고 「감사원법」 제24조는 감
사원의 직무감찰의 대상에서 '국회, 법원 및 헌법재판소에 소속한 공무원
을 제외 한다'고 규정하여 중앙선거관리위원회 소속 공무원을 감사원의 직
무감찰대상에서 제외하는 명문의 규정이 없기에 실제로 선관위 소속 공무
원에 대한 직무감찰을 시도하는 감사원과 이를 거부하는 선관위 간의 알
력이 빚어지는 원인제공을 하였다.

대한민국의 현행법률은 1,496개(2020. 9. 1 기준)로서 조직 및 절차법을
제외하면 일상생활과 저촉된 현행법률은 1,000개에도 미치지 않고 있다.
대한민국 현행 법률이 대한민국의 현실을 제대로 반영하고 있는지, 법대로
만 살면 되는지에 대한 탐구와 연구를 본격화할 때라는 점을 새삼 강조하
고 싶다.

법을 잘 지키는 사람이 잘 사는 사회가 법치사회다

법을 잘 지키는 사람이 잘사는 사회야말로 참다운 법치사회이며, 법치주의는 또 하나의 국가경쟁력이다. 국회에서 제정되는 법률이 합법성과 정당성을 갖추고 국가통치·사회질서유지·사회개혁·약자보호 등의 법규범력의 좌표와 존재가치를 갖는다면, 국가사회발전의 가장 안정적인 장치가 될 것이다. 그러나 법치주의의 정착은 여전히 세계 각국의 과제이자 고민거리로서 이를 위한 여러 가지 제도를 고안하고 있는 실정이며, 우리나라 법학계에서 선진각국의 입법사례를 조사하는 것도 어떠한 의미에서 이를 실현하고자 하는 연구이다.

법의 규범력이 약화되고 사실적인 것에 규범력을 인정하려는 풍토가 근절되지 않는 한 우리사회의 질서를 유지하고 일반국민의 일상생활의 안정과 평화를 보장하지 못할 것이다. 그러나 아무리 훌륭한 입법을 할지라도 국가와 사회구성원의 합의와 공통적인 노력이 뒤따르지 않는 한 제 구실을 못하게 될 것이며, 설혹 잘못 만들어진 제도라 할지라도 이를 바르게 하려는 국민적 의욕과 의식이 뒤따른다면 합법성과 정당성을 잃은 법제도가 만연되진 않을 것이다. 이에 법치주의의 실질적 실현은 국민의 법의식에 좌우된다고 할 수 있다.

10여 년 전 필자는 일본 법무성·변호사연합회·법사회학회·NHK 공동후원으로 동경과 나고야에서 "서양사회의 법과 동양사회의 법", "법과 사회의 기본구조" 등을 주제로 개최한 국제심포지엄에 참석하였는데, 주된 토론내용은 한국·미국·중국·일본의 국민법의식조사 결과를 비교분석하는 것이었다. 이 국제학술대회에서 국민법의식조사의 확장방향 모색의 일환으로 법의식조사의 국제적 비교가 각국의 법제 및 운영실태와 법문화는 물론 사회운영원리를 동시에 고찰함으로써 국제 간의 이해와 교류발전에도 기여함을 확인할 수 있었다.

다만 한국과 미국 그리고 일본의 일반국민에게 공통적으로 "법이 공평한가"라는 질문을 한 것에 대한 응답결과와 해석에 있어서 논쟁이 있었다. 각각 자기 나라의 법의 불공평성에 대하여 미국과 일본에서는 40%이하, 한국에서는 60%이상이 응답하였는데, 미국과 일본학자들이 이 결과를 한국법의 불공평과 한국인의 법의식 부재로 분석하였다. 당시 한국인의 법의식부문의 발표를 담당한 필자와 성균관대학교 법과대학 고상룡 교수는 이에 대하여 일제식민지배와 권위주의체제하에서 만들어진 '지배를 위한 법'의 잔재에 대한 국민적 비판과 저항은 오히려 높이 평가할 국민법의식임을 분명히 하였다.

대한민국은 일제시대 때 만들어진 제국주의적 식민지배와 강압적인 일제의 법을 청산하는 일제법청산 학술활동이 여전히 활발하며, 특히 군사쿠데타와 함께 경제발전과 효율을 위한 일방적 법들에 대해서 일반 국민들이 불편해하고 저항하고 있는 것은 그만큼 한국 국민들의 법의식 수준이 높다는 것을 웅변하고 있다 하겠다. 일본사회와 비교할 때, 한국인들의 합법적인 저항정신은 탁월하다 할 것이며, 이것이 현재 한국법의 공정성과 엄격성을 발전시켜온 원동력이 되고 있다. 국회에서 법을 잘 만들어주면, 진짜 현실에 맞는 '지킬만한 법'을 만들어 준다면 우리 사회의 법치주의 정착은 어렵지 않다고 본다. 문제는 국회에서 처음부터 준법이 불가능한 법률을 양산하면서 우리 사회에 법치주의가 무너지고 있는 것이다. 김영란법의 규범력 논란을 계기로 우리 국회가 대한민국 법률을 만들 때마다 정말 정성을 다해주면 좋겠다.

한국정당/한국정치 자화상

소설(小說),
광복 70년
한국정당

칼럼의 배경과 쟁점	2015. 8.

- 2015년 광복 70년, 한국 정당사를 돌이켜볼 때 시간의 흐름만큼 발전·성숙되었다기 보다 퇴행 및 퇴보된 행태, 권력종속적·기득권유지적 행태를 보이며 비민주적 정당정치구조를 노정하고 있음
- 이승만 대통령의 권력유지를 위한 수단으로서 자유당 창당에서 시작되어 현재의 새누리당은 권력종속적 집권당이 되었고, 야당인 새정치민주연합은 586을 중심으로 지역주의와 계파정치를 극복하지 못하고 있음
- 제20대 총선을 기점으로 공천에서 자유로워진 국회의원들이 2017년 대선을 비롯한 향후 정치과정에서 희석되어가는 지역주의와 직접참여의 열망이 높아지는 국민들의 영향을 받아, 현실에 안주하는 '텃새'보다는 '용감한 철새형'정치행태를 보일 경우 새로운 변화를 기대할 수 있음

키포인트 한국정당들은 대통령 권력에 예속된 집권당은 물론이고 지역주의와 계파정치에 함몰된 야당 모두 지난 70년 동안 퇴행과 퇴보를 거듭했으며, 제20대 총선을 계기로 정당정치의 개혁을 추진해야만 정당정치의 발전과 국가발전을 이룰 수 있다고 역설하는 칼럼

√ 자유당은 왜 생겼나
√ 한국 정당정치의 전통과 역사는 없는가
√ 쿠데타가 한국 집권당을 탄생시켰다
√ 정권교체 못하는 야당이 존재하면 민주국가가 아니다
√ '광복 70년'한국 여당과 야당이 변해야 한다

'소설'이라는 표현을 한 것은 이 칼럼이 사회과학적 논쟁과 객관적 고민의 결과물이라기보다는 필자의 주장과 입장이 많이 반영되었다는 고백이고, 약간의 사회과학적 겸손이기도 하다. '광복 70년'이라고 한 것은 한국의 민주주의 역사를 수식한 용어로서 한국의 민주적 정당의 역사를 이해하기 편하면서도 담담하게 얘기하고자 함이다. 광복 70년 한국정당은 소설 같게도, 신비롭게도 전혀 변하지 않았고 상당부분 퇴행·퇴화·퇴보된 면도 있다.

지금 집권세력과 집권여당은 제2공화국 시절과 그들이 잃어버렸다던 지난 10년을 빼고는 줄곧 한국정치를 집권해왔고 지금 정당의 문패는 새누리당인데 권력에 종속적이고 청와대의 지배를 받는 여전히 영혼이 없는 정당이 되어있다. 새누리당은 광복 70년 세월동안 그대로이거나 사실상 퇴보했다.

새정치민주연합은 1955년 민주당 창당 이후 야당 60년 역사 행사를 준비하고 있다. 60년 전의 민주당은 정권교체의 대안으로서 정파 간의 강한 통합력과 국민의 정치적 최후 보루 및 희망의 역할을 충분히 했다. 1955년의 민주당이 있어서 1997년 12월 헌정사상 최초로 민주적 정권교체가 있었지만 지금의 새정치민주연합은 계파정치와 지역주의 위의 구조물로서만 존재하고 있다. 분명한 퇴행이요 퇴화이다.

자유당은 왜 생겼나

이승만 초대 대통령은 상해임시정부의 초대 대통령이었고 독립운동가로서 미국에서 박사학위까지 받은 한국인이다. 한국 초대 대통령으로서 갖출 것을 다 갖추고 항일무장투쟁 외에도 국제적 외교력을 발휘하는 보기 드문 한국의 독립운동가였다. 영부인 프란체스카 여사도 오스트리아 항일 외교 과정에서 어느 호텔 커피숍에서 첫 만남을 시작하였고 오스트리아가 오스트레일리아인줄 알고 많은 한국 사람들이 '호주댁'이라고 불렀다. 미국에서 독립운동을 한 이승만 전 대통령에게 미국 초대 대통령 조지 워싱턴은 그의 롤모델이었다. 조지 워싱턴의 정당관(政黨觀)은 매우 부정적이고 적대적이었다. '정당은 패거리 정치의 온상이기 때문에 정당은 생겨나서는 안 된다. 정당이 생기면 대통령을 그만 두겠다'라고 말한 조지 워싱턴은 자신의 말이 떨어지기가 무색하게도 민주정치의 생명선인 미국 정당은 탄생하였고, 이에 대통령직을 재선으로 마감하였다. 이승만 전 대통령도 정당에 대해 매우 적대적이었다. 정당 없이 국회에서 선출된 이승만 초대 대통령은 무소속이었다.

광복 70년 중 한국을 특징지운 가장 중요한 시간은 1945년부터 1948년 해방정국 3년이었다. 당시 대한민국 제헌헌법 기초작업은 동경대학에서 내각제를 공부한 유진오 박사의 몫이었다. 내각제만이 민주적인 방식으로 공부한 유진오 박사는 민주정치의 핵심 주체로서 정당을 상정하고 내각책임제 제헌헌법을 준비했다. 결국 초대 대통령이 되었지만 이승만 당시 박사에게는 '대통령'이 없는 유진오 박사의 초안에 대해서 강한 거부와 타협을 시도했다. 결과적으로 대통령을 국회에서 뽑는 사상 초유의 대통령제 헌법이 탄생된 것이다. 내각제와 대통령제는 정부형태로서 택일할 서로 다른 방식의 민주주의 통치구조이다. 대통령제 방식도 아닌 내각제 방식도 아닌 속은 내각제요 껍질은 대통령제인 기형적 민주주의와 묘한 헌법이 우리의 제헌헌법이다.

정당을 갖지 않은 이승만 대통령은 6. 25 전쟁 중 다가오는 대통령 선거에서 또 의회에서 대통령에 당선될 자신이 없었다. 전쟁 중에 국가원수 대통령을 바꾼다는 것은 상상하기 힘들지만 당시 국회는 온통 야당만이 존재했는데 이는 이승만 대통령이 정당을 갖고 있지 않은 결과였다. 국회 간선제로는 대통령 재선이 거의 불가능할 것이기에 대통령 직선제로 개헌한 것이 바로 제1차 개헌이다. 이 과정에서 이승만 대통령은 드디어 정당을 갖게 되고 그것이 자유당이었다.

자유당은 왜 생겼을까? 이승만 대통령 권력을 유지하기 위해서였다. 초대 당수인 이승만 대통령은 자유당을 만들면서 절대적인 권력을 행사했다. 자유당이 이승만 대통령을 만든 것은 아니기 때문에 대통령 권력을 위해서 존재할 뿐이었다. 자유당은 권력창출(權力創出)적, 본래 의미의 정당이 아닌 권력에 의해서 피조(被造)된, 만들어진 정당이었다. 한국 정당사에 있어서 집권정당의 출발이 대통령과 이러한 관계를 맺으면서 민주적 진화를 거의 못하게 했다. 잘못된 출발이었다.

한국 정당정치의 전통과 역사는 없는가

정당정치학에서 정당의 기원을 아주 멀리 잡을 때는 영국의 17세기 휘그당과 토리당을 꼽고 있다. 이들은 권력을 만들어내고 견제하는 민주정당의 기원은 아니지만 영국 왕의 법과 예산을 합법화 및 정당화 시켜주는 기구로서 정당들이었다. 이 정당들이 영국헌정사에서 내각제를 만들어내고 이념 및 정책정당으로서, 민주정당으로서 발전과 거듭되는 탈바꿈을 해왔던 것이다.

한국에는 이러한 영국의 정당 역사가 광복 70년, 즉 1945년 이전에는 전혀 없었던 것일까? 한국 정당정치학과 정치문화를 깊게 공부하다 보면 영국의 휘그당과 토리당 식의 정당기원은 우리에게도 거의 비슷한 시기, 동시대에 존재했다. 일제의 식민지 사관에 의해서 폄하된 조선의 사색당파의 본질을 한국 정당정치의 기원으로 볼 수 있다. 조선의 왕명과 전례 문제, 정치적 토론을 정권교체라는 권력창출의 현대정당정치 방식이 아닌 범위 내에서 한국 정당정치의 기원은 영국과 마찬가지로 조선왕조와 함께 시작되었다고 단언할 수 있다.

한국 정당정치의 기원이 깊은 만큼 끈기지 않고, 일제시대 역사의 단절 동안 망명지에서 독립과 새로운 국가건설을 위해서 많은 애국선열과 정파들이 활동하고 있었다. 이것은 군주주권 시대를 지나서 개막될 국민주권 시대의 정당정치의 배양조건이었다. 한국 정치에 있어서 정당 역사는 결코 일천하지 않다. 다만 광복 70년 민주주의적 정당역사에 잘못된 시작이 있었을 뿐이다.

쿠데타가 한국 집권당을 탄생시켰다

혁명과 쿠데타는 현재의 헌법을 무너뜨린다는 점에서는 공통적이지만 주체, 즉 누가 하느냐에 따라서 서로 구별하는 개념이다. 군인, 경찰 등 국가기관에서 헌법을 부정하고 유린하는 것을 쿠데타라고 하고, 국가기관이 아닌 학생·농민·노동자·언론 등 일반 국민이 헌법을 부정하고 유린하는 것을 혁명이라고 한다. 4·19의 주체가 학생이어서 4·19 혁명이라고 하고, 5·16과 5·18의 주체가 군인이어서 쿠데타라고 한다. 혁명은 좋고 쿠데타는 나쁘며 성공하면 혁명이고 실패하면 쿠데타라고 하는 것은 잘못된 지식이다. 5·16군사 쿠데타 이후 5·16을 군사혁명으로 미화시키면서 4·19 혁명을 4·19 의거로 격하시킨 적이 있었는데 이제는 혁명과 쿠데타의 개념적 용어 사용이 4·19 혁명, 5·16 쿠데타라고 정리가 되었다.

5·16과 12·12 및 5·18 쿠데타의 성공 이후 민주공화당과 민주정의당이라는 집권정당이 만들어졌다. 권력에 의해서 정당이 만들어지는 과정은 이승만 정부 시절 자유당이 만들어지는 과정과 그 궤를 같이하고 있다. 비민주적, 권력종속적 한국 집권당의 창당과정은 정당운영에 있어서 비민주적일 수밖에 없게 하고 있었다.

최근에 새누리당의 유승민 원내대표 파동은 광복 70년 한국 집권정당의 잘못된 정당운영 방식이 재현한 것이다. 유승민 전 대표는 대한민국 헌법 제1조를 지키기 위해서 버텼노라고 항변했지만, 좀 더 정밀하게 이야기하면 헌법 제9조 정당민주주의를 지키기 위해서 버텼다고 보는 것이 더 맞다. 정당의 헌법인 당헌 절차에 따라서 유승민 원내대표를 물러나게 한 것이 아니라 청와대 권력에 의해서 당헌의 절차를 무시하고 했기 때문에 유승민 대표의 파동은 새누리당에 있어서 일종의 청와대와 친박 쿠데타라고 볼 수 있다. 광복 70년 한국 집권당의 자화상은 그대로이거나 사실상 지나간 세월을 감안하면 퇴보했다.

정권교체 못하는 야당이 존재하면 민주국가가 아니다

새정치민주연합은 야당 60년 기획행사를 준비하면서 무엇을 생각했을까? 아마도 새정치민주연합이 찬란한 야당 역사에 적장자임을 강변하려 했을 것이다. 새정치민주연합이 혁신위원회를 만들었다. 만약에 전두환 정권시절 야당 역할을 했던 민한당이 혁신위원회를 만들어서 계속 존재했다면 선명야당으로서 정권교체의 토양이 되었던 신민당이 생겨났을까? 현재 새정치민주연합은 공룡에 비유할 수 있다. 티라노사우르스와 같은 강력한 공룡은 시대의 강자가 될 수 없다. 살아남는 자가 강자이다. 공룡은 변화에 적응하지 못했기 때문에 살아남지 못했다. 새정치민주연합이 정권교체의 중심이 되려면 변화에 적응하려는 수많은 실험과 고통을 감내해야 한다.

무너뜨려 버려야 할 저수지 둑이 있다고 치자. 저수지의 물들이 불어나고 불만이 들끓고 결국에 그 둑을 무너뜨려서 새로운 물길을 만들어내게 될 것이다. 그런데 그 잘못된 둑이 수문에 의해서 물을 막았다 넣었다 수위 조절을 해 낼 경우 시원찮은 둑은 그대로 유지되게 된다. 혹시 현재 새정치민주연합의 혁신위원회가 들끓고 있는 새정치민주연합의 수위조절을 하고 있는 수문의 역할을 하고 있는 것은 아닐까 고민해봐야 한다.

새정치민주연합의 아주 아픈 부분 중의 하나가 386 → 486 → 586으로 진화하고 있는 올드 젊은 피 정치세력의 존재이다. 많은 486, 586이 탁월한 시대적 감각과 전문지식을 가지고 있는 것은 인정할만 하지만 15년 가까이 정치적 생명을 유지하면서 야당의 발전보다는 새로운 변화와 새로운 인재의 충원에 있어서 장애물 역할을 했을 가능성이 매우 높다. 만약의 경우 현재 586이 그대로 686까지 간다면 새정치민주연합과 같은 야당은 변화에 둔감할 수밖에 없다. 새로운 사람들의 출입이 거의 없는 새정치민주연합은 변화에 약할 수밖에 없고 변화를 두려워하게 된다. 한국정치에 큰 변화를 주어서 정권교체를 해야 할 새정치민주연합이 변화에 취약하다는 것은 정말 아이러니다. 더이상 586의 집단적 존재는 퇴보이다.

'광복 70년' 한국 여당과 야당이 변해야 한다

현재 한국 정당정치를 아주 좋지 않게 평가를 한다면 새정치민주연합은 부도 직전이고 새누리당은 청와대의 법정관리를 받고 있다고 할 수 있다. 만년야당은 민주주의에 있어서의 야당이 아니다. 그리고 새누리당이 언젠가 박근혜 대통령의 손에서 벗어날 때, 또 누군가 한 사람에게 통제받아서는 안된다. 새정치민주연합이 정권교체능력 결핍증세에 시달린다면 새누리당은 정당자율성 절대결여 중증에 있다 하겠다.

한국 제1, 제2 정당이 이렇게 되기까지는 국민들의 미필적 협조가 있었다. 지역주의 구도에 함몰된 국민의식, 이념적으로 맹목적인 유권자의 투표 행태, 소수 정치지향적인 사람들의 정치참여와 소외된 국민 등이 오늘날 한국 여당과 야당의 자화상을 유지시켜주었던 것이다. 광복 70년 국민의식은 조금씩 변하고 있다. 골이 깊은 지역주의가 희석돼가고 있고, 직접적인 정치참여에 대한 의지가 보편화되고 있는 현상은 한국정치의 대변화를 예고하고 있다.

우리가 항상 새로운 정치를 이야기하지만 내년 제20대 국회의원 총선도 지역주의 구도 하의 정당대결 양상은 무너지지 않을 것 같다. 그렇다면 한국정치에 큰 변혁은 당분간 없을 것인가? 제20대 총선에서 당선된 국회의원들은 내년부터 4년간 공천으로부터 자유롭고 바로 그 다음 해에 대통령 선거가 있어서 2016년 정치격동은 쉽게 예고된다. 제20대 총선을 향한 각 정당의 공천경쟁은 가히 백가쟁명식의 현란한 레토릭들이 난무할 것이다. 그 와중에 꽤나 괜찮은 정치인들이 제법 나타날 것이다. 새로운 변화를 향해서 텃새를 자처하며 살던 과거 정당행태를 벗어나서 새로운 변화를 향해

날아가는 '용감한 철새'들이 정당의 중심부에 자리 잡을 것이다. 이들의 역할이 얼마나 크냐에 따라서 광복 70년 한국정당의 변화를 기대할 수 있을 것이다. 한국정당의 변화는 정치주체의 변화를 예고하기 때문에 국가발전을 향한 불가역적 진전으로 높이 평가할 만하다.

병든
정당들

칼럼의 배경과 쟁점   2016. 7.

- 4·13 총선을 거치면서 각 정당은 내·외적 문제에 직면하게 되는데, 새누리당의 계파갈등은 이미 깨진 그릇으로 비유될 정도로 소생 불가능의 말기 암 증세로 진단할 수 있겠고, 더불어민주당은 오래된 지병으로서 소위 '그들만의 정치'에서 벗어나야 한다는 처방을 내릴 수 있으며, 국민의당은 가건물 형태의 정당으로서 안정감이 없는 위급성 때문에 응급환자에 비유함

- 국가의 역할과 성격은 지배정당 즉 집권당의 정치 DNA가 좌우하기 때문에, 집권이 가능할 수 있는 주요 3당의 소생과 민주정당으로서의 정상화는 국가적 과제임

키포인트   총선 이후 각 정당들이 처한 심각한 문제들에 대해 진단하고, 이를 극복하기 위한 주요 3당의 자체적 노력과 자기혁신, 그리고 선의의 상호경쟁을 통해 국민의 선택 폭을 넓혀주는 방향으로 재정립하기를 당부하는 칼럼

       √ 말기 암의 새누리당

       √ 지병을 앓고 있는 더불어민주당

       √ 응급환자 국민의당

       √ 지배정당 정치 DNA가 국가의 역할 결정

새누리당, 더불어민주당, 국민의당 3당이 큰 병에 걸린 것 같다. 새누리당은 거의 말기 암 진단을 내릴 수 있는데 의학적으로 말하자면 수술이 불가능한 상태이다. 더불어민주당은 오랫동안 앓고 있는 지병이 좀처럼 호전될 기미가 보이지 않는다. 끝으로 국민의당은 일촉즉발의 응급환자이다. 시각을 다툰다.

한국정치의 주체인 3당이 이 모양이니 한국정치가 잘될 리 없다. 병든 3당에게 마지막 충언을 하고 싶다. 모두가 건강하게 살아나면 한국정치가 제대로 작동되겠지만 현실적으로 3당 모두가 어려우면 3당 중 누구라도 소생하여 한국정치에 활력을 불어 넣어주길 고대한다.

말기 암의 새누리당

새누리당의 현 상태를 질병에 비유해서 말기 암의 진단을 내려 보았다. 객관적으로 생각하고 현실적으로 보아도 새누리당을 정상화시킨다는 것은 거의 불가능에 가깝다는 말이다. 새누리당이 소생하려면 근본적인 체질개선 외에는 방법이 없다는 뜻이기도 하다.

4. 13 총선 이후 새누리당은 아직도 말기적 증세의 심각함을 자각하지 못하고 아무 병원 문을 열었다. 김희옥을 혁신비대위의 위원장으로 맞이한 것이다. 김희옥 위원장은 유승민 의원을 비롯한 무소속 복당 과정에서 '유승민 파동'이 아닌 석연치 않은 '김희옥 파동'을 자초하였다. 내홍이랍시고 수습한 것 또한 비박의 권성동 사무총장과 친박의 김태흠 부총장을 동반사퇴 시키고 중립형의 박명재 사무총장을 기용하는 것으로 일단락 지었다. 혁신비대위원회에서 복당을 의결한 것은 내용상 타당하나 방법과 절차에

있어서 아무런 정치적 메시지가 없었다. 왜 유승민 의원을 거부했으며 왜 받아들여야 하는지에 대한 논쟁이 새누리당에는 꼭 필요한 성장통이었다. 새누리당을 위해서 향후 혁신비대위원회는 친박과 비박, 기타의 세력이 대결하고 갈등하는데 있어서 한시적 완충역할에 충실하는 것에 한정하는 것이 좋겠다.

새누리당의 문제제기는 크게 당 밖에 있는 정의화 전 국회의장, 이재오 등 이명박의 사람들, 중도신당을 주장하는 사람들의 존재를 어떻게 할 것인가 하는 고민에서 시작되어야 한다. 새누리당은 그릇으로 치자면 이미 깨어진 것이나 다름없다. 새누리당의 혁신은 무엇을 하느냐 이전에 깨진 그릇을 재생시키는 데에 열공하여야 한다.

전당대회의 제1 목적은 새로운 새누리당의 그릇을 선보이는 것으로 그 출발점을 삼아야한다. 그 핵심에 친박, 비박으로 불리우고 있는 박근혜 대통령의 '박'을 어떻게 해야 할 것인가의 고민과 결단이 있어야할 것이다. 신임 사무총장인 박명재 의원은 자신이 밀양 박 씨임을 밝히면서 했던 모두를 밀어주자는 의미에서 '밀박', 함께 하자는 의미에서 '함박'등 기상천외한 박타령은 한심하고 한량스럽기 그지없다. 새누리당을 박근혜 대통령을 기준 또는 가이드라인으로 해서 하자는 것이면 새누리당의 정상화 내지 외연확장은 불가능할 것이고, 한량끼에서 비롯된 말이라면 박근혜 대통령에게 불충스럽고 큰 정치적 실례라고 생각한다. 확실한 것은 새누리당에서 친박과 비박의 '족보' 논쟁이 희석되지 않는 한 체질개선은 불가능하다는 것이다.

현재 새누리당의 체질은 영남권 신공항 문제에서 여실히 드러났다. 새누리당이 과연 집권여당인가를 의심스럽게 한 것의 대표적인 것이 신공항 유치경쟁에 있어서 TK와 PK간의 사생결투였다. 대통령의 집권 공약으로서의 신공항 문제가 결국은 여권 내의 지역이기주의로 함몰된 것은 그들에게서 국정운영의 열정과 의지가 없음을 확인케 한 것이었다. 최근에 브랙시트 문제에 있어서 잘못된 국가지도자의 국민투표 공약으로 인해서 혼란에 빠진 영국을 보았을 때, 한 국가 지도자의 정치리더십이 얼마나 중요한가를 목도할 수 있었다. 지금의 새누리당에서 국가지도자가 나올 수 있을까?

작년 국회법 개정 거부권 사태와 4·13 총선 당시의 '유승민 파동'은 새누리당의 분당 내지 완벽한 친박 친정체제가 굳혀질 것을 예견하였다. 그러나 최근 유승민 복당 과정에서 새누리당은 집권여당으로서의 치열함과 일체감이 상실되었음을 새삼 확인시켜 주었다. 상식적으로 그 정도면 야당의 경우에는 이미 분당을 했을 법도 한데 새누리당은 새롭게 뭉쳤다기 보다도 깨뜨릴수 있는 힘, 타개의 동력마저 갖고 있지 못한 듯하다. 그런 힘으로 어떻게 새로운 정권을 재창출해 낼 수 있겠는가. 새누리당에 필요한 것이 메시아이며 그가 반기문 UN 사무총장 등 인가. 힘이 없는 정당에서 정권은 창출되지 않는다. 중국공산당이 총구에서 권력이 나온다고 했지만 민주주의 복수정당국가인 대한민국에서는 국민의 지지를 받는 힘 있는 정당에서 권력이 나오는 것이다. 새누리당이 근본적으로 체질을 개선하지 않는 한 어느 누구도 새누리당에서 권력 창출의 힘을 기대하는 사람은 없을 것이라는 것을 자각할 필요가 있다.

지병을 앓고 있는 더불어민주당

말기 암의 새누리당과 일촉즉발의 응급환자인 국민의당과 비교할 때 더불어민주당의 사정은 조금 더 나을 수 있다. 정당의 작동시스템이 상대적으로 괜찮다는 것이다. 그러나 질병의 속성상 오랜 지병이 쉽게 죽지는 않으나 타성에 젖어서 쾌유와 정상으로 향한 노력에 안이할 수도 있다. 스스로의 자위와 자문자답에 익숙한 더불어민주당의 정치행태는 '그들만의 정치'에 몰입되기 십상인데 이것이 더민주의 오래된 지병이다.

최근 서영교 의원의 공인답지 못한 행실이 크게 지탄받고 있다. 만약에 서영교 의원이 당내에서 유행하고 있는 '셀프'징계 내지 '셀프'처벌을 조기에 감행했다면 본인은 물론이고 더불어민주당이 국민의당과 함께 도매금으로 넘어가서 비판당하는 일은 없었을 것이다. 확실한 것은 서영교 의원의 이기적인 갑질은 국민들의 정치 및 법감정과 눈높이에 너무나도 큰 거리감이 있다는 것이다. 그렇다고 해서 서영교 의원 처신의 문제에서 더불어민주당의 병세를 찾고자 하는 것이 아니다.

서용교 의원 사태 초기에 박완주 수석부대표가 핸드폰 문자로 "… 무대 응하고 … 당당하라"는 동지애를 보낸 문자, 이게 바로 더민주의 오랜 지병의 실체이다. 더민주가 4·13 총선 이전 어려운 길을 걸어온 것이 문재인 전 대표의 독주적 패권주의와 안철수 대표 등의 분파주의에서 비롯된 것은 그 외형에 불과하고 국민으로부터 외면받은 것은 더민주 자기들의 정치에만 몰두하고 있었다는 점이다.

제1야당으로서 국민들의 눈높이를 의식하기보다는 자기하고 맞는 생각과, 오랫동안 스킨십을 한 친숙한 사람끼리의 정치에만 몰두하면서 계파를 만들어내고, 야당끼리 야권연대는 대여투쟁보다는 그들의 정치적 단합에만 몰두했던 것들 때문에 그들 스스로 국민으로부터 멀어졌던 것이다. 박완주 수석부대표는 자기 생각과 맞고 상당 기간 스킨십을 한 서영교 의원을 위로하거나 지키려는 마음이라고 변명할지 모르겠지만, 바로 이러한 행태가 더불어민주당 곳곳에 배어있는 한 중산층과 서민의 국민에게 다가가기는 힘들어진다. 중산층과 서민의 한을 제대로 볼 수 없다.

더불어민주당이 국민들에게 희망을 주고 내년 정권교체의 주체가 되려면 당내 지역주의 극복, 즉 호남정치를 복원하고, 이념적 편향성을 다양화시키며, 끝없는 친노·친문 계파 및 계보 해체과정을 거듭해야 한다. 그런데 이러한 것들이 대부분의 당원과 국회의원들이 숙지하고 있음에도 불구하고 몸에 배어있는 '끼리끼리'의 정치적 행태가 더불어민주당의 발목을 잡고 있다. 더불어민주당의 오래된 지병은 '자로남불병'이다. 자기가 하면 로맨스이고 남들이 하면 불륜이라는 사고를 하루 빨리 뜯어고쳐야 소생한다.

응급환자 국민의당

국민의당을 응급환자로 비유한 것은 당장에 조치를 취하지 않으면 회생자체가 불가능하기 때문이다. 국민의당의 역사는 일천하기 보다는 아직 시작되지 않았다고 이야기할 수도 있다. 건물로 치자면 가건물이며 지금 받고 있는 국민들의 지지를 제대로 소화할지 매우 의문스럽다. 어떤 인색한 사람들은 국민의당이 '4월 13일 횡재'를 하였다고도 한다. 더 안좋게 표현하면 천원어치 물건을 사러 왔는데 가게 주인이 잘못알고 만원어치 물건을 준 것이나 마찬가지여서 국민의당은 정확한 계산과 정산을 다시 해야 할지도 모른다.

작금의 국민의당 리베이트 사태는 사건 자체가 너무 속보이고 조악스러워서 근대정당의 모습을 찾을 길이 없다. 이상돈 의원이 진상을 규명한답시고 검찰이 후회할거라고 엄포하는 것도 국민의당의 지금의 안일함을 옹

변하고 있다. 미래학자들이 즐겨 인용하는 비유 중에 개구리가 냄비 속에서 물이 데워지고 있음을 느끼지 못하고 느긋하게 있다가 결국 끓는 물에 죽고 만다는 말이 있다. 곧 다가올 위기를 전혀 느끼지 못하는 개구리가 위기의식과 긴장감이 결여된 국민의당 지도부를 연상하게 한다. 국민의당은 과거에 어려운 역경 하에서 집권에 성공한 김대중 전 대통령의 위기 때마다 자기 뼈를 깎는 위기돌파 장면을 반면교사로 삼을 필요가 있다.

지금 국민의당은 당의 형태를 제대로 갖추기도 전에 총선에서 지나친 승리를 해버렸다. 왜 이렇게 많이 이겼는가라고 자문자답을 해야함에도 불구하고 어리석게도 승리에 도취했다. 지금의 리베이트 사태도 위기의식과 자기혁신의 의지가 충만하면 충분히 해결할 수 있는 문제이지만 국민의당에는 그 기본적인 매뉴얼과 장치마저 없는 듯하다. 마치 나사가 덜 조여져있는 기계와도 같다고나 할까. 만약에 지금의 리베이트 사태가 당 지도부의 중심에까지 정치적 영향을 미칠 경우 제대로 조이지 않은 나사들이 풀려나갈 가능성이 매우 크다. 박지원 원내대표와 천정배 공동대표가 검찰수사가 진행되면서 안철수 대표와는 결이 다른 반응을 하기 시작하고 있다. 당의 기강과 시스템이 견고하지 않은 상황에서 지도부 해체라는 참사도 결코 부정할 수 없는 상황이 되어버렸다.

국민의당의 가장 큰 위기는 안철수 대표가 독단적으로 심지어는 독자적으로 공천권을 행사해서 그것이 국민의당의 정치적 후폭풍으로 작동하게 된다면 안철수 대표의 정치적 생명과 국민의당의 존립마저 위험해질 수가 있다는 것이다. 국민의당은 장기플랜 못지않게 긴급한 응급조처를 할 필요가 있다. 과거 김대중 전 대통령과 비교 했을 때보다도 강도가 높은 안철수의 고육지책이 불가피하다.

1995년 DJ는 노태우 전 대통령으로부터 선거자금으로서 20억+α를 받았다는 사안에 대해서 인정함과 동시에 상대적으로 떳떳함을 내세워 정치적 생존과 정면돌파를 시도했고 국민의 판정을 초조하게 기다렸다. 안철수 대표는 응급처치가 시급한 국민의당의 유일한 책임치료자이다. 응급환자 앞에 선 집도의(執刀醫) 안철수의 판단력과 솜씨를 지켜보겠다. 정치를 그만 두는 것도 아니면서 대표직 사퇴로 책임을 진다는 방법론은 당장의 물바가지를 피하는 것뿐이다. 대표직 사퇴가 일시적으로 충격요법이 될지는 몰라도 국민의당은 자연치유가 가능할 만큼 숙성된 결사체가 아니다. 안철수 의원의 진정한 책임은 당직에서 물러났어도 국민의당에서 도려낼 환부를 본인의 힘으로 직접 떼내는 것이다. 그리고 국민의당이 제21대 국회의원 총선거에서도 그 간판을 유지하려면 이제부터라도 당무(黨務)의 육하원칙부터 리셋해야 한다고 본다.

지배정당 정치 DNA가 국가의 역할 결정

현대정치에서 국가의 역할을 결정짓는 것이 정당이라 하여도 과언이 아니다. 사회주의 체제인 중국과 북한에서는 공산당과 노동당이 국가를 독점적으로 지배한다면, 복수정당 체제로 운영되는 민주주의 국가에서는 국민이 선택한 집권여당이 국가의 역할을 담당한다. 민주국가인 우리 대한민국에서 국민들은 새누리당, 더불어민주당, 국민의당 중 어떤 정당으로 하여금 국가의 역할을 주도하도록 할 것인가.

얼마 전 평택 제2함대에서 동료교수·박사 제자들과 1박 2일 안보견학과 워크숍을 한적이 있었는데, 행사를 마무리 하면서 전시된 폭침 천안함을 관람하고 설명을 들었다. 7개월에 걸친, 4개국의 외국전문가도 포함된 천안함의 폭침 흔적을 브리핑할 때, 보고 듣는 이들을 충분히 설득하였다. 모두들 숙연한 마음을 다시금 갖게 되었다.

공교롭게도 당일 전라도 광주에서 모 당의 당대표 출마 표명을 위한 토크 콘서트에 초청을 받았다. 그 장소에서 행사의 주최 측인 유력정치인이 세월호의 진상규명과 가습제 피해에 대한 국가의 역할이 미비한 것에 대해 질타를 하면서 이에 대한 견해를 물어왔다. 한참을 생각하다가 이런 답변을 했던 것이 기억난다.

"… 사회주의 체제의 공산당 만큼은 아니지만 민주국가에서도 지배정당이 즉 집권여당이 국가의 역할을 결정하게 되어 있다. 이 행사에 내려오기 전에 천안함 사태에 대한 진상규명을 평택 제2함대에서 자세하게 설명을 듣고 충분히 수긍을 하고 지금의 야당들도 안보를 지키는 정당이 되어야 한다는 다짐을 갖게 되었다. 이명박 정부 때 발생한 천안함 사태에 대하여 국가의 조속한 진상규명이 국민의 논란과 혼란을 종식 또는 희석시키고 국민적 합의를 이끌어 냈다고 본다.

… 세월호에 대한 철저한 진상규명도 천안함 사태 못지않게 국민의 안전과 정부의 올바른 역할을 위해 반드시 필요하다. 만약에 정치 DNA가 세월호의 진상규명이 조속히 필요하다는 정당이 국가를 운영하게 된다면 매우 신속 정확한 진상규명을 할 것이다. … 이명박 정부에서 천안함 사태에 대한 진상규명을 하듯이 … 결국 민주국가에서 국민이 선택한 정당이 국가의 역할을 좌우한다는 것을 감안할 때 정당의 힘은 정말 크다는 것을 실감하게 된다"

천안함과 세월호의 비교는 한 예에 불과하지만 어떤 정당이 집권하느냐에 따라 국가의 역할이 달라지고 운명이 좌우된다 하겠다. 현재 한국정치를 지배하고 있는 새누리당·더불어민주당·국민의당이 큰 병을 앓고 있기에 국가적 차원에서의 걱정은 결코 엄살이 아니다. 요컨대 3당 모두가 정상화되면 더 이상 바랄 것이 없지만 현재 앓고 있는 각각의 병을 스스로 떨쳐내고 일어나길 간절히 바랄 뿐이다. 3당의 자체적 노력과 자기혁신, 그리고 선의의 상호경쟁을 통해 국민의 선택 폭을 넓혀주는 방향으로 재정립 되면 좋겠다.

그러나 3당에 대한 기대가 선뜻 내키지 않는다. 한국정치 개혁을 위해서 개헌을 하고, 현대의 역사에 대한 재해석과 논쟁을 하며, 여소야대 상황에서는 협력정치도 하는 것이 필요한 이 시점에서 병든 3당이 감당할 수 있을까 회의적이다. 그럼에도 불구하고 국민의 주권행사가 최악이 아닌 차악을 어쩔 수 없이 수용하는 것이 아니라, 최선의 선택을 할 수 있도록 병든 정당들이 소생하길 정말 바랜다.

코미디 같은
한국정치

칼럼의 배경과 쟁점   2016. 10.

- 제20대 총선을 앞둔 새누리당 공천과정에서 유승민 의원의 공천을 둘러싼 시간끌기 꼼수
와 김무성 대표의 옥새파동, 사드 배치에 대한 정부의 불통 및 게릴라 작전 같은 정책집행
과 해당지역 여당 의원들의 지역이기주의, 이에 대한 찬반의견을 가볍게 뒤집는 안철수 국
민의당 대표, 국회의장의 발언에 항의하여 묻지마 단식농성에 돌입한 새누리당 이정현 대
표 등 제20대 국회는 초기부터 협치와 멀어져 쑥대밭이 되어버림

- 무분별한 대치와 대결정치를 일삼는 한국정당과 정치인들은 "코끼리는 사랑을 하든 싸움
을 하든 잔디밭을 망친다"라는 스리랑카 속담의 코끼리처럼 어떻게 해도 한국정치를 망치
는 존재였음

키포 인트	2016년 정치권이 보여준 한국정치의 코미디같은 장면들을 회고하면서, 한국정치 가 대결과 대치의 모습이 아닌 상호 협력과 협치하는 모습을 보여주기를 희망하 는 칼럼

    √ 역대급 막장드라마, 공천 코미디
    √ 사드 배치 찬반 논쟁, 변덕 코미디
    √ 해임건의안·단식농성, 협치와 대치의 코미디

한국정치가 수준이 너무 낮다는 의미에서 코미디 같다는 말을 한다. 요즘 한국정치는 정말 웃긴다. 얼마 전 중견 코미디언이 우리 대학원 최고위 과정에서 자기 자신을 소개하면서 요즘 자신의 코미디가 인기가 많이 떨어졌다고 푸념 섞인 농담을 시작했다. 자기 보다 더 웃긴 코미디언이 여의도에 300명이나 출현해서 자기 자신은 코미디언 취급도 못 받는다고 국회의원의 자질에 대한 수준 높은 개그를 하였다. 한국정치의 자화상을 제대로 풍자한 말이다.

그런데 최근 한국정치의 코미디가 그 도가 지나쳐 국회의 무용론을 넘어서서 유해론까지 나올 지경이다. 올해 작렬한 한국정치 코미디 세 장면을 얘기 하면서 한국정치를 같이 걱정하고 싶다.

역대급 막장드라마, 공천 코미디

제20대 국회의원 공천은 역대급 막장드라마였다. 특히 새누리당에서 자행되었던 공천파동은 지금에 와서 돌이켜 보아도 상상이 불가능할 정도의 막가파식의 안하무인과 꼼수의 연속이었다. 첫째, 유승민 의원을 낙천하기 위한 시간 끌기는 새누리당 공천의 최소한의 명분마저도 실종시켜버렸다. 시간에 쫓긴 유승민 의원은 막판까지 버티다가 자정 직전 탈당과 무소속 출마를 선언했다. 대구의 묘한 분위기 속에서 유승민 의원은 당선되었지만 새누리당의 앞마당은 난장판이 되고 말았다.

둘째, 친박의 실질적인 핵심으로 인정받고 있었던 윤상현 의원의 진짜 막가파식 막무가내 막말은 정당의 힘의 원천인 정치적 도덕과 엄중함을 증발시켜 버렸다. 결국 윤상현 의원은 탈당 후 무소속으로 당선되었으나 그

이면의 과정을 면밀히 살펴 볼 때 새누리당의 힘은 인천 남구(을)의 유권자들을 정치적 하수인 내지 어리석은 백성으로 격하시켜 버렸다. 새누리당의 막강한 정치적 파워가 20대 총선 과정에서 그 권위를 송두리째 잃어가고 있었다.

셋째, 공천 마지막 날, 또 하나의 초읽기가 김무성 대표에 의해서 자행되었다. 흔히 말하는 옥새파동이었다. 당 대표가 대표 직인을 훔쳐서(자기절도) 몇몇 공천예정자에 대한 숨통을 멎게 하고 결국에는 정치적 공갈과 야합형의 타협으로 김무성식 옥새파동을 종결지은 것, 참으로 기상천외한 코미디의 한 장면이었다. 올해 제20대 국회의원 총선에서 다른 정당도 형편없었지만 새누리당의 공천과정은 각본 없는 현장 즉석 코미디와 같았다. 누가, 어떻게 한국 정당공천의 개혁을 해낼 수 있을까 막막하다.

사드 배치 찬반 논쟁, 변덕 코미디

사드(Thaad) 배치에 있어서 대통령과 정부 그리고 여·야 정치인 및 정당, 안보전문가들이 향후 무슨 말을 할지 그저 궁금할 뿐이다. 청와대와 정부는 사드 배치 결정과정에서 불필요한 비밀주의에 빠진 데서부터 야당과 국민적 반발에 직면하였다. 특히 성주 지역의 포대가 최적지임을 여러 가지 매체와 자료를 통해서 강변하다가 더 좋은 최적지, 슈퍼최적지로 성주 지역의 골프장으로 변경하는 과정은 주민들의 신뢰를 크게 잃게 하였다. 우리 정부의 사려 깊지 못한 사드 배치 진행 방식 못지않게 해당 지역의 국회의원들의 이중성은 전체 국민들을 더 크게 실망시켰다. 당론에 따라서 사드 배치에는 찬성하면서 자기 지역구는 안된다는 이율배반적인 정치적

이기심은 정치인에 대한 불신을 증폭시켰다.

사드 배치 문제에 있어서 야당과 각 당의 대표정치인들 또한 큰 실망을 주었다. 안철수 대표와 같은 경우는 마치 더불어민주당과 경쟁이나 하듯이 신속한 배치 반대론을 펴다가 추석 이후의 민심 추이에 대한 반응을 명분 삼아서 반대 주장을 철회 및 철수시켰다. 국가적 과제로서의 안보문제에 있어서 정치적 고려를 너무도 지나치게 앞세우는 것은 매우 위험함과 동시에 야당스럽지도 못하다. 더불어민주당도 사드 배치에 있어서 당론을 선명하게 보여주지 못하고 있는 것은 무책임하고 수권야당으로서의 리더십이 부족하다는 것을 여실히 보여주고 있다. 사드 문제야말로 여·야가 정쟁거리가 아닌 국가적 과제로 격상 및 승화시켜야 할 부문이다.

2002년 월드컵 때 우리 국민들은 통합과 단합의 힘이 매우 크다는 것을 보여주었다. 대북 또는 안보문제에 있어서 여·야와 보수·진보는 서로의 다른 입장과 식견을 토론하고 공유할 줄 알아야 한다. 그러기 위해서는 국방·안보 문제들이 다양한 정치세력이 있는 국회에서 논의되어야 한다. 외교·안보·국방 문제를 국회가 아닌 정부의 독점적 영역으로 생각한다면 그것은 비민주적이고 군사정권적 발상의 잔재이기도 하다. 보수·진보 간의 격전지가 제도권, 국회에서 이루어질 때 국가적 안전이 보장되는 것인데 코미디 같은 국회와 한국정치가 이것을 과연 해낼 수 있을까. 답답하다.

해임건의안·단식농성, 협치와 대치의 코미디

이정현 새누리당 의원이 정세균 국회의장의 사퇴를 요구하면서 단식을 했다. 얼마나 심각하고 속(?)이 상했으면 같은 국회의원으로서 국회의장의 사퇴를 요구했을까. 4·13 총선이 끝나자마자 대통령과 여·야 대표들이 협치를 한다고 한자리에 모였다. 그래서 많은 국민들이 협치를 기대했으나 지금 청와대와 국회에서는 대치의 코미디를 제대로 보여주고 있다.

정세균 의장은 여소야대의 전리품으로서 야당 출신의 국회의장이 된 것이다. 자고로 국회의장은 같은 편에 있었던 정당으로부터 섭섭하다는 느낌을 받는 언행을 했을 때 제3자의 눈에는 공정하게 보이는 것이다. 정세균 국회의장의 발언은 정치적 소신이 강하여 중립성을 일탈했다고 느끼는 이들이 많을 수도 있었다. 그럼에도 불구하고 사상 초유의 새누리당·더불어민주당·국민의당 원내대표 3인과 동행한 방미일정은 구체적 성과는 없었다 할지라도 국회에서의 협치 가능성을 보여주기에 충분했다. 그런 식으로 국회를 이끌어갈 의무가 정세균 의장에게 있는 것이다.

김재수 국무위원에 대한 해임건의안은 여소야대 국회에서 나올 수 있는 사례 중 하나에 불과하다. 여소야대가 아니었다면 지나갈 수 있는 문제지만 제20대 국회는 국민들이 야당에게 손을 들어 주었다. 해임건의안이 청와대에서 볼 때는 권력누수와 야당 발목잡기로 보여서 묵살을 했겠지만, 제19대와 달라진 제20대 국회의 새로운 정치구조에 대한 이해와 적응이 부족하여 국회와 행정부 간의 충돌과 긴장이 만연하고 있다. 그런데 이 지점에서 이정현 새누리당 대표가 느닷없이 단식농성에 들어가 버리고, 국회의장과 새누리당 간의 고소고발이 난무하게 되고, 국정감사는 집권 여당인 새누리당이 빠진 상태에서 시작되었다.

협치를 한다던 제20대 국회가 코미디를 넘어서서 난장판과 쑥대밭이 되고 있다. 한국정치가 희망이 없다. 이들이 어떻게 헌법을 개정하고 남북문제를 해결하며 경제발전의 견인차가 될 수 있겠는가. 새누리당 공천과정·사드 배치 논쟁과정·단식농성의 세 가지 코미디를 볼 때 절망적이다. 크게 바꾸어야 할 텐데 국민이 뽑은 직업정치인이 기대난망 한바, 또 한번의 국민적 결단이 요구되어진다.

희망컨대, 국민들이 조금이라도 힘을 덜라면 정치패러다임이 바뀔 필요가 있다. 정치를 씨름같이 승패를 가르는 것이 아니고 같이 추는 춤으로 그 패러다임을 바꿨으면 좋겠다. 스리랑카 속담에 코끼리는 사랑을 하던 싸움을 하던 잔디밭을 망쳐놓는다는 말이 있다. 한국의 여당과 야당은 협치를 하던 대치를 하던 무엇을 해도 한국정치를 망치는 스리랑카 속담의 코끼리들일까. 아니길 바란다.

한국정당정치, 진화하고 있는가

칼럼의 배경과 쟁점   2017. 8.

● 문재인 대통령의 지지율 70%, 더불어민주당 지지율 50%, 그리고 자유한국당·정의당·국민의당·바른정당의 낮은 정당지지율을 통해 현재의 민심을 정확히 읽고 모든 것을 들여다볼 수 있음

● 더불어민주당의 인재영입·탈계파·탈지역화, 자유한국당의 과거 더불어민주당이 가지고 있던 3중고 답습에 의한 몰락, 정의당의 생존가능성 입증과 선거제도 변화에 따른 팽창가능성, 국민의당의 위기, 과감한 인재영입과 새로운 보수의 비전을 뚜렷히 제시하는 '정치퍼레이드'가 절실하게 필요한 바른정당의 사정 등의 상황 묘사

● 각 정당이 가지는 특성으로 집권여당과 4야당이 협치·대치·존립 등을 고민하는 것은 한국정당들의 진화와 정치발전을 의미하는 것으로 볼 수 있음

키포인트
　제19대 대선 과정에서 형성된 5당체제에서 여당과 4야당이 협치·대치·존립 등을 고민하는 자체가 한국정당의 정치적 진화를 의미하며, 보다 근본적으로 탈지역주의·탈패권계파·탈이념편향이 한국정치의 본질적 지향점이자 한국정당 진화의 좌표라고 하는 칼럼

　√ 문재인 대통령과 더불어민주당의 가공할만한 지지율 해석
　√ 자유한국당과 한국보수, 몰락의 이유
　√ 다당제와 국민의당·바른정당·정의당의 존재

한국정당들이 조금씩 진화하고 있는 것 같다. 정치가 발전하고 있다는 뜻이다. 이를 국민들의 여론과 판단으로 입증해볼까 한다. 혹자들, 특히 학자들은 여론에는 비전과 전략이 안들어 있다고 하지만 민심을 정확히 읽을 수 있으면 모든 것을 들여다볼 수 있다고 장담한다. 갤럽(Gallup)이 여론조사의 표본추출을 주부가 스프를 끓일 때 한 숟가락만 맛을 보고 전체를 판단하는 것에 비유했듯이 정확한 여론조사는 객관적이다.

얼마 전(7월 24일~26일), 여론조사 기관 중 하나인 리얼미터에서 서베이한 결과 문재인 대통령의 지지율 74.7%, 더불어민주당 54.7%, 자유한국당 15.1%, 정의당 6.2%, 국민의당 4.9%, 바른정당 4.8%로 나타났다. 이를 해석하는 것은 한국정당들의 현재 상태를 정확하게 들여다보는 것이다.

문재인 대통령과 더불어민주당의 가공할 만한 지지율 해석

최근 상당 기간 동안 문재인 대통령과 더불어민주당의 지지율이 70%와 50%를 상회하고 있다. 언제까지 유지될지는 차치하고 높아진 집권여당의 국민적 지지에는 분명한 이유가 있고, 더불어민주당의 질적 변화와 진화를 감지할 수 있다. 2015년 문재인 대표의 새정치민주연합은 사상 최악의 제1 야당이었다. 박근혜 정부이지만 못난 야당이어서 대한민국의 정치를 망치고 있는 주범으로 낙인찍히기도 하였다. 당시 민주당은 정치적 3중고(三重苦)에 시달리고 있었다. 호남의 집중적인 지지만 받고 있는 지역주의 정당이자 친노·친문 패권주의적 계파정치에 함몰되어 있었고, 지나치게 좌파적 이념에 편향되어 있었다. 당시 필자도 민주당의 살 길은 지역주의에서 벗어나고 패권적 계파정치보다는 상호공존 및 경쟁적 계파정치를 지향하며 이념적 스펙트럼을 넓히라는 강요성 주문을 자주 하였다. 쉽게 벗어날 수 없는 3중고의 굴레에서 민주당은 수권야당의 기대감마저 박탈당하고 있었다. 상당기간 지지율은 10%대에 근접할 정도로 추락한 것이 다반사였다.

제20대 총선과 탄핵정국을 거치면서 더불어민주당은 달라졌다. 국민의 당과 경쟁하면서 전국정당을 지향하기 시작하였다. 대통령선거에서도 더불어민주당 문재인 후보의 호남전략은 호남에서 지지를 받아서 수도권으로 확산되는 것보다는 수도권에서 모은 지지율을 호남과 연결시키는 캠페인을 선택하였다. 지역주의·패권적 계파정치·이념편향적 정당의 3중고에서 지역 정당의 굴레부터 풀어갔다.

국민의당과의 경쟁은 탈지역주의 정당만이 아니라 비주류 탈당러시를 막는데 안간힘을 쓰고, 인재영입에 전력을 다하게 하면서 패권적 계파정치와 이념편향적 정치색깔도 자연스럽게 해결하였다. 이런 점에서 더불어민주당의 생존과 진화 그리고 문재인의 집권은 역설적으로 국민의당과 안철수 후보와의 경쟁에서 비롯된 것일 수도 있다. 만약 더불어민주당과 문재인 정부가 이러한 노력과 진화를 계속 유지한다면 현재의 가공할만한 국민적 지지는 상당기간 오래갈 수 있다. 더불어민주당의 진화에서 야당들이 배워야 할 점은 참으로 많다 하겠다.

자유한국당과 한국보수, 몰락의 이유

자유한국당과 한국보수의 몰락에는 분명한 이유가 있다. 특별히 연구할 필요도 없이 더불어민주당의 과거를 회고하고 맞춰보면 답이 나온다. 구 새누리당이 강력했을 때는 친박과 비박이 적대적 공존을 하면서, TK 외의 지역인 충청 또는 수도권 등에까지 당세를 확장할 수 있었다. 그러나 박근혜 전 대통령과 친박진영에서 비박의 비주류를 뿌리 채 뽑아내려는 시도에서 새누리당의 불행과 퇴화가 시작되었다고 할 수 있다. 제20대 총선을 통해서 친박 중심의 공천을 하자 국민들은 바로 반응을 보였다. 친박이라는 특정 계파의 정당에 대한 지지는 대구에서 조차 외면당했다. 새누리당의 몰락은 급기야 바른정당과 자유한국당으로의 분화를 자초했고, 헌정사상 최초로 한국보수의 분열을 낳았다.

자유한국당의 TK 중심의 '정치적 서식'(政治的 棲息)은 자유한국당을 자연스럽게 지역주의 정당으로 몰아가고 있으며 이념적으로도 고도의 극보수로 편향되고 있음을 보이고 있다. 제20대 총선과 제19대 대통령선거를 계기로 모든 정당들이 조금씩 진화하고 있는 반면 자유한국당만 퇴화와 퇴행을 거듭하고 있는 셈이다. 최근 홍준표 대표의 정치적 행태는 과거 더불어민주당이 겪었던 3중고를 더 안좋은 상태로 재생하고 있는 것 같다. 어느 정당도 손에 들고 있지 않으려고 하는 지역주의와 이념적 편중을 지향하고 있고, 친박마저 배제함으로써 당 내에 어떠한 정치적 계파도 없는 무정치의 정당으로 변형시키고 있다. 친박은 배제하되 박근혜 전 대통령의 잔영은 유지시키려는 묘한 정치적 선택도 하고 있다. 특정 지역과 특정 이념, 그리고 특정인(박근혜)을 추종하는 정치를 누가, 언제까지 지지할 것인가. 자유한국당은 신삼중고(新三重苦)에서 벗어나지 못할 경우 공룡의 멸종을 정치적으로 체험할 수 있다는 위기감을 가져야 한다. 이는 단순한 비판적 경고가 아니라 범국민적 기본 상식임을 지적하고 싶다.

다당제와 국민의당·바른정당·정의당의 존재

최근 청문회와 추경예산 및 정부조직법 처리과정을 보면서 여·야 간의 협치를 발견하고 있다. 자유한국당의 역할도 있었다. 자유한국당은 더불어민주당에게 다른 야당과의 대화와 타협을 압박하는 역할로서, 활어 운송 과정에서의 게의 역할과도 같다 하겠다. 국민의당과 바른정당 그리고 정의당의 존재는 한국정당정치체계에서 보기 드문 다(多) 정당체제를 탄생시키고 있다. 만약에 3당이 살아나고 다당제가 유지된다면 한국정치는 분명한 정치적 진화를 하고 있는 것이다.

정의당이 살아남는 것은 이미 입증되었고, 광범한 비례대표제나 중대선거구제가 도입될 경우 더욱더 팽창을 거듭할 것이다. 국민의당과 바른정당은 사정이 다르다. 특히 국민의당은 리베이트 사건 이후 제보조작사건과 겹치면서 정당의 존망이 우려되고 있다. 특히 '국민의당의 안철수'가 아니라 '안철수의 국민의당'이였기 때문에 이것이 안철수의 위기로 비화될 경우 당의 존재마저 위태로울 수 있다. 안철수의 위기 외에도 국민의당은 근본적으로 지역주의 정당이냐 아니냐부터 시작해서 이념적 정체성이 확실하지 않은 것이 본질적 문제이다. 내년 지방선거 때까지 국민의당이 왜 존재해야 되는가에 대한 답을 내놓아야 할 것이다.

바른정당은 국민의당의 위기와는 다른 성격의 고민을 해야 할 것 같다. 한국보수의 재탄생이 바른정당으로부터 비롯될 수만 있다면 매우 바람직하지만 자유한국당과의 지역경쟁에 있어서 보다 과감한 전략적 판단이 요구된다. 더불어민주당과 문재인 대통령의 전략에서 답을 찾아도 괜찮을 것 같다. 자유한국당과 TK 지역에서의 경쟁에 급급한 나머지, 자꾸 대구를 방문하거나 연연해하는 것은 아주 비전략적이다. 문재인 대통령이 수도권에서 얻은 지지를 호남과 연계시켰듯이 바른정당의 개혁적 보수이념을 수도권에서 확보해서 TK 지역으로 내려가는 것이 보다 전략적이라 하겠다. 과감한 인재영입과 새로운 보수의 비전을 뚜렷이 제시하는 '정치퍼레이드'가 절실한게 바른정당의 사정이다. 다당제의 한 축을 담당하고 있는 바른정당에게 아이러니컬한 주문이지만 자유한국당을 대체하는 제1당 내지 제1야당을 목표로 삼아야만 당의 존립기반이 생성된다는 팁을 주고 싶다.

요컨대 집권여당과 4야당이 협치·대치·존립 등을 고민하고 있는 자체가 이미 정치적 진화를 하고 있다고 본다. 더불어민주당의 성공은 한국정당의 본질적 지향점을 수용하고 있기 때문이다. 탈지역주의(脫地域主義)·탈패권계파(脫霸權系派)·탈이념편향(脫理念偏向)은 한국정치의 본질적 지향점이자, 한국정당 진화의 좌표라 하겠다.

2015년의
정치적 회고

칼럼의 배경과 쟁점   2015. 12.

- 2015년은 전국단위 큰 규모의 선거 없는 시기로서 정치권의 협치를 통한 정치를 기대했으나, 한해를 돌이켜 보면 기대와 달리 최악의 흉작이자 퇴행의 정치현상이 반복되었음

- 대통령의 통일대박 발언, 상처만을 남긴 새정치민주연합 전당대회와 보궐선거 패자 문재인 대표, 이완구 총리후보자의 낙마와 새누리당 유승민 원내대표의 사퇴, 국회의 대통령 통제 권이 쟁점이었던 국회법 개정안에 대한 대통령의 거부권 행사, 역사교과서 국정화와 독재 주의 체제의 굉음, 야당의 분열, 선거구획정 과정의 파행 등은 결과적으로 지역주의와 계 파정치라는 DJ·YS 양김정치의 잔해만 남게 된 모습을 회고함 ➡ "'기억'이 아닌 '기록'에 의한 2015년 정치회고는 매우 사회과학적이어서 객관적이었으며, 2016년 이후의 한국정치 에 대하여 비교적 정확한 예측을 하게 한다"

키포 인트   메르스 사태로 인한 국가적 혼란과 청와대, 여, 야 등 세력 간 불통정치로 점철 된 한국정치의 흉년, 2015년 한국정치를 회고하면서 2016년에 대한 우려를 나타 낸 칼럼

√ 대통령은 독주, 야당은 갈등
√ 독주는 독선으로, 갈등은 분열로
√ 양김정치의 잔해로서 새누리당과 새정치민주연합

2015년은 한국정치의 흉년이다. 2015년을 맞이하면서 기대했던 것은 대통령 선거, 국회의원 총선거, 전국동시지방선거와 같은 전국단위의 큰 규모의 선거가 없어서 정치권이 오랜만에 정쟁에서 벗어나 정치적 협상과 업적물이 많을 것으로 기대했었다. 결과적으로 사상 최악의 흉작이자 세기말적 퇴행의 정치현상이 끊임없이 반복된 한해였다.

2016년의 정치전망을 위한 자료를 남기기 위해서 2015년의 한국정치를 정확히 회고하려 한다. 정확한 회고는 '기억'보다는 '기록'에 근거할 때 가능하다. 다행스럽게도 2015년의 정치적 회고를 위한 기록물을 1년간 준비해 왔던 것이 있다. 올 1월 초부터 재개된 KBS 1라디오의 월요공감토론(구, 열린토론)의 고정패널이 되면서 매 주 토론준비와 결과를 꼼꼼히 정리하였는데, 졸지에 정치회고의 기록물을 갖게 되었다. 정확한 회고를 하고자 한다.

대통령은 독주, 야당은 갈등

2015년 초 한국정치의 회고는 대통령의 신년기자회견에서부터 시작된다. 새누리당의 장황한 지지발언과 대변이 있었음에도 불구하고 야당과 일반국민은 감동을 썩 느끼지 못했다. 많은 현안과제를 외면하는 박근혜 대통령의 유체이탈 화법과 정윤회 건 해명은 수사가이드라인 제시라는 비판에 직면하였다. 통일대박이라는 단어에 대한 정치적 레토릭과 해법이 부족했다는 지적도 있었다.

여당의 입장에서는 다행스러울지 모르지만 제1야당인 새정치민주연합은 전당대회를 앞두고 상상을 초월할 정도의 저주의 집안싸움이 기승을 부리고 있었다. 과거의 열린우리당의 정치실험과 야권분열은 10년 넘게 지속되고 있고, 현재 새정치민주연합에게 3중고(三重苦)를 송두리째 안겨주고 있다. 지역주의적 논쟁과 야권연대 경험의 산물인 당내 이념적 갈등, 그리고 친노 패권주의로 호도되고 있는 당내 계파정치가 바로 그것이었다.

연초 박근혜 정부와 새누리당은 집권여당으로서 강력한 정치적 드라이브를 준비했지만 예기치 못한 불협화음에 응집력을 갖지 못했다. 연말정산 증세 논란은 샐러리맨을 중심으로 전면적인 국민적 저항에 부딪치기도 했다. 다만 새누리당의 새로운 원내대표로서 유승민 의원을 선출시킨 것은 당내 친박에게는 부담이었을지 모르지만 일반 국민들에게는 당내의 다양한 목소리를 가지고 있는 괜찮은 집권여당으로 비춰진 면도 있었다. 그리고 새로운 국무총리로서 이완구 총리후보자의 청문회는 여·야 간의 대화가 예감되는 또 괜찮은 집권여당의 이벤트로 평가받았다. 물론 얼마 지나지 않아서 이완구 총리와 유승민 원내대표는 낙마되었지만.

2월 들어서 새정치민주연합은 문재인 대표라는 새로운 대표 체제를 출범시키지만 전당대회 기간 내내 박지원 의원과의 각축은 좋은 경쟁이 아니었다. 당내 팽팽한 세력분포도가 전당대회 이후 새로운 갈등의 전열정비로 전환되었다. 전당대회 이후 당내 이질적 세력 간의 화학적 결합을 하루도 해보지 못했다. 새정치민주연합은 2015년 1년 내내 시달릴 수밖에 없는 정치적 응어리를 가진 채 새로운 지도부를 출범시켰다.

박근혜 대통령은 2015년을 정치적 힘과 친정체제를 강화시키는 해로 삼았다. 이완구 총리의 임명은 그 큰 첫걸음이었지만 성완종 전 회장의 자살 파동으로 망가지면서 박근혜 대통령의 정치권력강화는 개혁과 통합이 아닌 마이너스, 빼기정치의 스타일로 급변하였다. 2015년은 박근혜 대통령에게 있어서 진정한 의미에서의 박근혜 정치를 시작하는 첫 해였기 때문에 5

년 단임 대통령제에 있어서 전직 대통령에 대한 정치적 중간결산, 사정정치는 불가피한 것이다. 자원외교 및 성완종 수사는 그 시작이었다고 볼 수 있을 것이다. 그러나 성완종 전 회장 리스트 파문은 어쩌면 박근혜 대통령의 이러한 정치적 기획과 동력을 잃게 하였다.

독주는 독선으로, 갈등은 분열로

3-4월의 정치적 주요 사건으로는 미국 리퍼트 대사의 피습사건, 경상남도의 무상급식 중단사태, 사드 배치 논란과 중국이 주도하는 아시아인프라투자은행 가입논란, 세월호 특별법 시행령 논란 등이 있었는데, 이는 2015년 한국정치가 제 자리를 잡는데 있어서는 전혀 도움이 되지 않았다. 특히 야당에게 있어서 이 이슈들이 어떠한 경우에도 정치적 주도권을 행사하기 어려운 정치적 어젠다였기 때문에 상당히 불리했다. 이것들이 새정치민주연합이 야당으로서의 존재감을 상실하게 되는 외부환경이었다면, 4·29 재보궐 선거에서의 완패는 새정치민주연합의 존재근거마저 강타해버리고 큰 내상까지 입혔다. 새정치민주연합의 처지는 고스란히 여당의 잘못된 독주에 가교역할을 하는 셈이었다.

박근혜 정부와 새누리당의 독선적인 주요 개혁정책이 시작되었고 그 첫 번째가 공무원연금 개혁이었다. 정부의 공권력이 비록 공무원이지만 이해당사자와 직접 부딪치면서 해결사적 역할을 감당해야 될 정치권은 무력해지고 있었다. 정당이 합의보고 이해당사자와 국민들이 따라주는 책임정치가 아닌 이해당사자들의 충돌에 맞장구를 치는 후진적 정당정치의 양상이 노골적으로 노정되었다.

그럼에도 불구하고 공무원연금 개혁안의 경우에는 여·야 간의 합의과정에서 대통령령에 대한 법률적 통제를 강화시키는 국회법 개정안 합의와 함께 여의도 정치의 존재감이 드러난 듯 했으나 종국적으로 박근혜 대통령의 유승민 원내대표 찍어내기로 종결되고 말았다. 의리 없는 정치인을 심판해 달라는 대통령의 날 서고 별로 좋지 않은 정치프레임이 선보였다. 내년 선거에 여·야당 간 선거프레임의 한 단면을 예고한다고 생각한다.

5월부터 새정치민주연합의 당내갈등은 본격화되었다. 과거의 재보궐선거는 집권당에 대한 중간심판으로서 야당의 전가보도였는데 언제부턴가 거듭되는 연전연패로 야당의 무덤이 되어버렸다. 새정치민주연합이 정치적 부도위기로 몰리기 시작한 것도 4·29 재보궐선거의 참패에서 본격화되었다. 야당의 무기력은 여당의 정치적 행보에 어떠한 제동 내지 스트레스도 주지 못했다. 덕분에 황교안 국무총리도 쉽게 지명·임명 되었다.

싱겁고도 무기력한 한국정치는 6월의 메르스 사태로 무중력상태에 빠져들었다. 돌이켜보건대 메르스는 괴물처럼 대한민국과 대한민국 국민을 협박하고 조롱했다. 정치적·행정적 여과장치가 전혀 작동되지 않는 한국사회였다. 대통령은 메르스 때문에 미국을 방문하는 것도 연기해야 했다.

박근혜 대통령의 국회법 개정안 거부권 행사는 2015년 한국정치의 하반기에 시작된 박근혜 대통령 독무대의 서막이었다. 국회법 개정안은 무산되었고 성완종 검찰수사 결과에 대한 세평은 친박무죄, 비박유죄였다. 유승민 새누리당 원내대표 찍어내기는 박근혜 대통령 스타일의 결정판이었다. 새누리당의 정치적 구조와 스타일이 급변하기 시작했다. 새누리당의 강점은 대통령의 사람을 자처했던 서청원 의원과 이주영 의원이 당 대표와 원내대표가 되지 못하고 비박인 김무성과 유승민이 각각 대표로 당선된 당내 역학 구조는 역대 집권당에서는 상상하지 못할 만큼 민주적 정당으로 비춰질 수 있었다. 그러한 박근혜 대통령과 새누리당의 골격이 그대로 건재했다면 새누리당의 정치적 파워와 유연성은 대단했을 것이다. 박근혜 대통령 중심의 집권여당의 정치는 단기적으로는 안정적일 수 있으나 장기적인 측면에서 볼 때는 정치적으로 잃어버린 것이 상당할 것이다.

새누리당이 박근혜 대통령과 청와대의 법정관리를 받고 있는 정당이라면 새정치민주연합은 부도정당이라고 평할 수 있다. 새정치민주연합은 여권의 정치변화에 아무런 정치적 훈수를 할 수도 없을 만큼 정치이방인이 되어버리고 집안사정은 점점 악화되고 있었다. 박준영 전 전남지사를 비롯한 많은 비주류 정치인들이 일찍이 탈당과 신당창당을 예고하기 시작하면서 유력한 야권 주자, 박원순, 안철수, 안희정, 김부겸, 손학규, 정동영, 천정배 등 모두 개인 정치플레이에 몰입하기 시작했다. 근본적인 당 체질개혁에는 아랑곳하지 않고 각자의 정치에 몰두하게 되면 당이 졸지에 부도가 난다는 것을 알면서도 새정치민주연합은 계속해서 정국현안과 국민들의 눈높이와는 무관한 그들만의 정치를 하고 있었다.

양김정치의 잔해로서 새누리당과 새정치민주연합

8월은 북한의 목함지뢰 도발과 8·25 남북회담, 대통령의 중국 전승절 참여 여부라는 굵직한 이슈가 있었고 정치권은 서서히 내년 총선을 대비한 당내 새판 짜기로 바빠지기 시작하였다. 공천룰에 대한 정당 내홍과 정치세력의 변화 조짐이 시작된 것이다. 새누리당 김무성 대표의 오픈프라이머리는 정치적 겉포장으로서는 국민에게 공천권을 준다는 의미가 있지만, 정치개혁을 위한 전략공천을 폐기시키는 것이다. 이는 박근혜 대통령 입장에서는 새누리당의 정상화를 위해서 새판 짜기가 불가피한데 김무성의 오픈프라이머리는 박근혜 대통령의 공천권을 봉쇄하는 격이었다. 친박과 비박간의 공천룰 내홍의 핵심은 박근혜 대통령의 정치권력과 헤게모니에 있는데 이는 내년 총선과 관련된 새누리당의 최대 현안이다. 정치 전면에서 박근혜 대통령의 진두지휘를 예고하는 것이다.

새정치민주연합의 공천 내홍도 새누리당과 진배없다. 비주류에 해당되는 현역의원 대부분은 완전경선에 의한 후보결정을 원하고 혹시라도 문재인 대표에게 전략공천 권한이 주어지는 것에 대해서 경계하고 성토하는 공천 샅바싸움이 시작되었다. 문재인 대표가 혁신위원회를 띄우고 재신임을 묻는 것은 내년 총선에 있어서 당내 주도권, 좀 더 정확하게 이야기 하자면 공천권 행사에 강력한 영향력을 갖고자 함이다.

9월로 접어들면서 19대 국회의 마지막 정기국회가 시작되었는데, 통상임기 종료 직전 정기국회는 파장 분위기인 것이 관례이다. 파장의 장터에서는 마지막 거래가 쉽게 이루어지고 대충 마무리하는 것이 통상적이다. 올해는 달랐다. 박근혜 대통령이 역사교과서 국정화를 강력하게 추진하면서 여·야 간의 정치적 충돌 지점이 전 국가사회로 확대되어 갔다. 공무원연금 개혁에 이어서 시작된 노동개혁과 교과서 국정화 문제가 맞물리면서 정치적 이슈는 다양하면서도 확산일로인 반면에 국회에서 해야 될 일들은 차일피일 뒤로 미뤄지고 있었다. 선거구획정안 협상의 거듭된 무산과 한중 FTA 비준안 동의 지연 그리고 5대 노동법 관련 법안 여야 합의 등에 있어서 내용과 합의방식에 관하여 여야 간의 치밀한 대화와 접촉이 없었다.

김영삼 전 대통령의 서거는 생각보다 큰 사회적·정치적 반향을 일으켰었다. 물론 종편을 비롯한 방송매체들의 양적 팽창으로 인해 이슈화가 된 원인도 있지만 막상 YS의 과거를 회고해 볼 때 지금의 한국정치가 보잘 것이 없어서였기 때문일 것이다. 많은 정치인들이 오랫동안 DJ·YS의 양김정치를 청산하자고 외쳐왔었다. 보스 중심의 계보정치와 전라도·경상도의 지역연고주의를 비판했던 것이다. 그러나 지금의 새누리당과 새정치민주연합은 양김이 만들어준 양김정치의 잔해로서 지역연고주의에 의존해서 정치를 하고 있고, 친박·비박, 친노·비노라는 계파정치 또한 여전하며 어쩌면 양김시대의 보스정치에 있었던 리더십이 다 빠진 자기 이해관계에만 몰두하는 '정치가 없고 영혼도 없는 계파정치'가 지금의 계파정치이다. YS의 서거로 양김정치의 마지막과 청산을 보는 것이 아니라 지금 정치의 초라함을 우리는 보게 되었다.

새정치민주연합은 살아남기 위해서 최근 문재인·안철수·박지원 공동체제까지 유력한 정치카드로 내세웠다. 이미 개인화 되고 개별화된 당내 권력이 공동 내지 연합체제를 운영해 갈 수 있을까. 정권교체의 중심이 될 제1야당이 왜 이렇게 복잡해졌을까. 열린우리당의 정치적 실험이 성공하지 못했기 때문이다. 열린우리당은 전국정당을 지향하고 계파정치를 청산해보려 했지만 실패하였다. 반면에 새누리당은 이러한 실험을 하지 않았기 때문에 외형상 안정된 구조로 보일 수 있지만 탈지역주의와 탈계보주의에 대한 노력이 없는 새누리당의 구조는 더 불안정하다. 어쩌면 새누리당의 체질은 그들이 상대하기 쉽게 생각하는 새정치민주연합보다 더 위험할 수 있다.

내년에 제20대 총선을 앞두고 2015년의 한국정치는 철저한 준비를 해야 함에도 불구하고 자꾸 잘못된 정치프레임을 만들어가고 있다. 11월의 민중총궐기대회에 대해서 정치권은 무엇을 했는가. 공권력과 민노총이 맞

부딪치면서 들리는 파열음은 민주주의사회에서의 소리가 아니라 과거 독재주의 체제의 굉음이다. 한상균 민주노총 위원장이 조계사에 은신하는 것을 두고 법무부 장관은 범죄인을 숨겨주는 자도 공동정범이라고 폭언을 일삼기도 했다. 정부와 국민이 충돌하면 그 사회는 최악으로 갈 수밖에 없다. 오죽하면 조계사와 같은 종교단체가 중재역할을 하고 있는가. 새누리당과 새정치민주연합이 해야 할 일이 아닌가. 내년 총선에서 새누리당과 새정치민주연합이 국민적 선택을 받기 위해서라도 2015년의 한국정치를 정확하게 회고하고 스스로의 무능함에 대한 정치자백과 각성을 해야 할 때이다. 2015년 12월을 허송하는 정당에게는 2016년의 기회가 없을 것이다.

병신년,
정치덕담

칼럼의 배경과 쟁점   2016. 1.

● 2016년 4월의 제20대 총선을 앞두고 더불어민주당에서 안철수 의원이 탈당하여 신당창당
을 선언하는 등 야권을 중심으로 정당구도의 변화가 이루어지기 시작함

● 한국정치의 발전을 위해 각 정당·정파의 지도자 그리고 박근혜 대통령이 가지는 강·약·
위·기(SWOT)를 분석하여 강점과 기회를 살릴 수 있는 새해벽두의 정치적 덕담 ➔ "역시
덕담은 비과학적이어서 상당부분 어긋나간 것 같고, 특히 박근혜 대통령에 대하여 5년 단
임 대통령 중 최초로 국민의 심판이 아닌 평가를 받는 대통령이 되라고 한 180도 정반대
의 덕담은 지나쳤다고 본다"

키포인트   2015년 말 형성된 정당체계가 총선을 앞둔 신년에 즈음하여 병신년, 새롭게 변화
하기를 기대하면서 각 정당 지도부에 전하는 덕담형 칼럼

     √ 새로운 정치의 중심 안철수

     √ 소통, 통합, 혁신의 아이콘 문재인

     √ 좋은 이미지와 생각을 가진 김무성

     √ 최초로 국민적 사랑을 받는 대통령 박근혜

     √ 한국정치의 최고의 구원투수, 손학규·반기문

개인적으로 직업으로서의 교수직에 대해서 크게 만족하고 있지만 기능적인 면에서는 다소 회의적이다. 한국정치 현상에 대해서 지나치게 비판적인 글을 많이 쓰고 있기 때문이다. 새해 벽두에는 덕담을 하고 싶다. 약속이나 하듯이 많은 역술인들이 올해 병신년은 한국정치에 새로운 변화가 일고 매우 낙관적이라고 한다. 사실상 역술인들의 새해 덕담은 올해에만 하고 있는 것은 아니지만 2016년 한국정치에 기대를 하고 싶다. 어쩌면 많은 국민들이 병신년의 한국정치가 새롭게 변화하기를 기대하고 있을 것이다.

작년에 한국정치가 엉망이었던 것은 정치의 주인공들이 정치를 망쳐놨기 때문이었다. 가장 큰 정치인으로서 박근혜 대통령은 작년 새해 벽두에 큰 그림을 그렸었다. 비주류로 대표되는 새누리당을 자율적으로 맡기고 정치가 가능한 국무총리로 이완구 의원을 선택했었다. 새누리당은 여당으로서 정치하고 대통령은 이완구 총리와 함께 청와대와 정부의 정치를 작심했었다. 그러나 고 성완종 회장의 예기치 않은 리스트와 게이트로 무산되고 말았다.

야당도 새해 벽두에 새로운 지도부를 출범시켜서 근소한 차로 문재인 대표체제가 출범했으나 4월 재보궐 선거에서 참패하면서 당내 리더십은 당 안밖의 수많은 반발에 직면했다. 졸지에 새정치민주연합은 사라지고 병신년과 함께 더불어민주당의 대표가 되게 되었다. 2015년 여야의 정치는 큰 계획들이 완전히 빗나가면서 한국정치는 마비되어 아무 역할도 하지 못했다. 그 전면에 선 대통령 박근혜, 새누리당 대표 김무성, 더불어민주당 대표 문재인, 무소속 안철수 의원이 정치를 하지 못했다. 이 네 사람이 병신년에 정치적으로 성공한다면 한국정치가 비로소 소생하리라 본다. 이들에게 정치덕담을 하고 싶다. 추가로 손학규 더불어민주당 상임고문과 반기문

UN 사무총장에게도 정치덕담을 하고자 한다.

새로운 정치의 중심 안철수

안철수 의원에게 정치덕담을 한다. 4·13 제20대 총선에서 꼭 당선되길 바란다. 정치인으로서의 변신과 성공은 일단 새로운 신당의 대표로서 국회에 등극하는 것이 첫 출발일 수 있다. 안철수 의원의 새정치가 보다 구체화되는 것은 제20대 국회의원 금빼지를 달면서 시작될 수 있다. 정치적으로 중간층, 중산층의 힘을 강화시키고 경제민주화를 기업 및 노사관계에 있어서 구체적으로 이야기할 수 있어야 하고 복지문제를 수리적으로 밝혀야 한다. 안보문제는 무조건적이기 때문에 굳이 언급할 필요는 없지만 남북관계에 대한 확고부동한 정책을 제시할 수 있어야 한다.

그러나 안철수 의원에게 있어서 가장 중요한 것은 정치목표를 분명히 하는 것이다. 내년 대통령 후보로서 가는 길에 대해서 안정적 가이드라인을 제시할 수 있어야 한다. 목표와의 타협과 포기는 절대 없어야 하되 같이 가는 사람들이 많아야 한다. 동시에 같이 간다고 해서 같이 일해야 한다는 강박관념을 버려야 한다. 친하다고 같이 가는 것이 아니라 일할 수 있는 사람과 친해져야 한다. 안철수 의원은 새해 벽두부터 주변의 가까운 사람을 세심하게 관찰하고 멀리서 사람을 구해올 수 있어야 한다고 본다. 이것을 실천할 경우 어느 국민이 그를 대통령으로 맞이하지 않겠는가. 2012년의 안철수 현상을 꼼꼼히 분석할 경우 안철수 의원은 스스로 그 답을 찾을 수 있다고 본다.

소통, 통합, 혁신의 아이콘 문재인

안철수 의원보다 더 먼저 덕담을 할 대표주자는 문재인 대표일 수 있다. 개인적으로 만나본 모든 사람들이 사람이 참 좋다고 이야기들을 하고 있다. 개인적으로 저녁자리를 가질 때 같은 느낌을 가졌다. 인상적이었던 것은 본인이 할 수 없는 것에 대해서 매우 솔직했다. 한국 야당의 핵심으로서 20여 년간 자리 잡고 있는 586의 정치적 역할 축소에 대해서 쉽게 답변하지 못했다. 그들과의 관계를 쉽게 끊지 못하는 고민을 가지고 있었다. 여기에 문재인의 장단점이 얽혀있다고 본다. 문재인 대표의 위와 아래, 좌측과 우측에 지나치게 친노와 586이 포진되어 있다. 매우 견고하고 일사불란한 듯 하지만 문재인의 성품을 제한하고 있는 것이 현재 문재인의 주변이라고 생각한다. 문재인 대표가 그 울타리에서 벗어날 때 가장 매력적인 정치인이 된다고 확신한다. 몇 년 전에 전라남도 여수에서 윤여준 전 장관과 정치 토크 콘서트를 한 적이 있었다. 윤여준 전 장관의 입을 빌리자면 만났을 때 너무 괜찮은 사람이라고 했다. 안철수 의원의 멘토에서 문재인의 책사로 돌변한 이유가 무엇이냐는 물음에 대한 답이었다. 최근 한국 정치인들의 큰 단점은 인간적 매력이 부족하다는 데서 많은 실망들을 하고 있는데 이 갈증을 풀어줄 사람은 사나이 문재인이라고 생각한다.

새정치민주연합의 대표로서 작년은 너무나도 힘들었고 기억하고 싶지도 않고 싶을 것이다. 그러나 작년 1년은 초선의원인 문재인 대표에게 하늘이 준 영광의 시련으로 받아들여야 할 것이다. 남한테 요구했던 소통과 통합, 그리고 혁신에 대해서 다시금 곰곰이 생각해야 한다. 소통·통합·혁신의 와신상담을 새해 벽두부터 하기를 당부한다. 문재인 대표의 축복은 본인이 생각한 것을 이야기 했을 때 반드시 추종해주는 주변이 있다는 것이다. 주변에 따라가지 말고 주변을 이끌고 가는 중심이 되길 바란다. 그렇지 않을 경우 병신년에 문재인을 따를 정치인은 어느 누구도 존재치 않을 것이다.

좋은 이미지와 생각을 가진 김무성

여당 쪽으로 옮겨서 새누리당의 김무성 대표에게 덕담을 한다. 김무성 대표의 경우도 작년은 꾀나 힘들었을 것이다. 비주류의 당대표로서 한계를 절감했을 것이고 많은 모욕감도 느꼈을 것이다. 그러나 그 모든 것이 본인의 책임이다. 김무성 대표의 행복은 윗선이 좋았다는 것이다. 선천이 부유하고 넉넉했으며 정치적 대부로서 김영삼 대통령은 큰 나무였다. 박근혜 대통령이 야당 한나라당 시절 김무성 대표를 위요해줬고 경우에 따라서 이명박 대통령과도 원내대표로서 함께 했었다. 얼마나 두터운 윗선들이었던가. 새누리당 대표가 될 때도 박근혜 대통령과 적당한 거리를 유지하면서 대단한 당내의 돌풍을 일으켰었다. 이것이 김무성 대표이다.

조금 비판적으로 이야기 하자면 본인의 정치보다는 주변의 정치를 너무 잘 활용해 왔다. 김무성 대표의 이미지만 있고 정치인 김무성의 생각과 정책은 하나도 기억나지 않는 것이 많은 국민들의 생각일 것이다. 괜찮은 이미지를 유지한다는 것은 물론 대단한 정치적 자산일 수 있지만 그 다음이 없을 경우 정치적 미래 또한 있을 수 없다. 이제 김무성 대표는 한국정치를 다시 공부할 필요가 있다. 그리고 이야기해야 한다. 무난한 정치인으로서의 김무성 대표에게서 신선한 정책시리즈가 쏟아져 나올 경우 많은 국민들은 편안한 마음으로 김무성 대표에게 지속적인 지지를 보낼 것이다. 김영삼 대통령 시절에는 이미지와 많은 패거리 정치가 통했지만 지금은 정치인에게 정책이 있어야 한다. 괜찮은 이미지의 김무성 대표가 쓸만한 정책을 이야기 했다는 것을 상상해보자. 김무성 대표의 병신년 변화는 극히 단순해서 가장 기대가 될 인물일 수 있다.

최초로 국민적 사랑을 받는 대통령 박근혜

대통령제 국가에서 대통령 박근혜의 영향력은 가장 크다. 병신년의 박근혜 대통령에게 작년 새해 벽두의 정치설계를 다시 시도하기를 권하고 싶다. 아마도 작년의 박근혜 대통령은 취임 3년차 대통령으로서 큰 선거가 없는 2015년을 정치적 절정으로 삼았을 것이다. 그러나 예기치 않은 성완종 리스트와 이완구 총리의 낙마로 박근혜 정치가 매우 위축되었었다. 대한민국의 대통령으로서 보다는 집권여당 새누리당의 수장으로서 방점을 두는 듯 했다. 결과적으로 박근혜 대통령의 원칙은 돋보였을 수 있을지 몰라도 새누리당의 정치적 자산은 많이 감소되었다. 예를 들어 유승민 의원 같은 경우는 국민들 입장에서는 새누리당이 많은 국민들의 이야기를 하는 정당이라는 것을 입증하는 인물이었다. 과거 한나라당은 한국정치사에 있어 역대 최고의 야당이었다. 그 이유는 이명박의 친이와 박근혜의 친박계가 당내에서 치열하게 경쟁하면서 국민들은 새누리당에 주목했었던 것이다. 야당처럼 싸우다가 탈당하는 것이 아니라 당내에서 치열하게 경쟁한 한나라당을 수권야당으로 생각했던 것이다. 그 전통이 2015년의 새누리당에서는 깨지기 시작했다. 누가 진짜 박근혜 대통령과 가까운 사람이냐, 누가 진실한 사람이냐라는 유치한 당내 기강과 시스템이 생겨버렸다. 정당으로서의 자율성이 너무나 반감된 것이다. 정당으로서의 활동과 가치가 사라지고 박근혜 대통령의 전위부대로 전락할 우려마저 있다. 박근혜 대통령의 2015년 새해 벽두의 정치설계에는 이러한 졸작은 염두에도 없었을 것이다.

다시금 박근혜 대통령이 5년 단임제 대통령으로서의 헌법정신에 대해서 곰곰이 생각하길 간청한다. 5년 단임제 역대 대통령의 경우 많은 국민들은 정말 괜찮은 시대정신을 갖고 있는 대통령 노태우—김영삼—김대중—노무현—이명박을 대통령으로 뽑았다. 그들은 국민의 심판을 받지 않는 5년 단임제의 허점의 유혹에 빠졌다. 뒤끝이 좋지 않은 '5년짜리 권력'의 악순환의 희생양이기도 했다. 박근혜 대통령은 이러한 전철을 밟지 않았으면 좋겠다. 가장 정치를 잘한 5년 단임 대통령 박근혜로서 국민의 심판이 아닌 국민의 평가를 받기를 바란다. 이를 위해서는 새누리당을 강가에 내놓아줄 필요가 있으며 국정운영의 수치적 성적표에 연연하지 말고 국민적 정서에 눈높이를 맞출 필요가 있다. 집권 말기 측근 관료들의 설득력 있는 논리와 달변의 유혹으로부터 벗어날 필요가 있다. 이해당사자의 이해관계에 대해서 있는 그대로 들을 필요가 있다. 여·야, 노·사, 보수·진보, 강·약자의 이야기를 있는 그대로 같이 들을 경우 대한민국 최초로 국민의 대통령이 되리라고 본다. 박근혜 대통령이 최초의 국민적 사랑을 받는 대통령이 되었으면 좋겠다.

한국정치의 최고의 구원투수, 손학규·반기문

추가로 손학규 더불어민주당 상임고문과 반기문 UN 사무총장에게 덕담하고 싶다. 한분은 정계은퇴를 선언했고 또 한분은 정치를 안한다고 했지만 특별한 상황이 생겼을 경우 언제든지 한국정치의 중심이 될 수 있는 분들이기 때문이다. 손학규 고문의 경우 야당이 잘 할 경우 본인의 말대로 정계를 은퇴하는 것으로 정리되겠지만 제20대 총선 이후 더 나아가 제19대 대통령 선거에 있어서 야권의 통합이 필요할 경우 그 중심은 손학규밖에 없다고 본다. 통합에 관한한 손학규 고문은 통합민주당의 대표로서 너무나 많이 외쳤던 단어였지만 당시 통합민주당의 통합은 단순한 집합이었고 산술적 통합에 불과했다. 당시의 손학규 대표는 통합의 구체적 목표를 전혀 갖지 않고 서둘러서 한 자리에 야권을 모이게 한 것에 불과했다. 어쩌면 통합을 얘기했던 손학규 고문이 야권의 씻을 수 없는 온갖 갈등을 한 곳에 모이게 했던 정치적 우를 범한 장본인일 수도 있다. 강진에 머물고 있는 손학규 고문에게 진정한 통합이 무엇인지에 대한 고민을 제대로 하라는 당부를 하고 싶다. 분열된 야권은 언젠가는 통합의 길로 와야만 한다. 문재인과 안철수가 무엇이길래 감히 야당을 나누어 놓는가. 야권통합의 열쇠가 손학규 고문에게 주어질 때 제대로 통합의 문을 열어주어야 한다. 어쩌면 병신년은 손학규의 정치가 다시 시작될 수도 있다고 본다. 통합과 화합에 대한 사회과학적 고민을 많이 할수록 손학규 고문은 현재 야권의 큰 언덕이 될 것이다.

반기문 총장은 병신년 한국정치의 최종 구원투수라고 본다. 안철수, 문재인, 김무성, 박근혜, 손학규의 정치가 모두 몰락할 경우 한국정치는 몰락할 수밖에 없겠지만 반기문 총장의 존재는 그러한 불안을 덜어내기에 너무나 충분한 구원투수다. 반기문 총장이 있어서 병신년의 한국정치는 안정감을 더하리라고 본다.

한국정치의 주역이 비단 위의 6인에 불과하지는 않다. 많은 좋은 정치인들이 한국에 있기 때문에 병신년의 한국정치는 암담하지는 않다고 본다. 작년이 광복 70년이었다면 향후 30년간 한국이 제대로 서는 통일까지 이루는 충분한 기간이라고 본다. 2045년 광복 100주년이 되는 해에 한국의 진면목이 드러나리라고 본다. 광복 70년 이후 첫 출발이 병신년 2016년이다. 새해 벽두 정치덕담이 현실로 이루어지기를 기대해 마지않는다.

정치적 막말, 한국 정당정치의 현주소

칼럼의 배경과 쟁점　　　　　　　　　　2013. 7. 〈헌정(憲政)〉

- 민주당 홍익표 원내대변인이 2013년 6월 11일 아베신조 일본 총리와 박근혜 대통령을 향해 '귀태의 후손들'이라고 비판하고, 청와대와 새누리당은 이에 반발하며 국회가 파행됨

- 한국정치에서 막말로 상대진영 또는 정치인들을 공격하는 현상은 여·야를 막론하고 지속되어 왔는데, 이는 지역주의와 계파정치에 의지한 비정상적인 정당정치, 보스 중심의 정치에서 비롯된 것이며, 심각한 정치적 퇴행현상에 대해 통렬히 질타하는 칼럼

우리 몸의 70%가 물이라면, 정치는 거의 100% 가까이 말로 채워진다. 한마디로 정치는 말로 시작해서 말로 끝난다. 사람에게 물이 없으면 죽듯이 정치인에게 말을 못하게 하면 죽은 것이나 마찬가지다. 정치에 있어 말은 생명과도 같은 것이요 품격의 전부라 해도 과언이 아니기에 나쁜 말을 하는 정치인은 나쁜 정치인이 되는 것이다.

얼마 전 제1야당의 대변인이 현직 대통령을 '귀태'라 했다. 귀신의 태아, 한마디로 존재하지 말아야 할 사람으로 대통령을 매도해버린 것이다. 정치적 발언이라기보다 막말로써 정치사적 족보에 오를만한 독한 말이다. 그런데 정치인의 말은 그들만의 대화라 할지라도 지켜보는 국민이 이해관계자가 될 때가 종종 있다. 작년 대통령 선거에서 박근혜 후보에게 투표를 한 유권자들은 박 대통령이 태어나지 말았어야 할 사람이라는 말을 어떻게 받아들일까. 이 말을 액면 그대로 해석하면 그들의 투표행위는 사람이 할 짓이 아니었다는 것이어서 분노의 극치에 이를 수밖에 없게 되는 것이다. 결국 민주당 대변인의 정치적 막말은 '정말 하지 말아야 할 말' 귀언, 귀신의 말을 했기에 대변인직에서 물러나는 후유증을 낳았다.

'귀태'와 인간모독적 위험수위를 같이하는 정치인들의 대통령에 대한 막말 사례는 얼마든지 있다. 박근혜 대통령은 아무리 SNS 상의 용어라고 하지만 '그년'이라는 상욕의 대상이 되었고, 제18대 대통령 후보 토론회에서는 같은 대통령 후보에게 부친인 박정희 전대통령에 대한 모욕까지 감수해야 했다. "친일 매국세력, 다카키 마사오(박정희 전대통령의 일본식 이름)가 반공해야 한다며 쿠데타로 정권을 잡고 유신독재 철권을 휘둘렀다"는 말까지 들은 것이다.

이명박 전 대통령은 임기 내내 '쥐'에 비교되었고 작년 말에는 어느 민주당 초선으로부터 새해 소원은 '명박급사'라는 악담을 듣기까지 했다. 노무현 전 대통령에 대한 한나라당의 막말은 폭언과 저주의 폭탄세례를 퍼붓는 것이었다. 한나라당 의원들이 직접 출연하는 연극에서 노 전 대통령을 '육시랄 놈', '이런 개X놈'으로 표현하면서 스스로의 희열을 느끼는 장면까지 연출했다. 급기야 작년에 한나라당 원내대표는 '이러니 노무현 개XX지, 잘 돼졌다'라는 글을 리트윗해 파문이 확산되자 사과하기도 했다.

김대중 대통령도 야당으로부터 도를 넘는 정치적 막말에 시달리기는 마찬가지였는데, '공업용 미싱'발언은 지금도 생생히 기억되고 있다. 1998년 5월 26일 한나라당 김 모 의원이 김대중 대통령은 입만 열면 거짓말을 한다면서 '사람이 죽으면 염라대왕이 잘못한 것만큼 그 사람을 바늘로 뜨는데, 김대중 대통령은 사람들을 너무 많이 속여 공업용 미싱으로 박아야 할 것'이라고 한 것이다.

대통령직은 최대의 공인이자 가장 큰 정치인이기 때문에 수많은 질타와 거센 비판에 직면할 수밖에 없는 숙명의 자리일 수도 있다. 그러나 질타와 비판 그리고 정치적 반대가 정치적 풍자와는 전혀 다른 저차원의 욕지거리로 시작된다는 것이 큰 문제다. 어느 한 두명이 실언을 해서 파장과 파문이 생겼다면 사과와 유감표명으로 지나갈 수 있지만, 정치적 막말의 역사를 들춰보면 너무 심각한 고질적인 한국병이라고 진단할 수밖에 없다.

독일 베를린 시청에 들어서면 '말은 한 사람의 입에서 나오지만, 천 사람의 귀로 들어간다'는 문구가 있다. 말을 함부로 내뱉지 말라는 경구인데 정말 말(言)에는 발도 달리고 날개도 달린 냥 한번 출몰한 악담은 세상을 휘둘러 댄다. 특히 SNS시대에서 언어의 전파속도와 위력은 가공할 만하다.

인간관계의 핵심은 대화를 통한 상호이해의 과정이며, 대화와 인간관계는 역동적인 상호작용을 하기 마련인데 SNS의 장(場)에서는 긍정과 부정의 양면성을 갖게 된다. 모바일 SNS의 가장 큰 특징으로서 인간관계의 기본이 되는 기존의 대화방식에 대해 이를 즉시적이고 즉흥적으로 만들어주는 동시성과 확산성을 갖고 있다는 점이 있지만 대화가 언어폭력화로 왜곡·확산과정에 들어설 때는 커다란 부작용이 나타날 수 있다.

미국의 커뮤니케이션 학자인 베넷(S. E. Bennett)은 SNS가 전통 미디어 혹은 정보 중심의 인터넷 채널보다 참여를 위한 동원의 속도와 규모 측면에서 매우 효과적이고 파괴적이라고 결론 내렸다. 특히 런던정치경제대학교(LSE) 교수인 카마르츠(B. Cammaerts)는 SNS는 정보생산과 소비의 시간적 격차를 단축시켜 정보의 신속한 확산이라는 장점을 갖지만 동시에 숙의성 결여라는 단점을 동시에 내포한다고 했다. 이는 정치적 막말이 SNS를 탔을 때의 가공할 위험성을 경고하고 있다.

정치적 막말은 제한된 단어 숫자 내에서 전파력을 극대화한 자극적인 언어를 구사하는 요즘 세태에 정치권의 입이 편승하는 격이어서 안타까울 뿐이다. 그런데 요즈음 정치권의 막말과 저주의 악순환적 추태는 한국 정당정치의 구조적 문제에 그 뿌리를 두고 있다는 점에서 또 다른 차원의 심각성이 내재되어 있다. 정상적인 정당정치라면 어떠한 경우라도 최소한 유권자인 국민을 의식하는 정치적 경쟁을 하게 마련이다. 정치적 도의와 매너를 상실한 정치인 내지 정당이 각광 받기 힘든 구조가 정상적인 정당정치인데, 모두가 혐오스러워하는 정치적 막말이 그치지 않고 있는 것은 분명 지금은 비정상적 상황이라고 볼 수밖에 없다.

이렇게 정치판이 싸움판이 되어버린 것은 과거 민주적 정당정치가 없었던 군사정권 시절로 회귀한 것이나 마찬가지인 셈이다. 일반당원과 국민이 주인인 정당같은 정치기구가 작동 안되는 비민주적 시절에는 정치인은 정치라는 전쟁터의 전사와 투사로서 생명을 걸고 실제 폭력이든 언어폭력이든 상대를 이기기 위해서 무엇이든 동원했었다. 정치적으로 미개했던 시절에나 나올법한 언어폭력이 끊임없이 쏟아지고 있는 지금의 정치판은 너무도 퇴행적이라 하겠다.

현재의 한국정당은 여·야 가릴 것 없이 공당으로서 체계를 갖추었다기보다는 계파정치, 좀 더 노골적으로 표현하자면 패거리 정치의 속성에서 벗어나지 못하고 있다. 새누리당과 민주당의 친박과 친노, 통합진보당과 진보정의당의 분열된 두 계파는 당의 중심이 되고 있고 이들이 한국정치를 움직이고 있다. 계파정치의 한계는 당과 국민보다는 계파이익이 우선시되고 이를 지키기 위해서 어떠한 정치적 동원도 가능하다는데 있다. 그 중에서도 상대 계파 보스에 대한 적대적 막말과 저주의 망언을 휘두르는 유혹에 쉽게 빠져드는데, 이는 계파정치에서는 계파 보스의 흥망성쇠에 따라 계파의 부침이 결정되기에 상대 보스에 대한 정치적 공격과 막말을 효과적인 정치도구로 여기는 것이다. 대화와 타협, 양보와 합의라는 정당정치의 열매를 멀리한 채 항상 전투태세에 임하고 있는 것이다.

계파정치의 속성 때문에 정치인들이 유권자인 국민들에게 외면당하는 정치적 막말을 계속 해대고 있다. 자질이 뛰어난 정치인도 계파정치에의 종속적 행태를 거듭하다 보면 정치인으로서의 집단적 질적 저하현상을 피할 수 없게 된다. 이 시점에서 국회의원을 비롯한 모든 정치인들이 여·야는 물론 각 계파의 벽을 뛰어넘어 최소한의 동업자 의식을 가질 필요가 있다 하겠다. 전국시대『한비자』의 「세난」에 보면 용의 목에 거꾸로 난 비늘 '역린' (逆鱗)을 만지지 말라는 경구가 있다. 즉 서로의 상생을 위해 상대방의 치명적인 약점을 건드리지 말라는 말로써 어쩌면 요즈음 각 계파를 지켜내고 공격하는 정치적 막말을 삼가라는 교훈이라고 본다.

요컨대, 정치권의 정치논쟁의 파장 효과는 매우 급속도로 국가사회 전체에 파급된다는 점을 정치인들이 각성하기를 바란다. 얼마 전 30대 남성이 인터넷 정치논쟁을 벌이다 한번도 본 적 없는 동갑내기 여성을 살해한 사건은 정치인의 정치발언과 논쟁의 무한책임을 역설하고 있다. 정치적 막말의 근절과 관련하여 정당정치의 정상화와 정치인의 책임의식과 정치적 도의의 회복이 정치권의 과제라면, 정치구호에 휩쓸리는 유권자와 국민에게도 일정한 책임이 있다. 이제는 정치인의 입을 통해서가 아니라 유권자의 통찰력으로 옥석을 가리고 우리 국민이 정치의 주인으로서 당근과 채찍을 분명히 가려서 정치인들에게 보여주어야 할 것이다. 최소한 막말을 하는 저질 정치인의 정치적 막말에 부화뇌동하는 국민이 없어야 한국정치는 발전한다.

정당정치복원/공천·야당

DILEMMA of politics

제1과제로서
정당정치의
복원

| 칼럼의 배경과 쟁점 | 2019. 02. |

● 2명의 하버드대 교수가 집필한 『어떻게 민주주의는 무너지는가』(How Democracies Die)에서 미국 민주주의 붕괴의 조짐들로서 제시된 정당의 공천시스템 붕괴, 경쟁자를 적으로 간주하는 정치인, 언론을 공격하는 정치인 등이 한국정당정치의 복원과제와 유사함

● 동아시아에서 유일하게 여·야 정권교체의 경쟁적 정당체제를 갖춘 한국의 정당정치복원이 이루어질 경우 비약적인 국가발전을 이룰 것으로 기대함

키포인트   미국과 마찬가지로 한국의 정당정치 역시 상호배제적이며 권력종속적인 고질적 문제를 가지고 있고, 이를 극복하기 위해서는 정당이 자율적이고 민주적이어야 하며 정당정치가 복원된 국회만이 생산적인 책임정치를 실천할 수 있음을 역설하는 칼럼

    √ 한국과 미국 민주주의의 붕괴조짐들
    √ 여·야의 2019 한국정당정치 복원
    √ 한국 돌파구로서 정당정치 복원

하버드대 교수 스티븐 레비츠키(Steven Levitsky)와 대니얼 지블렛(Daniel Ziblatt)의 『어떻게 민주주의는 무너지는가』(How Democracies Die)라는 저서는 트럼프 정부에서 미국 민주주의의 규범이 심각하게 침식되고 있다는 것을 주장하고 있다. 그 주범으로 후보를 가려내는 역할을 내던진 정당·경쟁자를 적으로 간주하는 정치인·언론을 공격하는 선출된 지도자로서 미국 공화당 도널드 트럼프 대통령을 지목하면서, 미국 민주주의 규범의 붕괴를 해소하는 방법으로 민주주의의 문지기인 정당의 역할을 복원하는데서 찾고 있다.

반면에 한국은 2017년 촛불혁명과 탄핵을 통해서 쓰나미처럼 민주주의 붕괴의 파편들을 대거 일소한 것으로 보였다. 이에 정치권에서 재건축이 시작되고 있으나 정치의 주체인 정당정치의 복원이 시원찮아서 문제다. 하버드대 두 교수의 미국 민주주의에 대한 경종과 문제의식은 2019년 한국정당정치의 복원 및 정상궤도 진입의 당위성을 확인하게 한다.

한국과 미국 민주주의의 붕괴조짐들

레비츠키와 지블렛 교수는 미국 민주주의의 침식이 도널드 트럼프에 의해서 가속화되고 있는지는 몰라도 그 붕괴 조짐은 이전부터 시작된 것으로 보고 있다. 특히 흑인 버락 오바마가 대통령이 되었을 때, 많은 공화당 인사들은 민주당을 정당한 경쟁자로 받아들이지 않았고, 수단과 방법을 가리지 않으며 극단적인 대립의 터널로 들어갔다. 미국 특유의 정치적 자제의 규범을 버려버린 것이다. 이에 두 교수는 오늘날 미국 민주주의가 직면하고 있는 위기의 뿌리는 적대적 정당대결 양상에서 비롯되고 있다는 진단을 내리고 있다. 흑인에 대한 백인의 배척이 민주당에 대한 공화당의 저주로 둔갑한 것이, 탄핵 이전 노무현-이명박-박근혜로 이어지는 한국정치의 상황과 너무나 흡사하다.

미국 오바마 대통령과의 비유 또는 대입으로서 노무현 한국 대통령을 연상해 볼 필요가 있다. 기득권 세력의 노무현에 대한 비하는 오바마 버금 갔었다. 그러다가 여·야당 간의 당파적 양극화는 물론이고 정치적 적개심이 극대화된 상태에서 반대당 한나라당의 이명박 대통령이 당선되었다. 마치 트럼프의 등장처럼. 노무현 대통령 시대에 이루었던 정치적 치적들은 그 자체로서 백지화 내지 청산의 대상이 되었다. 검찰·경찰·국정원 등 사정기관은 물론 언론의 민주적 생태계마저 청와대 권력의 힘으로 좌지우지하였다. 기실, 사정권력의 정치적 중립과 언론의 자율성이라는 민주주의의 기본적인 규범을 침식해버린 것이었다.

노무현 정부 시절 잉태된 당파적 양극화는 반대당 집권 즉, 이명박 정부에서 민주주의 규범의 침식과 침하로 나타났으며, 박근혜 정부에 들어와서는 가속화를 넘어서서 모든 민주적 시스템의 작동이 멈춰 버렸다. 과장된 표현일 수 있겠지만 한국정치에서 민주주의가 완전히 소멸되는 위기로까지 치달았던 것이다. 촛불혁명과 탄핵은 역사적 숙명이었다.

여·야의 2019 한국정당정치 복원

2013년 11월 26일 모 일간지에 '정당 없는 한국정치'라는 칼럼을 썼는데, 매우 시사적이어서 한 문단을 그대로 옮긴다.

"… 한국정치에서 정당이 사라져버렸다. 제대로 살아있는 정당이 없다.

178

새누리당은 대통령 권력 속에 박혀있고, 민주당은 수권능력 절대결핍 상태이며, 급기야 진보정당은 위헌정당으로 제소 당했다. 큰 선거가 없는 올해, 이 땅의 모든 정당이 죽어있는 셈이다. 정당이 정치주체로서 정치중심에서 자리를 잡지 못하고, 청와대 권력과 원로 및 외곽단체의 눈치를 살피고 있다. 여·야 간의 정당정치 경쟁 시스템이 사라진 것이다. …"

촛불혁명 전 한국정치는 그야말로 '정당 없는 정치' 즉, 민주정치 암흑기였었다. 2019년을 맞이하여 여·야당은 한국정당정치를 복원 중인데 그에 대한 평가는 내년 총선에서 판가름 날 것이다. 더불어민주당이 과거의 새누리당에 비할 때는 청와대로부터의 상당한 정치적 자율성을 가지고 있으나 집권세력의 중심으로서 국민의 지지를 받기에는 많은 부분에 새로운 디자인이 필요하다. 촛불혁명·탄핵·2017 조기대선이 더불어민주당의 승리만이 아닌 많은 국민들과의 더불어 승리라면 정부 구성에서 그 폭을 넓혀야 한다. 과거 보수정당 지지 유권자도 더불어민주당의 고정 지지층으로 전환시키는 노력이 추가·배가되어야 한다. 대연정(大聯政)은 아니어도 중연정(中聯政) 정도의 통합정부를 구성함으로써 촛불혁명 이후 한국정치에서 새로운 주류 정치세력으로 자리매김하는 집권당 수준의 정치디자인이 필요하다 하겠다.

자유한국당을 비롯한 야당의 경우 수권능력이 절대결핍상태까지는 아니지만 현재의 정치적 행태는 대안정당으로서의 위용이 너무 초라하다. 자유한국당과 바른미래당 및 민주평화당의 경우 야당으로서 국회 보이콧의 전략전술이 매우 엉망이고 명분도 없다. 예를 들어 연동형비례대표제 쟁취를 위한 야당의 단식투쟁과 등원 거부가 국민적 갈망과 얼마나 함께하는지에 대해서는 회의가 크다. 연동형비례대표제 쟁취투쟁은 국민전체보다는 세

야당에게 절실하다는 면만 부각되는 느낌이다.

제1야당으로서 자유한국당의 투쟁방식 또한 명분확보와 전술적 측면에서 너무 초보적이다. 조해주 중앙선거관리위원회 상임위원의 인사에 문제점이 있었다면 그 문제들을 많은 국민들과 공유하면서 등원거부라는 극약처방을 했었어야 했다. 인사청문회를 통해서 국민들과 공분하는 시간, 즉 정치적 숙성이 필요했음에도 불구하고 스스로 그 밥그릇을 차버린 셈이었다. 제1야당이지만 수권야당으로서 정치적 권위와 파워가 약하다.

한국 돌파구로서 정당정치 복원

촛불혁명 이전의 '정당 없는 한국정치' 시절에서 정당정치가 복원되는 시대로 진입할 경우 한국사회는 가히 폭발적인 발전동력을 얻을 것이다. 동아시아 국가들에서 민주적 규범의 치명적 취약점은 여·야 간의 정당정치 경쟁 시스템이 한국 말고는 거의 전무하다는 것이다. 중국과 북한은 말할 것도 없고 일본의 경우도 자민당 중심의 1.5 정당체계일 뿐이어서 실제 민주적 정치규범이 실존하고 있지 않다. 만약 일본에 정상적인 여·야 간의 정당 경쟁시스템이 있었다면 최근 군사대국으로의 개헌을 획책하는 아베정부의 조작적인 초계기 도발사태는 없었을 것이다. 그로 인해 국민 지지율은 올라갈지 모르지만, 일방적인 개헌정국 구상으로 일시적 현상으로 머무를 가능성이 크다. 여·야 경쟁구도가 없는 일본의 불운이자 함정이다.

민주국가는 서로 다른 생각을 가진 사람과 집단이 같이 살면서 조합을 이룰 수 있다는 점에서 강점을 갖는다. 동아시아에서 명실공히 민주적 복수정당제를 갖춘 우리나라만이 정당 경쟁시스템이 주는 민주주의효과(民

主主義效果)를 누릴 수 있다. 물론 그 대전제로서 정당 간의 적대적 경쟁과 당파적 양극화를 걷어 내는 복원이 있어야 한다.

예를 들어 최근 한반도평화체제 구축에 있어서, 여·야 간의 당파적 양극화 즉 적대적 정쟁의 대상에서 건설적 민주방식으로 전환될 경우 한국 정치·경제·사회 모든 분야에서 획기적인 발전동력이 확보될 것이다. 대북 경제협력은 물론이고 다소 위축적이었던 북방정책과 신남방정책이 그 경계와 한계를 허무는 계기로까지 발전될 수 있기 때문이다. 역으로 남북정상회담 및 북미정상회담을 적대적 정쟁의 제물로 삼을 경우에는 정 반대의 역효과들이 속출할 것이다.

요컨대, 2019 한국정당정치의 복원과 효과는 간단한 문제가 아니다. 대통령을 중심으로 한 청와대와 정부는 새로운 대한민국의 재건이라는 시대적 사명과 스케일을 가져야 하고, 국회는 자기주장만을 하는 곳이 아니라 정치리더로서의 무언가를 생산해 내는 책임정치로의 체질개선이 필요하다. 맨날 얘기하는 한국정치권에 대한 주문이지만 내년엔 선거가 있기에 변화가 있을 것도 같다.

한국정당정치,
마지막 기회

칼럼의 배경과 쟁점　　　　　　　　　　　　　　　　　　2018. 7.

● 6·13 지방선거 결과 여당의 대승과 보수야당들의 참패를 통해 한국정당정치가 정상화될 수 있는 마지막 기회로서 보수야권의 정당역할에 대한 바른 인식과 보수진영의 가치 재정립이 필요한 시기임을 지적하고, 여당인 더불어민주당의 성공조건으로서 탈지역편중·탈이념편향·탈계파패권의 3탈 완성을 제시함

**키포
인트**　한국정당의 참 안좋은 역사를 회고하면서 보수야권의 미래지향적 가치추구와 환골탈태, 그리고 여당인 더불어민주당의 성공조건을 제시한 칼럼

　　√ 병든 정당들로 수두룩한 보수야권, 탈출구는 있다
　　√ 더불어민주당의 불가역적 발전, 3탈(탈지역편중·탈이념편향·탈계파패권) 완성에 있다

얼마 전, 'JP'의 서거 소식은 개인적인 인연이 전혀 없기 때문에 담담했지만, 사실 한국 집권정당의 '로봇트화'의 원죄(原罪)를 가진 정치인으로서 필자에게는 유감의 대상이었다. 이승만 초대 대통령과 더불어 김종필 전 총리는 보수정객으로서는 상당한 인품과 능력을 갖춘 분들이었지만 '참 안좋은 한국정당 역사'를 잉태 및 생산한 분들이다. 최근에 촛불혁명에서 국민들은 한국정당정치의 체질변화와 재구성을 명령하였다. 더불어민주당을 비롯한 범여권과 자유한국당 등 보수야권이 정당에 대한 재작년의 촛불명령을 한국정당정치 재생을 위한 마지막 기회라는 절박함으로 받아들였으면 좋겠다.

병든 정당들로 수두룩한 보수야권, 탈출구는 있다

보수야권의 중심인 자유한국당의 상황은 비유컨대 개구리가 오랜 시간 큰 가마솥에서 물이 데워지고 있음을 느끼지 못하고 몸을 담그고 있다가 결국 끓는 물에 죽고 마는 형국과도 같다. 6·13지방선거에서의 자유한국당의 처참한 성적표는 자유한국당 입장에서 절망과 좌절감으로 받아들이기보다는, 국민이 준 극약처방전으로 수용하고 인식하여야 한다.

보수야권의 바른미래당 또한 보수의 적폐대상으로 전락할 백척간두의 위기에 섰다. 바른미래당의 전신 중 하나인 국민의당은 당의 형태를 갖추기도 전에 2016년 4·13총선에서 지나친 승리를 해버린 것이 화근이었다. 좀 심한 비유와 표현일지는 모르겠지만, 천원어치 물건을 사러 왔는데 가게 주인(국민)이 잘못 알고 만원어치 물건을 줘버린 것이다. 그런데 국민의당은 이에 대한 정확한 계산과 정산을 하지 않은 채 남의 물건을 호주머니에 넣고, 실체가 부족한 바른정당과 보수야권 계열의 바른미래당을 창당하게 된다. 바른미래당의 창당과 6·13지방선거에 임하는 모습은 영혼과 육체 중 육체(정치적 실체)가 없는 영혼만을 가진, 사람이 아닌 귀신과도 같았다. 합리적 진보와 개혁적 보수를 지향하는 바른미래당의 가치는 인정할 수 있으나, 구체적으로 누구를 위한 정당인가를 분명하게 할 때가 되었다.

보수야권은 미래지향적 가치와 그동안의 경험에서 새로운 변화의 길을 모색할 수 있다. 보수야권의 전성기는 당내 친이계열과 친박계열의 대결과 경쟁구조를 갖추었던 한나라당 시절이었다. 일시적이었지만 신익희·조병옥과 양김 민주당보다 유권자들로부터 더 강력한 지지를 받았던 야당이 한나라당이었다. 그러나 박근혜 전 대통령과 친박진영에서 비박의 비주류를 뿌리채 뽑아내는 제20대 총선 공천파동의 시도에서 새누리당 즉 보수야권의 불행과 퇴화가 시작되었다. 새누리당과 박근혜의 몰락은 급기야 자유한국당과 바른미래당으로의 분할을 자초했고 헌정사상 최초로 한국보수의 분열을 낳았다.

보수야권 부활의 깃발은 과거 한나라당으로의 복귀를 최대 목표로 삼고, 자유한국당·바른미래당 등 모두를 받아들이고 다양성을 인정하는 민주적 경쟁구도를 갖춘 '제3의 지대로 헤쳐모여!'를 했을 때 비로소 가능할 것이다. 알량한 현실에 안주하는 '텃새정치인'보다는 새로운 지대를 향하여 날아가는 '용감한 철새'가 되어야할 것이다. 국가의 발전과 국민의 안위를 위하여 능력 있는 집권여당이 절대 필요하지만 대한민국이 더 좋은 선진민주국가가 되기 위해서는 좋은 야당·대안야당·수권야당도 필요하기 때문이다. 보수야권의 분발을 기대한다.

더불어민주당의 불가역적 발전, 3탈(탈지역편중·탈이념편향·탈계파패권) 완성에 있다

4·19혁명 직후 제5대 총선에서 민의원 233석 중 민주당이 171석, 집권여당이었던 보수정당 자유당은 2석이었다. 2018년 6·13지방선거에서 더불어민주당과 자유한국당은 서울에서 102:6, 경기도에서 135:4의 일방적인 지방의회 구조를 갖게 되었다. 4·19혁명 직후의 민주당은 절대적인 국민적 지지를 어느 방향으로 견인시켜 나갈지에 대한 정당체제 논쟁과 경제발전 및 남북평화의 국가적 담론을 설정·토론 하던 중에, 5·16 군사쿠데타로 모든 것이 좌절되고 말았다. 2017년·2018년 계속 절대적인 국민적 지지를 받고 있는 더불어민주당은 부단한 국민과의 소통과 협의 속에서, 이제는 스스로 국가적 과제와 그 좌표를 설정해야 할 막중한 책무를 떠안고 있다.

국민 절대다수가 참여한 촛불혁명의 힘은 4·19혁명보다 훨씬 위력적이기에 5·16 군사쿠데타와 같은 반역사적·반문명적 반란은 허용치 않을 것이다. 이에 더불어민주당은 어쩌면 당 내부질서 재구성과 재편에만 전념해도 되는 좋은 환경에 있다 할 것이다.

지배정당 정치 DNA가 국가의 역할을 결정짓는다고 하여도 과언이 아니다. 사회주의체제인 중국과 북한에서는 공산당과 노동당이 국가를 독점적으로 지배한다면, 복수정당체제로 운영되는 민주주의 국가에서는 국민이 선택한 집권여당이 국가의 역할을 결정짓는다. 국민이 선택한 더불어민주당은 국가의 역할로서 무엇보다도 경제와 민주주의(한반도평화와 개헌문제 포함)를 최우선 과제로 삼아야 한다. 집권여당으로서 국가적 과제를 설정·실천하기 위해서라도 더불어민주당의 내부질서와 작동시스템을 시대에 맞게끔 변경시켜야 할 것이다. 이를 정당정치학적 용어로 표현하면, 탈지역편중·탈이념편향·탈계파패권의 3탈정책(三脫政策)이 핵심 키워드라 하겠다.

더불어민주당의 3탈정책은 어느 정도 완성도를 높여가고 있다. 이번 6·13지방선거를 계기로 탈지역주의 정당의 면모를 보여줬다면, 탈계파패권과 탈이념편향에 관한 한은 아직 완성도가 상대적으로 낮다. 더불어민주당은 제20대 총선 직전 당내 세력 상당부분이 국민의당으로 분화되면서 친문의 지배순도가 높을 수밖에 없는 상황이 되었다. 이는 숙명적으로 특정계파패권주의로 규정되어 당내 민주주의와 다양성이 크게 위축될 우려 또한 내포하고 있다. '지지자가 좋아하는 정당'을 넘어서서 '국민이 좋아하는 정당'으로 비약·존재하려면 고강도의 탈계파패권 체질로 전환하는데 간단없는 노력을 하여야 한다. 정당정치의 속성상 쉽지 않은 일이다.

그러나 더불어민주당이 집권여당이 되었기 때문에 탈지역편중과 탈계파패권보다 더 중요한 것은 탈이념편향 정당체질의 완성이다. 한국정치는 분명 광폭의 진보화를 이룩해가고 있으나 이 현상이 더불어민주당의 과거 이념편향적 구습과 연결될 경우, 당은 물론 국가적 위기가 동시에 초래될 수 있다. 새정치민주연합 시절 야권연대 과정에서 국민과 동떨어진 정당끼리의 이념적 연대 경험은 쓰라린 정치상처와 교훈을 준 바 있다. 야당이 아닌 집권당이 된 이상, 할 일은 국민의 삶, 민생에 전념하는 것이다.

문제는 경제다. 미합중국 대통령이 된 빌 클린턴은 "문제는 경제다, 바보야"(It's the economy, stupid)라는 슬로건으로 1992년 대선에서 승리하였다. 오는 8월에 구성될 더불어민주당의 지도부는 올해를 국민경제 성장에 있어서 골든타임이라는 것을 인식하고 집권여당으로서 문재인 정부와 함께 경제프로젝트를 향한 쌍끌이를 할 수 있어야 한다. 민생과 경제정당 지도부가 되어달라는 말이다. 일자리 창출이든 소득주도성장이든 민생과 경제를 살리려는 모든 국가적·국민적 자원을 총동원하는 것이 집권여당의 제1의 과제다.

6·13 지방선거가 여·야 모두에게 한국정당정치의 마지막 기회와 절대적 과제를 쎄게 주었다. 더불어민주당에게는 압도적 승리를 몰아주어 민생과 민주주의를 책임지라 했다. 야권에게는 절망적 패배를 안겨주어 사즉생(死則生)이라는 강력한 메시지를 던졌다.

천덕꾸러기, 냉소와 불신, 조롱의 대상에서 민생과 민주주의의 역사적 사명을 전업으로 하고 있는 분들이 '한국정당과 정치인'으로 재평가 받기를 고대한다. 우리가 정치인(statesman)과 정치가(politico)를 구분하듯이, 인기(人氣)보다는 인격(人格)을 갖춘 정치인이 모여 있는 곳이 바로 '한국정당'이라고 자신 있게 말할 수 있는 날을 또한 기다린다. 요컨대, 새롭게 구성되고 재편되는 여·야당이 각기 전당대회와 비상대책을 통하여 한국정당정치의 마지막 기회를 성공시킬 수 있도록 스마트한 정당지도부와 리더십을 구축하기를 바라마지 않는다.

한국정당공천
총론

2015. 10.

칼럼의 배경과 쟁점

● 2015년 9월 28일 새누리당 김무성 대표와 더불어민주당 문재인 대표가 제20대 총선을 앞두고, '안심번호 국민공천제' 도입에 잠정적으로 합의하면서 계파 간 이해득실 계산 차이로 당내반발을 일으키며 험난한 공천과정을 예고함

● 정당공천은 국가구성과 직결되기 때문에 공천시스템은 헌법적 문제로 인식되어야 하며, 그동안 정당의 자율성을 보장했던 정당공천과정에 대해 선거법상 공직선거의 과정이라는 인식전환을 통해 엄격한 일반선거원칙을 적용함으로써 민주적 정당공천시스템을 확대해야 함

● 한국정당공천의 역사는 상당기간 공천시스템 자체가 없거나, 있어도 유명무실해서 비민주적 공천행태가 지속되어 왔고, 이에 대한 자숙과 반성의 바램으로 이번 총선에서도 국민참여경선제의 도입이 그 방안으로 제시되고 있음

키포인트 비민주적·불법적 공천은 비민주적 국가를 구성하기 때문에, 민주적 리더십을 확보하기 위해서는 정당민주화를 기반으로 하는 국민참여경선제 도입의 불가피성을 주장하는 칼럼

√ 비민주적·불법적 공천은 비민주적 국가 구성
√ 초기 한국정당정치와 공천시스템의 부재
√ 정당의 비민주적 운영과 공천시스템의 마비
√ 정당정치의 민주화와 국민참여경선제의 도입

한국정당공천론에는 총론과 각론이 있다. 추석 연휴 말미에 새누리당의 김무성 대표와 새정치민주연합의 문재인 대표가 잠정적으로 합의한 '안심번호 국민공천제'의 도입은 총론적으로 볼 때 기본적인 취지와 민주적 절차에 있어서 일리가 있는 얘기이지만, 각론에 들어가면 노골적인 정치적 의도와 기싸움이 기다리고 있다.

한국정당공천은 총론과 각론의 간극이 너무 크다. 새누리당의 김무성 대표가 정치개혁의 슬로건으로서 정당공천에서 오픈프라이머리의 도입을 내걸었지만 이것은 총론에 불과하고 각론적인 정치해석은 제18대와 제19대 총선의 이명박 대통령과 박근혜 대통령 후보와 같은 막강한 공천권 행사를 막겠다는 뜻이다. 이러한 김무성 대표의 새누리당 공천개혁 시도는 박근혜 대통령에게는 곱게 보이지 않을 수 있다. 박근혜 대통령의 야심작이었던 새누리당의 본래의 모습과 힘으로 국정운영의 동력을 삼으려는 것에 대하여 김무성 대표가 자꾸 새누리당의 변화와 변경, 변형을 시도하는 것으로 밖에 보이지 않을 것이다.

현재 새누리당과 새정치민주연합이 당내 계파문제로 갈등과 파열음이 나고 있는 것도 19대 총선에서 여·야가 특정 계파를 중심으로 공천한데서 비롯되고 있다. 당시 한나라당은 비상대책으로 새누리당을 급조하였고 당명을 비롯한 당의 골격을 박근혜 비상대책위원장 중심으로 급격히 만들어낸 정당이어서 공천권을 독점할 수밖에 없었고, 새정치민주연합 또한 한명숙 대표를 비롯한 친노중심의 공천이 전광석화와 같이 진행되었다. 현재 여·야당의 계파간 대결구도는 19대 공천에서 비롯되었다 해도 과언이 아니다. 이러한 현상은 제20대 국회의원 총선거를 앞두고 정당공천이 어떻게 행사될지가 향후 한국정치를 좌우한다는 예측에 대한 확실한 증거이기도 한다.

비민주적·불법적 공천은 비민주적 국가 구성

정당공천이 비민주적이고 불법적일 때 비민주적 국가구성과 직결되기 때문에 공천시스템에 있어서 민주성 확보는 현실 정치문제라기 보다 엄격한 헌법문제로 볼 필요가 있다. 정당 간의 경쟁은 제도적으로나 현실적으로 공정하게 이루어지고 있는 편이나 정당 내부의 경쟁이 비민주적인데 심각성이 있다. 비민주적이고 자율성이 실종된 무책임한 정당공천시스템의 개혁 없이는 공직선거 자체의 민주화를 기대할 수 없게 되고 나아가 대의민주주의 근간마저 뒤흔들릴 수 있다.

2008년 제18대 국회의원 총선거에서도 각 당의 공천은 비례대표후보 공천까지 포함할 경우 비민주적이고 불법적인 행태가 극에 달하였다. 제18대 총선에서 어느 한 당도 민주적 경선에 의한 공천을 하지 않았고, 비례대표 공천의 경우 전문성과 소수자 대표성보다는 불법적이고 금품거래가 공공연한 비민주적·불법적 정당공천의 전형이었다. 정치가치나 정치목표에 대한 고려 없는 용병들의 산술적 공천과 통합지분의 야합에 의한 공천게리맨더링(통합민주당), 대통령 친위정치세력공천과 반대세력의 배제공천(한나라당), 지역정당을 자처하는 전근대적 영입공천(자유선진당), 공당이 아닌 특정인 마케팅공천(친박연대), 당내 계파싸움을 극복 못한 진보정치세력의 분당공천(민주노동당, 진보신당), 개인사당화의 절정을 보인 사당공천(창조한국당) 등이 제18대 총선에 임한 한국 정당의 자화상이자 당시 한국민주주의의 현주소였다. 비민주적이고 불법적인 공천관행은 곧 비민주적인 국가구성과 직결되므로 한국민주주의 위기의 본질적인 문제라 할 수 있겠다.

비민주적·불법적인 공천과정은 그것이 선거 이전에 밖으로 드러나지 않고 선거결과에 대체적으로 반영되기 때문에 그 심각성은 배가된다. 이에 정당공천을 정당의 내부사항이 아닌 공직선거과정의 일부로 규정하여 일반 선거원칙을 엄격히 규정할 것을 필요로 한다. 특히 한국 정당공천의 역사를 거슬러 올라가면 그 심각성과 공천개혁의 시급성은 아무리 강조하여도 지나침이 없다.

초기 한국정당정치와 공천시스템의 부재

제1공화국의 초기 정당정치형태는 집권 여당인 자유당의 뒤늦은 창당에서 극명하게 드러났다. 1948년 제헌의회선거와 1950년의 제2대 국회의원선거 당시는 정당공천시스템은 실질적으로 존재하지 않았다. 또한 전국적인 정당 조직이 제대로 갖추어지지 않아서 정당 차원의 선거지원이 거의 없었고, 정당의 공천과 당선은 별개 문제였다. 집권 여당인 자유당이 1954년 제3대 총선거를 앞두고 181명의 소위 공인후보자(무공인후보자 61명도 발표함)를 선정 발표하였으나, 정당공천제를 도입한 배경에는 선거 후 이승만 대통령의 중임제한을 철폐하는 개헌을 추진할 의도 아래 개헌에 찬성하는 인사를 당선시키기 위한 정치적 계산이 있었다.

그러나 자유당은 개헌정족수를 채우지 못해 무소속 국회의원 등을 영입한 후 소위 사사오입개헌을 단행하였지만 자유당의 공천은 이승만 대통령의 장기집권수단 외에 당내 정적을 사전에 제거하는 용도로 활용되었다. 이대통령은 자신에게 충성하지 않는 현역의원이 재선되어 정치적 영향력이 확대되는 것을 우려, 공천과정에서 배제하였고, 바야흐로 한국에서의 정당공천시스템은 이처럼 최고통치자의 정치적 목적을 달성하려는 수단으로 첫

선을 보였다.

당시 자유당 간부들은 공천과정에 점수제를 도입하여 공천방식에 있어서 상향식과 객관적 기준 확보를 시도하였다. 당 총재인 이승만의 재가를 받는 과정에서 최고득점자 중에서 재가를 얻지 못해 낙천된 인사가 나옴으로써 공천과정을 상향식 방식에 의해 민주적으로 해 보려던 노력이 실패로 돌아갔다. 이로써 우리나라 최초의 정당공천제도가 형식적으로는 상향식을 추구하였으나, 중앙당의 최고지도자가 최종적으로 결정하는 하향식으로 굳어지게 되었다.

한편 무소속이 자유당 다음으로 많은 숫자인 67명이 당선된 점에서 알수 있는 것처럼 선거결과는 정당공천 못지않게 개인적인 명망과 사조직의 위력이 만만찮았다. 그러나 당시 국회의원 선거제도가 군소정당보다 대정당에 유리한 소선거구제였기 때문에 국회의원 지망생들은 주요 정당의 공천을 얻기 위해 치열한 경쟁을 벌였으며, 정당지도자들이 선거운동과 투·개표과정에서 정당의 역할을 강화한 결과 무소속이나 군소정당보다 대정당의 공천을 얻는 것이 더욱 유리해졌다. 1958년 총선을 앞두고 자유당과 민주당이 선거법 협상을 통해 투·개표 과정에 정당의 역할을 강화시킨 결과 국회의원 후보자들이 효과적으로 선거운동을 하려면 정당 공천이 더욱 필요하게 되었다.

이승만 정권이 붕괴된 후 내각제 개헌안이 통과되자 집권을 눈앞에 둔 민주당은 7·29선거를 앞두고 신구파간에 치열한 공천경쟁을 벌이게 되었다. 정부형태와 국회의원 선거제도는 크게 변했으나 공천제도는 여전히 하향식이었다.

정당의 비민주적 운영과 공천시스템의 마비

　제3공화국은 5·16군사쿠데타로 집권한 민주공화당의 강력한 과두형 정당정치로 점철되었다. 무소속 출마를 금지하여 정당공천을 필수로 하는 한편 「정당법」을 제정하여 정당등록요건을 강화하였으며, 이러한 조치들은 군소 정당의 난립을 막아 양당제를 구현한다는 명분 아래 이승만과 장면 정권시기에 활약한 민간 정치인에 대한 통제를 강화하여 군부의 계속 집권을 용이하게 하려는 것이었다. 그리고 전국구비례대표제의 도입은 지역기반이 약한 군부출신 정치인들이 국회의원에 충원되는 길을 열었다. 강력한 정당국가화는 1970년대 초까지 국회의원 지망생들이 당선자를 많이 내는 주요정당의 공천을 받기 위해 치열한 경쟁을 하도록 더욱 재촉하였다.

　한편 무소속 출마금지로 인해 각 정당이 당선가능성이 높은 인사에게 공천을 주는 조건으로 입당시키기도 하였다. 예를 들면 1963년 제6대 국회의원 총선을 앞두고 민주공화당은 당선가능성을 고려하여 비당원인 구 자유당 인사를 비롯하여 구 정치인들을 공천하여 심각한 내분에 휩싸인 바 있었다.

　최초로 도입한 전국구비례대표 국회의원 후보 공천은 더욱 심각하여 직능대표를 선출한다는 전국구비례대표제의 본래 취지와 달리 집권당의 경우 지역구 기반이 허약한 군부출신 정치인이나 최고통치자에게 충성하는 사람을 공천하는 경향이 나타났으며, 야당의 경우 거액의 정치헌금을 받고 전국구 후보를 공천하는 것이 새로운 관행으로 등장함으로써 돈을 받고 국회의원직을 파는 결과를 빚기도 했다. 이런 관행은 아직도 없어지지 않아 18대 총선에서도 소위 잘 알려지지 않거나 파렴치범이 특별당비를 고리로 비례대표 후보로 공천된 사례가 이어지고 있는 실정이다. 하여튼 전국구비례대표제의 도입은 중앙당 지도자 중심의 하향식 공천을 더욱 강화시키는 결과를 초래하였다.

1972년 유신헌법에서 국회의원 정원의 3분의 1을 대통령이 추천하도록 함에 따라 정당 공천은 상대적으로 약화되었다. 개정된 국회의원 선거법은 종래의 1구1인 소선거구제를 1구2인을 선출하는 중선거구제로 바꾸고, 종래의 무소속 출마금지조항을 없앤 결과 과거에 비해 정당공천을 획득하려는 경쟁은 표면적으로 완화되었다. 집권당인 공화당이 1구2인을 선출하는 선거구마다 거의 모두 1명씩 공천을 하고, 야당인 신민당도 한 선거구에 1명을 공천하는 경우가 거의 대부분이어서 공화당·신민당 후보자들이 쉽게 당선될 수 있었다.

제5공화국의 집권여당이었던 민주정의당 또한 신군부세력의 군사쿠데타로 집권했기 때문에 민주공화당에서 나타났던 최고통치자의 공천권행사의 전횡은 변함이 없었다.

정당정치의 민주화와 국민참여경선제의 도입

1987년 민주화 이후 제6공화국에서 국회의원 공천과정은 여전히 비민주적인 가운데 선거제도가 대정당에 유리한 소선거구제로 환원되었기 때문에 주요 정당의 공천이 중요해졌다. 특히 강력한 지역정당구도가 형성되어 각 지역정당이 자기 지역에서는 선거가 필요 없을 정도로 의석을 독식하는 현상이 발생함에 따라 영남, 호남, 충청에서는 지역정당의 공천 없이는 국회의원이 되기 힘들었다. 이러한 과정에서 지역 패권을 가진 정당지도자가 자신의 정치적 영향력을 증대하고 정치자금을 비롯한 정치적 자원을 확대하는 가장 중요한 수단으로 국회의원 공천권을 독점적으로 행사하였다. 우리나라에서는 1987년 6·10항쟁 직후의 1987년 대통령선거와 1998년 국회의원선거가 그동안의 민주대 반민주 대립구조의 정당체계를 3김 중심의 지역주의 정당체계로 탈바꿈시켜 버렸다.

2004년 제17대 국회의원선거에서는 의회권력의 소수자였던 비영남진보진영을 의회권력의 중심 즉 의석과반수를 점하는 위치로의 정당체계 변혁을 가져다 준 또 하나의 정당체계 재편성이 있었다. 열린우리당의 등장이었다. 한국정당공천시스템의 또 하나의 문제점으로서 각 정당이 정당조직의 특성에 맞지 않는 공천시스템을 시도하였다는 사실이다. 예를 들어, 제17대 총선에서 집권여당인 열린우리당은 국민정당을 지향하는 대중정당이기에 공천과정에 일반국민과 대중이 참여하여야 함에도 불구하고 진성당원의 한 유형인 기간당원제를 도입하여 민심과 당내의사결정의 괴리를 자초하는 우를 범했다. 기간당원이 동원되는 전당대회식 당내경선이 남발되면서 종국적으로 '경선제 무용론'에 봉착하였고, 이러한 잘못된 경험이 제18대 총선에서 경선 없는 비민주적 공천행태를 반론 없이 방조하게 된 결과를 빚은 지도 모른다.

지금의 제19대 국회는 제20대 총선을 앞두고 당내 계파 파열음의 일반화 현상을 노정하고 있는데 이는 총선 공천 당시 특정 계파가 공천권을 독점하면서 이미 예견되었다. 현재의 여야 지도부가 오픈프라이머리, 국민공천제, 시민배심원제 등을 구호처럼 외치고 있는 것도 계파 독점 공천에 대한 반발이자 반성일 수 있다.

한국정당공천의 역사는 보잘 것 없고 갈 길이 멀고도 바쁘다. 정당공천

개혁의 핵심은 국민이 원하는 인물을 정당의 민주적 절차로 추천하는 것이다. 이를 제도적으로 표현하면 정당의 민주화를 완성하고 국민참여경선제도를 도입하는 것이다. 각 정당이 자율적으로 책임있는 정치적 선택을 하여 각론적 해법을 내놓을 때가 다가왔다. 정당민주화가 어느 정도 달성된 정당만이 국민참여경선제를 도입할 수 있고 국민참여공천제를 성공시킨 정당은 정당의 민주적 리더십을 인정받게 될 것이다.

한국정당공천 각론
: 공천갈등의 소리

칼럼의 배경과 쟁점   2016. 3.

● 새누리당은 제18대와 제19대의 공천학살 트라우마의 연장선상에서 친박과 비박간의 계파
갈등이 너무 심각하지만 친박·비박의 경쟁구조 유지가 관건이고, 더불어민주당은 새로 영
입된 김종인 대표의 역할론과 함께 친노패권정치를 극복할 수 있는 새로운 인재영입을 통
한 신·구 조화에 성패가 있으며, 안철수의 국민의당은 새정치와 호남지역정치 그리고 제3
의 인물들의 교집합을 찾는 공천이 필요하고, 그 외 이념정당으로서의 제4정당, 정의당과
힘들지만 무당층의 정치바람을 받아줄 수 있는 무소속의 정치공간이 필요함

키포 인트	매 총선 때마다 반복되어 온 공천갈등이 제20대 총선에서도 불가피하지만, 당의 밥을 짓다가 나는 소리라면 괜찮지만 당내 계파간의 그릇 깨지는 소리는 안된다 는 경고를 하는 칼럼

  √ 한국정당공천의 전통이 된 높은 현역의원 교체율
  √ 새누리당의 최고 자산으로서 친박과 비박의 경쟁구조
  √ 공생공존 전략으로서 더불어민주당의 개혁공천
  √ 안철수와 국민의당 플랜B와 비빔밥
  √ 제4당으로서 정의당과 무소속의 정치공간

한국정당공천론에서의 총론과 각론은 크게 다른 것 같다. 총론적으로는 정당공천이 비민주적이고 불법적일 때 비민주적 국가구성과 직결되기 때문에 공천시스템에 있어서 민주성 확보는 현실정치 문제라기보다 엄격한 헌법문제로 볼 필요가 있다고 이야기 하지만 각론은 좀 다른 것 같다. 정당공천은 갈등과 대립, 싸움의 연속일 수밖에 없고 굉음에 가까운 소리가 날 수 있다. 그것이 당의 밥을 짓다가 나는 소리냐 아니면 계파 간의 밥그릇 싸움으로 그릇이 깨지는 소리냐에 따라 공천성공의 명암이 갈린다 하겠다.

한국정당공천의 전통이 된 높은 현역의원 교체율

각 정당의 국회의원과 국회의원 예비후보들은 공천학살 트라우마에 떨고 있다. 새누리당은 제18대·제19대 때 비박과 친박이 번갈아가면서 공천학살의 공포를 이미 경험하였다. 야당도 마찬가지로 당내공천의 주요 흐름에서 벗어나 있을 경우 사소한 언론기사 하나에도 불안에 떨어왔다.

한국의 역대 총선은 초선의원으로의 교체율이 높아져 왔는데 이번에도 예외는 아닐 듯하다. 왜 한국의 정치에서는 현역 교체율이 높을 수밖에 없었을까? 그것은 무엇보다도 국회의원 또는 기성 정치인에 대한 국민들의 불신에서 비롯된 결과이다. 어떤 여론조사에서 국회의원과 처음 본 낯선 사람 중에서 누가 더 믿을만 하냐고 물어봤을 때 상당수가 '낯선 사람'이라고 답했었다. 씁쓸하지만 이는 기성 정치인으로 상징되는 국회의원에 대한 일반 국민들의 정서를 그대로 보여주는 것이다.

한국 정치에서 현역의원들에 대한 과격한 교체가 지속적으로 진행되고 있는 것에 대해서 심도 있게 분석을 한다면, 한국헌정의 경험과 제도에서 찾을 수 있다. 5년단임대통령제의 현행헌법은 벌써 30년 가까이 되면서 단임정신의 전통을 한국정치문화 및 현실에 이식시키고 있다. 연속성과 지속성 보다는 단절적이라 할지라도 새로운 출발과 선택의 전통을 제도화시키고 있었던 것이다. 이는 나쁘게 말하면 과거를 부정하는 것이고 좋게 표현하자면 새로운 선택과 새로운 출발, 변화를 지향하고 있는 한국정치시스템이라고 말할 수 있겠다. 국회의원 총선에서 과거 내지 현재의 인물 보다는 새로운 인물을 내 놓아야 잘하는 공천이라고 평가하고 있는 것도 어쩌면 5년단임대통령제의 헌법현실의 반영일 수 있다. 즉 어느 덧 한국정치에서 선거와 투표는 옛 것의 심판이 아니라 새로운 것의 선택으로서의 속성을 갖게 되는 것이다.

이번 제20대 총선도 예외 없이 각 정당의 공천은 변화와 개혁을 추구하고 있다. 제19대 총선에서 새누리당은 달라진 것이 별로 없이 간판을 바꿔서 가장 성공한 '역대 집권 말기의 집권당'이었다. 한나라당을 새누리당으로 바꾼 당명 또한 결정적이었다. 이번 총선에서 더불어민주당의 경우 간판을 바꾸는 데는 가장 성공하고 있다. '더불어민주당' 당명 자체가 생소하다는 점에서 이미 점수를 얻고 있고, 문재인 전 대표가 타겟에서 벗어난 것도 하나의 변신이다. 새누리당과 국민의당도 무엇을 시사하는 얘기인지 깊이 연구할 필요가 있다.

각 당의 공천 각론을 정확히 분석할 수 있다면 총선의 결과도 정확하게 예측 가능할 것이다. 모든 선거에서 공천과정은 갈등과 대결과 분열의 경험이 생길 수밖에 없다. 정당공천에서는 수많은 잡음과 부딪침에 의해 소리가 날 수밖에 없지만 정당의 정치세력 간, 정치인들 간의 불가피한 갈등에서 어떠한 갈등이었느냐가 생산적일 수도 있고 자기파괴적일 수도 있다. 각 정당의 공천에 있어서 갈등의 질(質)이 무엇이냐가 중요한 것이다.

새누리당의 최고 자산으로서 친박과 비박의 경쟁구조

새누리당의 정당구조는 친박과 비박 간의 대결과 대립의 구조이다. 새누리당의 뿌리인 한나라당은 역대 한국 야당사에서 가장 강력한 야당의 존재감을 가졌다고 평가할 수 있다. 가장 큰 이유는 친이(이명박)와 친박(박근혜) 간의 대립과 대결 구조가 정당 안에서의 경쟁구조로 유지된 데 있다고 본다. 서로의 노선과 갈등이 분열과 탈당으로 이어지는 야당과 비교할 때 한나라당의 이러한 전통은 새누리당의 가장 큰 장점이기도 하다.

그러나 현재 새누리당의 공천과정에서의 갈등의 질은 새누리당의 앞날을 어둡게 하는 측면이 있다. 제18대와 제19대 때 엄청난 공천학살의 트라우마를 경험한 친박과 비박 간의 공천갈등의 본질이 정치싸움에 있다는 점이다. 친박과 비박의 공천갈등이 총선 이후 당권과 나아가서 내년의 대권과 직결되고 있기 때문이다. 현재 김무성 대표를 두고 뒤가 무른 사람이라고 폄하하기도 하지만 역대 집권당의 대표로서 그것도 비주류로서 임기를 지키고 끝까지 공천과정에서의 파워를 잃지 않고 있는 것은 대단하다고도 평할 수 있다. 다만 아쉬운 것은 김무성 대표가 주장하고 있는 오픈프라이머리 내지 국민경선제는 현역 국회의원의 힘을 기반으로 한다는 점에서 새로운 정치를 원하는 총선의 정치시장에서는 그 트렌드가 맞지 않는 측면이 있다.

지금 새누리당의 공천갈등은 후보경선과정에서 30% 당원의 배제 여부가 그 하나인데 새누리당은 당내 계파를 떠나 이 부분을 심각히 생각할 필요가 있다. 새누리당의 강점은 친이·친박이 탈당하지 않고 경쟁·대립 구조로 남아있는 것 외에 절대적 지지기반을 갖추고 있다는 것이다. 그것은 당원 30%의 경선과정 참여율에서 비롯된 것이라고 해도 과언이 아니다. 그런데 김무성 대표와 이한구 공천심사관리위원장은 이 문제를 친박·비박의 계파적 이익에서 경선전략으로만 생각하고 있다.

집권당으로서 새누리당 공천의 하이라이트는 대통령의 입김에 있다할 것이다. 아주 옛날 이야기이지만 이승만 대통령은 자신에게 충성하지 않는 현역의원이 재선, 삼선이 되어 정치적 영향력이 확대되는 것을 차단하고 최고통치자로서 정치적 힘을 유지하는데 공천권을 절대적 수단으로 삼은바 있었다. 당시 자유당 간부들도 공천과정에서 점수제를 도입해서 상향식과 객관적 기준확보를 시도하기도 했지만 대통령 재가과정에서 여지없이 수포로 돌아갔다. 지금이 자유당 시대는 아니지만 만약에 이한구 위원장의 의도가 이와 비슷한 궤도를 같이하고 있다면 새누리당의 공천과정에서의 친박·비박 간의 싸움의 소리는 일여다야의 호조건에서의 밥짓는 소리라기보다는 친박과 비박 간의 밥그릇싸움에 불과할 수 있다.

공생공존 전략으로서 더불어민주당의 개혁공천

더불어민주당은 공천과정에서 국민의 심판을 받을 사람들을 가급적 최소화하는 것이 공천성공과 총선승리의 요체가 될 수 있다. 얼마 전부터 진행되고 있는 컷오프 방식 등의 공천방식은 심판의 대상을 제거하고 있다는 점에서 매우 긍정적으로 평가할 수 있다. 문제는 컷오프로 비워진 공간에 무엇이 채워지냐는 것이다. 정답은 다양한 새로운 정치인물들로 채우는데 있다. 혹여라도 빈 공간을 더불어민주당에서 새롭게 생겨나고 있는 파워들이나 이에 반발하는 당의 다른 힘들이 적당히 타협해서 인물을 채울 경우 현재의 시너지 효과는 싸늘하게 식어버릴 것이다. 형식상 새로운 인물들을 내세운 것 같이 보여주어도 당내 세력 간의 타협의 산물로 했을 경우 유권자의 눈에는 그것이 다양성이 아니라 혼란과 혼선으로밖에 보이지 않는 것이다.

더불어민주당의 또 하나의 고민은 김종인 대표의 정치적 위상과 비전의 자리매김이다. 김종인 대표는 통상적인 의미의 정당대표는 아니다. 비상대책위원장으로서 총선 전 공천을 포함한 강력한 변화를 주도하는 당의 중심역할을 하는 것이다. 이는 총선과정에서 반대하는 정치집단으로부터 표적이 되는 기존의 당의 중심과 상징들이 정쟁의 타겟에서 사라지게 하였다는 점이 있고, 동시에 당을 새롭게 바꾸는 힘도 작동되고 있다는 것을 보여주는 것은 분명하다. 그러나 김종인 대표의 위상과 역할이 이것을 벗어나서 더불어민주당의 전체의 운명을 좌우하고 결정하는 힘으로 비춰질 경우 당내외의 무차별한 공격이 집중될 수도 있다. 김종인 대표는 더불어민주당을 소생시키기 위하여 긴급히 투입된 의사(醫師)로서의 모습을 보여줄 때 그 효과가 극대화될 것이다. 바로 그 모습에서 멈추는 것이 최고이다.

즉 김종인은 더불어민주당의 보완재이지 대체재는 아니다. 이것이 당과 김종인 대표가 더불어 사는 것이다. 이러한 흐름이 더불어민주당의 공천과정에 반영이 되었을 때 아무리 시끄러운 소리가 나도 유권자에게는 밥짓는 소리로 들리게 된다.

안철수와 국민의당 플랜B와 비빔밥

제3당의 길을 걷고 있는 국민의당은 모든 길이 험로일 수밖에 없다. 선거제도로서 소선거구제가 유지되고 있는 한 제3의 당은 새로운 집권세력으로서 제3의 길을 만드는데 있어서 절대적 벽에 부딪칠 수밖에 없다. 결과적으로 의석수가 세 번째라서 제3의 당이 된다 할지라도 안철수 대표와 국민의당은 현재 한국정치의 현실에서 진검승부를 하여야 한다. 화려했던 국민의당의 출범에 찬물을 끼얹은 것은 한상진 전 창당준비위원장의 '이승만 국부론'만이라고 할 수 없다. 총선을 앞두고 더불어민주당에서 핍박을 받던 안철수 의원이 새로운 정치를 한다고 탈당을 감행했기 때문에 많은 호응과 기대를 받았던 것이다. 안철수 의원은 광주에 갈 때도 혼자 내려갔어야 했다.

안철수 의원은 개혁 대상이 될 수도 있는 구 정치의 대표적인 광주 탈당파 의원들, 동교동계 출신 정치인들, 호남향우회 임원들과 같이 갔다. 새로운 것을 좋아하는 국민이 대한민국 국민이라면 그 중에서도 새로운 변화를 가장 좋아하는 사람들이 바로 호남인이다. 안철수 의원은 바로 이 점에 대한 세세한 분석과 준비 없이 시작한데서 군이 겪을 필요 없는 성장통을 겪고 있다.

예를 들어 개성공단 문제나 한미FTA 문제는 이제는 이념의 바로미터가 아니라 현실의 문제일수 있기 때문에 국민의당의 정치적 선택은 과거의 문제에서 벗어나 미래지향적일 필요가 있었다. 새로운 당의 정체성을 과거에서 찾았던 것들은 지금 생각해도 매우 아쉬웠다. 간단한 문제는 아니었지만 한상진의 이승만 국부론도 안철수와는 관계없는 안철수의 과거를 만들어버렸던 것이다. 안철수 대표와 국민의당은 이념과 정체성을 본격적인 총선경쟁에 돌입되기 전에 하루라도 빨리 '안철수와 국민의당의 생각'라는 플랜B를 내놓아야 한다. 제3당의 한계로서 기존 인물과의 동참은 불가피하기 때문에 인물들은 새롭지 않더라도 안철수와 당의 생각은 새로워야 할 것이다.

개인적인 취향이지만 음식으로서 비빔밥에 대해서 상당히 매료되어 있다. 여러 가지를 섞어서 한가지의 음식을 만들어내는 비빔밥의 경우 처음에는 잡탕같이 보일지 몰라도 어떻게 비비느냐에 따라서 최고의 맛이 날 수 있다. 국민의당은 여러 인물을 폭넓게 조건 없이 받아들이되 새로운 그릇에 담아 사정없이 비벼대야 한다. 비빔밥 비비는 소리가 나야 한다.

제4당으로서 정의당과 무소속의 정치공간

제20대 총선에서의 주인공은 새누리당, 더불어민주당, 국민의당 외에도 이념정당 또는 군소정당이 있을 수 있고 무소속도 있다. 주요 정당의 공천이 제20대의 정치시장에서 주요 수요공급의 대부분을 차지하겠지만 민주국가에서의 정치시장에는 독과점이라는 것은 존재해서는 안된다. 작은 공간이라 할지라도 미니정당들의 정치공간은 허용되어야 할 것이고 무소속의 정치공간 또한 무당층 내지 정치냉소적인 국민들의 수요에 응답하여야 할 것이다.

정의당의 경우 정치적 생존을 위하여 양대정당의 틈새에서 제3당으로서 숙명과 같은 야권연대 등의 정치적 잔머리가 불가피했을 것이다. 이번에는 더 힘들어지게 되었다. 국민의당이라는 제3당이 나옴으로써 제4당이 되어버렸고 야권연대 또한 정당존립 및 확산의 도구로서의 가치는 잃게 되었다. 이제 정의당도 제20대 총선에서 매우 섬세하면서도 전략적인 정당공천이 필요하게 되었다. 그 무엇보다도 제17대 총선 때 도입된 1인2표제 정당투표제에 올인 할 필요가 있다. 몇몇 지역의 승리보다는 정당으로서의 가치에 필요한 인물들을 대폭 투입시켜야할 것이다. 제발 부탁인데 정의당이야말로 정치를 길게 볼 필요가 있다. 첫째, 사회민주주의 정책의 낙수효과를 대한민국 국민들도 받게끔 만들어주는 으뜸이 되어야 할 것이고 둘째, 10년의 목표를 잡아 집권계획을 짜기 바란다.

그리고 국민의당에 이미 입당하였지만 정동영 전 의장의 행보에는 진보적 지지층과 호남 무당파에게는 조금은 아쉬웠을 것이다. 정동영 전 의원이 국민의당에 입당함으로써 분명히 그 입당효과는 있을 수 있겠지만 정동영 전 의원의 자신만의 큰 정치가 사라져버린 것은 분명하다. 그동안 야당의 정치혼란의 중심지로서 호남의 문제점은 경쟁구도가 없었다는 것이었다. 한때 열린우리당과 구민주당 간의 정치경쟁이 있었는데 독점적 정치시장에 갇힌 호남이 약간은 혼란스러웠어도 정치적으로 활성화된 것은 분명하였다. 이번 호남에서의 더불어민주당과 국민의당의 경쟁구조는 호남정치복원과 호남민주주의를 위해서는 괜찮다고 본다. 특히 여기에 박지원 의원과 정동영 전 의원과 같은 거물들이 무당층을 위한 정치공간을 만들어 줌으로써 다양한 정치경쟁시대를 열어주었으면 하는 기대도 있었다. 더불어 아직도 거대한 지역주의에 잠들어 있는 영남에서도 선뜻 더불어민주당과 국민의당까지는 마음을 열기 어려운 영남지역의 토속적 유권자들에게도 무당층을 위한 정치바람이 불어줄 수 있는 정치인 내지 정치세력이 등장하는 것도 바람직하다고 본다.

요컨대 국회의원 총선을 앞두고 새로운 정당이 생겨나고 정치지망생들이 늘어나고 있는 것은 좋은 현상이지만, 그것이 괜찮은 정치인이 많이 배출되는 것으로 연결되어야 한다. 실력 있는 사람이 있는 분야들이 성장하듯이 정치 또한 실력 있는 정치인이 많을 때 발전 가능하다. 국민들에게는 이번 제20대 국회의원 총선에서 대한민국의 현실과 미래를 위하여 정치를 잘하고 바람직하고 현실에 맞는 법을 잘 만드는 국회의원을 뽑아야 할 권리와 의무가 있다. 각 정당의 공천은 3월의 정치시장에서 좋은 상품들을 내놓는 주요 공급처가 된다. 각 정당에서 정당갈등의 소리가 높겠지만 밥그릇 싸움이 아닌 밥을 짓다가 나는 소리이기를 기대해마지 않는다.

야당의
정치력 복원과
3중고

칼럼의 배경과 쟁점   2014. 12.

- 새정치민주연합은 정당지지율이 장기간 20%내외의 박스권에 머무르면서 국민들로부터 여당을 견제하고 정권교체가 가능한 수권정당으로서 인정받지 못하는 무기력한 야당으로 인식됨

- 호남정치인들은 당내에서 공천권 보장에만 관심을 가지며 투쟁력을 상실하고, 지도부는 지방선거에서 야권연대를 통해 새정치민주연합을 편협한 이념적 공간으로 이동시켰으며, 내부적으로 패권적 계파정치의 폐쇄성을 강화함으로써 정권교체형 여·야 경쟁구도라는 정치력을 상실하고 만년야당화됨

- 정권교체형 야당으로서 새정치민주연합이 정치력을 복원하기 위해서는 호남정치 복원, 이념의 다양성, 수용능력, 탈계파 및 당의 대중화가 이루어져야 함

| 키포 인트 | 반호남주의적 지역주의 폐해, 야권연대로 인한 이념적 편협성, 패권적 계파정치의 폐쇄성이라는 3중고를 겪고 있는 새정치민주연합이 호남정치 복원, 이념적 다양성을 통한 수권정당화, 탈계파를 통한 대중화를 통해 정치력을 복원해야만 정권교체형 여·야 경쟁구도라는 최소한의 민주정치가 회복될 수 있음을 강조하는 칼럼 |

√ 호남정치 복원은 야당의 힘
√ 이념적 다양성은 수권의 길
√ 탈계파는 야당의 대중화

제1야당인 새정치민주연합이 3중고(三重苦)에 시달리고 있다. 반호남주의적 지역주의 폐해와 야권연대로 인한 이념적 편협성, 그리고 패권적 계파정치의 폐쇄성이 그것이다.

한국정치의 개혁과 발전은 야당의 정치력 복원에서 시작되어야 된다는 문제의식은 지금의 한국 정치상황을 정확히 꿰뚫어 보는 것이다. 패자에게도 정치적 지분을 충분히 고려해 주는 의원내각제와는 달리 우리의 대통령제는 승자에게만 최고의 정치가치를 부여하기 때문에, 여야 대결구도가 정상화되어 있지 못하면 민주적 시스템이 쉽게 망가진다. 야당의 정치력 복원이 당면과제가 되고 있다는 것은 한국 민주주의에 비상등이 켜졌다는 것을 뜻한다.

호남정치 복원은 야당의 힘

필자는 얼마 전 호남지역에서 호남정치의 복원을 강연한 적이 있었는데, 대부분의 시간을 '힘있는 야당의 부활'을 역설하는데 할애했다. 호남정치 없는 한국정치의 민주화는 상상할 수 없고, 호남정치가 힘을 잃으면 야당의 존재감 또한 상상하기 힘들다는 점을 강조하였다.

호남정치인이 언제부터인가 중앙정치의 주인공 되기를 포기하고, 당권 지원의 대가로 받은 전리품으로 공천을 보장받으며, 지역정치에만 함몰되어 무조건 지지해주는 호남 유권자만 믿으면서 변방의 정치를 하고 있다고 비판했다. 무조건 당선되는 기득권 정치구조에 몰두하는 호남정치인 때문에 호남이 새로운 참여의 정치와 개혁이 요원해진 후진정치의 땅이 되어버렸다는 아쉬움을 토로했다.

오죽했으면 2012년 대선 당시 새누리당 박근혜 대통령 후보가 호남을 껴안는 통합과 화합을 공약하면서 호남의 많은 지지를 겨냥 했을까. 진정한 의미의 통합은 남아프리카의 만델라 대통령처럼 가해자가 아닌 피해자가 정치적 힘을 탈환해서 가해자를 용서하고 화합하는 것인데, 호남인이 졸지에 정치적·경제적·사회적 약자가 되어버린 것을 상기시켰다. 강연에서 호남이 정치의 변방으로 전락하고 호남정치인들이 수구적·기득권 유지의 지역정치에 급급하고 연연해하는 상황을 꼬집었고 많은 청중들이 공감하였다.

이념적 다양성은 수권의 길

저항과 개혁의 상징인 호남정치가 복원되면 호남을 매우 중요한 정치적 기반으로 하고 있는 새정치민주연합이 수권야당으로서 거듭나는데 결정적일까. 대답은 노(No)이다. 지금 한국 대표야당, 새정치민주연합은 반호남주의적 지역주의 폐해와 더불어 이념적 편협성과 계파정치의 폐쇄성이라는 3중고를 겪고 있다. 새정치민주연합은 정치결사체로서 이념적 다양성이 부족하고 명확하지 않다는 정치적 결함을 가지고 있다. 자유·평화·평등과 같은 이념적 가치가 대체적으로 새정치민주연합 정당역사에서 정치지향의 근간이었다.

자유·평화·평등의 이념적 지평은 매우 광활하여 정치적 지지세력도 '중산층과 서민' 보다도 폭넓은 지지층을 겨냥하고 있다 하겠다. 흔히 얘기하는 강남좌파도 기댈만한 정당으로의 변화가 새정치민주연합의 정치적 좌표이다.

새정치민주연합의 이념적 편협성은 야권연대과정에서 심화되었다. 몇몇 선거에서 야권연대의 재미를 보았다는 정치적 판단은 새정치민주연합의 정치적 골격을 망가뜨려, 사람으로 치면 뼈대와 근육이 골절되고 소실되는 과정을 겪게 했고, 수권정당으로서 정치적 실체마저 의심받을 만큼 위축되어 버렸다. 야권연대라는 미명하에 이념적 정체성의 혼란을 겪는 것 외에 연대하는 당사자끼리의 정치협상에 빠져 유권자와 대화를 소홀히 하고 외면하는 꼴불견을 여러 곳에서 연출하였다.

새정치민주연합이 수권야당으로서 거듭나기 위해서는 견고한 지지율과 다양한 정치적 이념을 재구축하는 홀로서기를 하여야 한다. 새정치민주연합의 위기가 지역주의적 폐해와 이념적 편협성에 한정되어 있다면 내년에 치루어질 전당대회를 통하여 극복할 수 있다. 전국정당화와 여러 계층의 참여를 함께 추구하면서 전화위복의 전환기를 맞이하지 못하라는 법도 없다할 것이다.

탈계파는 야당의 대중화

새정치민주연합에게 호환마마(虎患媽媽)보다 더 무서운 것은 당내 계파 정치의 폐쇄성이다. 소위 친노-비노 대립구도이다. 친노가 당권을 가져가면 호남신당을 만든다고 협박도 하고 있다. 이렇게 되어버린 새정치민주연합 소속 정치인들에게 "당신들이 비난하는 새누리당은 친박·친이간의 피터지는 당내싸움도 큰 게임(대통령선거) 앞에서는 하나가 되더라"고 이야기하면서, "당신들에게는 정권은 빼앗겨도 계파만 살아남으면 된다는 비정함이 느껴진다"고 독설을 해도 반론을 제기하지 못했다. 정당에서 계파는 필수적 존재조건일 수도 있다. 다만, 경쟁적 계파가 정당에 보약이라면, 패권적 계파는 독약이 될 수 있다. 패권적 계파의 존재는 정당을 폐쇄적으로 운영하게 하고 새로운 정치세력의 참여를 막고 종국적으로 소속정당이 국민으로부터 멀어져 가게 한다.

현재 국민의 정치의식은 구체적으로 '소외의 정치 → 저항의 정치 → 비판의 정치 → 참여의 정치'로 옮아가고 있는 양상이다. 한국정당정치의 발전단계가 '참여의 정치'의 벽을 번번이 넘지 못하고 있어서 국민들은 참여의 새정치를 끊임없이 요구하고 있다. 국민들은 참여욕구를 반영할 정당구조를 갖추어가는 정당에게 전폭적인 지지를 해왔다. 실제로 제19대 총선에서 새누리당은 야권연대를 하고 있는 민주당보다 상대적으로 새로운 참여의 정치를 해낼 것으로 보였다. 국민들은 그것이 정치적 착시현상이라 할지라도 여지없이 지지했었다. 새정치민주연합이 수권야당으로 발돋움하기 위해서는 국민의 참여와 지지만이 그 길인데, 패권적 계파의 존재는 독버섯일 수밖에 없다.

새정치민주연합이 지역주의 폐해와 이념적 편협 그리고 패권적 계파정치 3중고를 벗어날 때 20%의 지지율에도 못미치는 정치적 무기력에서 벗어날 수 있을 것이다. 새정치민주연합이 제대로 된 정당으로 거듭나길 요구하는 것은 한국정치의 진일보로서 국민이 정치를 결정하는 민주정치의 실현을 위해서이다. 집권여당만 힘이 강한 나라는 대체로 비민주적이고, 야당이 약한 나라는 독재국가가 된다.

민주정치의 최소한의 조건으로 국민이 언제든지 선택할 수 있는 정권교체형 여야경쟁구도를 복원시키는 것이 필요하다. 즉 대안정당이 항시 구비되어있는 정치체제여야 한다. 야당의 정치영역은 정부비판과 정책입안 기능은 물론 정권교체라는 근본적인 대안 제시까지 가능해야 한다. 이를 위하여 야당은 끊임없이 정치적 엘리트 계층의 확대와 다원화를 꾀하여 광범위한 정치적 기반을 쌓아가야 할 것이다. 국민이 의지하고 의존하고 싶은 정당을 만들고, 그 힘으로 정권교체형 여야 경쟁구도를 끌고 가는 리더십 구축이 시급하다. 만년야당은 야당이라 할 수 없다.

내년 2월에 치루어질 전당대회는 새정치민주연합에게는 마지막 기회이다. 그 동안 야당은 당대표와 당 간판을 여러번 바꿔가면서 새로운 변화를 시도했으나 번번이 실패했다. 당의 체질을 그대로 놔두고서는 답이 나오질 않을 것이다. 주방장을 그대로 둔 채 식당 간판만 바꾼들 오래가지 않듯, 야당에 새로운 사람과 생각들이 필요한 때이다.

전당대회에 다가갈수록 누가 당대표가 되느냐에만 관심이 쏠리고 있는데 이는 또 다시 기회가 사라질 위기가 새정치민주연합에 다가오고 있는 경계해야할 징후들이다. 국가개혁의 세 기둥으로서 '야당의 정치적 복원과 정치발전'을 그 으뜸으로 정하면서 이 분야의 최고 어른(리더)을 만나서 대담을 할 예정이었으나 선뜻 정하기가 어려웠다. 새정치민주연합을 포함해 '야당의 갈 길'을 이야기해 줄 원로가 쉽게 떠오르지 않는 것도 현재 한국 야당의 자화상인 것 같다.

여·야 신임대표의
처지와 비책 :
개방과 공정

칼럼의 배경과 쟁점   2016. 9.

- 2016년 8월 새누리당과 더불어민주당은 각각 이정현 의원과 추미애 의원이 당대표로 선출된 것에 대해 당내 소수파로서 지역주의 극복이라는 의미부여를 비롯해 다양한 공통점을 가졌다는 평가를 받고 있으나, 양자의 정치적 DNA의 실체는 확연히 다름

- 2017년 대선을 앞두고 새누리당의 대표로 선출된 이정현 대표는 친박계와 비박계의 당내 갈등에서 비박계의 정치공간을 마련할 수 있어야 하며, 더불어민주당의 대표로 선출된 추미애 대표는 범야권의 대선경쟁구도에서 주도권을 갖기 위한 당내경선 룰의 개방과 공정이라는 정치적 결단을 하여야함 ➜ "결과적으로는 '개방과 공정'에 정면으로 반박한 이정현은 몰락했고, 상대적으로 추미애는 건재했다"

**키포
인트**   여·야의 신임대표로 선출된 이정현 대표와 추미애 대표에게 당대표 리더십의 비책으로서 당운영과 경선룰에 대한 개방과 공정을 강조하는 칼럼

√ 이정현의 처지에서 비책은 개방과 공정이다
√ 추미애의 처지에서도 비책은 개방과 공정이다

8월의 폭염 속에서 새누리당과 더불어민주당은 큰 이변 없이 당대표를 탄생시켰다. 이변 없는 전당대회이어서 재미가 없었다고들 하지만 양당의 전당대회는 2017년 대통령선거의 정치시계를 이미 움직이기 시작했다.

호사가들은 58년 개띠에, 똑같이 흙수저에 소속정당의 지지기반이 아닌 상반된 지역, 호남출신 이정현 새누리당 대표와 경북·대구 출신 추미애 더불어민주당 대표라는 점을 부각시키고 있다. 특히 새누리의 친박과 더민주의 친문 공히 각 당의 지배계파의 절대적 지지로 압승을 했다는 점에서 두 대표의 정치적 운명을 닮은꼴로 묘사하고 있다. 단언컨대 두 대표의 공통점은 주민등록상 1958년생이라는 것과 인구사회학적으로 호남·영남출신이라는 사실 외에는 정치적으로 확연히 다른 처지에 있다.

이정현의 처지에서 비책은 개방과 공정이다

새누리당에 대해서 좋은 평가를 하고 있는 이들은 이번 전당대회가 이정현이라는 호남대표를 탄생시켰다는 점에서 더민주와 비교했을 때 훨씬 흥미로웠다고 한다. 악평에 가까운 분석일지 모르겠지만 이정현 대표는 새누리당 내 호남의 정치적 지지와 힘을 가지고 당선되었다기 보다는 철저히 친박의 작전에 의해서 탄생된 꼭두각시형 대표의 처지가 될 수밖에 없는 여지가 다분하다고 할 수 있다.

만약에 새누리당의 전당대회 결과가 4·13 총선 패배에 대한 대안으로서 비박·비주류의 대표가 나왔다면 대통령의 심기가 잠깐은 불편할지 모르지만 집권여당의 균열방지에는 훨씬 효과적이고 안정적이었을 것이다. 역으로 이야기 하자면 친박의 상징인 이정현 대표에게 닥칠 가장 큰 난관과 위기는 여권발 정계개편이 새누리당 내 비박 정치세력 중심으로 일어나는 것에서 시작될 수 있다. 박근혜 정권의 마지막 당 대표이냐 정권재창출을 향도하는 대표가 되느냐의 갈림길에 있는 것이 이정현 대표의 처지이다.

요즘 여권에서는 정치중간지대의 설정에 한창이다. ① 김무성 전 대표를 중심으로 하는 비박세력들은 이정현 대표가 개방과 공정성을 담보해주지 못한다면 언제든지 이탈할 수 있는 최대한의 조직화된 여권세력이다. ② 김무성 전 대표 등의 비박 정치세력의 움직임이 가시화된다면 남경필·원희룡·오세훈·김문수 등 전·현직 지사들의 대중적 인지도와 인기의 힘은 크게 들썩일 것이다. ③ 정의화 전 국회의장, 이재오 전 의원 등 친이세력들의 움직임 또한 새누리당 이탈세력의 원심력으로 충분한 힘을 갖게 될 수 있다. ④ 이렇게 될 경우 반기문 UN 사무총장의 새누리당 행을 장담할 수 없다 할 것이다. 물론 이러한 ①에서 ④까지의 상황은 정치적 시나리오에 불과할 수 있지만 이정현 대표의 리더십이 대선 경선과정에 있어서 개방과 공정을 보장하지 않는다면 언제든지 현실화될 수 있는 정치적 상상일 수 있다. 특히 야권의 이탈세력과 여권의 정치적 결합의 조짐이 있을 경우 이러한 정치적 상상은 현실화될 가능성이 매우 높다 하겠다. 복잡한 문제일수록 정면돌파가 묘수이듯이 이정현의 처지에서 비책은 개방과 공정에 있다는 점을 강조한다.

추미애의 처지에서도 비책은 개방과 공정이다

추미애 더불어민주당 신임대표의 압승을 더민주의 친문패권주의의 결과로 폄하하려는 경향들이 있다. 이에는 새누리당의 친박(親朴)과 더민주의 친문(親文)을 동일시하려는 시각에서 비롯된 것으로서 정치적 착시현상과 오류가 상당히 내포되어 있다. 더민주의 특징은 새누리와 달리 경쟁 및 대결구도에 있었던 당내 정치세력이 이미 '국민의당'으로 분화되어서 4·13 총선의 심판을 받았다는 점에 있다. 아직까지는 주요 정치세력들이 한울타리에 있는 새누리당과는 달리 더불어민주당의 친문의 지배순도가 높을 수밖에 없다. 친문과 호남의 지지로 압승을 한 추미애 대표에 대해 새누리당 식의 배타적·패권적 당권 확보라기보다는 야권에서 더민주 중심의 정국운영에 있어서 안정적 기반을 갖게 되었다고 평가해줄 수 있다. 만약에 비주류가 당대표가 되거나 상당한 지지기반을 확보했다면 더민주의 야권에서의 정치적 위상은 매우 불안정할 수도 있었다.

그러나 추미애 대표가 더불어민주당 대표의 경계안에서 안주를 한다면 얼마 지나지 않아 대선정국이 닥쳐올 경우 정치적으로 아무 의미 없는 대선캠프의 종속적 부속품에 불과할 수 있다. 추대표는 더민주 전당대회에서 압승한 것을 범야권에서의 정치적 파워를 갖게 되는 교두보를 장악했다는 의미부여를 할 필요가 있다. 만약에 이러한 정치적 위상을 확고히 하지 못하면 더민주 특유의 전통이 되어버린 '당선되자마자 얼마 안가서 이리저리 난타당하는' 역대 당대표의 전철을 걷게 될 것이 뻔하다.

추대표는 '2017년 대선정국이 야당에게 유리하다'는 것을 박근혜 정권에 대한 비판적, 부정적 입장에서 나오는 반사적 근거를 갖고 있을 뿐이다고 인색하게 해석할 필요가 있다. 야당이 2017년 대선에서 확실한 승리를 하려면 최소한 1대 1의 양자대결 내지 2대 2의 사자대결 구도가 기본적으로 전제되어야 한다. 이미 두동강난 야권은 지지기반에 있어서 많은 구조적 한계를 갖고 있다. 특히 야권의 주요 대선후보로 거론되고 있는 문재인·안철수·손학규 등에게는 이번이 마지막 정치라고 생각하기 때문에 야권 전체의 그림에 대한 당위적·정치도덕적 관념이 매우 무뎌져 있다 하겠다. 추대표는 당장에 더민주의 경선룰에 있어서 철저한 개방과 공정의 원칙을 표명할 필요가 있고 이에 대한 문재인 전 대표의 정치적 용단을 끌어낼 수 있어야 한다. 온라인 및 권리당원의 정치적 힘은 당대표를 선출할 때는 온당할지 모르나 대통령 후보를 공천하는 과정에서는 철저한 국민공천의 형식을 갖추어야 할 것이다. 이에 추미애의 처지에서도 비책은 야권 전체에 대한 철저한 개방과 공정에 있다 할 것이다.

요컨대 8월의 폭염속에서 탄생한 새누리당의 이정현 대표와 더불어민주당의 추미애 대표는 정치적 DNA와 역정 그리고 처지에 있어서 서로 확연히 다르지만 절체절명의 정권교체 및 재창출의 소명을 다하려면 둘 다 당운영의 개방과 공정에 열공 및 열중하여야 할 것이다. '개방과 공정'은 모든 대선 후보에게 공평한 기회를 준다는 뜻 못지않게 국민과 함께 한다는데 더 큰 의미를 갖는다.

정당 없는
한국정치

칼럼의 배경과 쟁점
2013. 11. 26. 〈경기일보〉

- 2013년 11월은 국정원 대선개입, 통합진보당 위헌정당 제소, 노무현대통령의 남북정상회담 대화록 공방 등 정치적인 문제의 분출과 정치불안이 고조되고 있음에도 불구하고 여·야가 정당의 해결능력이 전혀 없음이 노출되고 있음

- 정당이 정치의 중심에 서서 각종 현안문제를 풀어가고, 정치발전의 바람직한 방향은 정권교체가 상시적으로 가능한 여·야 경쟁구도 형성에 있음을 강조하는 칼럼

한국정치에서 정당이 사라져버렸다. 제대로 살아있는 정당이 없다. 새누리당은 대통령 권력 속에 박혀있고, 민주당은 수권능력 절대결핍상태이며, 급기야 진보정당은 위헌정당으로 제소당했다. 큰 선거가 없는 올해, 이 땅의 모든 정당이 죽어 있는 셈이다. 정당이 정치주체로서 정치중심에서 자리를 잡지 못하고, 청와대 권력과 원로 및 외곽단체의 눈치를 살피고 있다. 여야 간의 정당정치경쟁시스템이 사라진 것이다.

2013년 연말 한국 정치프레임은 '종북세력 규정'과 '대통령 사퇴론'의 충돌로 구성되기에 이르렀다. 종북세력 규정의 주연은 박근혜 정부의 법무부 장관과 국정원 원장이 나섰고, 대선 불복과 대통령 사퇴론의 주역은 천주교 정의구현사제단 사제들이 맡기에 이르러, 한국 정치프레임의 중심에서 정당이 배제되었다.

정당 밖에 있는 세력과 구호가 정치를 만들어내는 구조는 대화와 타협이라는 정치력 부재, 즉 대치와 충돌이 있을 뿐이다. 과연 지금 법무부 장관 또는 국정원 원장과 천주교 사제단 간의 대화와 타협이 가능할까? 절대 불가능하다. 이들은 서로를 부정하는 세계관을 가지고 있기 때문이다.

민주주의는 극단의 세계관도 서로를 파괴하지 않는 한 공존이 가능한 체제이다. 건강한 민주주의는 양보 없는 자해적인 극단적 체제논쟁을 지양하고, 정당 간 민주적 경쟁을 통하여 정치과정과 발전을 구가한다. 정당 없는 정치는 대화를 할 수 없고, 타협과 양보도 할 수 없어서 국민이 참여하는 정치를 할 수 없다. 정당 아닌 정부권력과 시민단체 및 외곽단체에 종속되어 있는 한국 정당정치의 체질을 시급히 바꾸어야 한다.

한국정당은 탄생과정부터 태생적 문제점을 안고 있다. 정당은 모름지기 같은 정치적 이념과 정책을 추구하는 정치세력들이 모여서 궁극적으로 권력을 획득하는 것을 목표로 하는 집단, 즉 권력을 창출하는 단체이다. 그러나 권력을 장악한 한국의 역대 집권여당은 권력을 창출해 내는 것이 아니라 권력에 의해서 만들어지는 정 반대의 탄생경로를 가지고 있다.

초대 대통령이었던 이승만은 미국의 국부였던 조지 워싱턴 대통령처럼 정당은 붕당임으로 정당이 출몰하면 정치 일선에서 물러날 것이라고 선언하면서 정당을 초월한 무당파적 입장의 국부(國父)정치를 구사하였다. 그러나 국회가 한민당을 비롯한 야당의 정치무대로 바뀌자 대통령 선출방식을 국회에 의한 간선제에서 직접선거로 바꾸고 권력을 유지하기 위하여 자유당을 만들었다. 자유당은 권력을 창출한 정당이 아니라 권력에 의하여 피조(被造)된 정당이었다. 한국 최초의 집권여당인 자유당의 역할이 여당을 지지하는 국민의 정치통로가 아니라, 대통령 권력에 복종하는 전위부대로 전락한 것이다. 제3공화국의 공화당이나 제5공화국의 민정당도 쿠데타로 장악한 권력을 유지하기 위한 권력 피조정당에 불과하였다. 이러한 집권여당의 체질이 지금까지 바뀌지 않고 있다.

한국 정당의 권력피조현상, 허수아비 광대 현상은 집권여당에만 나타나는 것이 아니었다. 소위 3김 정치로 상징되는 YS의 통일민주당·신한국당, DJ의 평화민주당·새정치국민회의, JP의 신민주공화당·자민련 또한 3김의 정치적 카리스마라는 권력에 의해 만들어진 정당이었다.

한국정당의 체질 중 1인 보스 및 독주계파와 지역주의에 함몰되어 있는 증세는 3김 정치의 마감과 함께 해소될 것으로 기대했으나, 오늘날 한국 정당정치의 역사는 오히려 후퇴와 역행을 거듭하고 있는 듯하다. 산업화의 병폐였던 이념대결형 체제논쟁의 부활, 민주화 과정에서 비뚤어진 집단이기주의의 출몰, 3김 정치의 산물인 계파정치의 건재가 2013년 한국 정당정치의 자화상이다.

정당이 정치의 중심에 서야 한다. 정치 수요자인 국민으로부터 멀어진 정당은 부도난 기업과 다름없다. 한국 민주정치의 최소한의 조건은 국민이 언제든지 선택할 수 있는 정권교체형 여야 경쟁구도를 복원시키는 데서 출발한다.

한국정당의 갈 길

DILEMMA *of politics*

한국정치의 갈 길 :
제5정당정치

칼럼의 배경과 쟁점   2015. 5.

- 어렵게 국회 임명동의를 받은 이완구 총리의 사퇴 등 여당의 악재에도 불구하고 4월 29일 재보궐 선거에서 패배한 새정치민주연합이 야당의 정치력을 급속히 상실하면서 새로운 정치질서의 정립을 예견케 함

- 한국의 정당정치는 이승만 대통령에 의해 만들어진 자유당과 5·16 군사 쿠데타 후 민주공화당 등은 권력의 제1·2세대 정당, 반체제야당·선명야당의 제3세대 정당 그리고 지역주의에 따라 당락의 운명이 갈리던 정권교체형 제4세대 정당 등으로 전개되어 왔음

- 공천으로부터 자유로워진 제20대 국회의원들이 개헌·대선·탈지역주의를 명분으로 정상적인 정당체계를 갖추는 제5정당정치를 예상하였음 ➜ "제5정당정치 예측론은 예상치 못한 탄핵정국으로 급변경이 불가피하게 되었고, 탄핵과정에서 더불어민주당이 탈지역주의·탈계보정치·탈이념편협성 등을 확보하는 정당으로 탈바꿈할 수 있는 기회를 갖게 되었다"

키포인트	2016년 제20대 총선을 기점으로 한국정치의 고질병인 지역정치와 계파정치를 청산하고 국민을 대표하고, 국민의 이익을 대변하는 '괜찮은 정치인'들이 주도하는 제5정당정치가 실현되기를 기대하는 칼럼

    √ 한국정치의 법칙성

    √ 한국정치의 갈 길로서 제5정당정치

    √ 한국정당의 진화와 제1·2·3·4정당

    √ 정치부활과 야당

    √ 정치부활의 주역으로서 제5정당

내년 제20대 국회의원 총선은 지역주의를 기반으로 한 정당의 공천이 힘을 발휘하는 마지막 선거가 될 것이다. 영·호남 대결구도에서 생존한 여·야 양당의 괜찮은 국회의원들(cool guys)이 제19대 대통령 선거·개헌·탈지역주의를 명분으로 새로운 정치를 위한 탈당과 창당을 할 가능성이 높아지는데, 그것을 제5정당정치의 탄생이라고 볼 수 있겠다. 제20대 총선 공천의 구심력과 제19대 대선의 원심력이 작동하여 제5정당정치의 정치부활시대가 시작될 것으로 예상한다.

한국정치의 법칙성

이번 4·29 재·보궐 선거는 새정치민주연합의 지도부에게는 충격, 그 자체였겠지만 이 또한 예상했던 결과이기도 하다. 야당의 지도부에게 한치 앞을 내다보기 힘든 한국정치의 법칙성이 적용된 것이다. 이변과 궤도이탈을 거듭하는 한국정치의 속을 찬찬히 들여다보면 일정한 법칙성이 있다. 얼마전 이완구 전 국무총리의 임명과 퇴진 과정에는 역대 국무총리 선택의 법칙성이 읽혀진다. 일부에서는 이완구 총리가 정치·실세 총리였기 때문에 새로운 국무총리 상으로는 좀 더 깨끗하고 튀지 않는 관료출신일 것이라는 의견이 많다. 그러나 이 견해는 한국 국무총리 선택의 법칙성과 맞지 않고 그럴 경우 박근혜 대통령은 정치적으로 식물 대통령이 될 가능성이 농후해질 것이다.

현행 5년 단임제 대통령제에서는 임기 초반에 대통령 본인이 국민들에게 나서야 하기 때문에 초대 총리는 상당히 소박하고 이름이 없는 사람으로 임명하는 경향을 보였다. 특히 이명박 대통령과 박근혜 대통령은 자신 스스로가 트레이드마크, 상품자체라고 생각했기 때문에 국무총리가 앞에 화려하게 나서는 것을 좋아하지 않는 경향을 보였다. 이명박 대통령은 한승수라는 자원외교담당 총리를 임명하였고, 박근혜 대통령도 낙마 되었지만 선거캠프와 대통령직인수위원회 위원장직을 맡았던 김용준을 지명하였으며, 정홍원 총리를 임명한 것도 비슷한 기준을 갖고 하는 선택이었다. 이것은 5년 단임제의 제1기 국무총리를 선정하는 철칙이다.

제2기 국무총리를 정할 때 대통령의 정치적 장악력을 고려하게 된다. 대통령이 권력누수를 막기 위해 가장 좋은 방법은 집권당을 장악하는 것인데, 그럼에도 불구하고 불안하기 때문에 미래권력의 주자, 정치를 놓지 않기 위해서 여론조사를 하면 차기 대통령 주자로 이름이 거론될 만한 인물을 총리로 임명한다. 이명박 대통령은 철저하게 한나라당을 지배하기 위해 홍준표·박희태 전 당대표와 같이 자기 계파로 분류될 수 있는 사람들을 당 대표로 두고, 정운찬 전 서울대 총장과 같은 총리를 영입해서 향후 미래권력에 있어서 당시 박근혜 의원을 견제하였다. 이는 대통령이 정치를 놓으면 안되는 중요한 집권 2기를 맞이하게 되기 때문에 그러는 것이다.

그러나 박근혜 대통령이 정홍원 총리의 후임을 결정하는 과정에서 정치적 상황은 이명박 대통령 시기와는 달리 비박계로 분류되는 인물이 새누리당의 당대표와 원내대표로 선출되었기 때문에 새누리당에 대한 대통령의 지배력이 낮아졌다고 볼 수 있다. 이러한 인식은 친박계열의 국회의원들을 대통령 특보로 영입하고 대통령과 정치적 입장을 같이 할 수 있는 정치인들, 국회의원들을 내각에 많이 배치하면서 국무총리만큼은 김무성 대표와 대권경쟁이 가능한 인물, 정치적 주도권을 장악하기 위한 전략으로 정홍원 총리의 후임으로 이완구 의원을 선택했다고 볼 수 있겠다. 이완구 전 총리의 후임 스타일이 연상되는 대목이다.

우리나라 정치사를 돌이켜 보면 이러한 예측이 가능하다. 사회현상으로서 정치현상을 사회과학적으로 리서치 할 경우 한국 정치과정은 예측 가능한 법칙성을 가지고 있다. 이에 '한국 정치의 갈 길'에 대해서 정치적 입장과 주장의 차원이 아닌 다가오는 현실로서 예측이 가능하다 하겠다.

한국정치의 갈 길로서 제5정당정치

과거 정당정치와의 차별화로서 '제5정당정치'의 실현 가능성을 주장한다. 국회의원의 정치적 본능과 생리는 공천으로부터 자유로울 수 없다. 내년에 총선이 있기 때문에 대부분 국회의원들이 새로운 정치와 혁신하겠다는 주장을 하고 있는 것은 정치적 레토릭에 불과할 수 있고, 솔직한 속내는 자신이 당선될 수 있는 곳에서 공천을 받고 지역구를 닦는 것이 정확한 지적일 것이다. 새누리당 소속 국회의원들은 또 다시 공천을 받아서 영남지역을 중심으로 수도권 등의 새누리당 표밭에서 내년 정치를 설계하고 있을 것이다. 이러한 현상은 새정치민주연합도 마찬가지이다.

우리가 항상 새로운 정치를 이야기 했지만 내년 제20대 총선도 지역주의구도 하에서 치러질 수밖에 없는 상황이다. 그렇다면 한국정치는 제20대 총선 이후에도 4년 동안 변할 수 없다는 말인가. 여야 국회의원들과 허심탄회하게 다음과 같은 대화를 나눈 적이 있다. "… 제20대 총선에서 당선된 국회의원들은 향후 4년간은 공천으로부터 자유스러운 해가 될 것이다. 그런데 바로 그 다음 해에 대통령선거가 있다. 어쩌면 대통령선거를 겨냥해서 명분은 탈지역주의라든가 혹은 개헌문제를 이야기하면서 여와 야, 새누리당과 새정치민주연합에서 실질적으로 탈당하는 의원들이 제법 생길 것이다… 만약에 반기문 사무총장과 같은 뉴페이스들이 정치를 한다고 하면 그런 움직임을 눈여겨 볼 것이다… …제20대 총선 이후 여·야당에서 대권과 개헌 및 탈지역주의를 매개로 탈당과 창당을 할 수 있는데 그것을 제5정당이라고 이야기하고 싶다… 라는 가능성에 대해서 어떻게 생각하느냐?"고 물으면, "그러면 누가 탈당을 하느냐?"고 묻는다. "괜찮은 사람들이 탈당한다"라고 답하면 대부분 동의한다. 일반적으로 탈당한 사람들을 철새라고 비난하지만 우리 정치사를 돌이켜 보면 탈당하는 사람들이 실력자이고 정말 괜찮은 국회의원들이었다. 이러한 쿨 가이(cool guys)에 해당되는 국회의원들이 새누리당과 새정치민주연합에 각기 포진될 수 있으며 이들이 제5정당을 만들 수 있는 정치적 DNA를 가지고 있는 사람이라고 생각한다. 현재의 정당체제를 유지하면서 각 정당이 혁신을 주장하고 있지만 내년 총선까지는 지역주의적 구도의 틀에 있는 정당체계가 절대 허물어질 수는 없을 것이다. 제20대 총선에서 각 정당이 공정한 공천을 통하여 지역주의적 구시대 정치의 허물을 벗고 새로운 시대를 이어갈 만한 인물들이 많이 당선된다면 한국정치 변동을 가속화시킬 제5정당의 탄생은 더욱 확실해질 것이다.

한국정당의 진화와 제1·2·3·4정당

군이 '제5'라는 수식어를 붙여서 제5정당정치를 거론한 것은 제1세대, 제2세대, 제3세대, 제4세대의 한국정당정치의 진화를 구분하기 위한 것이다. 대한민국 정부 수립을 전후해서, 더 거슬러 올라가서는 일제 식민지하의 독립운동 세력 또한 정치적 결사로서 정당으로 볼 수 있을 것이다. 미국에서 독립운동을 했던 이승만 박사는 초대 대통령에 당선된 후 미국의 초대 대통령 조지 워싱턴을 자기의 정치적 롤 모델로 삼았다. 워싱턴 대통령의 정치적 소신 중 하나는 국부로서의 대통령은 어떤 한 정파에 휩쓸리지 않고 초당적으로 정치를 해야 한다는 것이었다. 조지 워싱턴 대통령은 "내가 만약에 대통령이 되었는데 정당이 생기면 나는 정치를 하지 않겠다"고 선언을 했다. 그런데 정당이라는 것은 현대 정치에서 없어서는 안 될 정치의 생명선과 같은 것이었기 때문에 조지 워싱턴 대통령 재임(second term) 기간에 미국 정당은 창당되었고, 조지 워싱턴 대통령은 3선에 도전하지 않고 퇴임하였다. 이승만 대통령 역시 워싱턴 대통령을 모델로 삼아 "나는 어떤 정당에도 속하지 않겠다"고 소속정당을 갖지 않았다. 그러나 1948년 8월 15일 일정에 헌법제정을 맞추느라 국회에서 대통령을 뽑는 세계에 유래 없는 제헌헌법이 탄생하였다. 이승만 대통령은 당시 국회에서 압도적인 지지로 당선 되었고 2년 후에 한국전쟁이 발생한다. 곧 닥쳐올 2년 후에 대통령 선거를 실시해야 하는데 제헌의회는 완전히 야당뿐이었다. 안 되겠다 싶어 대통령 선출방식을 국회 간선제에서 국민에 의한 직선제로 개헌하고 최초의 집권당인 자유당을 창당하였다. 이승만 대통령이 조지 워싱턴 대통령과 다른 것은 스스로 다짐했던 것과는 달리 집권을 위한 정당을 만들었다는 점이다. 이처럼 한국의 집권정당은 처음부터 대통령의 권력을 위해서 종속된, 정치권력을 위해서 줄을 서는 정당으로 출발 되었다. 이승만 대통령이 건국 대통령으로서 많은 장점을 갖고 있음에도 불구하고 정당정치적 측면에서는 좋지 않은 집권정당을 탄생시켰다는 것은 큰 유감이다.

제2공화국 때 민주당 내 신파·구파의 형태를 보였던 정당세대가 있었고, 그 다음에 제3세계에서 불가피하게 자주 발생되었던 쿠데타, 그래서 그 쿠데타 권력을 유지하기 위해서 민주공화당과 민주정의당이 생겼던 시기를 제1·2세대 정당시기로 볼 수 있겠다. 야당도 마찬가지여서 호남에서는 김대중 전 대통령이 어떤 당을 만들어도 그 당의 공천자는 무조건 당선되는 현상을 보여서 야당 역시 정당이 권력에 종속되어 자율성이 없었던 것이다. 그러한 제1·2정당정치를 거쳐서 야당의 역할이 진화·변경되어 반체제 논쟁의 중심이 되고, 여·야 정당정치는 극렬 투쟁의 행태를 취할 수밖에 없었다. 재야인사와 선명야당의 역할이 부각되었던 시기의 정당을 제3세대 정당이라고 칭한다.

'87체제 출범 이후 헌법 규범대로 정권교체가 수시로 이루어졌다. 정권교체 논쟁을 계속 해 오고 지금까지 수차례의 정권교체가 있었으나 그 밑에 도사리고 있는 것은 지역주의라는 것이다. 지역주의를 벗어날 수 있는 상황이 가끔 도래하기도 했지만 선거 때마다 지역주의는 전가의 보도로서 그 위력을 발휘해 왔다. 이러한 정치적 상황을 제4정당으로 분류할 경우 제4세대 정당의 마지막 종지부를 찍는 선거로서 내년의 제20대 총선을 단정 짓고 싶다. 제20대 총선 이후 정치인들의 움직임이 한국정치에 새로운 물결을 일으키고 정치개혁의 큰 획을 그으리라고 본다. 정치인들이 움직여야만 정치변화가 온다. 누가 뭐라고 해도 교수·시민단체보다는 정치인·정당이 움직이면서 정치는 변하고 진화하는 것이다. 제1·2·3·4 정당정치 이후 한국정치의 갈 길로서 제5정당정치를 주장하는 것은 한국정치의 속에 있는 정치변화의 법칙성에 근거하는 것이다.

정치부활과 야당

현재 한국정치의 적폐는 구석구석에 산적해 있지만 정당정치의 한 축으로 야당의 취약점을 지적한다. 정치선진국의 공통점은 야당이 훌륭하다는 것을 꼽을 수 있다. 미국은 민주당이 정권을 잡고 있지만 공화당이 집권당으로서 전혀 손색이 없는 야당으로 버티고 있고, 유럽 정당체계 또한 마찬가지 현상을 보이고 있다. 어떻게 보면 여당이 잘하는 나라는 선진국가가 아니라 독재국가에 가깝다고 볼 수 있다. 정말 좋은 나라는 야당이 훌륭한 나라인데, 야당스럽지 못하고 만년 야당일 경우가 있다. 일본 같은 경우 자민당 외에는 집권 자체를 못하기 때문에 일본의 야당은 좋은 야당이 아니다. 이것이 일본을 정치선진국으로 분류할 수 없는 가장 중요한 이유이다. 언제든지 수시로 정권교체가 될 수 있는 민주국가여야 하고 정당시스템은 양당 이상의 대결구조라는 튼튼한 버팀목이 있어야 정치선진국인 것이다. 현재 한국야당은 그 역할을 못해서 엉망이라고 비판받고 있는 것이다. 한국여당 또한 항상 청와대의 권력에서 크게 벗어나지 못해서 극단적으로 표현하자면 한국야당은 부도가 나버렸고 여당은 큰 권력으로부터 법정관리를 받고 있다고 평가할 수 있다. 여·야 당 양쪽이 다 억울하겠지만 전반적으로 볼 때 한국정치가 사실 바닥으로 내려갈 대로 내려간 것이다. 이러한 정치지형이 변화하지 않으면 한국정치는 바뀔 수 없다.

정치부활의 주역으로서 제5정당

"제5정당론"이라는 것은 이 땅에 기본적인 정치를 다시 시작해 보자는 하소연에 가깝다. 예를 들어 연전에 집권당 대표가 개헌의 모델로 거론하였던 오스트리아의 경우 정당의 힘이 막강하여 정당이 합의하면 사회의 모든 문제가 결정되고 해결된다. 우리나라 같은 경우 정당 간의 합의가 이루어지더라도 관련 사회단체들이 안 한다고 하면 그 합의는 유명무실해져 버린다. 그런데 오스트리아의 경우 좌파든 우파든 정당에 조합을 비롯하여 관련 사회단체가 모두 정치적으로 편입되어 있어서 국가를 움직이는 정당의 힘이 막강하다. 그런데 우리는 언제부터인가 정당이 자기 구실을 전혀 못 하고 있다. 예를 들어 진보적인 야당 쪽의 정당은 외곽 시민단체의 눈치를 보고, 보수적인 여당도 마찬가지로 뉴라이트가 구성된 이후 외부로부터의 힘을 의식할 수밖에 없게 되었다. 정치적 결단의 전당으로서의 정당이 간판만 정당인 것이 되어버렸다. 그 간판도 공천을 받으면 괴력을 발휘하기 때문에 자율성과 사회적 리더십이 없는 정당도 건재하고 있을 뿐이다.

교수를 비롯한 사회과학자들이 각자의 입장에서 대한민국 사회와 헌법, 정치를 어떻게 할 것인가 서로 논쟁하고 토론함으로써 사회적 담론과 공론화를 주도하고 정치사회의 중심이 되어주어야 하는데, 교수들이 전부 다 캠프로 간다. 과거 박근혜 후보 캠프, 손학규 후보 캠프 등에 소속되어 정당 간의 싸움을 어떻게 하면 더 세게 할 수 있는지 싸움을 부채질한다. 결국 정치인과 정당은 싸움이 벌어지면 각자 자기가 맡은 역할에 전념하여 주어진 대사를 반복할 뿐이다. 정치권이 싸움을 조장하지만 힘이 없으니까 해결능력도 없다. 그럼에도 불구하고 우리가 정치권을 아무리 비난한다 할지라도 한국정치의 적폐는 정치인과 정당에 의해서만 수정될 수 있다. 이것이 정당이 정상화되어야 하는 이유이다.

한국정치변동의 시대구분을 하면, 크게 김대중 대통령과 노무현 대통령 시기는 정치과잉의 시대로서 이념이 많이 난무했던 것이 사실이다. 이후 이명박 대통령이 들어서면서 경제가 제일 중요하다는 논리가 우선되면서 이명박·박근혜 대통령 시기에는 정치가 실종되었다고 평가할 수 있다. 정치 없이 대한민국이 잘 살 수 있다면 좋겠지만 정치실종은 국민통합과 사회적 공론화 과정이 실종되면서 국가 전체가 침하되는 위기로 가고있는 것이다. 이에 정치부활은 시대적 요구이고, 그 과업의 수행은 현재의 한국 정당정치와는 다른 모양새의 제5정당이 정치부활시대의 주역이 되어야 가능할 것이다.

2019
더불어민주당의
갈 길 : 온고이지신
(溫故而知新)

칼럼의 배경과 쟁점   2019. 04.

● 더불어민주당이 집권여당으로서 한국정치개혁의 주체이기도 하지만 언제든지 개혁의 대상이 될 수도 있기 때문에 2020년 총선 승리와 2022년 대선에서의 재집권을 위해 노무현 정부의 정치적 확장성과 DJ정부의 국민적 통합력을 온고이지신으로 보면서 촛불혁명에 참여한 다양한 국민들의 지지를 유지하고 통합하려는 노력이 필요함

● 더불어민주당은 집권여당으로서 과거 열린우리당 시절의 당정분리 실험과 실패, 그리고 그에 대한 반응으로서 이명박 한나라당의 당정일체에 의한 정당의 권력종속 사례를 온고이지신으로 보면서 절충형태인 당정분리를 통한 자율성 확보 및 집권여당으로서의 책임정치를 동시에 구현할 수 있어야 하며, 다양한 국민의 목소리를 수렴할 수 있는 이념적 확장성을 통해 집권여당의 DNA를 업그레이드해야 함

| 키포인트 | 더불어민주당이 2020년 총선 승리와 2022년 대선에서의 재집권을 위한 조건으로서 정권의 확장성과 통합력을 증대시켜야 하고, 청와대로부터의 자율성과 집권여당으로서의 책임정치를 구현하며 이념적 확장성을 통해 집권여당의 DNA를 업그레이드해야 함을 역설한 칼럼 |

√ 정권의 확장성과 통합력
√ 집권여당 DNA 업그레이드

더불어민주당을 변화시킬 수 있는 이들에게 이 글을 '필독 칼럼'으로 권하고 싶다. 우선적으로 김대중의 정권교체·노무현의 정권재창출·문재인 정권의 탄생이라는 집권당으로서의 역사를 온고이지신(溫故而知新 : 옛것을 익히어 새것을 앎)으로 볼 필요가 있다. 특히 노무현 정권의 재창출 과정과 문재인 정권의 성격을 정확히 체크해내면 더불어민주당 현재의 문제점과 미래로의 길이 선명하게 보이게 된다.

정권의 확장성과 통합력

올해 더불어민주당은 2020 총선과 2022 대선 준비를 단단히 해놔야 한다. 더불어민주당은 정치개혁의 주체이기도 하지만, 집권여당으로서 언제든지 개혁의 대상이 될 수 있기 때문에, 상황을 창출해 나가는 마스터플랜을 확실하게 갖고 있어야 한다. 더불어민주당은 온고이지신을 할 만한 정치역사를 가지고 있어서 다행이다. 모름지기 집권여당이 재집권하기 위해서는 정치적 확장성과 정부의 국민적 통합력을 갖고 있어야 한다.

첫째, 노무현 정권의 재창출 과정을 거슬러 올라가 보면 확장성으로 재집권했음을 금방 발견하게 된다. 당시 김대중 대통령과 가까운 세력들이 수구적 정치 플랜을 고수했다면 집권재창출은 불가능했을 것이다. 중도적 정부의 성격을 가진 DJ 정부에 있어서, 노무현 정권의 재창출 과정은 좌클릭과 새로운 정치세력의 추가 및 확장과정이었다. 당시 필자는 새시대전략연구소(민주당의 실질적 싱크탱크; 이사장 김원길·부이사장 이재정) 소장으로서 낯설었던 국민경선제 도입을 민주당에 제공했고, 이는 노무현 정권 재창출에 있어서 새로운 세대의 지지와 탈지역주의의 정치적 수확을 가져

왔다. 지금의 더불어민주당에 필요한 것은 확보된 좌(左)와 진보의 자기진영을 유지하면서 새로운 계층의 추가·확장 과정으로의 정권재창출 모델을 창안하는 것이다.

둘째, 촛불의 힘과 조기대선 성격에 대한 더불어민주당의 정확한 개념 규명이 필요하다. 촛불이 조기대선의 혁명을 완수할 수 있었던 것은 촛불에 참여한 다양한 계층들이 동일한 목표를 향한 지속성과 투쟁성을 유지한 결과였다. 한마디로 많은 국민들의 정치적 통합력이 촛불과 조기대선으로 문재인 정부를 탄생시킨 것이다. 이러한 국민의 정치적 통합력을 또 다시 재집결시킬 경우에 한하여, 2020 총선과 2022 대선에서 더불어민주당이 정치적 승리를 갖게 될 것이다. 집권여당으로서의 확장력과 국민적 통합 내각을 구성하는 것이 2019 정치 프로젝트의 큰 틀이라 하겠다. 당부하고 싶은 말, 한국정치 풍향계는 엄청나게 변화무쌍한 바 20년짜리 계획보다도 5년에 한번씩 시대와 상황에 맞는 플랜을 짜내야만 오래간다는 것이다.

집권여당 DNA 업그레이드

최근 유시민 노무현재단 이사장이 홉스와 루소의 절대권력과 시민사회론을 부쩍 강조하고 있는데, 해박한 지식과 통찰력은 인정되나 정당(political party)이 없던 시절 이론들이라 철학적 차원이지 결코 사회과학적 분석과 대안은 아니라고 본다. 국가와 정부는 다르면서도 실로 같은 것으로서 피치자(被治者)인 민중과 이원화되는 통치자(統治者)로서의 국가권력을 부각시키고 있다. 여기에서 주목할 점은 정부와 민중·시민 간의 권력배분을 위하여 양자가 평등한 무기를 갖춰야 한다고 주장하고 있는 대목이 있는데, 은근히 집권세력의 주류 소속자로서의 국가중심적인 사고와 철학적 유희가 엿보여서 걱정된다.

더불어민주당은 정당이 없던 시절의 아젠다와 메시지에 몰입해서는 큰일 난다. 민주당 계통의 정당으로서, 열린우리당의 적장자로서 더불어민주당은 지난 과거에서 현실적 답을 구해야 한다. 지금의 민주당은 아직까지는 막강한 집권여당으로서 국가와 정부의 성격을 좌우하는 정치 DNA를 갖고 있다. 이에 더불어민주당은 시민들과 더불어 사회적 가치를 함께 만들어 내는 동반자적 창출자·중개자로서 정치적 지위와 위상을 갖추고 있어야 한다. '현대정치에서 정당은 정치적 생명선이고, 시민의 확대된 팔이며, 국민의 확성기다'라는 기본 공리에 입각해서 정당정치를 가동하여야 한다.

열린우리당 시절 당정분리 시도는 참신하고 새로운 정치적 실험이었으나 분명한 성과와 과실이 있었다. 당정분리는 열린우리당에게 정치적 자율성을 주었다는 측면에서는 평가받을 만 했으나, 집권당의 책임정치라는 측면에서는 분명한 과실이 있었다. 이에 대한 리액션(reaction)으로서 이명박 전 대통령의 한나라당은 당정분리의 정반대 개념인 '당정일체'를 천명하였다. 오늘날 이명박 정치의 소멸과 불행은 당정일체에서 시작되었다. 정당이 갖고 있는 다양성과 민주성을 소실시켜 가면서 MB 정부의 정책을 일방적으로 강행해버리는 '당정일체형의 수족(手足)'이 당시 집권여당인 한나라당의 처지였다. 모름지기 더불어민주당이 취할 것은, 당과 정부의 영역은 각각 인정을 하되 책임 있는 협력관계를 만들어내는 절충형일 것이다.

더불어민주당의 집권여당 DNA는 무엇보다 다양성 확보가 전제되어야 한다. 이념적 단선(單線)을 지향하기보다도, 당내에 다양한 계파를 인정하되 주도적인 개혁계파의 중심 존재를 구조화함으로써 수신제가치국평천하

(修身齊家治國平天下; 제가의 가는 다양한 계파이고, 치국은 당내 주도계파가 중심을 잡은 형태의 공당이며, 평천하는 정권획득을 의미함)를 실현시켜야 할 것이다. 정부와 국가의 성격을 좌우하는 집권정당 DNA 업그레이드의 근원은 정당공천(公薦)에 있다. 즉 2019 더불어민주당 정치 프로젝트의 핵심은 개혁주류와 다양성을 동시에 확보하는 공천프로그램이라 하겠다. 사족으로서 첨언하자면, 집권세력에게는 권력이 있기 때문에 그 권력에 기생하는 자들이 있게 마련인데 이를 최소화해야만 더불어민주당을 '우리당'이라고 부르는 이들로부터 갈채와 응원을 받을 것이다.

요컨대, 더불어민주당이 집권여당의 강화된 DNA를 배양하기 위해서는 정당체질의 중성화가 필요하며, 문재인 정부는 촛불혁명의 주체였던 많은 계층과 세대 그리고 지역(地域)들이 함께할 수 있는 문재인 스타일의 통합 정부를 완성시켜야 한다. 더불어민주당과 문재인 정부가 가는 길에서 다양성·통합·확장성·개혁성이 그 중핵이라면, 자만과 폐쇄성은 절대 금기사항이다.

2019
한국정당들의
갈 길 :
자유한국당 편

칼럼의 배경과 쟁점   2019. 03.

- 2018년 지방선거 참패 이후 자유한국당은 장기간의 김병준 비상대책위원장 체제를 마감하면서 단일지도체제를 제시하였고 황교안 신임대표가 선출됨

- 비상대책위원회의 단일지도체제 결정으로 당내 세력의 분열을 초래하고, 황교안 대표의 극우세력과의 연대와 역사인식의 한계를 극복하지 못한 부분과 겹치면서 자유한국당의 정상화가 요원해짐

키포인트   황교안 신임 당대표 체제에서 자유한국당이 제1야당, 수권정당으로 거듭나기 위해서는 무엇보다도 당내 의사결정구조가 다양한 세력들이 공존할 수 있는 풍토를 만드는 것임을 지적하는 칼럼

     √ 자유한국당의 구조변경, 심각하다
     √ 자유한국당의 풍토변화, 심각하다
     √ 자유한국당의 실천과제, 간단하다

2019년 2월 27일, 북미정상회담과 자유한국당의 전당대회가 겹치는 날이다. 북미정상회담과 신한반도체제에 대한 칼럼을 쓰는 것이 당연하고 굴뚝같은 마음이지만, 몇 가지 이유로 자유한국당의 전당대회에 주목하고자 한다.

2019 한국정당들이 민주주의의 주체 내지 중심이 아닌 훼방꾼 내지 방관자가 되고 있는 민주주의 위기의 주범이 되고 있다. 정당정치가 민주주의의 정상궤도를 일탈하고 있는 한, 북미정상회담이 잘되고 새로운 평화체제로 들어선들 그 정치경제적 효과들은 곧장 분산·분해·소실될게 뻔하다. 마치 소화계통에 이상이 있는 사람에게 좋은 음식이 들어가는 격이다.

한국의 위기는 낮은 수준의 정당정치에서 비롯되고 있기 때문에 지금의 한국정당들에 대한 정확한 진단이 한국청사진에 답을 줄 수도 있다. 아직 끝나지 않았지만 오늘 전당대회를 치르는 자유한국당에 대한 분석 및 진단과 대안제시를 시작으로, 2019 한국정당들이 갈 길을 얘기할까 한다.

자유한국당의 구조변경, 심각하다

자유한국당 비상대책위원회(위원장 김병준)의 가장 큰 실책은 집단지도체제를 도입하지 않은 것이었다. 자유한국당이 탄핵 이후 제1야당으로서의 정체성을 회복하기 위해서는 정당구조를 집단지도체제로 변경함으로써 당내 다양한 정치세력의 집결과 공존을 꾀해야 했다.

모름지기 정당의 리더십을 단일지도체제로 해야 할 때가 있고, 집단지도체제를 도입할 상황이 있는 것이다. 과거 새누리당의 핵심적 고민은 포스트 박, 즉 박근혜 전 대통령 이후의 문제였다. 그 유명한 제20대 총선의 새누리당 공천파동은 당내 다른 세력을 완전히 제거하려는 시도였다. 무리수였고 결국 국민들은 외면했다. 상식적으로 비상대책위원회는 집단지도체제 도입 문제를 놓고 많은 고민을 했어야 했다. 일찍이 형성된 황교안 대세론과 단일지도체제의 도입으로 결국 당내 다양한 세력들이 균열되었고, 전당대회는 김이 빠져버렸다.

현재 자유한국당에는 탄핵국면에서 분열 내지 분화되었던 다양한 과거 새누리당 출신 정치인들이 재집결한 상황이다. 더 나아가 바른미래당과의 통합까지도 염두에 둔다면 단일지도체제는 맞지 않는 정당구조인 셈이다. 새누리당의 종가적 후속정당으로서 자유한국당은 그 구조변경에 있어서 집단지도체제로 진화되었어야 했다. 김병준의 비상대책위원회의 과오는 자유한국당의 역사와 정당시스템에 대한 전문적 지식의 결여에서 비롯되었기에, 앞으로 자유한국당에게는 이 부문과 관련하여 환골탈태의 의지와 정치토론이 꼭 필요할 것 같다.

자유한국당의 풍토변화, 심각하다

모름지기 자유한국당이 공당, 제1야당으로서 자리매김하기 위해서는 태극기 부대와의 적당한 거리조절이 필요하다. 정당에는 많은 외곽단체들이 있기 마련인데 특정 이념화된 임의단체나 노동조합에 지나치게 몰입할 때, 공당으로서의 책무를 망각하게 되고 당의 확장성에 치명상을 입게 된다.

썬글라스와 태극기 및 성조기로 상징되는 태극기 부대가 전당대회 한복판을 점령하고 있는 것은, 각목만 들지 않았지 마치 과거 정당의 행사를 방해했던 '용팔이 사건'을 연상케 했다. 중산층은 차지하고라도 열렬한 자유한국당 지지자였던 TK 지역의 보수층들마저도 엄청난 마음의 상처를 받았을 것이다. 새로 탄생될 자유한국당의 지도부가 우선적으로 할 일은 구태의 정당풍토를 변화·개선시키는 것이다.

5·18 망언에 대한 당지도부의 가이드라인이 필요하다. 5·18 망언은 단순히 이념적 우경화라기보다는 민주주의의 말살이자 대한민국 현대사에 대한 역사왜곡이기도 하다. 5·18의 역사성은 민주적 기본질서를 위배한 수괴 내지 집단을 심판한 헌법정신이자 형법적 집행이다. 5·18 망언은 자유한국당을 과거로 끌고 가는 것으로서 탄핵 이후 새로운 정치환경에의 적응을 방해하고 있다. 5·18 망언이 이념적 차원에서라도 논쟁거리가 조금이라도 있다면 모르겠지만 역사와 민주주의에 대한 왜곡과 반동에 불과하기에, 자유한국당 지도부가 제1차적으로 제거해야 할 독소적인 당내 풍토이다.

자유한국당이 간판을 바꾸고 비상대책위원회를 설치해서 전당대회까지 치르는 것은 정당을 새롭게 단장하고자 하는 것이다. 비단 태극기 부대 외에도 구태의연함이 있다면 바꾸어야만 새로워지는 것인데 이번 전당대회는 미래보다는 과거로 회귀한 전당대회였다. '다함께 미래로'라는 슬로건이 '다함께 과거로'였다는 냉소가 결코 과언이 아니다. 변해야만 새로워지고 발전된다는 풍토를 당권과 공천권한에 집착하여 외면하지 말기를 자유한국당 지도부에게 기대하고 싶다.

자유한국당의 실천과제, 간단하다

자유한국당의 구조와 풍토가 매우 심각함에도 불구하고 다수결민주주의자인 입장에서 볼 때 자유한국당의 역할과 미래가 어둡지만은 않다. 유럽이나 내각제 정치체제의 협의민주주의보다는 미국과 같이 여·야 정권교체 대결형의 다수결민주주의 시각에서 제1야당의 존재감은 매우 크다. 오랜 여당과 제1야당의 지위를 동시에 경험한 자유한국당에 있어서 약간의 지혜와 전략을 발휘할 경우 언제든 한국정치의 중심으로 복귀할 수 있다고 본다.

자유한국당의 과거를 돌이켜볼 때 개혁적이고 다양한 신상품들, 제반세력들이 결집되었을 때에만 집권하였다. 쿠데타를 해서 강제적이었지만 그 시절조차도 공화당과 민정당이 각종 사회세력의 구색을 갖추었고, 신한국당·한나라당도 집권할 때는 타 당에 비해서 당내 세력들이 복잡다양했었다. 이명박 정권과 단절을 표방한 새누리당도 출발시점에서는 김종인과 그의 경제민주화마저도 수용하는 듯한 정치포장을 하였고, 톡톡히 재미를 보았다. 자유한국당의 정치적 르네상스를 위해서 필요한 것은 강력한 지도력이 아니라, 당내 다양성이 병존하거나 경쟁적 공존을 가능케 하는 시스템과 풍토를 갖추는 것이다.

요컨대, 자유한국당이 당내 구조와 풍토를 개선하는 것이 결코 당내 문제로만 머무르지 않는다. 이는 대여 투쟁력을 강화하고 보수결집의 중심으로 다가가는 만능열쇠이기도 하다.

2019
제3정당들의
갈 길

칼럼의 배경과 쟁점   2019. 5

- 한국정치의 전통적인 양대정당구도가 한계에 이르면서 제3정당의 필요성이 대두되고 있으나, 바른미래당, 민주평화당, 정의당 등의 정치행태를 볼 때 대안으로서의 기능을 할 수 있을지 신뢰할 수 없음

- 연동형비례대표제의 패스트트랙 지정으로 소수정당들이 제21대 총선에서 선전할 수 있는 환경이 조성되면서, 여러 정당들이 제3정당의 역할을 담당할 수 있는 방향성을 향하는 도화선상에 섰음

키포인트 양당중심 체제에서 불안한 정치구조를 해소할 수 있는 대안으로서 제3의 정치세력, 즉 제3정당의 필요성을 역설하면서 연동형비례대표제가 도입되어 소수정당들이 성장할 수 있는 발판이 마련되었지만 실제 제3당들의 역량과 상황조건이 녹록치 않음을 지적한 칼럼(※ 제21대 총선 결과는 제3정당들의 입지가 최악의 참패였음)

     √ 민주주의 구성요소로서 제3의 정치세력
     √ 불안정한 한국 정치판과 각자도생의 길

한국 민주주의의 제3의 길, 즉 질적 변화가 필요하다. 양대정당 경쟁과 대결구조의 골격은 한국정치의 오랜 전통이자 산물일 수도 있지만, 파생된 적폐 또한 이제 한계에 이르렀다 하겠다. 현재 한국 정치판은 어떠한 의미에서 민주주의가 무너진 상황으로 묘사하여도 과장이 아닐 정도다. 이럴 때 돌파구로서 제3의 길을 찾는 법인데, 현존하는 제3의 정당들(바른미래당·민주평화당·정의당)이 시원찮은 것 또한 사실이다.

민주주의 구성요소로서 제3의 정치세력

모름지기 민주사회란 다른 생각을 가진 사람들이 같이 살 수 있고, 소통과 타협이 가능한 곳을 말한다. 한국사회가 민주사회라는 것에 대해서는 추호의 의심도 하지 않았으나 작금의 패스트트랙의 국회사태를 보면서 생각이 바뀌게 된다. 4·19 혁명, 5·18 민주화운동, 6·10항쟁, 촛불혁명에서 보여준 우리 국민들의 높은 민주의식과 저항권 발동을 감안하면 세계적인 민주국가라고 칭해도 손색이 없지만, 기실 겉모습과 절차만 민주적인 셈이었던 것 같다.

민주적 상대성과 소통 및 타협이 없는 민주사회는 어쩌면 체계적인 독재국가보다 못하다는 말이 헛소리만은 아닌 것 같다. 정치 싸움판에서 어느 한 쪽이 일방적으로 잘하고 못하다고 예단해서는 안되지만, 이번 국회사태에서 자유한국당과 유승민 의원 계열의 바른매래당 의원들에게 큰 실망을 하였다. 국회법 자구에 매달리거나 같은 당 의원에게 X맨 역할을 하도록 부추기는 중진들 모두가 상습적 시비에 몰입·몰두를 하는 장면에서는 정치판의 한계적 상황을 보게 되었다. 특히 국회의원 자신들이 선출한 국회의 수장, 국회의장을 매도 및 추락시키려는 장면은 가관이었다. '여성의원이 몸싸움 하라'는 묘한 전략을 주문하는 당대표와 국회 의사과와 의안과의 직무를 수호하기 위한 경호권 발동에 대하여 33년 만의 국회의장의 경호권 남발이라고 매도해버리는 모습에서는 최소한 의회민주주의는 무너진 것 같다.

민의와 민주주의의 전당인 국회에서 극심한 양당대결 구조는 국회선진화법도 맥을 못 춘다는 것이 여실히 증명되었고, 백약이 무효임을 알게 되었다. 민주주의의 본질을 외면하는 정치주체들에게 '제도변경'보다는 '주체변경'에서 그 답을 찾아야 할 것이다. 이에 현재의 정치지형에 근본적 변화를 주는 제3의 정치세력이 등장하는 구조변경이 유일한 방책이다. 아무리 훌륭한 정치집단이라 할지라도 한 개 내지 두 개의 집단 구성으로는 독재와 독선 그리고 싸움질 외에는 할 수 있는게 없다는 것이 70년 한국헌정사에서 확실히 확인되었다. 민주주의의 구성요소로서 제3의 정치세력이 등장하는 것이 한국민주주의의 발전적 대안이라는 결론에 도달하게 된다. 현존하는 제3의 정당이라는 바른미래당·민주평화당·정의당 등이 이것을 감당할 수 있을 것인가, 아니면 다당제로의 재편 내지는 새로운 신예들의 정당이 필요한가 따져볼 일이다.

불안정한 한국 정치판과 각자도생의 길

연동형비례대표제의 제도적 의미가 어느 정도 담긴 선거제도 개정이 있을 경우, 정의당을 비롯한 바른미래당·민주평화당에게는 제3의 정치세력으로 살아남을 수 있는 발판은 마련된다. 그러나 생잔(生殘)과 생존(生存) 형

246

태의 제3의 정치세력이 아니라 한국정치와 민주주의가 제3의 길로 가는 소위 '제3의 정당'의 위상을 정립하기 위해서는 매우 원칙적이고 가열찬 각자도생의 노력이 있어야 한다. 우선적으로 바른미래당과 민주평화당은 패스트트랙발 정계개편의 도화선상에 섰지만 스타트 폼이 불안하기 짝이 없다.

패스트트랙의 국회사태로 인하여 바른미래당이 졸지에 한지붕 세가족의 정당이 되고 말았다. 바른미래당의 출발은 조직과 지지당원의 기반은 약하나 중도진영과 보수개혁의 새로운 제3의 지대를 향하는 명분에 있어서는 상당한 설득력을 가졌고, 안철수·유승민·손학규 등 대선주자급을 갖추고 있다는 점에서 챠밍포인트(charming point)가 있었다. 바른미래당의 리더십이 심각한 훼손을 입게 된 것은 당의 존재가치 및 지향점과 관련하여 자유한국당과 외전(外戰)을 치열하게 만들어내지 못하고, 도리어 당 내부에서의 내전(內戰)으로 비화되면서 오늘날 내홍의 서막이 시작되었다. 더욱이 바른미래당은 안에서의 구심력보다는 자유한국당·민주평화당 등 원심력이 작용되면서 현재의 내홍이 봉합되지 않을 가능성도 상당히 크다. 바른미래당이 한국민주주의의 제3의 길로서 정치적 깃발을 총선까지 세워가려면 내전을 멈추고 한국헌정사에서 한번도 성공하지 못한 중도와 보수개혁의 영역을 확보해야 한다. 구체적으로 안으로는 노선논쟁을 공론화 및 단순화시켜야 하며, 밖으로는 수구적 보수 및 진보와 정치대결의 길을 가야한다.

호남을 거점으로 하고 있는 민주평화당에게는 호남의 정치세력으로 남기 위한 분명한 카드가 있어야 한다. 호남정치력 복원의 힘은 대권을 만들수 있는 정치세력인가에 대한 인정을 받아 내거나, 문재인 정권 더불어민주당과의 경쟁가능한 정당이라는 정치적 신뢰, 두 가지 중 하나의 카드가 필요하다. 많은 중진과 상당수의 호남의원들은 있지만 대권을 향한 인물과

정치적 가치를 갖고 있는가에 대한 자문자답이 필요하다. 확신이 없을 경우 민주평화당이야말로 소극적인 자기보존보다는 자기해체적 정계개편의 도화선을 생존비법으로 삼아야 한다.

만약 비례대표성이 강화된 선거제도 개편이 있을 경우 정의당이야말로 가장 큰 자기 몫을 차지한다는 정치적 평가를 받을 수 있다. 제17대 총선에서 정당투표제 도입 직후 원내교섭단체를 너끈히 구성할 수 있었듯이 이번 패스트트랙은 정의당의 가장 좋은 트랙일 수도 있다. 그러나 정의당의 르네상스와 자기변화가 본질적이지 못할 경우 이념정당으로서 천금 같은 기회를 놓칠 수도 있다. 정의당은 상당 기간 동안 이념 및 정책정당이라기 보다는 노회찬·심상정 등 대중적 인지도에 의존했던 대중정당의 행태를 띄었다. 노동조합·이익단체 등에게 이념 및 정책적 측면에서의 지지와 대변으로 자리매김해 가는 것, 즉 '정통이념정당으로의 복원'이 정의당의 갈 길이다.

요컨대, 한국정치에서 제3의 정치세력으로 살아남는 것이 역사적으로는 불가능했지만 양대정당들의 지루한 샅바싸움에 질려있는 이 순간은 2019 제3의 정당들에게는 천재일우(千載一遇)의 기회다. 이삭줍기와 어부지리에 만족하지 말고 한국민주주의의 질적변화를 위하여 제3의 정치세력으로 각자도생하길 바란다.

2019 한국정치, 사회과학적으로 예측한다

칼럼의 배경과 쟁점   2019. 01.

- 연동형비례대표제가 정치권의 화두로 등장하면서 이 제도의 도입에 따른 2019년의 한국 정당정치 구조변경 가능성과 경우의 수를 사회과학적으로 예측함

- 문재인 정부에 대한 언론과 야당의 경제적 실패와 정치적 오만 프레임 공격, 경제정책의 성과에 대한 국민적 평가가 하반기에 본격화할 것을 예측하면서 경제문제는 이념에 치우치지 않는 민주적 정치를 통해 이루기를 바람

키포 인트   연동형비례대표제의 도입에 따른 여당과 야권의 이해관계와 정계개편의 가능성과 경우의 수, 문재인 정부에 대한 언론과 야당의 정치적·경제적 공격 그리고 경제정책의 성패에 대한 국민들의 평가 방향 등을 사회과학적으로 예측한 칼럼

     √ 두 번에 걸친 정계개편을 예측한다
     √ 경제를 살리는 민주적 정치를 예측한다

연말을 보내고 연초를 맞이하면서 덕담으로 국가의 운세를 말하는 것이 상례이지만, 올해 한국정치는 너무도 중요한 시기이기에 진지하게 살펴봐야 한다. 2019년의 한국정치를 사회과학적으로 예측하는 것이다.

어떤 특정 이념이나 소신에 집착하여 얘기하는 것, 매우 부족한 알량한 지식으로 한국정치를 해부해 대는 것, 요즘 유행하는 가짜뉴스와 거짓으로 가공된 허구에 의존해서 예견하는 것, 이러한 것들을 완전 제거하고 객관적으로 말하는 것이 사회과학적 예측이다. 특히 많은 국민들은 내년 총선에서 한국정치의 주류를 결정하는 유권자 권리를 발동해야 하기에 한국사회와 정치를 객관적으로 보는 눈과 양식을 가져야할 것이다.

두 번에 걸친 정계개편을 예측한다

2019년 한국정치를 객관적으로 예측하려면 무엇보다도 변화와 변동의 움직임을 포착할 수 있어야 한다. 즉 정계개편에 관한 예측이다. 2019 한국정치에 있어서 정계개편은 두 번에 걸쳐서 일어날 수 있다. 그 첫 번째는 야권발 정계개편으로서 연동형비례대표제의 도입과 상당한 상관관계를 갖고 있다. 현재 연동형비례대표제의 도입을 강력하게 촉구하는 야3당 중 정의당을 제외하고 바른미래당과 민주평화당은 정치적 생존과도 직결된다. 만약에 연동형비례대표제가 도입된다면 자유한국당을 제외한 야3당 모두에게 정치적 안정기반이 제도적으로 보장되기 때문에 야권발 정계개편은 소멸될 수도 있다.

예측컨대 1월 내지 2월까지 활동하는 국회의 정개특위에서 연동형비례대표제는 합의될 가능성이 거의 없다 하겠다. 의원정수를 늘리는 것에 대해서 국민의 동의를 받아낸다는 것부터 큰 장벽이고, 개헌과 같이 하자라는 주장은 연동형비례대표제를 아예 할 수 없는 것이라는 점을 전제로 하고 있기에 정개특위의 활동과 성과는 아주 초라할 것이다. 이는 바로 야권발 정계개편이 2019년 상반기부터 시작될 것이라는 점을 예고하는 셈이다.

그 진앙지는 바른미래당과 민주평화당이지만 바른미래당에서 강력히 야권발 정계개편의 서막이 시작될 가능성이 높다. 그 폭에 있어서도 기울어진 운동장에서 제1야당으로 쓸려가는 이탈 및 이주형 정계개편이 될 수 있고, 명분을 크게 잡아 보수야당 대통합의 깃발을 드는 큰 폭의 정계개편이 있을 수 있다. 만약 바른미래당이 제3의 길, 극중주의, 개혁적 보수정당의 길을 찾지 못한다면 어떤 형태로든지 현재의 정계질서를 흩뜨리는 뇌관이 바른미래당일 것임이 예측된다.

2019년의 두 번째 정계개편으로는 하반기에 여권발 정계개편을 예측할 수 있다. 문재인 정부에 대한 야당과 언론의 공격은 경제적 실패와 정치적 오만에 집중될 것이다. 경제는 근본적으로 결과를 가지고 얘기하게 되는데 그 성적표가 올 하반기에 나올 것이고, 그에 따른 대통령의 지지도에 따라서 여권발 정계개편이 이루어질 가능성이 매우 크다. 경제가 악화되고 청와대가 오만한 정치로 비춰지며 지지율의 하강이 지속된다면 여권 내의 중도세력과 일부 비주류에서 무소속으로의 이탈이 예측되는데, 이는 내년 총선의 공천 여부와 연계되어 발생할 것이다.

만약 경제적 성과와 정치적 민주역량이 인정받는다면 청와대와 더불어민주당은 촛불혁명의 주류세력으로 재신임되면서 전국적 단위에서 지배정당으로 전환되는 정계개편이 예측된다. 영남지역에서의 약진은 물론이거니와 호남에서의 정치적 공백을 일소하는 정계개편이 쉽게 예측되고, 이는 촛불혁명 및 탄핵 이후 주류(main stream) 정치세력을 교체하는 정계개편을 의미한다.

경제를 살리는 민주적 정치를 예측한다

경제낙관론자는 아니지만 문재인 정권의 경제정책은 올 하반기에 진정한 의미에서 국민적 심판을 받을 것이라는 예측을 한다. 소위 '소득주도경제성장론'의 핵심인 최저임금 인상과 함께 노동시간의 단축은 많은 현실적 비판과 반발에도 불구하고, 노사관계의 균형을 잡아주었다는 점에 주목할 필요가 있다. 일방적인 불균형의 노사관계 시대에서는 격렬한 대립과 투쟁이 불가피할 수밖에 없었다면, 노사관계의 균형을 잡은 지금은 상호 합의와 협력의 시대를 열 수 있다고 본다.

스스로 노사의 균형을 잡았다는 자신감을 갖고 문재인 정부에서는 노동자 천국을 열어주어서도 안되고 재벌공화국의 부활 논리 또한 절대 용납하지 않아야 할 것이다. 노사의 균형과 경제현실에서 문재인 정부는 매우 객관적이고 효과적인 경제정책을 과감하게 집행하여야 할 필요가 있다. 노사균형의 상황을 정치역량의 결핍으로 제대로 관리하지 못할 경우에는 노사 양쪽에서 그 협공을 받는 정치적 역풍을 맞이할 수도 있다.

헌법이 바뀌지 않는 한, 청와대 권력은 정치·경제·사회의 많은 부분을 지배하거나 규정 짓는다 할 것이다. 이에 청와대 권력이 민주적인 궤도에서 한번이라도 일탈을 하게 되면 권력의 몰락은 물론이거니와 한국사회도 대혼란을 맞게 된다. 청와대 권력은 정치권에게도 물론이지만 경제권과의 관계에 있어서도 철저히 민주적이고 공평한 자세를 견지해야 한다. 작년 말부터 시작된 민간인 사찰의 오해를 제도적이든 인적쇄신이든 풀지 못한다면, 청와대가 한국의 중심이 아니라 집중타를 맞는 샌드백으로 전락할 가능성이 농후하다 하겠다.

경제문제는 근본적으로 결과를 국민들이 체험했을 때 평가받는 것이고, 한국경제는 정치권의 선도적 지휘와 역량에 좌우되는 특징을 갖고 있다. 민주주의와 진보적 논리는 경제성장과는 무관하거나 도리어 해가된다는 기존의 경제기득권적 논리와 정면으로 맞서면서 문재인 정부의 경제정책은 명실공히 올해 그 실체를 평가받게 된다. 노사균형의 시대를 선언하고 기업인에게 필요한 것을 선도적으로 지원하며 노동자의 합리적 행동을 견인해나가는 것이, 2019 문재인 정부 경제정책의 핵심이 되어야 한다. 대통령은 경제전문가가 아니기에 정치적으로, 흔히 말하는 민주적 정치력으로 이 임무를 수행하고, 청와대의 모든 기능은 여기에 종속될 때 '경제를 살리는 민주적 정치'를 기대할 수 있다 하겠다.

요컨대, 여야 할 것 없이 개편을 하든 혁신을 하든 내년 유권자의 정치적 심판을 받기 위하여 많은 준비를 하는 한 해가 되어야겠고, 경제문제에 관한 한 정파적 입장을 떠나서 경제를 살리는 민주적 정치가 성공하기를 당부하고 싶다.

VI

선거/유권자·투표

DILEMMA *of politics*

제21대
총선 해석과
과제

칼럼의 배경과 쟁점　　　　　　　　2020. 4. 19. 〈경기일보〉

- 제21대 총선에서 여당의 압승과 미래통합당의 참패에서 한국정치의 갈 방향으로서 더불어민주당에게는 당내 소통 및 의사결정의 민주화와 집권정당 수준의 정치방식과 정치플랜을 주문하고, 미래통합당에는 보수정당의 가치정립과 수권정당으로서의 위상회복을 주문함

- 제20대 국회의 마지막 과제로서 위성정당의 폐지와 국회선진화법의 부작용 해소 방안 마련을 제시하고, 제21대 국회의 최대 과제로서 헌법개정을 통한 대통령 5년단임제 폐지를 제시함

키포 인트　제21대 총선에서 180석의 거대여당이 된 더불어민주당과 궤멸적 참패를 한 미래통합당의 갈 방향과 제20대 국회 및 제21대 국회의 과제를 제시한 칼럼

　　√ 체질변화의 과제 받은 참패의 통합당
　　√ 당 내·외 소통과제 안은 압승의 민주당
　　√ 제20, 21대 국회의 3대 과제

선거는 결과로 말한다. 야당에게 발목이 잡혀 일을 못했다는 문재인 정부와 더불어민주당에 압도적인 반면, 미래통합당에게는 궤멸적 패배를 안겨주었다. 역대 보기 드문 균형 잃은 선거결과이지만, 한국정치가 가야할 방향에 대해서 간명한 메시지를 주고 있다.

체질변화의 과제 받은 참패의 통합당

미래통합당은 박근혜 전 대통령 탄핵 전후에 바뀐 정치지형을 읽는데 실패했고 샅바싸움에서도 졌다. 원래 한국에서 보수지지층이 두터웠으나 촛불혁명을 거치면서 중도와 진보층이 그 자리를 대체하였는데, 변화를 읽지 못했다. 선거기간 초반부터 '여론은 뒤바뀐다'라는 말을 주문과 같이 반복하고 있을 뿐이었다. 특히, 코로나19 정국은 선거에서의 모든 정책과 논쟁을 중지시키고 있었고, 미래통합당은 '조국살리기냐, 경제살리기냐'의 선거프레임 걸기도 실패하여 씨름경기로 치자면 샅바도 제대로 못잡았다.

만약 선거의 패배를 코로나19 탓으로 돌린다면 미래통합당에게 내일은 없다. 미래통합당은 창당과정에서부터 통합적이거나 미래지향적인 면모가 전혀 없었다. 보수통합을 표방하였으나 과거 한나라당의 친이·친박계열을 합치는데도 미치지 못하였고, 미래지향적인 정책개발과 인재영입이 보이지 않았다. 유권자에게 수권야당의 취급을 받지 못한 것이다.

당 내·외 소통과제 안은 압승의 민주당

180석의 집권여당에게도 정치적 난제와 적지 않은 숙제가 있다. '연필 길다고 시험 잘 보냐'는 농담이 있듯이 국회에서 의석수가 만사형통은 아니다. 더불어민주당 당선인들의 면면을 살필 경우, 이념과 정치적 색깔에 따른 파열음이 염려된다. 역대 거대정당들의 취약점이 당내 소통 및 민주적 의사결정구조의 결여에 있었음을 인식하고 이에 상응하는 집권정당형 정치 방식과 정치플랜을 치밀하게 만들어 내야 할 것이다.

더불어민주당은 거대정당으로서 당내 의사소통과 함께 소수야당과의 대화방식도 고안해내야 할 것이다. 절대다수의 집권여당 존재의 정치에서 극렬한 대결구도와 소수야당 장외정치가 생겨날 경우, 그 정치력의 무기력화는 급속히 이루어지기 십상이다. 힘의 정치에 익숙한 한국정치사에서 더불어민주당은 전혀 다른 정치숙제를 받은 셈이다.

제20, 21대 국회의 3대 과제

제20대 국회를 마감하고 제21대 국회를 여는 여의도정치에 반드시 해결할 세 가지를 제시한다. 첫째, 비례정당으로 호칭되는 위성정당의 출현은 더 이상 반복되어서는 안된다. 국민의 민주적인 의사형성이 정당의 제일의 과제인데, 위성정당은 창당과 선거참여 그리고 공천과정에서 국민과 완전 무관하게 작동되었다. 친목단체와 같은 수준의 임의단체에게 선거공영제의 혜택을 주고 국민의 심판을 받게 만든 것은 입법자들의 오만이자 민주역사의 재앙이었다. 위성정당의 대부분이 본정당에 예속 및 종속되어 있어 다행이지, 만약 위성정당이 본정당을 떠나 새로운 행성으로 둔갑할 경우 한국정치의 민주적 질서는 많이 망가질 것이다. 20대 국회든 21대 국회든 위성정당금지의 선거법 개정은 따질 것 없는 정치적 책무이다.

둘째, 소위 국회선진화법은 국회에서의 절대다수의석 구조에 대한 집념과 집착을 갖게 하고 국민에게 필요한 법률공급을 제때제때 못하게 해왔다. 동물국회를 지양하려다가 식물국회가 되어버린 것이 제20대 국회라는 것이 통설이 되었다. 대화와 타협이 의회정치의 핵심이지만 그것으로 인해 법률생산을 막아버리는 국회선진화법의 구조를 이대로 방치시킬 수는 없다. 제19대 국회 마무리 단계에서 만들어진 국회법 개정이었기에 20대 국회가 스스로 국회선진화법의 족쇄를 풀어주는 것이 정치적 예의이자 책무라고 본다.

끝으로 21대 국회에서 꼭 성사시켜야 할 헌정사적 과업으로는 대한민국 헌법을 개정하는 것이다. 5년단임제가 갖고 있는 정치적 폐단은 너무나도 지속적으로 반복되고 있다. 국민에게 선출권만 있지 주기적인 심판권이 없기에 단임제대통령의 권력은 민주적 통제로부터 벗어나는 경우가 존재할 수밖에 없다. 이외에도 6·10 항쟁 후 여·야가 급히 만든 현행 헌법에는 박정희 정권의 반헌정적 유산과 제5공화국 헌법의 좋지 않은 조항들이 그대로 답습되어 있어서 개헌 공약은 선거 때 마다 단골메뉴였었다. 거대 여당과 작은 야당이 불균형적 출발을 하는 제21대 국회이지만, 헌법을 개정하는 것은 국민의 동의 속에서 이루어지는 것이기에 역사적 평가를 받을 만하다 하겠다.

국민을 위한,
국민에 의한,
국민의 선거

칼럼의 배경과 쟁점   2016. 2.

● 한국과 미국 국민의 선거 및 정치권리를 비교할 때 차이가 상당한데, 미국 캘리포니아주의 경우 국민들은 정당공천, 다양한 공직자 선출은 물론이고 주민발의를 통한 입법활동까지 보장됨으로써 선거와 투표를 통해 진정한 주권자로서의 권리를 누리고 있으나, 우리나라 국민들은 지역주의·계파주도 정당공천 등 정치선택과정에서 일방적 투표를 강요당하는 정치객체의 상황에 처해있음

키포인트 　제20대 총선을 앞두고 정치권의 비민주적이고 성숙되지 못한 정치행태를 바로잡기 위해 우리 국민이 선거권자·투표권자로서의 권리를 합리적으로 행사함으로써 국민을 위한, 국민에 의한, 국민의 선거라는 정치개혁을 주도해야 한다는 당위성을 주장하는 칼럼

　　√ 선거에서 미국 국민과 한국 국민의 차이
　　√ 선거권자로서, 투표권자로서의 한국 국민의 처지
　　√ 교과서적 의미의 유권자 권리

제20대 국회의원 선거가 과연 국민을 위한 선거가 될까? 무척 회의적이다. 새누리당, 더불어민주당, 국민의당, 정의당 등 모든 정당과 정파는 자신들이 살아남기 위한 정치를 할 뿐이다. 엘리트 민주주의론자였던 슘페터(J. Schumpeter)는 "민주주의는 오직 국민이 그들을 지배할 사람을 용납하거나 거부할 기회를 갖는 것에 불과하다"라고 술회한 적이 있었는데 이는 민주주의의 규범적 의미를 부정하고 있지만 요즘 선거풍토를 정확히 표현하고 있다. 언제까지 한국 선거에서 국민들의 역할이 선거결정권자에 걸맞는 지위를 갖지 못하고 있을 것인가. 그 근본적인 원인과 유권자의 권리를 구체적으로 살펴볼 필요가 있다. 명실상부한 국민을 위한, 국민에 의한, 국민의 선거를 쟁취하기 위해서이다.

선거에서 미국 국민과 한국 국민의 차이

미국 국민과 한국 국민의 차이는 선거 때 매우 극명하게 드러난다. 2010년 미국 캘리포니아 주립대학(UCI)의 교환교수로 있을 때 11월에 미국에서는 중간선거가 치러지고 있었다. 선거 후보를 정하는 과정, 선거 운동을 하는 모습들, 유권자들의 다양한 투표형태를 현장에서 정말 자세하게 관찰할 수 있는 기회를 가졌다. 한국과 미국의 차이점으로서 경제력과 외교·군사력·사회문화 및 인종적 이질성에서 누구든지 느낄 수 있으나 이것은 외형적인 것에 불과하고 민주국가에서의 민주시민으로서 한국과 미국 국민 간의 질적 차이는 상상 이상이었다.

미국 모든 선거에 있어서 기본적인 지향점은 유권자가 가급적 직접적으로 선거에 참여하고 많은 사항을 투표하게끔 하는 '국민에 의한 국민의 정치에 있었으며, 무엇보다도 선거 참여 확대를 위한 과감하고 광폭적인 시스템이 작동하고 있었다. 2010년 11월 중간선거에서 유권자가 받은 투표용지는 과거 한국 주간지 정도의 두께를 가진 소책자와 같았다. 주지사와 상원의원, 연방하원의원, 인구 20만 명 이상의 기초단체장 등을 뽑는 선거 외에도 많은 공무원들, 조세·환경·사법 관련해서 선출할 공무원의 숫자가 많았다. 공직사회의 주요 인사들을 주민들이 뽑고 있었다.

특이한 사항 중의 하나로서 동성결혼을 인정할 것인가 말 것인가에 대한 법률안에 대해서 주민발안 형태의 선거가 치러지고 있었다. 당시 캘리포니아에서 동성결혼의 허용 여부는 보수·진보 국민들 간의 심각한 현안이었다. 그럼에도 불구하고 정치권에서는 즉, 공화당과 민주당은 정치적 입장을 분명히 하기에는 정치적으로 너무 부담스러워 법률안을 제출하지 않고 있었다. 여기에서 국민에 의한, 국민의 선거가 진행되었는데 그것이 바로 캘리포니아 주의 동성결혼 허용 여부에 대한 주민발안 찬반투표였다. 수많은 공직자 선출과 주민발안 등 선거과정에서 정당공천 내지 정당참여의 흔적은 외형상 찾아보기 힘들었다. 많은 부문 주민들이 직접 참여하고 있었다.

미국 헌법과 각종 법전에서 우리 식의 국민(nation)이라는 단어를 찾아보기 힘들다. 진정한 의미의 주권자로서의 시민을 상정하고 직접정치 참여를 매우 중요한 민주주의 요체로 삼고 있는 미국에서는 피플(people)이라는 단어가 존재한다. 국민을 위한, 국민에 의한, 국민의 민주주의가 for the People, by the People, of the People의 정치가 실천되고 있는 것이다.

미국 선거에서 한국과의 가장 큰 차별적 특성으로서 광폭적으로 허용되고 있는 선거참여 확대 시스템이다. 선거의 결정권자로서 국민의 결정권을 높이기 위한 방법으로서의 실마리를 투표참여의 폭에서 찾고 있다. 예를 들어 사전 투표는 거의 한달 가까이 진행되고 있었고, 투표 당일에는 막상 20-30%의 투표율만 남아 있었다. 우편투표의 허용이 무한정이었다. 우편투표의 경우는 선거 캠페인을 하기 위한 자원봉사자에 의해서 비밀·자유투표의 원칙이 무너질 상황이 많음에도 불구하고 아무 제한을 받고 있지 않았다. 예를 들어 가정방문이 허용되고 있는 미국 선거법상 선거 독려를 위해서 우편투표를 하고자 하는 사람에게 책자를 넘기면서 선거 설명과 선거운동이 동시에 진행되는 것이 쉽게 허용되고 있었다. 우리나라의 경우 선거 공정성의 전형적인 위반사례로 볼 수 있겠지만, 선거 결과의 대세에 지장이 없다면 설혹 불공정성이 우려된다 할지라도 주민들의 선거참여를 대폭 넓히고 있는 것이 미국 선거시스템이다.

미국 선거에서 국민들의 정치적 의사표현이 자유롭고 직접적인 것이 민주주의를 지키고 있는 가장 중요한 보루라고 생각된다. 과연 한국 선거에서 유권자의 권리와 역할은 어느 정도인가에 대해서 비교할 필요가 있고, 특히 정치 공급자인 정당과 정파들의 횡포가 심하다는 점을 감안한다면 한국 정치에서 국민을 위한, 국민에 의한, 국민의 선거는 아직은 비교적으로 요원하다 할 것이다.

선거권자로서, 투표권자로서의 한국 국민의 처지

20이라는 숫자가 과거 성년으로 인식되었던 것을 감안할 때 이번 제20대 총선에 있어서 한국 국민의 선거시스템은 그 횟수만큼 성숙해 있어야 할 것이지만 큰 진전이 없다. 정당투표제까지 도입되었기는 했지만 국민들은 정당에서 추천한 사람을 받아들이거나 거부하는 투표만 하고 있을 뿐이다. 복잡한 민주주의 문제에 있어서 너무나 단순한 정치를 하고 있고 너무도 많은 권한을 대표자에게 이양하고 있는 것이 4년마다 벌어지고 있는 총선거이고 이번 제20대 총선에서도 큰 변화는 없을 것 같다. 무엇보다도 전라도와 경상도에서 나타나고 있는 투표현상은 그야말로 묻지마 투표행태이다. 정치시장은 오랫동안 경상도지역에서는 이력과 경력이 괜찮은 후보자들이 새누리당으로만 가고 호남지역에서는 야당으로만 몰리고 있다. 국민들에게 일방적인 투표를 강요하고 있는 정치시장이다. 수요와 공급이 비민주적이다. 국민을 위한, 국민에 의한, 국민의 선거를 도저히 기대할 수 없는 선거가 반복되고 있다.

그나마 선거 때마다 잔잔한 선거혁명이 일어나고 있는 것은 수도권의 정치 무관심층이나 무당층에서 예기치 않은 바람이 불 때 일어나고 있을 뿐이다. 좋게 말해서 스윙보터(swing voter)라고 해서 특정한 이념과 정치기반을 갖고 있지 않은 유권자들이 선거 때마다 선택에 변화를 주면서 선거혁명이 일어나고 있는 것이다. 그러나 이러한 한국의 스윙보터들은 약간은 비합리적이어서 정치권의 정치구호에 또는 선거캠페인에 현혹되는 경우도 종종 있었다. 그럼에도 불구하고 지역주의적 투표행태에 비하면 한국선거에서의 정치무관심 내지 무당층의 역할은 중요하다. 여기에서 그나마 정치변화가 일어나고 있기 때문이다.

보통 총선거는 새로운 정치를 선택하거나 정부에 대한 심판의 성격을 띠지만 이번 제20대 총선은 철저하게 각 정당, 각 정파에 대한 심판으로 일관될 상황에 처해있다. 새누리당의 경우 집권여당으로서의 평가를 받기보다도 새누리당 내 친박과 비박에 대한 심판의 선거가 될 가능성이 매우 높다. 야당은 더 복잡하다. 야당마저 심판을 받아야만 하는 상황이 되었다. 친노

패권주의로 오랫동안 비판받아왔던 더불어민주당이 과연 제1야당으로 선택받을 것인가 기로에 서 있다. 소위 중도라는 정치공간을 차지하겠다고 표방하고 있는 국민의당의 경우는 새로운 대안야당으로서 선택 받기를 원하고 있지만 경우에 따라서는 야당의 분파주의로서 심판을 받을 수도 있다. 야당이 수권세력으로서 선택을 받는 것이 아니라 어떠한 형태로든 심판을 받게 되어 있는 상황이 되었다. 제20대 총선이라는 정치시장에 찾아온 수요자로서 유권자들은 무엇을 마케팅 할 것인가를 고민하기 보다는 불량제품에 대한 판정을 할 뿐이게 되었다.

한국 정치가 잘 되려면 정치적 수요공급의 시스템이 잘 세워져야 한다. 정치 공급자로서 각 정당들이 좋은 정치를 선보이고 국민들은 자기 마음에 드는 것을 선택하는 시스템이 만들어져야 함에도 불구하고 한국정치에서는 아직 정상적인 마케팅이 이루어지고 있지 않다. 이에 한국정당들의 진화는 장기적인 측면에서 기대한다 할지라도 정치의 주인인 국민들부터라도 유권자로서 각자의 권리를 철저히 행사할 필요가 있다고 본다.

교과서적 의미의 유권자 권리

[... 중략 ...]

요컨대 제20대 국회의원 총선거가 최소한의 범위 내에서 국민의 선거로서 치러지기 위해서라도 국민으로서, 유권자로서의 권리 자각이 있어야 할 것이다. 플라톤은 "정치에 참여하지 않는 가장 큰 벌은 자기보다 더 저질스러운 인간들에게 지배당하는 것이다"라고 했다.

4·13 총선의
예측과 결산,
'이대로는 안된다'

칼럼의 배경과 쟁점   2016. 4.

- 제20대 총선이 보름 앞으로 다가왔음에도 불구하고 새누리당·더불어민주당·국민의당은 정책을 통한 선거프레임을 구축하기보다 선거전략 없는 당 내·외 이전투구를 벌이고 있는 가운데, 야권분열로 새누리당의 낙승이 예고된 상황

- 선거프레임(새누리당의 야당심판론, 더불어민주당의 경제심판론, 국민의당의 양당정치심판론)보다는 투표율과 후보단일화를 주요 핵심변수로 보면서 투표율이 높고 유권자의 쏠림투표로 야권단일화가 실질적으로 이루어지지 않으면 더불어민주당은 120석, 국민의당은 40석을 절대 달성할 수 없다고 예측함 ➜ "선거 보름 전 예측한 칼럼으로서 유권자의 무서운 심판의 열기를 감지하지 못하였으며, 대한민국 유권자의 높은 투표율과 유권자에 의한 실질적인 후보단일화를 예측하지 못하였다"

- 총선 이후 당선된 국회의원들은 당분간 공천경쟁에서 해방됨으로 인해 2017년 대통령선거 과정에서 지역주의와 독선적 권력 타파라는 명분으로 한국정치의 개혁을 주도할 수 있을 것으로 기대함

키포인트   제20대 총선을 앞두고 나타나는 각 정당의 내외적 상황은 매우 심각한 갈등과 분열을 노정하고 있으며 총선 이후 새누리당의 대변화와 야권의 대선캠프화를 예견하는 칼럼

     √ 한국정치의 모든 것을 보았다

     √ 4·13 총선에는 선거프레임이 없다

     √ 4·13 총선의 핵심변수는 후보단일화와 투표율이다

     √ 4·13의 결산서에 2017의 한국정치가 있다

선거가 보름이나 남았는데도 불구하고 그 결과를 예측하고 분석해서 결산까지 한다는 것은 참으로 어리석은 행위이다. 이미 일정한 궤도를 잃어버린 변화무쌍한 한국정치를 예측하고 결산을 한다는 것 자체가 사회과학의 범위 밖일 수도 있다. 그럼에도 불구하고 4·13 총선을 충분히 분석해야지만 한국정치의 존재와 현 주소를 밝혀낼 수 있기 때문에 하는 것이다. 불행 중 다행은 4·13 총선 준비 기간 중 한국정치의 모든 것을 있는 그대로 다 볼 수 있는 계기가 많아서 확률 높은 예측을 할 수 있다고 본다.

한국정치의 모든 것을 보았다

한국 국민들은 새누리당, 더불어민주당, 국민의당의 모든 것을 보았다. 한마디로 한국정치의 민낯을 본 것이다. 아마도 우리시대에 꼭 풀어야 할 문제들, 남북문제·일자리창출문제·미래 먹거리 문제·노인문제·영육아·저출산 등을 정치인에게만 맡기고 의존해서는 안된다는 것을 깨달았을 것이다. 그동안 많은 국민들은 정당과 정치인을 욕하고 비난하면서도 무언가를 기대하고 요구를 했었다. 국가적·사회적·경제적 문제를 풀어줄 곳이 정치권이라고 생각했기 때문일 것이다. 이번 정치권의 민낯을 보면서 정치권에 대한 기대를 낮추거나 포기했을 것이다.

정치권 수준의 하향평준화 현상은 우리 한국에서만 일어나고 있는 것은 아니다. 현재 진행 중인 미국 대통령 선거 경선 과정을 보면서 한국정치와 미국정치의 닮은꼴을 발견할 수 있을 것이다. 이러한 현상은 오랫동안 작동되어 온 정치시스템에 즉 정당, 선거, 의회 등의 일상의 정치가 한계를 드러낸 것으로 볼 수 있겠다. 국민들과 전문가들과 이해관계자들이 보다 더

정치적 개입과 영향력을 확대하고 참여함으로서만 지금의 정치적 한계를 극복할 수 있다.

새로운 정치시스템의 창출이 필요한 것이 한국적 상황이요 세계적 정치현상이라고도 볼 수 있다. 새로운 정치시스템이라는 것을 한마디로 정의하자면 '자기의 일을, 어떤 분야의 일을 대신 해줄 수 있는 열정 또는 전문성이 있는 자를 잘 선발하여 맡은 바 소임에 최선을 다하도록 만드는 시스템'이다. 즉 유권자의 정치적 판단과 선택이 보다 더 복잡하고 다양화되어야 한다는 것이다. 선거 전체를 보고 정당의 속을 살펴보고 누구를 뽑아야 할지, 어떤 정당을 밀어줘야 할지를 체계적이고도 조직적으로 해야 하는 것이 유권자의 몫이 된 것이다. 이를 뒷받침 할만한 제도적 장치에 대한 연구를 많이 해야겠다. 이번 4·13 총선을 예측하고 결산하면서 이에 대한 답을 도출할 수 있으면 참으로 좋겠다.

4·13 총선에는 선거프레임이 없다

모든 선거에 있어서 승부와 당락의 결정적인 요인은 누가 선거프레임에서 우위를 차지하느냐에 있다. 국지전보다는 전술·전략이 체계적이어야하기 때문에 선거라는 전쟁에서는 선거프레임이 매우 중요하고, 선거는 한마디로 프레임의 싸움이라고 한다. 4·13 총선에서 새누리당은 '야당심판론', 더불어민주당은 '경제심판론', 국민의당은 '양당정치심판론'을 각각 선거프레임으로 내걸었다. 과연 먹힐만한 선거프레임인가. 한마디로 4·13 총선에서 선거프레임은 아무런 힘을 발휘하지 못하고 있고, 심하게 표현하자면 무용지물이 되고 만 셈이다. 예를 들어 새누리당이 더불어민주당과의 경제 대응 어젠다로 선거프레임을 준비하려고 강봉균 경제전문가를 선대위원장으로 영입했지만 쓸모가 별로다. 선거양상을 분석하지 못한 새누리당 선거전략팀의 오류라고 볼 수밖에 없다.

4·13 총선에서 선거프레임의 공백을 대신하고 있는 것은 정당 간 대결 구조이다. 각 당은 국민과 유권자를 의식한 공천준비를 했다기보다는 내년 대권을 향한 당내 세력구축에 몰두했다. 결과적으로 다른 당과의 경쟁과 대결을 의식한 준비는 전혀 없었던 것이다. 새누리당은 친박 위주의 정치세력 포석에 주력했을 뿐이지 그들이 내놓은 야당심판론에 대한 연구는 전혀 없었다. 새누리당의 정치적 운이 좋은 것은 4·13 총선의 대결구도가 일여다야 구도로 형성되었다는데 있다.

한편 박근혜 정부의 경제심판과 경제민주화의 슬로건을 내건 더불어민주당의 정치적 고민은 국민의당을 압도하는데 있을 뿐이다. 한 예로, 김종인 대표가 광주에 가서 호남대망론을 이야기하고 국민의당을 비판한 것은 스스로 경제심판이라는 선거프레임을 팽개친 것이나 마찬가지였다. 김대표는 광주에서 국민의당과 대결구도를 형성하기보다는 새누리당을 향해서 대포를 쏘아야 했었다. 국민의당도 마찬가지이다. 말이 양당정치심판이지 더불어민주당의 우위를 막고 국민의당의 정치적 생존에 전념할 뿐이었다. 이번 선거에 선거프레임으로 내건 새누리당의 야당심판론, 더불어민주당의 경제심판론, 국민의당의 양당정치심판론에서 '심판'이 없어져 버렸다. 심판프레임은 휴지조각이 되어버렸다.

4·13 총선의 핵심변수는 후보단일화와 투표율이다

4·13 총선의 승부를 가를 핵심변수는 돌발변수가 없다면 후보단일화이다. 이미 선거의 대결구조가 새누리당의 압승을 예고하고 있기 때문에 이 구조를 흔드는 것은 야권 후보단일화밖에 없다. 선거프레임이 이미 빛을 바랜 바 각 지역에서의 후보단일화 내지 연대가 핵심변수가 된 것이다. 후보단일화는 야권에만 국한되지는 않지만 더불어민주당과 국민의당의 중첩현상은 너무도 심각하기 때문에 절실하다. 역대 야당끼리의 경쟁이 이렇게 지지기반이 중복되고 있는 것은 처음이다. 호남과 수도권이 지지기반인데 중복이 되고 있다. 과거 3김 시대의 경우 수도권 외에는 중복이 안되었기 때문에 우호적 연대나 단일화가 어렵지 않았었다. 지금의 더불어민주당과 국민의당의 경쟁구조는 중첩되어서 적대적이고 공존이 불가능한 양상이다.

두 당 간의 중앙당 차원의 연대는 이미 물건너 가고 후보자끼리의 연대도 소극적일 수밖에 없다. 양당의 대표가 후보단일화의 우호적 조건을 만들어주기는커녕 서로 간의 '정치적 참수'를 거론하고 있기 때문에 지역별 후보자간 후보단일화가 활발하지 못하다. 결국 야권의 후보단일화는 유권자의 몫이 되고 말았다. 야권을 지지하는 유권자들은 여당의 후보가 당선되는 것을 원치 않기 때문에 유력한 야당 후보에게 집중할 것이다. 과연 얼마나 체계적이고 조직적이며 확신에 찬 정치적 선택을 할 수 있을 것인가. 야권 지지층의 투표율이 낮을 수밖에 없는 이유가 바로 여기에 있다.

새누리당의 공천과정은 대구에서 시작해서 대구에서 끝났었다. 대구의 공천결과 대구 유권자는 정말 오랜만에 어려운 정치숙제를 받은 셈이 되어 버렸다. 비유를 하자면 객관식으로 시험을 치러왔던 수험생이 주관식 문제를 받은 것이나 마찬가지다. 공천 막판에 김무성 대표가 대구의 유승민 후보의 지역을 무공천으로 남기면서 대구의 4·13 총선은 전혀 다른 문제와 과제를 던져주었던 것이다. 대구를 보면 광주와의 정치적 유사점을 많이 발견할 수 있다. 지금의 대구의 정치현상을 광주에서는 이미 먼저 몇 번 치루었던 현상이었다. 대구와 광주의 유권자들은 이런 현상을 안타까워하거나 힘들어하지 말고 유권자의 힘으로 정치적 결론이 나는 것에 대해서 자부심을 가질 필요가 있다. 정당의 공천으로 끝나버렸던 선거가 유권자의 정치적 결단으로 마무리 짓는다는 것에 대해서 주권자의 존엄을 만끽할 필요가 있다는 것이다.

유권자의 투표는 정치적 동기에 좌우된다. 내가 꼭 투표를 해야겠다는 사명감이 투표율과 직결되는 데는 현실적 동기부여가 반드시 있기 마련이다. 역대 총선에 있어서 투표율이 높으면 야당에게 유리하고 투표율이 낮으면 여당에게 유리하다는 정설이 있었다. 정치적 기반이 공고한 여당은 투표율이 낮아야만 유리한 것이고, 정치적 새로운 변화의 바람이 불어서 많은 유권자가 동원되는 것이 유리했던 야당의 사정을 말한 것이었다. 그러나 최근에 투표율이 높음에도 불구하고 번번이 야당이 실패한 경우가 많았었다. 이번 선거에 있어서도 투표율이 높다고 해서 여당에게 불리하고 낮다고 해서 여당에게 유리하다고 하는 정설과 예측이 빗나갈 가능성은 높다.

확실한 것은 4·13 총선의 전체과정을 볼 때 낮은 투표율이 정상이다. 국민들과 유권자가 본 한국정당들의 민낯은 '정치적 혐오'를 느끼는 것보다 더 심각한 수준인 '정치외면'의 단계까지 다다랐기 때문이다. 낮은 투표율은 야당에게는 치명적일 수 있다. 투표율이 낮아도 새누리당의 일정 지지층은 투표를 하지만 분열상태에 있는 야당을 지지하는 유권자들은 자신들의 선택에 대한 확신이 서지 않기 때문에 투표장에 오지 않을 가능성이 매우 높다. 야권 지지층의 정치적 좌절을 해소시킬 야권 전체 지도부의 행동이 필요할 것인데 불행하게도 야권의 양당은 적대적 전투관계에 있다. 요컨대 여·야가 숙지할 것은 4·13 총선 승부의 핵심변수가 후보단일화와 투표율에 있다는 것이다.

4·13의 결산서에 2017의 한국정치가 있다

새누리당은 총선기간 중에도 내전(內戰)을 치르고 있다. 야당의 경우 이미 갈라서서 4·13 총선에서 중간정산을 하게 되지만 새누리당은 총선 결과와 상관없이 당내의 전쟁이 전면적으로 부상하게 될 것이다. 대통령의 선택이 매우 중요하다. 친박 위주의 새로운 정치결사체를 의식한 듯한 새누리당의 전열정비는 자칫 여당발 정계개편을 초래할 수가 있다.

새누리당의 내전이 구심력보다는 당 밖의 원심력에 의해서 내홍을 겪을 수도 있다. 당의 중심인 정치적 결단과 선택에 따라서 새누리당 변화의 폭은 매우 클 수밖에 없을 것이다. 선거 결과가 새누리당이 공공연하게 예측하는 수치인 160석을 훨씬 상회할수록 새누리당의 정치적 욕심은 커질 수밖에 없고 동시에 당 안팎의 충돌이 빈번하게 일어날 것이다. 새누리당의 변방 내지 바깥의 원심력이라 함은 단순히 비박 또는 무소속 당선자만을 말하는 것이 아니다. 더불어민주당과 국민의당의 정치적 정산에서 일탈한 정치세력이 합세할 수가 있다. 새누리당발 정계개편이라는 말이 단순히 새누리당만의 변화·변경만을 말하지 않는다는 것이 이 의미이다.

더불어민주당과 국민의당은 그들이 공언한 120석과 40석을 획득하지 못할 가능성이 매우 높다. 야당이 다수당을 차지한다는 것은 절대적으로 불가능하다. 총선 결과 야당의 정국운영 동력은 생기지 않을 가능성 또한 높다. 즉 야당은 변화하고 변할 수밖에 없을 것이다. 2017년 대통령선거가 그것을 독려하고 유인할 것이다. 더불어민주당의 경우 총선의 중심에서 비껴나 있었던 문재인 전 대표를 비롯한 본래의 토착세력들이 자리매김을 할 때 변화는 불가피하고 제2의 내전에 직면할 수 있다.

국민의당의 경우 안철수 대표의 정치적 생존이 진로를 말하게 될 것이다. 국민의당과 안철수정치의 생존에는 세 가지 조건이 따른다. 첫 번째 안철수 대표가 당선이 되어야 하고, 두 번째 20석 이상의 원내의석을 반드시 획득하여야 하며, 세 번째 그 당선자 중 비안계(非安系)가 과반수를 넘지 않아야 한다. 이 조건이 꽤 까다롭기 때문에 국민의당의 창당취지인 양당 정당 구조 극복을 위한 제3당의 길에 안착하기는 쉽지가 않을 것이다.

한마디로 4·13 총선 결산서는 정치적 심판·결단·결론·정산이 아닌 새로운 한국정치에의 예고이다. 그 이유는 국회의원들의 움직임은 정치변화의 중심이 되는 법인데 그들이 공천의 족쇄와 유권자의 심판으로부터 자유스러워졌기 때문에 움직임은 빨라질 수밖에 없다. 정치인의 움직임에는 명분과 실리가 필요한 법인데 총선 이후 한국정치의 변화를 위한 명분과 실리는 확실하다. 명분은 지역주의 타파, 독선적 권력을 민주화하기 위한 개헌의 필요성만으로도 충분하다. 변화의 실리의 중심에는 2017 대권이 있다.

그동안 새누리당은 박근혜 대통령 이후의 새누리당에 대한 정치적 상상을 안했고 금기시되어 왔다. 새누리당 국회의원들이 2017 대권을 계산하기 시작하면 그들에게 탈박근혜의 명분과 실리가 보이게 된다. 더불어서 야권, 더불어민주당과 국민의당의 움직임은 더욱 활발해질 수밖에 없을 것이다. 어쩌면 야당의 경우는 이미 각각의 대선캠프가 차려진 것이나 다름없다고 볼 수 있다. 여·야당에게 공히 정치적 큰 변화를 일으킬 수밖에 없는 상황과 명분 그리고 실리가 주어졌다. 이를 더욱 재촉하는 것은 대부분의 국민들이 '한국정치 이대로는 안된다'는 것에 마음이 가있다는 것이다. 4·13 총선 결산서의 핵심은 '이대로는 안된다'는 것이다.

유권자
혁명으로서
제20대 총선

칼럼의 배경과 쟁점   2016. 5.

- 제20대 총선은 확실한 승자도 패자도 없는 유권자 혁명이라 할 만큼 정치권과 전문가들의 예상을 크게 벗어나 충격적인 결과였고, 각 정당은 총선 결과에 나타난 민심을 정확히 파악해야 하는 상황임

- 새누리당은 압승을 예상했음에도 불구하고 과반에 미치지 못하고, 더불어민주당은 선전하였으나 호남에서 완패를 당했으며, 국민의당은 호남을 싹쓸이 했음에도 불구하고 전국적으로는 소수정당에 머무르게 된 정치지형에 대한 각 정당의 승·패 요인 분석이 중요한 문제로 제기됨

- 제20대 총선 결과는 지역주의 타파와 전통적인 양당체제에 대한 불신, 그리고 한국정치가 이대로는 안된다는 민심이 반영된 것이며, 정치권은 총선에 대한 민심을 이해하고 새로운 정치를 위한 노력을 필요로 함

**키포
인트**
예상치 못한 제20대 총선 결과를 만들어 낸 국민들의 정치권에 대한 불신과 정치구도의 변화 요구에, 각 정당들은 승·패 요인을 정확히 분석하고 스스로 정치 개혁 노력이 필요함을 당부하는 칼럼

√ 패인의 분석이 필요한 새누리당과 대통령
√ 승인과 패인의 분석이 필요한 더불어민주당
√ 승인의 분석이 필요한 국민의당
√ 제20대 총선이 말하는 정치 : 이대로는 안된다

우리 정치권이 빨리 제자리를 잡기 바란다. 4·13 총선 결과에 너무 놀란 나머지 새누리당은 나아갈 방향에 대한 감을 전혀 잡지 못하고 더불어민주당과 국민의당은 승인과 패인 분석에 너무 소극적이다. 이번 선거는 국민들은 알고 있었으나 여론조사 기관과 정당들은 정작 헛다리를 짚고 있었다. 총선 일주일 전 중앙선거관리위원회에서 19세부터 30대까지의 적극투표 의향이 20% 이상 높아진 결과를 예의주시 했어야 했다. 젊은 사람들이 투표장에 집권여당을 지지하러 가려고 했을까? 모두들 4·13 총선 결과를 예측못했다고 하지만 상당수가 이변이 일어날 것이라고 생각했던 것도 사실이다. 다만 지지층이 겹치는 두 야당과 일 여당의 선거구조가 이변을 예측한다는 것 자체가 전체 분위기상 돈키호테식 발언으로 간주되었기 때문에 주저했을 것이다. 수도권과 호남 및 영남, 제주도까지 엄청난 정치지형 변경을 몰고 온 4·13 총선에 대해서 철저히 분석한 정파와 정당만이 내년의 제19대 대선의 승자가 될 것이다.

패인의 분석이 필요한 새누리당과 대통령

새누리당의 참패는 박근혜 정부에 대한 심판에서 비롯되었고 공천과정에서 보여준 추태는 절대적 지지층마저 외면하는 결과를 낳았다. 박근혜 정부에 대한 심판은 매우 심각한 것으로서 박근혜 대통령이 결자해지를 못해주면 새누리당의 소생은 사실상 불가능해질 수 있다. 젊은 층과 서민들이 박근혜 정부의 경제활성화 정책을 신뢰하지 않게 된 것이다. 야당의 발목잡기가 아니라 박근혜 정부의 경제정책 자체를 부정한 것이다. 과연 여기에 대한 민심을 박근혜 정부는 받아들일 수 있을까? 상당히 부정적이지만 이것이 이루어지고 매우 파괴적이고 파격적일 때 새누리당의 활로가 트인다고 본다.

더 심각한 것은 경제문제는 비단 대한민국의 상황만이 아니고 그 전 정부부터 뿌리가 있다고 판단된다면 수긍할 수 있는 측면을 가지고 있지만 대통령의 지도력에 대한 불신은 큰 문제이다. 그동안 많은 국민들은 박근혜 신드롬에 오랫동안 젖어 있었는데 제20대 총선의 민심은 그 신드롬이 끝났음을 예고한 것이다. 이러한 민심은 4월 13일 갑자기 생겨난 것이 아니고 꽤 되었다고 볼 때 박근혜 대통령의 리더십과 스타일은 상당히 큰 변화를 주어야 할 수준에 이른 것 같다. 이에 대한 답은 감히 주변에서 찾을 수 없고 대통령만이 자각해줘야 할 성질의 문제이기 때문에 걱정이 크다. 가장 어려웠던 정치시절 야당의 대표로서의 박근혜, 이명박 전 대통령과 경선에서 패배한 박근혜 후보로 돌아가서 그 시절을 생각한다면 답은 있을 것도 같다.

박근혜 대통령이 새누리당에 주었던 부담을 덜어낸다 할 때 과연 새누리당이 제자리를 잡을 것인가 또한 의심스럽다. 박근혜 대통령이 없는 새누리당을 상상할 때 새누리당 어느 구석에서도 자가동력을 찾기가 참으로 힘들다. 야당에 비해서 마땅한 대통령 후보감이 없는 것이 그 징표이기도 한다. 반기문 UN 사무총장이 새누리당의 구세주가 될 수 있을까 자문자답을 할 때 새누리당 어느 누구도 기대는 하지만 확신을 갖기는 힘들 것이다. 반기문 사무총장은 패션으로 치자면 모델에 불과하기 때문에 제대로 된 디자이너와 옷이 없는 한 별로 쓸모가 없을 수도 있다. 새누리당의 집단적 자각은 근본적인 자기변화와 혁신에서 찾을 수밖에 없다. 대통령을 놔주어야 하고 대통령도 당을 놔주어야 한다.

새누리당은 왜 지지를 국민들로부터 오랫동안 받아 왔는가 분석부터 시작하여야 한다. 집나간 토끼를 돌아오도록 기다리거나 돌아오겠지 하고 생각하면 새누리당에는 아무 변화가 없을 것이다. 새누리당의 강점은 개혁적 보수일 때 빛나 왔었다. 정치가 어디 근본적으로 체질이 바뀌겠는가마는 심판받을 한나라당에서 새로운 새누리당으로 전환될 때를 상정하면 답이 또한 충분히 있다고 본다. 새누리당은 박근혜 정부에 대한 평가를 국민과 같은 눈높이에서 할 수 있어야 한다. 그것을 못하면 어떤 선거에서도 새누리당은 이번과 같은 결과를 또 맞게 될 수밖에 없다.

어쩌면 참패와 참사는 내부적 균열보다 더 쉽게 치유될 수도 있다. 새누리당을 지지했다가 다른 정당을 지지한 유권자가 얼마나 오랫동안 거기에 정착할 수 있을 것인가 생각할 때, 그리고 전통적 지지층이 화를 내고 외면하고 있는 상황을 생각할 때 새누리당의 혁신의 답은 간단한다. 왕창 망한 것을 인정하고 지금까지와의 정반대의 길에서 답을 구할 때 너무나 쉽게 찾을 수 있다고 본다. 경제정책과 안보정책, 분배와 문화정책 등에서 2017년 새누리당은 무엇을 말해야 될 것인가에 대한 답을 새누리당은 이미 가지고 있기 때문에 그것을 실천할 사람들을 찾아내는데 주력할 경우 당은 변하고 지지층의 기대가 커질 수 있다. 새누리당은 참패했기 때문에 돌파구를 더 쉽게 찾을 수 있다고 본다. 백지상태에서 새누리당은 집권당의 책임성을 자각할 때다.

승인과 패인의 분석이 필요한 더불어민주당

더불어민주당의 승인과 패인 또한 간단하다. 수도권에서 왜 이겼으며 호남에서는 왜 참패를 했는가에 대한 답을 찾으면 된다. 많은 사람들이 더불어민주당의 승인은 새누리당에 대한 실망과 전략적 투표의 결과라고 이야기하고 있으며 호남의 참패는 호남에서의 영원한 퇴출이 아니라 마지막 회초리일수도 있다는 이야기를 하고 있다. 더불어민주당의 제1당으로서의 등극은 내년 대선 정국에 너무나도 큰 승리의 지렛대를 갖춘 셈이다. 그러나 여기에도 독이 있다

어떠한 정당도 계파와 경쟁적 정쟁이 존재하기 마련이며 그것이 더 민주적 정당의 모습일 수 있다. 경쟁적 구조의 계파대립이 적대적이고 파괴적일 때 불행이 시작된다. 더불어민주당은 제1야당의 적장자로서 그런 역사를 너무도 많이 경험했었다. 이명박 대통령이 당선되었을 때 당시 여당 후보인 정동영과 같은 당의 다른 계파들의 관계를 상정할 때 참패에 대한 원인분석이 마무리 된다. 김종인 대표와 문재인 전 대표 간의 상징되는 더불어민주당의 모습은 매우 불안정한 형태를 가지고 있어서 염려스럽다. 김종인과 문재인으로 상징되는 두 가지 세력과 정책이 상존할 때, 상호 보완관계일 때 더불어민주당을 능가할 정당은 당분간 나타나지 않을 수도 있다. 수도권의 절대적 지지의 근거가 바로 그것이었다.

더불어민주당의 호남정치 복원은 어렵지 않다. 이미 호남을 제외한 전국적 지지를 확보한 더불어민주당의 호남과제는 마지막 남은 과제이기에 대안은 쉽게 나온다. 호남인의 더불어민주당에 대한 외면은 절대 오래가지 않을 것이다. 다만 분명한 것은 더불어민주당이 호남과 정치적 뜻과 비전을 같이하고 이해관계 또한 동반자관계로 설정되면 호남은 정권교체의 키를 다시 넘겨줄 것이다. 그러나 현재와 같이 당내 구조가 불안정할 경우 호남에서 더불어민주당은 상당기간 관찰의 대상에 머물러 있을 것이다.

더불어민주당이 명실공히 제1당이 될 수 있었던 기회가 많이 있었던 것은 사실이다. 자신감의 결여와 인재영입의 미진함과 광주공천의 무원칙적인 것이 국민의당에 큰 정치공간을 내주게 되었던 것이다. 같은 야당끼리가 여당과의 정치보다 더 어려울 것이다. 국민의당에 대한 더불어민주당의 거만하고 비판적 자세가 계속될 경우 제2의 새누리당으로 전락할 수도 있다는 것을 명심하여야 되며 국민의당과의 관계 설정에 보다 더 정성을 들여야 할 것이다.

승인의 분석이 필요한 국민의당

국민의당은 승리의 결과를 분석해야 하기 때문에 마냥 좋을 것 같지만 조금만 깊이 들어가 보면 상당히 불안정한 승리였다는 것을 알게 된다. 물론 국민의당의 승리에 대해서는 유권자의 반향이 있었고 꽤 달라진 안철수 대표의 리더십에서 기인된 것이기 때문에 절대로 평가절하 하여서는 안된다. 국민의당의 승리는 안철수와 유권자의 승리임이 분명하다. 그러나 그 승리의 지속성에 관한 한 전혀 다른 분석이 가능해진다.

국민의당은 호남의 석권에 의해서 탄생되었다고 해도 과언이 아닐 것이다. 그런데 과연 호남의 민심이 더불어민주당을 퇴출시키고 국민의당으로 바뀌었는지에 대해서는 더 지켜볼 필요도 없이 아니라고 단언할 수 있다. 국민의당은 자민련과 같이 특정 지역에서 자생적으로 탄생된 정당이 아니기 때문에 호남에서의 뿌리는 매우 취약하다. 호남에서 당선된 많은 국민의당의 국회의원들이 오래전부터 지역의 심판의 대상이었던 사람들이 상당수 있음에도 불구하고 더불어민주당을 선택하지 않은 결과로 온 석권에 불과하다.

호남은 '3번의 정치'를 반복하지 않을 것이다. 수권야당으로서 더불어민주당을 폐기시키고 국민의당을 선택한 것일까에 대해서는 국민의당 관계자들도 선뜻 동의하기가 쉽지 않을 것이다. 특히 더불어민주당으로의 상승세가 꺾인 데 있어서 김종인 더불어민주당 대표의 셀프공천에서 시작되었고 이 흐름을 문재인 전 대표가 역류시키지 못했었다. 더불어민주당의 치명적인 실수는 호남에서의 어느 정도의 지지를 확신하고 공천에 대한 전략과 고민이 거의 제로에 가까웠다. 당선자 수에 비해서 더불어민주당 후보자들의 득표율은 만만치 않다. 국민의당에 소속된 호남 국회의원들이 호남 민심을 내년 대선까지 지속시킬 수 있는가에 대해서는 면면을 관찰할 때 장담할 수가 없다. 호남의 지지 위에 올라타 있는 것이 국민의당이다. 사상누각이라는 말이 심한 비유일지 모르지만 국민의당은 호남에서의 국민의당의 존재가 제대로 착근되는 것에 대한 엄청난 연구와 노력이 필요하다고 본다.

국민의당의 지지기반의 불안정성은 더불어민주당을 능가하는 정당투표의 결과에서도 나타난다. 정당투표에 관한 한 제2당까지 올라섰지만 그 지지층이 과연 지속적으로 국민의당에 천착이 될 것인가에 대해서는 장담할 수가 없다. 새누리당을 지지했던 유권자 중 합리적 선택을 하는 소위 스윙보터(swing voter)들이 상당부분 차지하고 있어서 언제든지 새누리당의 소생과 부활에 따라서 옮겨갈 수 있는 표들이다. 국회의원 총선거에서의 제3당은 20석을 초과할 경우 매우 큰 정치적 존재가 되지만 대통령 선거에서의 제3자적 지위는 생각보다 약해질 수 있다. 지금의 안철수 대표의 지지율이 높아지고 있는 것이 과거의 안철수 현상의 재현이라고 보기는 힘들다.

새누리당의 참패의 반사이익이기 때문에 국민의당의 경우 타당, 새누리당과 더불어민주당이 자신들의 텃밭과 지지기반을 확보해 갈수록 그만큼 위축될 수 있는 것이 국민의당의 현 처지일 수 있다.

국민의당은 현재의 성과에 만족하는 순간 아무 일도 못할 수가 있다. 제1당과 2당에서는 찾을 수 없는 비전을 국민의당에서 찾을 수 있게끔 되어야지 대선 정국에서 위력을 발휘할 수 있다. 또 한 가지 안철수 당이라는 닉네임을 지울 수 있어야 하는데 지금의 지지기반은 안철수 아니고는 얻기 힘든 득표이다. 국민의당의 고민은 안철수 대표를 중심으로 하되 안철수만의 정치가 아닌 것을 보여주어야 하는 이중적 딜레마를 안고 있는 것이 현 주소이다. 국민의당의 확장성과 지속성은 여기서 찾아야 한다고 하겠다.

제20대 총선이 말하는 정치 : 이대로는 안된다

20대 총선은 정책과 공약이 실종된 무프레임의 선거였다. 그런데 국민들은 엄청난 심판을 하였다. 역대 한국 선거는 수도권을 제외하고는 대부분 판세가 뚜렷이 드러났었고 그것은 지역주의 정치 구조가 한 몫을 한 것이었다. 제20대 총선은 선거를 치루는 날까지 어느 한 지역도 예측이 불가능할 만큼 안개 속 정국이었고 결과도 탈지역주의 현상을 뚜렷하게 보여주었다. 한국정치에서의 탈지역주의 현상은 정치선진화에 제1의 과제였고 정책선거와 정책정당 탄생의 근거가 될 수 있는 것이다. 제20대 총선의 가장 큰 성과는 탈지역주의라고 볼 때 각 정당은 보다 더 치밀한 정책과 공약을 준비해 나가야지만 국민적 지지를 받게 된다는 것을 깨달아야 할 것이다.

탈지역주의 못지않게 투표 연령층의 변화가 돋보인 선거이기도 하였다.

젊은 층이 대거 투표장에 몰려듦으로써 정치의 역동성이 배가되었다. 경제 활성화의 해법도, 구조조정의 해법도, 일자리창출의 해법도 일반적 가이드 라인이 무너진 셈이다. 젊은 층이 요구한 경제정책이 재수립되어야 하며 이 것은 한국정치에 혁신으로 귀결된다. 이는 매우 고무적인 현상으로서 부지 런한 정치인과 생각이 있는 정당만이 존립이 가능케 되는 상황을 만들게 될 것이다.

'이대로는 안된다'라는 유권자의 의식은 선거 때마다 표출되어서 한국 국 회의원 선거의 특징 중 초선 의원의 비중을 높이는 역할을 해 왔다. 그럼 에도 불구하고 이대로는 안된다는 유권자의 의식이 기존 정당구조 틀 범 위 내에서 이루어졌기 때문에 한국정치의 근본적인 변화는 없었다. 제20대 총선은 한국정치의 본질적 변화를 예고한 지표들을 상당히 많이 보여주고 있다.

기존 한국정치의 고질적 병폐로서 지역주의와 권위주의 구조를 무너뜨 린 것은 유권자의 변화 바람과 전략적 선택에 의해서 성취되었다. 제20대 총선을 유권자의 혁명이라고 부르고 싶다. 특정 정치인과 정당에 의해서 개 혁이 되고 변화한 것이 아니라 유권자에 의해서 기존 질서가 무너졌기 때문 에 혁명이라고 부른다. 요컨대 제20대 총선의 결과는 국민들은 이미 알고 있었지만 정치인들은 모르고 있었고 아직도 놀라고 있으며 그래서 제자리 가 잡히지 않고 있다. 한국정치가 잘 되려면 역시 국민들의 직접적 참여 못 지않게 정치인들의 분발이 필수적이다. 제20대 총선에서 시작된 유권자 혁 명을 각 정당과 정치인들이 마무리 해주기를 바란다.

제19대
대통령선거,
4월의
정치스케치

칼럼의 배경과 쟁점 2017. 4.

- 더불어민주당·문재인 후보의 대세는 매우 견고하지만, 반민주·반문재인 단일대오가 강하게 형성되고 동시에 더불어민주당 내부의 균열과 비주류 탈당사태 등과 결합될 때 한하여 흔들릴 수도 있음

- 국민의당 안철수의 자강론과 노숙한 손학규의 대결, 바른정당의 유승민과 남경필·자유한국당의 홍준표와 김진태의 대결 등 각 정당의 대선후보 윤곽이 나타나면서, 모든 정당이 독자적 선거전 구축보다도 다양한 연대를 구상하나 그 구체적 방향을 예측하기 어려움

- 올드 보이들(old boys)의 정치적 노련함과 전략적 역할의 건재는 한국정치의 가변성·정당정치의 책임성 저하·정치 경계의 모호성 등을 웅변하고 있음

키포인트   제19대 대통령 선거를 앞두고 더불어민주당과 문재인 후보의 대세론 속에서 여타 정당들의 대선후보 결정과 연대 그리고 올드 보이들의 역할에 따라 변화무쌍할 수 있어서 4월의 정치스케치가 쉽지 않다는 칼럼

     √ 더불어민주당 대세와 문재인의 대세
     √ 반민주·반문, 연대의 조건들
     √ 선거는 모르는 일

〈제19대 대통령 선거, 4월의 정치스케치〉는 2017년 4월호 머니투데이 더리더 정치클리닉 칼럼으로서 2017년 3월 27일 새벽에 작성한 것이다. 굳이 날짜를 밝히는 것은 얼마 남지 않은 대선까지의 일정에 있어서도 한국정치는 마치 동계올림픽의 쇼트트랙같이 짧은 싸이클의 변화를 보이고있기 때문에, 집필 시점의 불안정성을 자백하는 것이다. 제19대 대선이 갑작스럽게 닥쳐와 43일 후 5월 9일, 새로운 대통령이 선출된다. 법적으로는 보궐선거이지만 잔여 임기를 채우는 것이 아니라 5년 임기의 새로운 대통령이 탄생하는 보궐 아닌 정상적 임기의 대통령선거로서 조기대선일 뿐이다.

누가 대통령이 되냐에 따라 새로운 그림의 대한민국이 그려지기 때문에 먼저 정치스케치를 할 필요가 분명히 있다 하겠다. 어떤 이가 대통령이 될까. 4월의 정치스케치를 정확히 하면 5월 9일의 그림이 거의 드러날 것 같다.

더불어민주당 대세와 문재인의 대세

며칠 전(3월 24일) 광주에서 개최된 더불어민주당 경선 후보 TV 초청토론의 사회자를 맡았는데, 토론회 현장에서만 느낄 수 있는 많은 것을 감지하게 되었다. 시청자의 눈에는 보이지 않는 후보 각각의 내외적 상황과 서로간의 역학관계가 분명해져 있었다. 후보자 간 문재인의 대세를 수용하는 듯한 내면의 결론을 사회자 입장에서도 충분히 느낄 수 있었다. 이에 호남 경선의 결과에서 문재인 후보가 과반득표에 실패할 경우 민주당 경선은 엄청난 돌풍이 일수밖에 없다.

더불어민주당의 경선은 역대 대한민국 어느 때보다도 역동적이면서 큰 틀의 질서가 잘 잡혀있는 듯하다. 문재인 후보가 타 후보를 압도해서 대세라기보다는 경쟁후보들이 충돌적 대결 외에도 서로 보완적 관계를 갖고 있었다. 민주당이 대세일 수밖에 없는 것 중의 하나는 이재명 후보의 존재로 인하여 통상적일 경우 정의당과 심상정 후보에게 약 7% 내외의 지지가 가는 것이 정상적이었다면, 이재명으로 인하여 상당부분 민주당으로 유입되었다고 할 수 있다.

좌성향의 지지를 촛불집회 초기부터 이재명 후보가 꾸준히 지켜왔다면, 중도와 보수진영의 표를 민주당에 묶어놓은 자는 안희정 후보다. 반기문의 사퇴로 인한 출렁거림과 용감한 대연정의 제의는 민주당의 외연을 상당히 넓혀놓았으며, 김종인 전 대표의 탈당 시 동반탈당이 우려되었던 비주류 국회의원들이 안후보 캠프에 포진하였다. 문재인과 안희정·이재명의 경선구도는 큰 틀에서 볼 때 상호배제적이 아니라 상호보완적인 셈이다.

더불어민주당의 대세와 문재인의 대세를 구분하는 것은 경선 후 문재인 후보가 승리했을 경우 안희정과 이재명의 지지기반을 완전히 흡수 못했을 상황을 상정한 것이다. 민주당의 대세론에서 볼 때 민주당의 후보자 = 대통령 당선이라는 등식이 가능하지만, 다음 두 가지 조건의 중첩이 동시에 발생하면 위험할 수도 있다. 새로운 두 가지 조건의 결합이라는 것은 대선 대결구도로서 반민주·반문재인의 단일연대 대오가 확실히 형성되더라도, 민주당·문재인의 대세는 전혀 위협받지 않을 것이고, 그것으로도 부족하기 때문에 동시에 민주당 경선 후 내부의 균열과 비주류 국회의원들의 탈당이 겹치는 조건을 말한다. 민주당 경선의 승자에게 대통령 당선이라는 전제를 쉽게 달 수 있는 것은 이러한 새로운 악조건이 현실적으로 실현불가능할 수 있다는 것에 근거하고 있기 때문이다.

그리고 더불어민주당과 문재인 대세의 실체가 돌풍을 일으켜 굴복시켜야 할 만큼 반국민적인 것이라면 몰라도, 정파간의 정략적·정치공학적 대응에 불과하다면 반민주·반문연대는 무기력할 수밖에 없다. 지속적인 국민적 지지를 받는 대세라면 밴드웨건(bandwagon)의 효과로서 더 거세질 수도 있다.

반민주·반문, 연대의 조건들

안철수의 국민의당에서 안철수의 독주는 이미 오래전부터 예견된 것이었다. 오히려 손학규 후보의 합류에 상당히 석연치 않은 부분이 있다. 가장 석연치 않은 것은 현장투표율을 80%로 했을 때는 승리하리라고 손학규 후보가 과연 확신했을까 하는 점이다. 만약에 손학규 후보 자신의 계산에 의한 협상이었다면 이미 과거의 스마트한 손학규는 아니다. 두 번째 석연치 않음은 한 시대를 풍미한 큰 정치인으로서 손학규 후보가 어리석고 무모한 도전을 할리는 없고 과연 어떠한 정치적 속셈이 숨어있을까에 대한 궁금함이다. 아무튼 알 길이 없다.

국민의당에서 안철수의 자강론은 민주당과의 대결구조를 일 대 일로 설정했을 때 유효하다. 구 새누리당, 지금의 자유한국당에서 이탈해서 만들어진 바른정당의 경선결과가 반민주연대 흐름에 결정적 방향타가 될 것이다. 실현가능성은 매우 낮으나 남경필 경기지사가 바른정당의 후보가 됐을 경우는 자유한국당과의 경계를 분명히 하고 있는바 국민의당과의 연대가 당장에 가능해질 수 있다. 이 경우 보통의 선거에서는 그 입지를 제대로 정하지 못하는 중도진영의 정치공간이 생겨난다. 그러나 지금까지의 흐름으로 보아 남경필의 한계는 한국정치에서 중도진영의 척박함을 여실히 보여주는 것으로서, 중도진영은 종국적으로 반민주·반문 중 보수정파들과 결합을 하느냐 마느냐의 중대한 결정과 고민을 해야 한다. 국민의당의 안철수의 경우 반민주·반문연대에 지나치게 경도된 나머지 자유한국당과의 결합까지 쉽게 갈 경우 그동안 정치기반으로 절대적 의지를 해 왔던 호남민심의 역풍을 맞을 수도 있다.

연대는 복잡할 수밖에 없다. 경선 압승이 예상되는 안철수 후보에게 호남 몰표는 그의 연대행보에 걸림돌이 될 수도 있다. 만약 안철수가 정치적 스탠스를 중도·보수를 중앙 중핵의 위치에 두고 호남의 지지를 플러스알파로 설정하고 있었다면 지금의 대선정국은 안철수의 꽃놀이패가 될 수도 있었다. 그가 호남패권 의식을 갖고 있는 한 자유한국당을 비롯한 구 여권과의 연대에 있어서 큰 제약을 받을 수밖에 없게 된다. 호남은 박근혜 전 대통령과 구 여권 탄핵의 중심지역이기 때문이다.

오늘까지 국민정책평가단의 경선에서 4:0의 승리를 하고 있는 유승민 후보가 바른정당의 대통령 후보가 되었을 경우 반민주·반문연대 흐름이 후순위로 밀려날 수 있다. TK 지역을 정치적 기반으로 하고 있는 유승민 후보에게 자유한국당의 정치영역은 탈환 내지 결합의 대상이 될 수밖에 없다. 특히 자유한국당의 후보로 홍준표 경남지사가 확정될 경우 탈친박의 확장성을 가지고 있는 홍준표 후보와 유승민과의 정치적 연대는 상상 내지 구상이 아닌 현실적 문제로 급부상하게 된다. 유승민의 바른정당은 그동안 보수개혁당으로서의 깃발과 기치를 올리지 못하는 한계적 상황에서 벗어나야 하고, 홍준표의 자유한국당은 친박정당의 탈바꿈의 계기로 삼는 기회가 되기 때문이다.

더불어민주당을 비롯한 각 정당에서 문재인·안철수·유승민·홍준표 등

각 당의 대세들이 후보가 될 경우 대세들의 특성상 변화와 변동을 거부하고 각자 그대로 갈 가능성도 있다. 특히 연대 진영을 갖추어도 판세를 뒤집지 못한다는 여론조사가 속출하면 더욱 그럴 것이다. 현재 상황으로 보아 4당 경선 모두 대세가 후보로 될 가능성이 매우 높다는 점, 스케치할 수 있다.

선거는 모르는 일

연대의 조건들을 스케치하기 힘든 것 중의 하나는 각 당의 후보가 누가 되느냐에 따라서 장차의 그림이 전혀 달라지기 때문이다. 바른정당 경선에서 유승민과 남경필 간의 연대의 방향논쟁은 구 소련공산당의 멘셰비키(Mensheviki)와 볼셰비키(Bolsheviki) 간의 논쟁을 연상케 한다. 두 후보가 바른정당의 연대 방향을 정반대로 주장하였는데 남경필은 중도적인 국민의당 쪽으로, 유승민은 보수적인 자유한국당 쪽으로 방향을 제시하면서 당의 노선과 대선대결구도의 큰 그림을 그렸다. 각 정당의 경선토론에서 선거연대의 조건과 방법을 핵심사항으로 논쟁하고 있는 것, 19대 대선의 특징 중 하나인 것 같다. 돌이켜보건대 전형적인 보수·진보 간의 DJP연합과 노무현·정몽준 간의 단일화를 상기할 때, 지금의 변화무쌍한 정치스케치가 새삼스러운 것은 아닌 것 같다.

제19대 대통령 선거의 특징 중 또 하나로서 올드 보이들(old boys), 김종인·정운찬·정의화·홍석현·김무성 등의 역할이 여전히 남아 있다는 것이다. 통상적으로 선거에 임박해서는 후보 지명자 중심으로 정당의 축이 움직이는 것이 상례인데 더불어민주당 외에는 5월의 선거에서 상수로 확정된 정당이 없기 때문에 이들, 올드 보이들의 역할이 제19대 대선정국에서 파장이 짧은 쇼트트랙을 연출할 수도 있다.

로또(lotto)를 사놓고 기대하는 것이 보통사람들이라면, 정치인은 몇 %의 지지율로도 큰 변화와 성과의 불쏘시개로 활용 가능할 것이라는 확신들이 있다. '지지율이 깡패'라고 예기치 못한 상황에서 견고한 정치지형에 변화의 스파크와 불꽃이 튈 경우가 있을 수 있어서 선거는 모르는 일이라고 한다. 올드 보이들의 강점 중의 하나는 오랜 경험과 경륜으로 인하여 기다림의 정치가 기회를 준다는 것에 대한 믿음과 전략을 가지고 있다는 것이다. 올드 보이들이 과거와 같이 특정 정당 및 정파의 고문과 어른이 되는 것이 아니라, 새로운 정치 축으로 건재하고 있는 것 자체가 현재 한국정치의 가변성과 정당정치의 책임성 저하 및 정치경계의 모호성을 웅변하고 있다.

요컨대, 도전받는 대세와 연대조건들의 변화무쌍함 그리고 올드 보이들의 존재가 4월의 정치스케치를 어렵게 한다.

민심(民心) : 지지율과 토론회

칼럼의 배경과 쟁점   2017. 5.

- 대한민국 제19대 대통령 선거 과정에서 이례적으로 대선후보 토론회에 대한 민심은 매우 예민했으며, 여론조사 지지율 추이는 민심이 정확하게 반영되었음.

- 특히 보수 층의 민심이 반기문 → 황교안 → 안희정 → 안철수로 이동하였다가 또 다시 어떤 방향으로 변화될 지도 중요한 관심사항이고, 이 현상은 제19대 대선이 이념·여야·지역 간 대결이라는 기존 한국선거의 구도가 새로운 민심의 프레임으로 변화되고 있는 것이 반영된 것임

키포인트 제19대 대한민국 대통령 선거에서 민심은 지지율 분석과 토론회에 대한 유권자의 반응에서 정확히 드러나 있음을 강변하고, 문재인·안철수·홍준표·유승민·심상정 후보 모두 자신들의 정치적 역할을 다 할 수 있는, 패자는 없고 승자만 있기를 기대하는 칼럼

  √ TV 토론회와 민심의 반응
  √ 지지율과 민심의 변화

대통령 뽑는 날이 얼마 안남았다. 민심(民心)이 결정할 것이다. 잘못 뽑은 대통령을 탄핵하고 우리의 국민들은 누구를 대통령으로 뽑을까. 민심이 참으로 궁금하다.

　이번 대선 과정에서 토론회와 주기적인 여론조사 및 지지율 발표는 매우 정확하고 예민했으며, 민심이 반영된 감이 든다. 지금에 있어서 민심은 지지율 해석과 토론회에 대한 유권자의 반응으로 나타난다 하겠다.

TV 토론회와 민심의 반응

　통상적인 정치학에서는 TV 토론회가 유권자의 표심에 그다지 영향을 미치지 않는다는 게 정설이었다. 미국 대통령 선거의 예에서 보듯이 장기간 각 당에서 국민경선 및 오픈프라이머리, 코커스 등을 통하여 후보를 결정한 다음 선거법 상 주로 양자간의 TV 스탠딩 토론을 자주 하지만, 각 당 후보자 결정에 참여한 국민, 유권자의 표심에는 다른 변화를 크게 주지 않는다 한다. 이러한 통상적인 정설을 제19대 대한민국 대통령 선거에도 적용하는 것이 맞는 것인가. 분명한 답은, 아니다.

　TV 토론회에 등장하는 다섯 명의 후보 중 유일한 재수생으로서 문재인은 국민들에게 이미 어떠한 후보인지 분명한 가이드라인을 제시하고 있다. 민주주의에 관한 한 분명하고, 대북정책에 있어서 약간 불안정하며 군대는 다녀왔다는 등 국민들이 판단할 기준이 제시되고 있는 유일한 후보가 되고 있다. 반면에 안철수·홍준표·유승민·심상정은 상당한 대중적 이미지는 있지만 대통령 후보로서는 국민에게 낯설고 많이 궁금할 뿐이다. 짧은 대선 기간, 1+4 명의 후보에 대한 궁금증을 풀 수 있는 시간이 오로지 TV

토론이기 때문에 이번 한국 대통령 선거에 있어서 TV 토론회의 영향력은 막중하다.

TV 토론을 아무리 잘해도 통과의례 이상의 센세이션을 일으키기는 힘들 것이지만 최대의 수혜자일줄 알았던 안철수 후보에게는 뜻밖의 악재였다고 본다. 새정치의 이미지를 유일하게 갖고 있는 안철수 후보에게 TV 토론회는 그러한 민심을 확장시키기에는 너무 역부족이었다. 물론 다른 후보들에게도 TV 토론은 호재이자 악재의 딜레마였을 것이고 분명한 것은 민심에 많이 투영되어 5월 9일에 큰 영향을 줄 것이라 예상된다.

지지율과 민심의 변화

탄핵민심의 지표로서 80% 안팎의 탄핵찬성은 대선 직전까지 오랜 기간 유효했다. 탄핵 전후와 대선과정에서 탄핵민심이 후보자에 대한 지지율로 전환되면서 요동을 치고 있다. 3·10 탄핵은 보수정치 전반에 대한 탄핵이 아니고 박근혜 및 지독한 친박에 대한 탄핵이었다. 탄핵민심의 80%에 포함된 절반 이상의 보수 유권자들이 샤이(shy)하게도 아직도 수면위로 전면모를 보이고 있지 않다. 특히 선거일 6일 전 여론조사의 공표가 금지되기 때문에 보수적 유권자의 표심의 향방이 참으로 궁금할 뿐이다.

반기문 전 유엔 사무총장에게 기대했던 보수 유권자들이 황교안 권한대행으로 갔다가 안희정 충남지사를 거쳐 안철수 후보에게 왔으나, 또 다른 이동경로가 궁금해지고 있다. 국민 민심의 절반 이상을 차지하고 있는 보수의 민심이 어디로 가냐에 따라 향후 한국정치의 이념적·정책적 정치지도를 바꿀 것이다.

안철수 후보가 예상 외로 양강구도를 형성했던 것은 상당한 호남 지지와 보수의 민심을 동시에 얻었기 때문이지만 안철수가 두 가닥의 민심을 온전히 끝까지 가져간다는 것은 불가능에 가깝다. 호남민심에게는 정권교체형 집권가능성을 보여주어야 한다면 보수 민심에게는 기존 보수정당의 대안이어야 하기 때문에 난제다. 호남과 보수 중 어느 곳에 더 방점을 두어야 할지 안철수 후보가 정하든 아니면 민심이 정해지든 결과에 따라 정치지형이 변할 수 있다.

명확한 것은 제19대 한국 대통령 선거에 있어서 특이한 징후는 보수·진보, 여·야 또는 지역 간의 대결구도보다는 새로운 민심의 프레임으로 바뀌어 가고 있다는 것이다. 민심의 향배를 읽을 수 있는 주요 수단이 후보자에 대한 지지율 추이와 토론회에 대한 반응이기에, 남은 기간 지지율과 토론회는 탄핵정국 이후 새로운 민심의 흐름을 형성시키고 있다 하겠다.

요컨대 문재인 후보는 1등에 만족하지 않고 50% 이상의 국민통합을 목표로 하고, 안철수 후보는 새로운 중도보수층의 새정치의 공간을 만들며, 홍준표 후보는 죽었다 살아난 보수의 민심을 소생시키고, 유승민 후보는 한국 보수가 개혁해야 할 지향점을 보여주며, 심상정 후보는 한국정치에서 사회민주주의 정치의 유용성과 집권가능성을 보여줬으면 좋겠다. 패자는 없고 승자만 있는 제19대 대통령 선거로 마무리되어지길 기대하는 것, 과연 환상일까.

복합선거구제를
제안한다

칼럼의 배경과 쟁점　　　　　　　　2014. 8. 12. 〈경기일보〉

- 2014년 7월 30일 순천–곡성 지역 국회의원 보궐선거에서 새누리당 후보가 당선되면서 한국정치의 고질적 문제인 지역주의 구도가 해소되는 계기가 되었다는 평가가 있으나, 이를 지역주의 해체의 신호보다는 순천·곡성지역의 정치적 특수성으로 이해하여야 할 것임

- 한국정치의 고질적 문제인 지역주의를 타파하고, 주요 정당들의 전국정당화를 통해 정당의 정책경쟁을 유도하기 위한 주요한 수단으로서 소선거구제와 중선거구제 혼합의 복합선거구제 도입을 주장하는 칼럼

한국정치에서 지역주의 타파를 해낼 수 있을까? 7·30 전남 순천-곡성 보궐선거에서 새누리당 이정현 후보의 당선은 순천지역의 정치적 특수성의 산물이지, 지역주의의 벽이 허물어지는 징조로 보는 것은 맞지 않다.

한국 정치권의 구조는 지역주의 구도를 깨뜨리는 것을 용납하고 있지 않다. 현재 새누리당과 새정치민주연합은 '지역주의에 의한, 지역주의의, 지역주의를 위한' 한국정치의 두 기둥이자 지역주의 수호의 공동정범이다. 지역주의 정치 카르텔 구조를 양분하고 있는 두 당의 정치적 합의만이 한국 정치에서 지역주의 타파를 가능케 한다. 이에 새누리당과 새정치민주연합에게 타협이 가능한 현실적 대안으로서 복합선거구제를 제안한다.

현행 소선거구제가 지역감정의 정치전선을 형성할 뿐만 아니라 정당의 전국정당화와 민주화를 가로막는 가장 큰 장애물로 전락한 것을 인정하여야 한다. 지역주의에 올라앉아 있는 한국 정당정치의 구조가 바뀌지 않고는 민주적 정치개혁은 요원할 뿐이다.

DJP 정부가 들어선 1998년 봄 어느 학술 세미나에서 선거구제 개편에 대한 주제발표를 한 적이 있었다. 당시 토론자로서 한나라당과 새정치국민회의 소속의 중진의원들이 참여하였는데 두 사람은 지역구가 서울이었고 나머지 두 사람은 호남과 영남 지역의 각 당 실세 의원이었다.

네 명의 의원들은 당론에 따라 소선거구제 유지(한나라당)와 중선거구제 도입(새정치국민회의)에 대한 입장고수와 격론을 벌였다. 이에 종합토론에서 필자는 서울과 광역시 내지 성남·부천·일산 등과 같이 3-4명 이상의 국회의원을 배출하는 선거구에서는 중선거구제를 채택하고 기타 지역은 소선거구제로 하는 '복합선거구제'를 제안하였다.

그런데 뜻밖에도 서울을 지역구로 가지고 있는 여·야 의원은 선거 때마다 마음을 졸이게 하는 소선거구제 폐지를 선뜻 응하였고, 호남과 영남의 현직 실세 의원 또한 지역 대표성과 특성을 감안한 소선거구제 유지에 대단한 호응을 보냈다. 즉, 복합선거구제에 대한 정치권의 현실적 수용 가능성을 확인한 셈이었다.

복합선거구제가 정치권의 이해관계와 눈치를 보는 혼합형 내지 절충형의 타협안은 결코 아니다. 복합선거구제는 영호남 지역대결로 상징되는 소선거구제의 폐단을 극복하여 진정한 국민통합을 지향할 수 있는 선거제도이며, 선거구간 인구편차를 극심하게 보이는 불평등 선거구 문제를 동시에 해결할 수 있는 제도이다.

서울과 광역시의 경우 인구비례에 따른 동일 선거구 갑·을·병 식의 분할보다는 한 선거구에서 다수의 국회의원을 선출하게 하여 각 계층별·성향별 대표자가 나서도록 하는 것이 선거의 대표성 확보와 사표 방지에 이로울 것이다. 서울과 광역시의 한 자치구에 갑·을·병 간의 지역별 특성과 차별성은 큰 의미를 갖지 않기 때문이다. 복합선거구 중 중선거구를 채택할 수 있는 지역이 현재 246개의 지역구 국회의원 숫자 중 120석 이상이 됨으로 복합선거구제 하에서도 중선거구제의 지역 통합과 전국정당화의 정치개혁 목표를 충분히 달성할 수 있다고 본다.

그리고 지방 중소도시와 농촌의 경우 행정적·지역적 특성을 감안한 소선거구제가 무방할 것이다. 지방 중소도시와 농촌에 마저 중선거구제를 일괄적으로 도입할 때 선거구의 광활성 때문에 지역구 국회의원 선거의 의미를 상실하게 되고 정당명부식 비례대표제 선거의 복사판이 될 수 있다.

역대로 '동은 서로, 서는 동으로'라는 기치 아래 전국정당화와 중선거구제로의 개혁을 시도하였으나 번번이 실패하였다. 정치적 이상과 정치현실의 괴리를 전혀 고려하지 못한 결과이다. 이에 지역편중 현상을 현저히 완화시키고 선거과열 현상을 해소하며 선거를 정당정책경쟁으로 유도할 수 있다는 장점과 특히 연고 선거구를 상실하는데 따른 반발이 적어 정치권의 수용 가능성이 매우 높다는 점에서 복합선거구제를 제안한다.

참고로, 분명한 것은 복합선거구제는 결코 특정 정당에 유리한 것이 아니고 여·야 구분 없이 전국적 민심을 얻어서 결과적으로 다수당이 될 수 있는 정당에 유리할 뿐이다.

대통령/협치

대통령의
통합정부론

칼럼의 배경과 쟁점　　　　　　　　2018. 8. 8. 〈중앙일보〉

● 문재인 대통령이 추구하는 협치로서 통합정부를 성공적으로 추진하기 위해서는 대연정과 소연정 사이의 중연정과 국민통합을 위한 국민참여형 거버넌스 실천을 제안함

● 대통령의 협치 노력에 대해 자유한국당, 바른미래당, 민주평화당이 부정적 반응을 보이고 있지만, 질적으로 무기력한 야당이라도 적극적으로 야당과의 협치를 추진할 필요가 있음

**키포
인트**　문재인 대통령의 제2기 국정운영을 위해 공약사항이었던 통합정부를 구체화할 필요가 있으며, 그 조건으로 중연정 수준의 협치내각 구성과 국민참여형 거버넌스를 병행해야 한다는 칼럼

'통합정부'는 문재인 대통령이 이끌고 싶은 최종형태의 내각일 수 있겠다. 2017년 4월 18일 문재인 후보는 수원역에서, "정조의 대탕평 정치를 본받아, 부패기득권을 제외한 이들과 국민통합정부를 만들겠다"고 유세했다.

문재인 정부는 촛불·탄핵·조기대선으로 졸지에 출범되었기에 국회에서의 여당의 수적 열세, 여소야대 정국은 이미 주어진 정치적 조건이었다. 대통령의 통합정부론은 당시의 정치적 상황을 꿰뚫어본 것으로서 야당과의 '공동정부' 구성과는 거리를 둔 것이다. 즉 국민적 적폐대상으로서의 과거 보수야당과는 분명히 선을 긋되 원활한 국정운영을 위해 야당의 몫을 내각에 할애하겠다는 것이었다.

문재인 정부 1기에서는 이에 대한 고민과 실천이 없었다면, 이제부터 대통령 공약사항 실천으로서는 물론 제2기 국정운영을 위해 통합정부론을 구체화할 때다. 대통령 휴가 중 불쑥 나온 바른미래당 박선숙 의원의 환경부 장관 발탁 논란은 진위와 상관없이 여·야 간의 협치 논쟁을 예고한다.

역대 한국정치에 있어서 여소야대 정국이 자주 발생하였고, 최근 청와대 대변인도 '협치내각'을 언급하였다. 여소야대 상황을 대처하는 세 가지 타입의 대통령을 상정할 수 있으나 모두 좋지 않거나 실패한 경우뿐이다. 첫째는 여소야대 상황을 인위적으로 무너뜨리는 타입이 있었는데 노태우 전 대통령의 3당 합당이 그것이다.

둘째, 인위적 정계개편과는 정반대로 여소야대 정국을 국민에 의해서 만들어진 정치지형으로 받아들이면서 협치와 연정을 하려는 타입의 대통령이 있었다. 참여정부 시절 여소야대 정국을 돌파하기 위해 노무현 전 대통령이 야당인 한나라당에게 대연정을 제의하였으나, 당시 박근혜 대표로부터 '참 나쁜 대통령'이라는 까칠한 정치적 야유를 받으며 실패한 바 있다. 세 번째 타입으로는 여소야대의 국회에 대해서 연정을 제의하거나 인위적 정계개편도 시도하지 않으면서 정면충돌을 하는 대통령이 있었는데, 결국 탄핵된 박근혜 전 대통령이었다.

여소야대 정국에서 대통령은 국정의 최종책임자로서 국회와 아무 일도 하지 않겠다는 것이 아니라면 협치를 통해 적극적으로 대처하는 것이 맞다. 자유한국당·바른미래당·민주평화당·정의당 또한 협치 내지 연정에서 야당의 소극적인 외면과 거부의 전략을 버려야 한다. 지금 야당의 상황은 수적 존재감 외에는 질적으로 무기력하고 몰가치적이어서 민주주의와 한국정치를 크게 훼손하고 있다. 자유한국당의 경우 정부여당에게 일방적이고 국가주의적인 진보 진영논리를 수정하라고 요구할 수 있으려면, 한국보수의 뿌리부터 재정립해야 한다. 뿌리가 없는 나무는 그저 땔감에 쓰이는 나무토막에 불과하기 때문에 한국보수도 새로운 정치 토양에 새 뿌리를 내려야 할 때다. 보수야당들이 국정파트너로서 야당의 위상을 되찾은 후, 정부·여당과 대결·대치하면서도 동시에 협치와 연정을 토론하길 바란다.

상대적으로 진보적인 민주평화당·정의당은 연정의 조건으로 개헌과 선거구제 개편 이후에 가능하다는 주장을 하고 있는데 이는 전말이 전도된 것이다. 협치 내지 연정을 하려는 것은 합의를 통해 더 큰 힘으로 큰 개혁을 하기 위한 것으로서, 과거 영국은 국회의원의 임기변경·국민소환제 도입 등 어려운 개혁에 관한 한은 여·야 간의 연정을 통해서 해결하였다. 협력정

치 내지 연합정치의 진수는 원활한 국정운영 뿐만 아니라 경제·안보·평화·
정치개혁 등의 국가적 대과제를 해결해 내는 파워에 있다.

대통령이 구상하는 통합정부는 야당의 협조와 참여로 이루어지는 것이
지만, 성공을 위해서는 통합정부의 분명한 목표와 과정 및 조건을 제시하
여야 한다. 대연정은 제1당이 정치적 색깔이 크게 차이나지 않는 군소정당
과 하는 소연정과 달리, 정책과 노선이 크게 차이가 날지라도 국가적 안정
과 경제발전을 위해서 제1당과 제2당이 연합정치를 하는 것이다.

대통령의 통합정부론이 대연정까지 이르지는 않더라도 단순한 협치내각
을 의미하는 소연정이 아닌, 국가적 난제 해결과 국민통합을 위하고 평화
노선과 포용성장 정도의 경제정책을 연합하는 중간형태의 '중연정(中聯政)'
을 제안한다. 협치내각이 야당의 몫으로 장관 몇 자리를 내주는 것으로 귀
결되면 통합정부의 가치와 힘이 약화될 수밖에 없다. 그리고 대통령의 통합
정부론은 '정치권' 외에 '국민통합'의 영역에까지 이르므로 국민참여형의 거
버넌스가 반드시 추가되어야 한다. 특히 정당 간의 합의가 사회적 합의와
직결되지 않는 한국정당정치의 사회적 통제력과 규율이 약한 특성상 시민
사회와 국민참여 거버넌스는 불가피하다. 사실, 통합정부론은 대통령을 바
쁘게 한다.

대통령의
제2출사표와
읍참마속

칼럼의 배경과 쟁점   2018. 12.

● 문재인 대통령 취임 1년 6개월을 지나면서 다양한 성과에도 불구하고 촛불혁명의 완성이라 할 수 있는 개헌실패에 대한 문제를 지적하면서, 제2기 청와대 참모진의 구성 조건을 정치와 경제의 균형을 맞출 수 있는 국민인재영입을 할 수 있게끔 집단적 읍참마속을 강조함

키포인트   광화문 촛불혁명의 열망으로 취임한 문재인 정부의 성공을 위해 제2기 청와대 참모진 구성의 방향은 경제·국민통합·개헌을 위한 국민신뢰형 인재영입을 통해 한국정치와 경제의 균형을 이루어야 한다는 칼럼

√ 국민주권시대의 국민출사표 : 경제·국민통합·개헌
√ 국민형 인재영입을 위한 집단적 읍참마속

만약에 문재인 정부마저 그 동안의 평범한 5년 단임 대통령 정부처럼 되어버린다면, 대한민국의 미래는 더 이상 없을 것이다. 촛불혁명이라는 어마어마한 국민적 에네르기로 탄생한 문재인 대통령은 국민의 기대를 절대 저버려서는 안 될 역사적 사명을 가져야 한다. 4·19혁명과 6·10항쟁도 비할 수 없는 촛불혁명의 힘으로 국가 대전환기를 열어갈 문재인 대통령의 제2출사표가 절실하다. 그리고 '원칙을 위하여 자기와 가까이 있는 사람을 버려야 하는' 읍참마속들은 불가피하다.

국민주권시대의 국민출사표 : 경제·국민통합·개헌

삼국지 출사표란 '군대를 일으키며 임금에게 올리는 글'로서 촉한 제1대 황제 유비가 위나라 땅을 수복하지 못하고 남긴 유언을 받드는 제갈량의 아주 오래된 옛 글이다. 제2대 황제 유선에게 바치는 형식의 글이지만 국가 안위와 번영을 위한 마음가짐과 소인배를 멀리하고 삼고초려의 인재 등용을 강조하는 간절한 애국심을 표현한 것은 지금의 정치지도자들에게 귀감이 될 만하다. 당시 군주주권시대의 황제를 향한 출사표를 지금의 국민주권시대에서 국민을 향한 대통령의 출사표로 치환(置換)해도 손색이 없기도 하다.

문재인 대통령의 제1기를 되돌아봤을 때 정치사회적으로 엄청난 변화와 혁명을 가져왔다 평가할만한 것들이 꽤 된다. 국민이 분노하고 심판할 때 전직 대통령 두 명이 구속될 수밖에 없는 상황을 리드하고 있는 것, 이것은 공정한 법의 집행이지 결코 정치보복은 아니다. 경제사회적으로도 노사정 간 힘의 균형을 이루어가고 있는 것은 향후 노사정 투쟁의 시대를 마감하고, 진정한 의미의 노사정 합의체를 가져올 수도 있는 기반을 마련하고 있는 것으로 볼 수 있다. 특히 한반도평화체제의 단초를 열고 있는 것은 절반의 성공으로서 지금까지 인력(人力)으로 감당하지 못할 정도의 큰 변화와 성과들을 축적해 가고 있다 하겠다.

올 초 문재인 정부의 가장 큰 실책은 개헌실패였다. 국회를 탓하기 이전에 국민의 개헌 열기를 견인해가야 할 청와대의 정치적 능력과 정무적 책략이 너무도 허술·허접했음을 반성해야 한다. 4·19와 6·10 이후 정치권은 어떻게든 진일보된 개헌 즉 국민에게 다가가는 정치체제 변경의 결단을 해 냈었다. 여소야대 정국에서 야당의 비협조는 절대적 실패조건이었지만, 그럼에도 불구하고 촛불혁명의 힘을 개헌으로 연착륙시키지 못한 대통령과 청와대의 역부족은 너무도 아쉬웠다. '촛불혁명 후의 개헌'은 시대적 사명으로서 대통령과 청와대가 다시 분발할 것을 요청한다.

문재인 대통령의 취임 날 집권당보다는 야당 당사를 찾은 모습은 국민들에게 정치적 안정감을 전달하기에 충분했다. 지금의 야당은 통합정부의 파트너로서 자격을 전혀 갖추지 못한 면은 있지만, 제2기 청와대가 새롭게 구성된다면 제2출사표로서 국민들께 여야 통합정부를 다시 한번 천명하기를 당부한다. 대통령의 통합정부론은 개헌과 남북교류협력 및 경제정책의 여야 협조에 있어서도 필요하지만, 지금의 무능하고 형편없는 야당을 '괜찮은 야당'으로 인도하는 수단이기 때문에 더더욱 실천되어야 한다.

국민형 인재영입을 위한 집단적 읍참마속

뭐니 뭐니 해도 민생과 경제는 그 어떠한 것보다 우선시되어야 할 정권적 차원의 과업이자 숙제로 인식할 필요가 있다. 경제만 잘된다면 독재도 괜찮다는 것이 지구촌에서 보는 보편적 현실이다. 매우 역설적이지만 현재의 어려운 한국경제에서 얼마든지 돌파구는 찾을 수 있다. 소득주도경제 성장론이라든가 융자 대신 투자의 금융개혁과 혁신성장론 등은 한국경제 줄기의 대체재(代替財)가 아닌 강력한 보완재(補完財)로 재등장 시킨다면, 경제난국 해결에 새롭게 추가된 희망의 아이콘으로 전환될 것이다.

중요한 것은 국민이 믿을만한 경제전문 리더들을 등장시키는 것이다. 이념적 소신으로 경제현실을 재단하는 시도는 단순한 재단에 머무르지 않고 도륙으로까지 비화될 수 있다. 경제가 어려울 때는 소신보다는 병든 환자를 보듯이 몸의 상태 즉 경제현실을 정확히 살펴볼 수 있는 전문가적 인재들이 주류를 이뤄야 한다. 청와대의 주요 몇몇 인사들을 보면서 제시하는 비판이다.

한국사회는 좌우의 균형도 중요하지만 정치와 경제의 두 축이 균형있게 작동될 때 가장 건강하다. 정치적으로는 개헌과 통합정부를 리드할만한 국민형 정치 전문 리더들이 등장할 때다. 제갈공명 출사표의 가장 절실한 당부는 인재등용의 호소였던 것처럼 대통령은 신뢰와 능력을 겸비한 정치적 인재와 함께 제2국민출사표를 제출해야 한다.

대통령의 제2출사표를 구현시킬 인재군의 영입을 위해서는 읍참마속은 불가피하며, 그 형식 또한 핀셋형 본보기식의 읍참마속이 아니라 새로운 비전의 공간을 내주는 집단적 읍참마속이어야 할 것이다. 문재인 정부 출범 당시 선거캠프 핵심을 이루었던 주요 인사들을 배제하는 것을 정권출범 초기의 중요인사 원칙으로 삼았었다. 돌이켜 보건데 공사구분의 인사 단면을 보여준 긍정적 측면은 있었지만 결과적으로 문재인 캠프의 치열함이 정권 초기에 반영되지 못한 아쉬움이 남는다.

대통령 후보의 장점을 부각시키고 단점을 보완해주는 선거캠프의 생리가 어쩌면 절실한 시점이 아닌가 싶다. 단순한 소위 '3철 복귀론'을 거론하는 것이 아니다. 청와대가 대통령을 진짜 알고 오래된 사람들로 채워지는 것이 대통령에게 필요한 측면은 없는지 진지하게 고민해보라는 뜻이다.

요컨대, 한국정치와 경제의 문제를 돌파할 국민신뢰형 전문 인재들을 2기 내각·청와대·여야 대화의 장과 국민 속으로 포진시키는 것, 이것이 대통령의 제2출사표라 하겠다.

정치불황 타개,
대통령과
야당의 책무다

칼럼의 배경과 쟁점   2019. 6.

- 자유한국당 황교안 대표 취임 후 선거구제 개편·공수처 설치의 패스트트랙 지정, 광화문 천막투쟁, 청와대 홈페이지 자유한국당 해산청원 100만명 이상 동의, 정치인들의 막말 등으로 정치권은 정쟁 외에는 아무것도 하지 않는 정치불황 상황이 전개됨

**키포
인트**   정치불황의 상황에서 대통령의 책무로서 야당과의 대화·타협 노력을 강조하고, 황교안 대표의 무책임·불합리·퇴행적 행보를 비판하면서 제1야당인 자유한국당에게 책임있고 합리적인 수권정당의 모습을 회복하기를 주문하는 칼럼

√ 무한책임자로서 대통령
√ 공동책임자로서 야당
√ 제1야당의 무책임성

제1야당인 자유한국당 당과 원내의 대표가 국회 밖에 있다. OECD 가입국가 치고 제1야당 대표가 의회를 버리고, 소속 국회의원들이 집단적으로 장외투쟁을 하고 있는 국가는 우리 밖에 없을 것이다.

요즘 국회는 정치활동이 일상적으로 침체되는 상태, 즉 정치불황에 직면해 있다. 여당과 야당의 역할이 미미하며, 생산적인 일에 정치가 전혀 기여를 못하고 있어서 많은 정치인들이 투명인간으로 전락되고 있다. 정치불황의 책임추궁에 있어서 대통령과 여·야당 모두 자유로울 수 없다. 특히, 정치불황 타개는 대통령과 야당 쌍방의 책무이다.

무한책임자로서 대통령

정치불황 타개에 있어서 집권여당의 가장 큰 정치인으로서 문재인 대통령에게 제1의 책무가 있다. 여당과 야당을 매개로 국민과 대화·타협을 하는 것이 민주적 대통령의 기본적인 정치행태라면, 이의 실천이 불황 타개의 열쇠이다.

한국정치에 있어서 대통령의 실패는 정치적 기본을 망각한 채 '권력주변부의 과잉화' 현상의 야기에서 비롯되었다. 정책형성 과정에 있어서 대통령은 많은 시간을 권력중심부의 참모들과 숙의하되, 정책설계와 집행은 권력주변부로의 전이과정을 거치지 않고 곧바로 의회와 각 부처 책임자에게서 국민으로 전달되는 경로를 가져야 할 것이다. 권력의 중심부는 대통령에게 철저히 종속되어야하며 권력 주변부는 존재하지도 않아야 한다.

현재 청와대의 권한과 권능이 권력주변부로의 전이현상까지 이르지 않았기 때문에 다행이지만, 의회·행정부처·국민에게로 전달되는 경로에는 경고등이 하나둘씩 켜지고 있다. 의회가 대의민주주의의 대표성을 웅변한다면, 행정부는 집행기관으로서 전문성을 상징하기 때문에 어떠한 훼손도 있어서는 안 된다. 그리고 국민들은 대표성과 전문성을 모두 요구하고 있다는 점을 명심하여야 한다.

대통령의 참모들은 자신의 의지나 정치소신을 대통령을 통하여 펼칠 것이 아니라 대통령의 통치철학이 국민과 함께 하는 연결고리가 되어야 한다. 대통령이 국민을 직접 만나는 것은 물론이고, 야당뿐만 아니라 등을 돌린 사람들과도 격의 없이 대화하는 장을 마련해야 하는 것이 대통령의 권력중심부가 할 일이다.

공동책임자로서 야당

한국정치 불황에는 야당도 책임이 있다. 정당이 존재하는 한 의회와 행정부 간의 '형식적 대립상태'는 큰 의미가 없다. 여당과 야당 간의 정권교체 가능성을 전제로 하는 '본질적 대립'이 더욱 현실적이고 실제상황이기 때문인 것이다.

야당의 정치영역은 정부비판과 정책입안 기능은 물론 정권교체라는 근본적인 대안 제시까지 포함한다. 이를 위하여 야당은 끊임없이 정치엘리트 계층의 확대와 다원화를 꾀하여 광범위한 정당성 기반을 쌓아가야 할 것이다.

선진민주국가일수록 좋은 야당의 존재가 필수적이다. 미국 민주주의가 부러운 것은 파워풀한 미국정부 못지않게 민주당·공화당이라는 좋은 수권 야당을 항상 가지고 있다는 점이다. 야당은 분명 민주국가의 본질적인 구

성요소이다. 어쩌면 국민의 대안적 선택을 가능하게 하는 모든 정치적 기본
권의 근거이기도 한 것이 야당의 존재이다.

제1야당의 무책임성

자유한국당은 탄핵과 대선실패에도 불구하고 건재한 제1야당이라는 점
에서 존재감은 매우 크다. 그러나 그 다수의석이 지역주의·카르텔적 야합
에서 비롯된 측면 또한 크기 때문에 의석수에 매몰되지 않은 자유한국당
의 자기변신이 절실하다. 더욱이 탄핵과 대선실패를 거친 전투정당이었기
때문에 내년 총선에서 국민의 재선택을 받기 위한 새로운 변화와 정치단장
을 해야 할 때이다. 또한 총선 전 야권 전체의 질적개편과 재구성이 불가피
할 수도 있기 때문에 자기 입지를 분명히 확보할 때이기도 하다.

제1야당으로서 자유한국당의 정치적 입지를 확보함에 있어서 현재까지
의 황교안 대표의 행보는 매우 무책임·불합리·퇴행적이다. 좌파경제 때문
에 나라가 망했다고 얘기한 것까지는 좋으나 수권야당으로서 대안이 없다.
선거구제개편·공수처설치·검경수사권조정의 패스트트랙 철회를 국회복귀
의 조건으로 거는 것은, 현재 국회선진화법의 작동시스템과 여·야 4정당의
합의를 무시한 것으로서 매우 비현실적인 배타적 제안이다. 특히 최근에
강효상 의원의 외교참사에 대한 해명은 과거 집권당의 역사와 영광들을 송
두리째 폐기시키고 있다.

유신체제 때 체제를 부정했던 야당과 재야의 투쟁은 민주주의라는 세
계 보편적 가치를 위한 도전이었지만, 자유한국당의 외교참사와 5·18 언행
은 반국가적·반민주적일 뿐이다. 황교안 당대표는 내년 총선에서 제1야당

으로서 수권·대안정당의 지위를 획득하기 위해서는 위험하고 황당한 정치행보에 대한 성찰과 함께, 호흡조절을 할 필요가 있다. 숫자상 제1야당의 지위가 변화무쌍한 한국정치사에서 그대로 지켜진다는 보장이 없다는 강한 충고를 한다. 지금 자유한국당에서는 반대의 소리가 잠재워진 채 매우 중요한 얘기가 일방적으로 진행되고 있다.

돌이켜보건대, 한국정치에서 민주주의가 망가질 때면 예외 없이 여·야는 상대를 부정하였다. 서로를 음해하고 죽이는 야만의 정치가 부활되어서는 안 된다. 정치의 길흉대사가 유권자의 선택에 좌지우지되는 국민고권(國民高權)시대에 이런 고민은 정치적으로 공황상태와 다름없다. 정치불황 타개, 대통령과 야당의 책무이다.

협력정치론 :
연합정치와
거버넌스

칼럼의 배경과 쟁점   2018. 8.

- 한국정치의 실험으로서 남경필 경기도지사의 경기연정이 정형화되고 체계적인 것은 아니었지만, 지방정치의 중앙정치로부터의 탈피 시도라는 점에서 의미가 있음을 평가하고, 이재명 지사의 경우 경기도의회의 일방적인 구조 속에서 주민 및 시민사회와의 거버넌스가 필수적임

- 문재인 대통령이 추구하는 협치로서 통합정부를 성공적으로 추진하기 위해서는 대연정과 소연정 사이의 중연정 추진을 제안하면서 정치권과의 협치는 물론 국민참여형의 거버넌스까지 동시 추진이 필요함

키포인트 남경필 경기도지사의 광폭의 경기연정 시리즈의 의미부여와 문제점, 이재명 지사의 일방적인 의회구조 속에서 주민 및 시민사회와의 거버넌스 필수론 그리고 문재인 대통령의 통합정부 성공 조건으로서 정치권과의 협치와 시민사회와의 거버넌스 병행 필요성을 역설하는 칼럼

√ 남경필의 경기연정 평가와 협치개념의 정립
√ 이재명 경기도정의 협치필수론
√ 촛불혁명과 문재인의 통합정부론

한국정치에 '협치'가 정말 필요한 모양이다. 학술적으로 정확하게 규명되지 않은 용어 중 하나가 협치 또는 거버넌스 등인데 한국정치 해법의 중심에 와 있는 듯하다. 그도 그럴 것이 예외적인 현상인줄 알았던 여소야대 정국이 자주 반복되고 심지어는 보수·진보, 여·야 대결구도가 완전히 무너져버리는 선거결과가 속출하는 곳이 한국정치의 장(場)이기 때문인 것 같다. 굳이 용어정리를 하자면, 협력정치로서 협치는 상위개념으로 상정하고 주요 구성으로서 연합정치와 거버넌스로 구분할 수 있겠다. 일종의 실험정치로서 남경필의 경기연정과 촛불혁명 이후 문재인 대통령의 통합정부론 그리고 서울·경기도 등의 일방적인 지방자치 정치 구도 등의 정치현상이 한국정치에서 협치를 일상용어로 만들고 있는 것 같다.

남경필의 경기연정 평가와 협치개념의 정립

민선 6기 남경필의 경기연정은 한국의 잘못된 정당정치로 인한 중앙정치에의 종속으로부터 지방정치를 분리·독립시키는 계기는 되었으나, 무규범적 정치실험이었다. 다만, 현재 한국 지방자치가 정치권력의 각축장 → 정권심판의 장 → 지방권력 교체의 장 → 풀뿌리 지방자치로의 진화·발전했기 때문에 정치실험으로서의 경기연정이 유지될 수 있었던 것으로 남경필의 경기연정에 의미를 부여할 수 있겠다.

남경필 지사의 경기연정은 정책연합·정부연합·선거연합 중 정책 및 정부연합이 혼재된 것으로서 무원칙한 야합과는 구별된다. 경기연정은 한국 민주주의 제도 및 문화에서의 다수결민주주의와 협의민주주의의 혼재현상이 반영된 정치현상으로 해명할 수는 있으나, 기관대립형의 지방정부형태

규범을 정지시키는 결과를 초래하면서 의회의 도정 견제기능을 실종시키기도 하였다.

그리고 연정으로서 기본적인 프로세스가 많이 결여되었다. ① 과연 경기도 연정에 남경필 지사의 후보 선거공약과 지방선거 후 당시 새누리당과 새정치민주연합은 충분한 협의의 시간을 가졌는가, ② 과연 연정과정에서 경기도민의 여론조사 추이를 수시로 살펴보았는가, ③ 과연 당시 새정치민주연합의 연정협의 과정에서 당원들의 찬반의견을 묻거나 승인받는 장치를 마련한 적이 있었는가 등의 문제를 제기할 수 있다.

남경필 지사의 광폭의 연정시리즈(도의회 외, 교육청·기초단위의 시군 및 타 광역단체와의 우호적 만남도 연정)가 정치적으로 해석되어 연정의 의미와 규범적 효과가 반감되었다. 단순한 포용 및 소통과 협력적 정치행위에 '연정'의 의미를 과잉·과다 부여함으로써 연합정치의 규범적·개념적 혼란을 초래하였다.

6·13 지방선거의 결과는 중앙정치 혁명의 산물로서 일방적인 도·의정 구조를 가져왔기에 협력정치 중 연합정치의 필요성이 전무하다. 협치는 연합정치의 상위 개념으로서 협치는 크게 거버넌스와 연합정치로 구분할 수 있고, 연합정치 형태는 매우 다양하며 대통령제에서의 연합정치와 내각제에서의 연합정치로 나누어볼 때, 수많은 정치협상 및 타협과 협력의 패턴이 있을 수 있다.

이재명 경기도정의 협치필수론

민선 7기 경기도는 협치가 불가피하다. 한국 지방자치는 기관대립형으로서 정부형태로 볼 때 내각제 아닌 대통령제 유형으로서 주민은 도의회와 도지사에게 각각 이중적 정통성을 부여하고 있다. 도의회가 최소한의 여·야 경쟁체제에서는 의회에서 다양한 도민의 의견을 수렴·대의할 수 있으나 현재의 일방적인 135:7 구조에서는 협치 중 주민 및 시민사회의 직접민주주의로서 거버넌스의 활성화는 필수적이다.

또 다른 측면에서 이재명 경기지사의 정치리더십 및 스타일과 정당정치 제도외적 변방의식에 비추어 볼 때 거버넌스는 경기도정의 본질이 될 수 있겠다. 거버넌스는 1970년대 등장하여 거듭 진화·발전을 하고 있는데 1980년 대에는 국가차원의 발전과 통합을 다루는 개념, 1990년대에는 시민단체로의 확장과 이해관계자의 참여 및 합의형성이라는 민주주의적 요소 강조를 거쳐서, 시민사회를 포함하게 된 거버넌스는 2000년대 이후 현재까지 글로벌 거버넌스와 지방자치단체 및 시민사회 간의 지역거버넌스로 그 확대가 이루어지고 있다.

경기도의회 내 더불어민주당의 일방적인 구조 속에서 광역과 기초단체 간의 이해관계 대립과 협치 그리고 기초단체 중심의 지역적 협의·공존의 네트워크 등으로 분화되어야 할 것이다. 더불어민주당의 일방적 구조가 오히려 중앙정치의 여·야 대결과 차단된 진정한 의미의 경기도 및 각 기초단체별 생활정치와 풀뿌리 민주주의로 심화·전환될 가능성이 높기 때문이다. 기본적으로 기관대립형이기 때문에 이재명 정치에 대한 호불호에 따라 대결 및 경쟁구도가 형성될 수 있으며, 정당정치 차원에서 생활정치 차원으로의 변경을 예상할 수 있는 부분이다.

거버넌스의 핵심은 시민사회가 정책과정에 참여하는데 있으며 경기도정의 협치 좌표로서 협력적·로컬 거버넌스를 제시할 수 있다. 거버넌스의 주체로서 시민사회는 대표성과 정통성은 결여되지만 전문성·지역성·이해관계성에 있어서는 매우 효율적인 것으로 평가할 수 있다. 경기도의 지역별 이질성과 상호의존성에는 협력적 거버넌스, 지역공동체와의 네트워크·주민참여 등에 있어서는 로컬 거버넌스 등을 상정할 수 있겠다. 거버넌스의 강점은 시민사회 활동·경제 및 국제화·지방자치 활성화에 친화적이라는 것이다.

촛불혁명과 문재인의 통합정부론

'통합정부'는 문재인 대통령이 이끌고 싶은 최종형태의 내각일 수 있겠다. 2017년 4월 18일 문재인 후보는 수원역에서, "정조의 대탕평 정치를 본받아 부패기득권에 반대하는 이들과 국민통합정부를 만들겠다"고 유세했다. 더불어민주당은 이를 받아들여 '통합정부추진위원회'를 출범시켰고 진영논리를 뛰어넘는 큰 틀의 목표를 설정한 바 있었다.

최근 청와대 대변인이 '협치내각'을 언급하자, 협치의 한 축인 야당들은 조건반사적으로 거부반응부터 보이는가 하면, 이왕 하려면 '연합정치' 수준으로 가자고 다른 목소리들을 내고 있는 지극히 관망적이고 탐색적 형태다. 역대 한국정치에 있어서 여소야대 정국이 자주 발생되었다. 여소야대 상황을 대처하는 세 가지 타입의 대통령(노태우의 3당 통합·노무현의 대연정·박근혜의 국정농단)을 상정할 수 있으나 모두 좋지 않거나 실패한 경우뿐이다.

문재인 정부는 촛불·탄핵·조기대선으로 졸지에 출범되었기에 국회에서 야당의 수적 우세, 여소야대 정국은 이미 주어진 정치적 조건이었다. 대통령의 통합정부론은 당시의 정치적 상황을 꿰뚫어본 것으로서 야당과의 '공동정부'와는 거리를 둔 것이다. 즉 국민적 적폐대상으로서의 과거 보수야당과는 분명히 선을 긋되 원활한 국정운영을 위해 야당의 몫을 내각에 할애하겠다는 것이었다. 문재인 정부 1기에서는 이에 대한 고민과 실천이 없었다면, 이제부터 대통령 공약사항 실천으로서는 물론 제2기 국정운영을 위해 통합정부론을 구체화할 때다.

대통령이 구상하는 통합정부는 야당의 협조와 참여로 이루어지는 것이지만, 성공을 위해서는 통합정부의 분명한 목표와 과정 및 조건을 제시하여야 한다. 대연정은 제1당이 정치적 색깔이 크게 차이나지 않는 군소정당과 하는 소연정과 달리, 정책노선 및 정책이 크게 차이가 날지라도 국가적 안정과 경제발전을 위해서 제1당과 제2당이 연합정치를 하는 것이다. 대통령의 통합정부론이 대연정까지 이르지는 않더라도 단순한 협치내각을 의미하는 소연정이 아닌, 국가적 난제 해결 및 국민통합을 위하고 평화노선과 포용성장 정도의 경제정책을 연합하는 중간형태의 '중연정(中聯政)'을 제안한다. 협치내각이 야당의 몫으로 장관 몇 자리를 내주는 것으로 귀결되면 통합정부의 가치와 힘이 약화될 수밖에 없다.

대통령의 통합정부론은 '정치권' 외에 '국민통합'의 영역에까지 이르므로 국민참여형의 거버넌스가 반드시 추가되어야 한다. 특히 정당 간의 합의가 사회적 합의와 직결되지 않는 한국정당정치의 사회적 통제력과 규율이 약한 특성상 대통령의 시민사회와 국민참여 거버넌스는 불가피하다. 사실, 통합정부론은 대통령을 편안하게 해 주는 것이 아니라 바쁘게 한다.

경기도 연정(聯政), 성공을 위한 프로포즈

칼럼의 배경과 쟁점 2015. 6.

- 남경필 경기도지사는 2014년 지방선거에서 야당과의 연정을 공약으로 제시하였고 같은 해 8월 연정합의문 합의, 12월 통합부지사를 임명하는 등 연정을 시도함
- 경기도가 광역지방자치단체로서 연정이라는 정치실험을 시도하여 중앙정치의 폐해로부터 지방정치를 분리·독립시키는 계기가 된 점은 높이 평가할 수 있으나, 그 과정에서 연정에 대한 과도한 의미부여, 연정합의 및 내용에 대한 절차적 한계 등으로 인해 많은 허점을 내포하고 있음
- 한국정치에서 실험적 경기연정의 성공을 위한 방법으로 독일의 대연정 사례를 통해 정당 간 치밀한 정책적 합의, 당원의 동의, 시민사회단체의 협력 등을 확보하며, 오스트리아의 연정 성공 조건을 상세히 분석할 필요가 있음

키포인트	정치실험으로서 경기도 연정의 문제점을 지적하고, 경기연정의 성공을 위한 정치인 및 정당, 그리고 시민사회의 의견을 반영하는 연정시스템 구축의 필요성을 역설하는 칼럼

√ 경기도 연정은 정말 괜찮은 정치실험이다
√ 경기도 연정에는 허점이 너무 많다
√ 여당과 야당은 연정 성공의 두 축이다
√ 경기도 연정의 성공조건 : 연합정치 기본 조례(안) 입법 TF

남경필 경기도지사는 어느덧 '연정'의 정치적 아이콘이 되었다. 경기도 연정은 남지사 개인에게도 정치적으로 좋은 업적이 되고 있고 한국 정치에도 괜찮은 정치실험이 되고 있다. 칭찬과 박수를 아끼지 않는다. 제대로된 연정으로 정치적 진화를 거듭하길 기원하는 마음에서 정치법학 분야의 전문교수로서 경기도 연정의 성공조건과 한 가지 제안을 한다.

분명 남경필 지사의 경기도 연정에의 열정에는 진정성이 있으나 진지함이 부족하다. 남지사의 광폭의 연정시리즈(도의회 → 교육청 → 기초단체 및 타 광역단체 등과의 연정)가 정치적으로 해석되어 연정의 의미와 효과가 반감되고 있다. 최문순 강원도 도지사를 만나서 광역단체 간의 협력을 위한 것도 연정으로 표현하고 있다. 단순한 포용과 소통 및 협력적 정치행위에 '연정'의 의미를 과잉·과다 포장함으로써 규범적·정치적 효과를 체감하기 어렵게 하고 있다. 남지사의 연정에의 열정이 본 궤도에 진입하기 위해서는 연정의 고전적·교과서적 의미에서 일탈해서는 안된다. 경기도 연정의 진지함이 절실히 요구되는 대목이다.

경기도 연정은 정말 괜찮은 정치실험이다

경기도 연정은 한국정치의 오랜 타성을 혁파시킬 수 있는 계기를 주고 있다. 한국정치에서 야당정치의 생리는 선명성 경쟁 때문에 연정에 대한 거부반응은 매우 크다. 이점에서 경기도 연정은 일차적으로 외견상 여당과 야당의 동시의 승리이고 업적일 수 있다.

경기도 연정의 또 하나의 의미는 한국지방자치를 진화시키고 있다는 점이다. 한국지방자치는 ① 중앙정치권력의 각축장 → ②정권심판의 장 → ③

지방권력 교체의 장으로 변화하면서 → ④ 풀뿌리 자치정치로 진화 중인 단계에 있다. 여기에 경기도 연정은 한국의 잘못된 정당정치로 인한 중앙정치에의 종속으로부터 지방정치를 분리·독립시키는 계기가 되고 있다.

연합정치는 선진민주주의 국가에서 특히 유럽 의원내각제 체제에서 일상적으로 행해지는 정치협상이요 타협이며 협력의 정치패턴이다. 무원칙한 정치야합과는 전혀 다른 차원의 것이다. 한국정치에서는 그냥 과반수의 수(數)의 정치도 이성적이고 합리적인데 서울시 무상급식과 주민투표와 같은 것은 수의 정치의 극단적인 모습을 보여주었던 것이다. 경기도 연정이 성공한다면 수의 정치인 다수결민주주의를 넘어서서 협의와 합의의 민주주의 정치를 구사한다는 점에서 정치선진화의 한 현상으로 평가할 수 있겠다. 경기도 연정은 정책연합·정부연합·선거연합 중 정책 및 정부연합이 혼합된 것으로서 최근 2013년 독일 대연정 사례는 좋은 롤 모델이 될 것이다. 현행 대한민국 헌법 하에서도 경기도 연정의 정치적·법적 조건을 발견할 수 있다. 한국 헌법은 내각제적 요소(국무총리·정부 법률안 제출권 등)가 가미된 대통령제여서 연정의 친화적 조건을 갖추고 있다. 그리고 한국의 지방자치가 '단체자치'에서 '주민자치'로 선회 및 전환 중이다. 주민소환·주민투표 등 주민자치적 지방자치로 변화하는 과정에서 연정 친화적인 지방자치 환경이 조성되고 있다. 경기도 연정이 성공할 수 있는 외향조건이 구비되어있는 셈이다.

경기도 연정에는 허점이 너무 많다

경기도 연정의 목적과 효과, 그리고 과정에 본질적 문제가 있다. 남경필 지사의 광폭의 연정시리즈는 정치적 이벤트로서 그 효과는 극대화되었지만 연정의 제도화 및 규범화와는 상당한 거리가 있다. 그리고 연정은 권력의 공유를 통한 포용의 정치현상인데 경기도에서 새누리당과 새정치민주연합 중 누가 소수자인가가 애매하다. 누가 포용을 해야 하는 것인가. 외형상 남경필 지사이지만 꼭 그렇지는 않다. 사회·복지·보건 등을 사회통합 부지사 영역으로 하고 동시에 경기도 의회와 경기도 간의 소통을 사회통합 부지사의 임무로 하고 있는데 이에 부합하는 절차와 장치가 신통치 않은것 같다. 생색내기 연정, 들러리 연정, 정치적 취업 등의 논쟁점이 노출되고 있다.

경기도 연정의 과정에는 연정의 기본적인 프로세스를 결여하고 있다. 독일의 경우 1919년 이후의 정치과정은 연정의 연속이었다고 볼 수 있음에도 불구하고 2013년 독일 대연정의 합의일지를 보면 9월 22일 총선거 이후 약 3개월에 걸쳐 매우 치밀한 연정 협의의 시간을 가졌다. 과연 경기도 연정은 남경필 지사의 후보 선거공약과 지방선거 후 새누리당과 새정치민주연합은 충분한 협의의 시간을 가졌는가?

독일의 경우 연정 합의과정에서 수시로 국민들의 여론을 묻는 과정을 가졌다. 연정에 있어서도 사민당과 하는 대연정과 녹색당과 하는 소연정에 대한 선택적 선호도 여론조사도 자주 하였다. 선거 결과와는 다른 형태의 정치, 즉 연정 탄생에 대한 유권자와의 합의과정을 거친 것이다. 과연 경기도 연정 과정에서 경기도민의 여론 추이를 수시로 살펴보았을까?

독일 연정의 경우 메르켈의 연정 파트너로서 사민당과 녹색당 등은 당원 투표를 통한 합의안 승인 과정을 갖고 있었다. 광범위한 당원 우편투표 제도도 실시하였다. 과연 새정치민주연합은 연정 협의 과정에서 당원들의 찬반 의견을 묻거나 승인받는 장치를 마련한 적이 있었는가?

여당과 야당은 연정 성공의 두 축이다

이기우 사회통합부지사도 남경필 지사 못지않게 연정실험에 있어서 많은 혼란을 가지고 있을 것이다. 남지사의 파트너로서의 고민보다도 새정치민주연합에서의 의사결정에 애로가 많을 것이다. 사전 협의 및 논의 절차가 적었던 만큼 겪는 애로사항인 것이다. 경기도 연정의 공동주체로서의 새정치민주연합의 확고한 정치적 스탠스 확립이 필요하다. 굳이 비유하자면 연정은 소위 '연애'로서 '결혼'과는 별개이다. 연애시절에는 각자 자기 집이 있으면서 서로 만나서 연애하는 것이지만 결혼은 같이 사는 것이다. 연정은 결혼하는 것과는 달리 같은 집에 살지 않으면서 연애를 하는 것이다. 새정치민주연합은 연애성공 즉 연정성공을 통하여 공동주체로서의 역할에 대해서 도민의 평가를 받게 된다는 것을 항상 명심하여야 한다.

새누리당 대 새정치민주연합의 현재 50 대 78의 도의회 구조를 약화시키는 연정이 되면 연합정치의 효과를 반감하게 될 것이다. 경기도 연정은 '일반적인 연정'이 아니라 '특별한 연정'이므로 연정의 연대 및 신뢰정신과 통상적인 여야간의 정치적 긴장과는 엄격히 구분하여야 한다. 여당은 여당대로 즉 남경필 지사와 새누리당 안에서의 연합정치 호흡을 맞추는 것이 필요하듯이, 새정치민주연합에서도 이기우 부지사와 새정치민주연합 도의원 간의 부단한 연합정치 협의가 있어야 한다. 애시당초 경기도 연정의 합의계약서가 지나치게 추상적이고 포괄적이고 정치적 위임형태를 취했기 때문에 연정을 하면서 또 하나의 연정계약 합의서를 보완하고 만들어가야 하는 것이다.

남경필 지사는 경기도 연정을 출발시켰지만 연정의 성공만이 남지사의 정치적 과업은 아니다. 엄연히 도지사로서 선출되었기 때문에 경기도정의 최고 책임자로서 정치적 책임성을 자각하여야 할 것이다. 연정의 성공은 경기도정 성공의 유력한 수단일 뿐이다. 새누리당과 새정치민주연합은 연정을 통하여 한국지방정치에 일대 전환점을 보여주기도 하지만 향후 선거에서는 또 다시 각자의 정당으로서 주민의 선택과 심판을 받아야 한다. 이것이 연정의 두 축인 여·야당의 정치적 운명인 것이다.

경기도 연정의 성공조건 : 연합정치 기본 조례(안) 입법 TF

경기도에서 연정을 출발 시킨 것은 한국정치와 지방정치의 진화를 알리는 청신호임이 분명하다. 경기도 연정이 성공하는 것은 한국정치의 도약으로 볼만한 가치가 충분하다. 경기도 연정의 전국화와 보편화를 모색할 때이다. 경기도 또한 경기도 연정을 일반화시키고 전국화시킬 수 있을 때 성공했다고 평가받을 것이다.

경기도 연정의 성공을 위한 한 가지를 제안한다. "경기도 연정 기본조례안"입법 태스크 포스를 가급적 빨리 구성하기 바란다. 경기도 연정 기본조례안 입법 TF에서 경기도 연정과 관련한 각종의 협의와 협력절차의 경험사례를 수집 분석해서 입법기초 자료를 축적할 필요가 있다. 경기도 연정의 일차적 성공을 여타 광역단체로의 확산을 통하여 한국지방자치에서의 일반화·보편화에 기여할 수 있는 기준을 마련하는 것이다. 물론 입법TF를 구성할 때에는 여·야·주민대표 등 3자 공동참여는 필수적이다. 기본 조례안에 대한 공론화 과정은 경기도 연정의 제도화에 크게 기여할 것이다. 더나아가 한국 지방자치에서 연정의 제도화가 심도있게 논의될 경우 어쩌면 대한민국 헌법 개헌 논의시 주요쟁점으로 부각될 가능성은 매우 크다. 남경필 지사의 선거 공약으로 시작한 경기도 연정이 헌법개정의 쟁점 수준으로 올라선다면 한국적 연합정치가 정착된다고 보아도 될 것이다.

경기도 연정의 성공을 위해서는 독일 못지않게 '연정의 달인(達人)' 오스트리아를 타산지석으로 삼아야 한다. 오스트리아는 연정 성공을 위한 조건인 정당의 강력한 사회적 통제력과 자율성을 갖추고 있다. 정당에 소속되거나 그 정당을 지지하는 당원·유관단체 등에 대한 정당의 통제력이 강력하다. 그렇기 때문에 정당 간의 합의가 사회적 합의와 직결된다. 우리나라와 같이 어렵게 정당 간의 합의를 하여도 관련단체가 거부하거나 청와대 및 다른 국가기관과 사회단체에서 거부하면 무력화되는 것과는 대조적이다.

이렇게 정당 규율이 강력한 오스트리아에서도 연정 성공을 위해서 치밀한 시스템을 갖추고 있다. 세 개의 상설연정위원회를 운영하고 있다. 즉 ① 정당간의 협의를 위한 상설 연정위원회 ② 정부(도) 내 의사결정을 위한 상설연정위원회 ③ 의회(도의회) 내 합의를 위한 상설연정위원회가 그것이다.

한국의 정치불황이 오래간다. 한국정치가 망가질 때면 예외 없이 여·야 간 서로를 부정하였다. 서로를 음해하고 죽이는 야만의 정치가 정치불황의 가장 큰 원인이었다. 연합정치는 여·야 간의 상생과 공존의 정치를 실천하는 것이기에 경기도 연정은 소중하다. 정치인과 정당이 좋은 정치의 중심이 될 때 국민들도 '연정'을 하게 되어 평온과 민생을 구가하리라 확신한다.

협치와
연정의 힘

칼럼의 배경과 쟁점   2016. 6.

- 2016년 4월 13일 실시된 제20대 총선 결과는 여당인 새누리당의 참패로 귀결되었으며, 의회 내 여당의 절대다수를 확보하지 못한 대통령은 국정운영에서 야당과의 협치가 필요한 상황이 되었음

- 제20대 총선에 의해 새롭게 형성된 정치지형은 대통령의 국정운영 방식이 야당과의 협치, 대화와 타협을 필요로 하고 있음에도 불구하고, 박근혜 대통령은 개정국회법에 대한 거부권을 행사하는 등 야당과의 협치 거부의사를 보이면서 정치적 갈등과 국정운영의 파행이 예상됨

- 대통령제를 채택하고 있는 우리나라는 국회의 구성이 여소야대로 구성되는 사례가 빈번하기 때문에 연정과 같은 협치의 정치시스템이 정착될 필요가 있으며, 영국·독일·오스트리아와 같이 모범적 연정시스템이 작동되는 국가들의 사례에 대한 연구를 통한 제도 도입을 역설함

키포인트   제20대 총선에서 형성된 여소야대라는 정치적 상황에서 안정적 국정운영을 위한 협치로서 연정시스템을 고려해야 하며, 우리나라에 적용가능한 연정시스템에 대한 연구 필요성을 강조하는 칼럼

    √ 박근혜 대통령은 협치와 연정을 할까
    √ 협치의 구체적인 형태로서의 연정의 힘
    √ 한국 협력정치 조건과 연정의 확장성
    √ 한국 정치개혁의 중심으로서 협치와 연정 연구

제20대 총선 결과 집권당인 새누리당이 122석, 제1당이자 제1야당인 더불어민주당이 123석, 제2야당인 국민의당이 38석 그리고 나머지는 정의당과 무소속으로 분산되었다. 과반을 넘는 정당이 없는 국회가 오랜만에 구성되었다. 뒤집어서 이야기하면 어떤 한 개의 정당의 힘으로 국회 운영과 법률안 통과와 예산안 확정이 불가능하게 된 것이다. 국회에서의 협력정치와 연합정치가 불가피하게 되었고 청와대 또한 국회와의 협력정치가 절대적으로 필요하게 되었다. 제20대 국회에서 협치와 연정은 필연적일 수밖에 없다.

박근혜 대통령은 협치와 연정을 할까

역대 한국정치에 있어서 여소야대 정국이 간혹 발생되었다. 여소야대 상황을 대처하는 세 가지 타입의 대통령을 상정할 수 있다. 첫째는 여소야대의 상황을 인위적으로 무너뜨리는 타입이 있는데 노태우 전 대통령의 3당합당이 그것이다. 제13대 총선 결과 집권여당인 민정당은 125석, 제1야당인 김대중의 평화민주당이 70석, 제2야당인 김영삼의 통일민주당이 59석, 제3야당인 김종필의 신민주공화당이 35석으로 분산되었으며 당시 호사가들, 특히 김재순 국회의장은 과반수 정당이 없는 여소야대의 4당 체제를 황금분할이라고 긍정적 평가를 하기도 했다. 오히려 여당이 독주를 하지 아니하고 야당과의 협력정치를 구가할 수 있다는 점에서 한국정치 문화의 새로운 바람이 불 것이라고 낙관까지 했다. 그러나 여소야대 정국은 얼마 가지 못했고 채 1년을 넘지 못하고 1990년 1월 22일 민주정의당과 통일민주당과 신민주공화당이 3당합당하여 거대여당인 민주자유당, 민자당을 탄생시켰다. 많은 전문가들은 3당합당은 인위적인 정계개편으로서 정치적 야합이라고 혹평하고 있다.

둘째, 인위적 정계개편과는 정반대로 여소야대 정국을 국민에 의해서 만들어진 정치지형으로 받아들이면서 협력정치와 연합정치를 하려는 타입의 대통령이 있을 수 있다. 과거 참여정부 시절 여소야대 정국을 돌파하기 위해서 노무현 전 대통령이 야당인 한나라당에게 연정을 제의한 바 있었는데 당시 박근혜 대표로부터 '참 나쁜 대통령'이라는 까칠한 정치적 야유를 받으며 실패한 바 있다. 한국정치에 있어서 최초로 대통령이 연정을 제의했지만 연정의 경험이 전무한 한국정치 문화에 있어서 야당이 쉽게 받아들일 수 없는 정치적 제스쳐가 되고 말았다.

연정에는 정책연합과 정부를 같이 구성하는 정부연합 그리고 선거연합이 있는데 DJP 공동정권으로 상징되는 제16대 대통령 선거에서 선거연합이 성사된 적이 있었다. 그리고 야당끼리 한 부분적인 정책연합과 총선에서의 후보단일화를 통한 선거연합은 간혹 있었으나 여당과 야당이 총선 이후 정책연합 내지 정부연합을 성사시킨 적은 없었다. 지금 제20대 총선 결과는 바로 이러한 의미의 협치와 연정을 필요로 하는 상황이 만들어 졌다.

이런 상황에서 세 번째의 타입으로는 여소야대의 국회에 대해서 연정을 제의하거나 인위적 정계개편도 시도하지 않으면서 정면충돌을 하는 대통령이 있을 수 있다. 제20대 총선 직후 야당과의 협치를 제의했던 박근혜 대통령의 경우 5·18 민주화운동 기념식에서 '임을 위한 행진곡' 제창 불허, 국회 상시청문회법 재의 요구 등을 통하여 협치를 거부한 박근혜 대통령이 이러한 타입에 해당된다 하겠다. 여소야대 정국을 그대로 두면서 협치를 하지 않겠다는 것은 국회와 아무 일도 하지 않겠다는 것은 아닐 것이다. 아마도 국민들과의 소통 속에서 대통령이 국회를 가끔 압박하는 정치를 시도할 수도 있다. 그러나 대통령의 그러한 정치적 카리스마는 대통령 임기 초기에나 국민의 절대적 지지를 받고 있을 때 가능할 뿐이다. 이에 '박근혜 대통령이 협치와 연정을 할까'가 궁금하다.

협치의 구체적인 형태로서의 연정의 힘

연합정치는 선진민주주의 국가에서 일상적으로 행해지는 정치적 협상과 타협, 그리고 협력의 정치라는 점에서 무원칙한 야합과는 다르다. 그냥 수 (數)의 정치도 이성적이고 합리적이지만 몇 년 전 오세훈 전 서울시장이 무상급식과 관련지어 주민투표를 실시해서 낙마한 적이 있었는데 이는 수의 익스트림, 극단의 정치로서 이를 지양하는 것이 협치이자 연정일 수 있다. 현재 실행하고 있는 경기도의 연정은 한국 민주주의 제도와 문화에 있어서 다수결 민주주의와 함께 협의민주주의의 혼재현상이 반영된 정치행태이다. 경기도 연정은 지방정치 차원에서 이루어졌지만 정책연합, 정부연합, 선거연합 중 정책연합과 정부연합이 섞여있는 것으로서 2013년 독일의 대연정 사례와 2010년 영국 대연정이 롤모델이 될 수 있다. 이들의 연정 시스템은 향후 한국정치에서도 일상화될 수 있는 협치와 연정의 제도화를 위해서 계수의 가치가 있다 하겠다.

독일의 2013과 영국의 2010 연정은 대연정으로서의 공통점을 가지고 있다. 대연정은 제1당이 정치적 색깔이 크게 차이나지 않는 군소정당과 하는 소연정과 달리, 정책노선 및 정책이 크게 차이가 날지라도 국가적 안정과 경제발전을 위해서 제1당과 제2당이 연합정치를 하는 것이다. 예를 들어 새누리당이 국민의당과 연합정치를 하면 소연정이라 할 수 있고 새누리당과 더불어민주당이 연합정치를 하면 대연정이라 할 수 있다.

　독일과 영국의 대연정에 있어서 공통점은 연정의 공동목표를 정하고 핵심과제와 원칙을 분류하며 매우 구체적인 세부실행까지 합의를 보는 치밀한 정치계약서를 만들고 시작하였다는 것이다. 독일 대연정의 경우 성장과 교육 및 통합을 3대 목표로 정하고 있으며 ① 모두를 위한 번영(지속적 경제), ② 독일 교육(좋은 교육과 강한 연구), ③ 사회발전(사회 화합과 연대), ④ 자유와 안전(인권과 강한 국가), ⑤ 안전한 평화(유럽연합 및 세계와 협력과 공동책임), ⑥ 연립정부에서 절차 수행 등 6대 핵심 과제를 분류하였다. 세부실행 계획을 세우는데 있어서도 예를 들어 '자유와 안전' 핵심정책의 경우 정치적 극단주의 대응, 통신감청 평가, 인터넷 장애, 정보보호, 피고용인 정보보호, 세계금융정보망 합의문, 예방적 구금, 언론자유, 형사소송법 153조 절차 종료, 안락사, 거주자등록법, 시민거버넌스의 효율성, 집달관 공중기능 이전, 사회행정법원 융합 등과 같은 사항을 합의하고 있다.

　영국의 대연정도 공동목표와 공동원칙을 합의하여 최종 정치계약을 하였는데, 그 범위에 있어서 정치개혁도 포함시키고 있다. 예를 들어 정치개혁 부분 합의에 있어서 대연정의 원칙을 '선거개혁을 위한 국민투표 실시와 투명성 및 책임성이 확보된 신속하고 근본적 정치개혁'을 원칙으로 삼고, 의원 임기를 5년으로 하고 대체투표제와 국민소환제를 도입하며 중대범죄로 기소된 의원의 면책특권 남용 금지, 의회관련 수당 등 특권과 요식행위 철폐, 10만명 이상 서명한 청원의 본회의 토론 및 의제 채택 및 법안발의와 표결을 합의하였다.

최근의 독일과 영국의 대연정 사례를 볼 때 협치와 연정의 힘이 얼마나 막강한가를 확인할 수 있다 하겠다. 협치와 연정은 과반수에 의존하는 다수결 민주주의보다 합의를 위하여 더 구체적이고 치밀한 정치를 할 수밖에 없다. 디테일한 협의과정을 거치기 때문에 일단 합의를 하게 되면 협치의 구체적 실현으로서 연정은 강력한 힘을 갖는 정책과 정부, 그리고 개혁을 탄생시키게 된다.

한국 협력정치 조건과 연정의 확장성

얼마 전(2016. 5. 26) 경기도의회에서 경기연정의 파트너인 경기도지사와 사회통합부지사 그리고 도의회의 대표들이 참석한 가운데 경기연정에 대한 중간평가와 발전방향에 대해서 발제를 한 바 있었다. 정치문화, 전통 및 관행과 법적·제도적 조건이 미비하거나 부재상태에서 경기연정을 중간평가한다는 것은 '연목구어'라고 표현하였다. 오히려 한국 정치개혁이 요란하게 무언가를 뜯어 고치는 개헌 내지 제도개혁보다는 협력정치가 그 어느 때보다 요구되는 현실 속에서 경기연정의 향도적 역할에 찬사를 아끼지 말아야 한다고 후한 점수를 주었다.

특히 경기연정은 한국의 잘못된 정당정치로 인한 중앙정치의 종속으로부터 지방정치를 분리·독립시키는데 좋은 계기가 되었다. 제20대 총선 이후 작금의 한국정치는 불가피한 협치의 시대적 요청으로서 이에 적응하기 위한 정치행위와 제도보완이 절실한 시점이다. 어쩌면 역대 선거 때마다 나타나는 여소야대 현상은 이미 한국선거의 전통이 되었다고도 볼 수 있다. 이번 제20대 총선에서도 예상 외의 여소야대는 한국적 상황에서 야기된 것으로서 비합리적인 인위적인 정계개편보다는 협치에서 그 답을 찾아야 할 때가 되었다. 여·야 정당 간 대결 외에도 정당 내의 계파 간의 연정을 위한 정당문화와 정치교육도 정치선진화를 위한 과제로 설정할 때가 된 것 같다.

중앙정치 못지않게 지방정치에서도 연정의 불가피성은 높은데 그 대표적인 예로서 제주특별자치도의 정치적 조건은 협력정치를 필요로 하고 있다. 도지사가 새누리당이고 국회의원이 더불어민주당이며, 도의회는 여야가 팽팽하게 맞서고 있는 정치적 상황은 협력정치 내지 연정의 필요충분조건을 갖추고 있다. 제주도의 정치적 조건에서 도의회의 형편은 여·야 대결구도 같지만 제주특별자치도의 정치·행정·경제·사회문화적 특수성에서 볼 때 제주연정의 필요성은 더욱 절실하다. 중앙정치에 맞는 법보다는 제주도의 현실에 맞는 법이 필요하다는 것을 제주도의 여·야 도의원들이 공통인식을 하고 있었다. 제주도의 발전과 대한민국의 발전을 위해서 지방정치에서의 협력정치와 연정이 필요로 하는 대목이다. 언젠가는 일방적으로 한 정당에 쏠려있는 영·호남 지역에서도 협력과 연합정치의 필요성은 한국정치의 변화와 발전에 따라서 언제든지 나타날 수 있다 하겠다.

연정이란 기본적으로 정당이 정치의 주체인 내각제를 채택하고 있는 유럽에서 가능하다고들 얘기해 왔었다. 그러나 대통령제에서도 협치와 연정은 매우 중요한 정치시스템으로 작동될 상황이 발생할 수밖에 없다. 대통령제가 내각제와 다른 것 중에 가장 큰 것은 대통령과 국회가 국민들로부터 각각 별도로 이중적으로 정당성과 정통성을 부여받고 있다는 것이다. 그런데 우리나라의 경우 대통령은 A당 후보를 선출하고 국회는 B당을 다수당으로 선택하는 경우가 종종 발생하고 있다. 내각제가 아닌 기관대립형인 대통령제에서도 협력정치와 연합정치가 필요한 경우가 바로 이러한 경우일 것이다. 한국정치에서 연정의 기본적인 프로세스를 정치문화화 내지 정치제도화할 필요가 있다.

한국 정치개혁의 중심으로서 협치와 연정 연구

최근에 대연정을 출범시킨 독일의 경우 연정파트너끼리 3개월에 걸친 치밀한 정치협의와 합의의 시간을 가졌다. 제20대 총선 직후 협치를 위한 박근혜 대통령과 여·야 원내대표부와의 만남의 시간이 과연 협치를 하기 위한 협의와 합의의 시간으로서 너무나도 짧은 찰나의 시간은 아니었는가. 집을 하나 장만할 때도 얼마나 많은 품을 파는데 중요 국가정책에 한국정치 지도자들은 왜 이리들 무책임한가. 참으로 한심하다. 제20대 국회에서의 협력정치를 위한 시간의 할애가 충분하길 바란다.

독일의 경우 연정을 하는 과정에서 파트너는 제대로 정했는가(대연정이냐 소연정이냐), 정책내용은 제대로 합의하고 있는가에 대해서 국민의 여론 추이를 일일체크하다시피 하였다. 한국에서 여당과 야당이 대통령과 국회가 협력정치를 한다면 무엇을 구체적으로 협력하겠다는가에 대한 이야기가 공개적으로 공론화되어야 한다. 만나서 웃고, 사진 찍고 서로 협력하자는 단어만을 써가지고는 어떠한 협치와 연정도 시작될 수 없다. 만났으니 협치한 것이라고 착각하고 각자 자기 말대로 따라줄 것만 기대하고 요구하는 한국 대통령과 여·야의 대표가 만났다. 무슨 협력의 정치가 있겠는가.

그리고 서로 다른 정당 내지 정파 간의 협치와 연정을 하기 위해서는 각각의 구성원으로부터 동의가 1차적으로 있어야 한다. 경기도 연정의 경우도 새누리당과 구)새정치민주연합 당내에서의 연정 승인이 불충분하여 최근에도 잡음이 있어 보였다. 출범할 때도 연정을 위한 이해도가 부족하여 시간을 끄는 것이었지 구체적 정책협의를 하면서 시간을 보냈던 것은 아니었다. 그리고 경기도민들의 연정에 대한 의견을 묻거나 파악하는 것도 충분하지 못했다. 향후, 연정의 기본적인 과정들을 조금씩 익혀가면서 한국정치에도 협력정치와 연합정치의 정치시스템이 작동되어야 한다고 생각한다.

유럽의 여러 나라들 특히 오스트리아에서 연정을 성공리에 운영하고 있는데 그 근저에는 정당의 규율이 강하다는 점이 있다. 오스트리아는 연정 성공을 위한 조건인 정당의 강력한 사회적 통제력과 자율성을 갖추고 있다. 정당에 소속되거나 그 정당을 지지하는 당원·유관단체 등에 대한 정당의 통제력이 강력하다. 그렇게 때문에 정당 간의 합의가 사회적 합의와 직결된다. 우리나라와 같이 어렵게 정당 간 합의를 하여도 관련단체가 거부하거나 청와대 및 다른 국가기관과 사회단체에서 거부하면 무력화되는 것과는 대조적이다.

요컨대 한국은 대통령제 권력구조로서 내각제와 같은 기관융합형이라기 보다는 의회와 행정부 구성을 독립적으로 선출하는 이중적 정당성을 갖고 있으므로 정당의 규율은 상대적으로 약할 수밖에 없으며, 그에 따른 시민사회의 자율성이 높으므로 정부·의회·정당 외에 시민의 참여시스템을 마련할 필요가 있다 하겠다. 한국정치의 개혁이 개헌과 제도개선 외에 협력과 연합정치에서도 가능할 수 있다는 점에서, 향후 한국적 협치와 연정에 대한 전문적·체계적 연구가 있어야 하겠다.

VIII

정부/국무총리·국회·대법원

DILEMMA of politics

한국
국무총리론과
이낙연

칼럼의 배경과 쟁점   2017. 9.

- 이낙연 총리가 무난한 성품으로 대통령과 임기를 같이 마치는 최초의 국무총리가 될 수도 있다는 기대감에도 불구하고, 한국정치는 이낙연 국무총리를 5년 간 보존시켜주기에는 너무도 역동적이고 절대 불가능적이라 할 수 있음

- 한국의 국무총리제는 제도적 모순점과 역대 국무총리의 역할과 권한의 문제로 개헌이 이루어질 경우 부통령제로의 전환 내지 대체의 대상이 될 가능성이 높지만, 한국정치의 특성상 대통령제 하에서도 한국헌법사에서 지속적으로 존재해온 국무총리를 쉽게 버릴 수 없을 것임

- 국무총리제에 대한 비판을 극복하기 위한 방안으로서 '책임총리제'가 거론되는 바, 우리나라 헌법과 법률에서 규정된 국무총리의 역할과 권한이 정상적으로 수행된다면 책임총리의 지위와 위상은 충분히 보장될 수 있으며, 이낙연 총리가 그 권한 수행방법을 이행함으로써 명실상부한 책임총리가 되기를 기대함

키포인트   역대 한국 국무총리들의 역기능적 역할론으로 인한 국무총리제 폐지 논란에도 불구하고 부통령제 도입은 한국정치 현실에서 쉽지 않은 선택지이며, 이낙연 총리는 헌법과 법률에서 규정한 국무총리의 역할과 권한을 수행함으로써 책임총리의 지위와 위상을 새롭게 정립해야 한다는 칼럼

     √ 한국 국무총리, 영욕의 역사
     √ 국무총리 대안으로서 부통령제 도입
     √ 책임총리로서의 이낙연

이낙연 국무총리가 어쩌면 한국 최초로 대통령과 임기를 같이 마치는 국무총리가 될 수도 있다는 느낌이 든다. 가장 큰 근거로는 넉살이 좋고, 조직 내부관리는 깐깐할지 모르겠지만 외형상 모난 곳이 전혀 없는 듯하여 하는 말이다.

올해 6월 말 가뭄이 한창 기승을 부릴 때 문재인 대통령이 미국방문을 하였는데, 출발하기 직전 이총리 왈 '다녀오시는 동안 가뭄을 해소해 놓을 테니 걱정마시라'면서 이·낙·연이라는 이름에 물 수(水)가 두 개 들어가 있기 때문이라고 애교를 부렸다 한다. 본인 스스로 화투로 치면 비 광(光)이라고도 한다. 다른 광 없이는 스스로 힘을 못 쓰는 존재로 자평하기도 하는 것이다. 이런 국무총리를 절대권력자가 싫어 할리 없을 것이고, 어느 누가 작심하고 적의(敵意)를 품겠는가. 물론 이러한 무난한 이낙연 국무총리의 처신에도 불구하고 한국정치는 한국의 국무총리를 5년 내내 고스란히 보존시켜주기에는 너무도 역동적이고 절대 불가능적이라 역설할 수 있다.

한국 국무총리, 영욕의 역사

한국 국무총리는 제헌헌법에서부터 등장하여 아주 한시적인 시기에 한해서 폐지되었을 뿐, 지금까지 줄곧 유지되고 있다. 내각제와 대통령제의 제도적 야합이었던 제헌헌법에서는 대통령·부통령·국무총리가 모두 존재하는 상황까지 연출되기도 하였다. 힘이 있는 국무총리는 제2공화국을 제외하고는 거의 존재하지 않았으며, 재임·재직 일수가 넉 달에도 미치지 못하는 경우가 여러 차례 있었으며 이 중에는 겨우 두 달에 불과한 경우도 두 차례나 있었다. 제45대 이낙연 총리는 오래 갈 것 같다라는 가상을 해

보았지만, 최장수 총리로서는 제9대 국무총리 정일권의 6년 6개월(2,416일), 제11대·31대 김종필 총리의 6여 년(2,172일)의 경우도 있었다. 하지만 이 긴 기간은 군사정권의 장기집권 하의 상황이어서 의미를 부여할 필요는 없다.

국무총리 제도에 대해서 가장 흔히 제기되는 비판은 이론상 대통령제와 어울리지 않게 국회의 동의를 얻어서 임명하고 있다는 점이다. 제헌헌법 제정시 정치적 타협의 산물로 시작된 국무총리는 권위주의적인 대통령제 하에서 방탄총리와 대독총리로 불리며 그 위상을 제대로 인정받은 적이 거의 없었다. 역대 국무총리들이 실질적 권한이 없으면서 대통령이 져야할 정치적 책임을 대신함으로써 대통령직을 성역화시키는 반민주적 역기능을 해왔다는 악평을 받고 있는 것이 한국 국무총리의 현주소이다.

현행헌법과 행정체계에서도 국무총리의 한계를 제도적으로 보여주고 있다. 즉 국무총리는 정무직 공무원으로서 현행헌법 하에서 대통령을 보좌하고 있기에 최종적 책임자가 아니다. 동시에 행정 각부의 장을 지휘감독하나 중앙행정관청으로서의 지위 측면에서 각 행정각부의 장과 동등한 지위를 가지기 때문에 일인지하만인지상이라는 헌법적 지위를 실질적으로 확보하고 있지 못한 셈이다. 이와 같이 한국 국무총리는 제도의 존재가치가 매우 취약하다. 이에 4년 중임제 대통령제로의 개헌이 이루어진다면 국무총리직은 부통령제로의 전환 내지 대체의 대상이 될 가능성이 높다.

국무총리 대안으로서 부통령제 도입

부통령제 제도는 미국에서 최초로 도입이 되었고, 짧은 미국 헌법사에서도 그 권한과 위상에 많은 변화가 있었다. 처음에는 일상적으로는 상원의 장 업무를 수행하고, 대통령 궐위시에도 그 직을 '승계'하는 것이 아니라 권한을 '대행'하는 것에 그쳤다. 한국의 국무총리만큼이나 유명무실한 존재였던 미국에서의 부통령제가 최근에 들어와서는 대통령 선거에서의 런닝메이트로서 부통령의 존재가치와 권한강화가 동시에 이루어졌다. 특히 1967년에 통과된 수정헌법에서는 부통령의 궐위에 대비하는 조항까지 신설하여 미국헌정의 현실에서 부통령직의 중요성이 매우 커지고 있음을 보여주고 있다.

한국헌정에서 부통령제의 도입이 현실화 될 때 어떤 형태로 부각시켜야 될지에 대해서는 많은 논쟁과 토론이 필요하다. 왜 부통령제를 두어야 하는지에 대한 명분에 있어서도 다양할 수밖에 없으며 제도적으로도 그렇게 완벽하지 않다. 각 주(州)의 자치권이 강하게 보장된 미국연방국가에서의 부통령제와 한국헌정에서의 부통령은 엄연한 차별과 간극이 존재할 수밖에 없다. 예를 들어, 한국에서 대통령 선거가 지역 간 대결양상으로 이루어질 경우 정·부통령 후보는 지역연합으로 이루어질 가능성이 크다. 부통령의 경우 지지기반이 취약한 지역에서의 득표를 위해 지명될 가능성이 매우 높음으로 그 부통령이 대통령직을 승계했을 때 과연 제대로 대통령으로서의 임무를 수행할 수 있을지 의문시된다.

지역연합이 아닌 정당 간 연합에서도 동일한 문제는 발생한다. 미국과 같은 양당제가 정착되지 않은 한국에서 다수정당의 대통령 후보가 소수정당과의 연합을 목적으로 부통령을 지명할 경우 부통령의 권력승계는 대통령제의 안정이 아니라 정치적으로 취약한 소수정당의 집권이라는 상황으로 묘하게 전환되어버릴 것이다. 대통령의 유고시 부통령이 승계하면 정권이 교체돼버리는 문제가 발생되는 것이다.

한국헌법에 부통령제를 도입할 경우 대통령과 부통령의 선출방식이 가장 핵심적일 것이다. 대통령 후보가 지명하는 방식과 정당투표라는 방식이 있을 수 있다. 대통령 후보 당선자가 여러 가지 정치적인 목적으로 런닝메이트를 선정하는 것이 가장 보편적인 방법이다. 그 외 전체후보자 중 제1득표자를 대통령으로 하고, 제2득표자를 부통령으로 하는 방법이 있을 수 있으나, 이것은 정당대의민주국가 현실에서 선거에 패배한 경쟁자를 부통령으로 선출한 것으로 부적합하다.

미국에서의 부통령제에 대한 논쟁도 여전히 다양하여 폐지론과 권한강화론 등 새로운 변화를 논의하고 있다. 대통령 중임제로의 개헌을 할 경우 한국에서는 국무총리제의 존치여부와 부통령제 도입 방법에 대한 논의가 더욱 다양할 수밖에 없을 것이다. 대통령제 하에서도 한국헌법사에서 지속적으로 존재해온 내각제적 전통으로서의 국무총리를 쉽게 버릴 수도 없는 것이다.

책임총리로서의 이낙연

'책임총리'라는 단어는 법률용어는 아니며 연혁적으로 참여정부의 이해찬 총리로부터 본격적으로 시작된 정치적 용어에 불과하다. 어떻게 해야지 책임총리인가에 대해서는 쉽게 단정하기도 어렵다. 들리는 말로 문재인 대통령이 이낙연 총리에게 책임총리를 해달라 하면서 '이해찬 총리같이 하면 된다'고 했다는 것이다. 이해찬 총리를 소신과 힘을 가진 국무총리로 상정했던 것 같다. 걸맞는 시스템으로서 매 주 월요일 문재인 대통령과 이낙연 총리가 1시간 30분 주례회동 하는 것을 그 근거로 하고 있는 것 같다. 말이 주례회동이지 실질적 성격은 주례보고에 불과할 수도 있기 때문에 이를 책임총리의 근거로 삼을 수는 없다.

이낙연 총리의 무난함에 대해서도 비판적인 소리가 많다. 서두에서 이야기했던 화투짝의 비 광(光)에 비유되고 있는 것이라든가 술에 술탄 듯, 물에 물탄 듯한 막걸리론도 책임총리로서의 자질을 의심케 하는 표현들일 수 있다. 그렇다고 강한 성격의 소유자가 되면 책임총리를 잘할 수 있다고 단정짓는 것 또한 곤란하다.

내년에 총리직에 대한 어떠한 개헌이 있다 하여도 차기 대통령에 적용되는 것이기 때문에 이낙연의 제45대 국무총리직 수행은 개헌과 별개의 문제다. 잘 살펴보면, 대통령과 야당 그리고 국민들이 원하는 책임총리직 수행방법은 이미 헌법과 법률에 명확하게 규정되어 있다.

무엇보다 이낙연 국무총리는 국회의 동의를 얻어서 대통령이 임명한다는 헌법 제86조 1항을 제일의 업무지침으로 삼아야 한다. 국회동의에 대한 의미를 무시하거나 축소하지 않고 진지하게 받아들인다면, 국무총리는 대통령 보좌 외에도 야당과의 정치, 국민과의 정치도 국무총리의 업무임을 확인할 수 있다. 특히, 법은 국무총리의 권한과 역할로서 원활한 국정운영을 위해 국무를 조정하고 통할하는 것이라고 적시하고 있기 때문에 국무총리의 역할은 대통령만큼이나 광활하다 하겠다.

헌법 제87조 국무위원에 대한 제청권과 해임건의권을 행사한 국무총리는 역대에 없었다. 이낙연 총리도 예외는 아니었지만 대통령 조기 및 보궐선거에 따른 불가피한 상황에서 제청권 행사는 타이밍상 가능하지도 않았다. 그러나 현재의 내각이 단 한번의 실수도 없이 장기간 순항할 수는 없는 것이 정치현실이기에, 향후 이낙연은 제청과 해임건의를 언젠가는 행사할 수 있다. 특히 거의 발생하지 않겠지만 국무총리는 대통령 권한대행으로서 대통령의 권한을 임시적으로 이어받기에 국무총리에 대한 국민적 정체감은 문재인 정부의 아주 큰 정치적 자산일 수 있다.

책임총리의 강조는 국무총리의 위상과 국정의 안정감 및 역동성을 보장하기에 하면 할수록 문재인 정부에 좋다. 특히 지역적·이념적으로도 문재인 대통령과 이낙연 총리의 결합은 '대통합의 극대화'를 보여주기에 문재인 대통령의 책임총리 제안은 돋보였다 하겠다. 이제 이낙연 총리가 답을 할 때다.

국회혁신효과
(國會革新效果)

칼럼의 배경과 쟁점   2018. 11.

● 국회혁신위원회 위원으로 활동하면서 국회의 전체적인 조직체계와 운영의 문제를 목도하
고 국회혁신의 방향으로서, 반관료·반구태, 인사조직의 혁신, 구태의연한 의제설정 행태의
변화를 제시하며 그 혁신의 핵심 주체가 국회 상주 구성원이 되어야 함을 역설함

**키포
인트**   국회의 구성은 국회의원과 의원실 소속 직원만이 아니라 국회사무처·입법조사
처·예산정책처·국회도서관 등 상주 인력들이 공존하며, 국회가 한국의 정치·경
제·사회·문화적 의제들을 주도하는 기관으로서 스스로 국회조직의 혁신을 주도
할 것을 역설하는 칼럼

√ 국회혁신의 핵심 가치로서 '반관료·반구태'
√ 관료화 돼버린 인사조직, 국회 낙후의 공동정범
√ 구태의연한 의제설정, 여의도정치 낙후의 증거

현재 한국국회의 자존감은 무척 낮으며, 심지어는 국회의원을 처음 보는 '낯선 사람'보다도 못 믿겠다는 사람들도 많다. 그럼에도 불구하고 만약에, 정말 만약에 국회가 혁신되어 국민적 신뢰 기관으로 변신한다면, 대한민국은 뜻밖의 새로운 동력을 얻을 것이고 고질적인 여러 가지 '한국병들'도 치유되는 신기한 일들이 벌어질 것이다. 국회는 온갖 것을 투입시키고, 만들어낼 수 있는 유일한 국가기관으로서 국회의 역량이 극대화 될 경우 그 승수효과와 파급효과는 가공할만할 것이다. '의회는 여자를 남자로, 남자를 여자로 만드는 것 이외에는 모든 걸 다할 수 있다'는 아주 오래전 영국 얘기는 어쩌면 국회혁신효과를 웅변하고 있다 하겠다.

국회혁신의 핵심 가치로서 '반관료·반구태'

국회의 개혁이 개헌·선거제도 개정·폐쇄적 이념대결과 패권적 지역주의 타파 등과 같은 정치제도와 정치환경 및 정치문화의 변경을 타겟으로 삼을 때는 성공확률이 매우 낮으며, 국회의 기능을 강화시키는 혁신과는 무관하기도 하다. 국회의원으로 누가 와도 국회가 제 기능을 할 수 있도록 하며, 국회담장을 기준으로 내부의 관료적 조직 행태와 구태의연한 국회의 외연들을 살펴보는 것이 국회 자체의 기능강화에 보다 본질적이고 우선적이며 가시적일 것이다.

최근 더불어민주당 추천 몫으로 국회의장 직속 '국회혁신자문위원회' 일원으로 참여하여 수차례 회의를 하였는데, 여당·야당 추천 또는 각자의 정치적 색깔과는 상관없이 9명 전원이 '번번이, 아주 자주' 의견일치를 보고 있다. 아마도 국회혁신의 핵심가치를 반관료와 반구태로 보고 있어서 생긴 일일 것이다. 반관료와 반구태를 핵심목표로 할 경우 국회혁신효과는 최소한의 노력으로도 가능한 '최대효과'와 단기에 가능한 '즉시효과'를 볼 수 있어서 효율적이다.

관료화 돼버린 인사조직, 국회 낙후의 공동정범

국회혁신자문위원회에서 받은 첫 번째 충격은, 관료화된 인사조직은 모든 기관을 망가뜨리는 주범인데 국회의 인사조직은 공공 및 민간부문을 통틀어서 최악에 가깝다는 것이었다. 입법조사처와 예산정책처의 연구직들에게서 전문성에 걸맞은 인사조직의 독립성을 찾아보기 힘들었다.

얼마 전, 외국에서 학위를 해 온 조카가 입법조사처의 연구직에 어렵게 합격했음에도 불구하고 지도교수와 상의 끝에 대학의 시간강사의 길을 선택하는 것에 대해서 어리둥절한 적이 있었다. 국회 연구직의 평생직장으로서의 불안정성과 입법고시 및 사무처 소속 직원들과 비교할 때 갖게 되는 상대적 박탈감 등을 확인하면서 이제야 조카의 결정을 이해할 만큼 현재 국회의 인사조직은 너무나도 관료화되어있다. 국회와 국회의원이 비난받고 있는 것에는 정치인들의 책임이 최우선일 수 있지만 국회의 관료화되어버린 인사조직도 국회낙후의 공동정범이다.

국회사무처·입법조사처·예산정책처·국회도서관에 입법고시 출신 또는 박사 및 최고의 전문가들이 평생직장으로 삼으면서 각각의 기관을 세계 최고의 기관으로 만들려는 인사조직체가 된다면, 어느 누가 국회의원으로 들어온다 해도 국회기능은 흔들림이 없을 것이다. 게다가 국회의 헌법적 위상은 행정부와 타 국가기관을 압도하고 있어서 국회 인사조직의 혁신 바람은

500조에 가까운 모든 국가기관 및 정부조직에 혁신의 강력한 파급효과를 줄 수 있다. 국회낙후의 공동정범으로 낙인찍힐만한 국회인사조직이 탈관료화의 혁신을 완성한다면 이는 국회 자체혁신에 그치지 않고 대한민국 변화의 동력이 되기도 하기 때문에 국회혁신효과는 그 승수효과와 파급효과가 가공적일 수밖에 없다 하겠다.

구태의연한 의제설정, 여의도정치 낙후의 증거

삼권분립의 헌법기관 중 입법부, 즉 국회가 가장 진취적이어야 한다. 이에 여의도정치에서의 의제설정은 사법부는 물론 행정부를 앞서가야 하는 것이 정상적이어야 함에도 불구하고 국회의 입법·예산 외의 의제설정들은 너무도 구태의연하다. 국회의 외연확장을 위한 각종 지원과 보조금 실태를 살펴보면 쉽게 짐작이 간다. 4차산업을 비롯한 미래사회의 아젠다에 지원된 흔적들을 아직 못찾고 있다.

전두환 정권 시절부터 만들어진 각종 연구회와 포럼들에 분명히 예산이 지원 또는 보조되고 있음에도 불구하고 왜 아무 시비가 없는 것일까. 분명히 국회예산이 투입되고 있는데 국민의 감시기관인 국회는 침묵하고 있는 것일까. 국회의원 또는 국회의원과 친하다고 해서 시대의 의제와 무관한 곳에 국민세금이 쓰이고 있는 것이 그냥 넘어갈 문제인가.

시대에 동떨어진 구태의연한 의정 외적 활동들에도 과감한 혁신이 필요하다. 구태의 의제설정과 행태들은 여의도정치 낙후의 증거이기도 하지만, 더욱 중요한 것은 국가 전체의 새로운 변화의 근원지로서 국회의 존재와 기능을 마비시키기 때문에 혁신해야 한다. 국회의 보조 및 출연사업의 안일하고도 구태의연한 행태에 혁신과 개혁이 이루어진다면 이 또한 어느 누구가 국회의원으로 들어오더라도 미래지향적인 국회의 지배분위기를 거스르지 못하게 할 것이다. 동시에 국회의 정치적 위상은 압도적이어서 반구태의 혁신은 국회에 머물지 않고 국가 전반적으로 확산되는 효과를 가져온다 하겠다.

끝으로, 국회혁신의 주체문제이다. 안타깝게도 국회의 수장인 국회의장의 임기는 2년에 불과하고 각종 상임위원장은 최근에는 1년짜리도 수두룩하다. 300명의 국회의원이 항시 고정적으로 자리를 지키고 있는 것이 아니며 다수당이든 소수당이든 당대표가 수시로 바뀌는 곳이 여의도의 정치풍향계다. 그들은 국회혁신을 주문할 수는 있어도 주체이자 지속적인 중심이 되기는 어렵다. 요컨대, 국회사무처·입법조사처·예산정책처·국회도서관 등 국회 상주 구성원들이 국회혁신의 주체가 되어야 한다. 그들의 대화와 토론이 국회혁신효과를 낳는다 하겠다.

이재명과 대법원 최후의 심판

칼럼의 배경과 쟁점   2019. 11. 02. 〈경향신문〉

● 검찰·법원 등의 사법적 정치개입의 과잉현상을 개탄하며, 이재명 경기도지사의 「공직선거법」상 허위사실공표죄의 대법원 판결을 앞두고 항소심 판결의 논리적·법리적 모순을 지적하면서 공정하고 일관성 있는 대법원 판결을 주문함

키포인트 일관성을 잃은 사법기관의 법적용과 사법정의를 심각하게 파훼한 항소심을 대법원이 최후심판해 줄 것을 주문한 칼럼

√ 미국보다 훨씬 지나친 한국의 사법적 정치개입과 통제
√ 국회의원보다 엄격한 지방자치단체장 통제
√ 이재명 항소심의 '악마적 해석'과 '대법원 선례 이탈' 심각

이재명의 경기도지사직을 박탈하려는 항소심 재판에 이의를 단다. 1심과 전혀 다른 법률해석과 대법원의 선례를 깬 근거를 묻고 싶다.

뜻밖의 항소심 결과이지만, 법률심 위주의 대법원 상고심 속성상 '이재명은 끝났다'는 비관과 체념의 분위기도 있다. 선거재판에 있어서 대법원이 정무적 판단의 기준과 철학을 확립해줄 때이다. 이재명 지사에 대한 대법원 심판이 단계적·기계적 최종심판이 아니라, 선거재판의 기존 관행에 대해 새로운 이정표를 세우는 '대법원 최후의 심판'이 되기를 바란다.

미국 연방대법원은 선거 및 정치문제에 관한 한 최대한의 자제를 견지하는 것을 전통으로 하고 있고, 이는 대의민주주의의 근간을 흔들지 않으려는 노력인 셈이다. 미국 대통령 선거에서 네거티브 선거캠페인(negative campaign)이 주효한 경우가 제법 되는데, 이 또한 미국 사법기관들의 정치개입 자제가 그 배경이 되기도 한다.

대표적인 네거티브 선거로서 1988년 제41대 대통령 선거에서 유력 후보였던 민주당 마이클 듀카키스가 공화당 조지 부시 후보에게 20% 가까이 앞서다가, '윌리 호튼(Willie Horton) 사건'의 네거티브 캠페인으로 듀카키스가 결국 의외의 참패를 당하고 만다. 만약 한국의 경우였다면 전형적인 네거티브 선거캠페인으로 당선된 조지 부시 미합중국 대통령은 당선무효형의 사법심판대까지 올라왔을 것이다. 그러나 미국 사법기관은 정치개입을 자제하였다.

한국은 검찰·법원 등의 사법적 정치통제가 지나치게 보편화되어 있다. 언제부터인가 대통령·국회의원·지방선거 이후 검찰의 구형과 대법원의 최종심판까지의 터널을 빠져나왔을 때 비로소 최종당선이 완성되고 있다. 이재명은 절대과반의 지지로 경기도지사직을 수행하고 있지만 당선자체가 무효가 되는 정치적·사법적 천형을 기다리는 처지에 있다. 실제 득표율 54.5%의 이재명 지지 유권자도 기다릴 뿐이다.

일관성을 잃은 사법기관의 법적용에도 대법원은 주목하여야 한다. 공직선거법상 허위사실공표죄를 다투는 검찰과 법원의 저울추가 대상에 따라 다른 점을 지적한다. 최근 국회의원에게는 무죄 내지 100만원 이하의 벌금형으로 당선을 유지시켜주는 반면, 지방자치단체장들에게는 당선무효형을 선고하는 사례가 아주 빈번하다. 동일한 사건에 피의자나 피고인이 다르더라도 동일한 구형과 선고를 유지하는 것이 법치주의의 예측가능성과 공정성을 확보하는 것이다.

이재명의 항소심에는 크게 '악마적 해석'과 '대법원 선례 이탈'이라는 두 가지의 심각한 사법정의 파훼 부문이 있다. 큰형 이재선씨에 대한 진단 시도를 한 것은 사실이지만, 직권을 남용해 강제입원을 지시한 적은 없기에 무죄였던 1심이 '진단 시도'와 '강제입원 진행'을 구분하지 않은 논리적 모순으로 항소심에서는 당선무효로 번복되었다. TV토론에서 '형님을 정신병원에 입원시키려고 하셨죠'라는 질문에 '저는 그런 일 없습니다'라는 답변이 악마의 해석을 거치면서 졸지에 공직선거법상 허위사실공표죄가 되어버린 것이다.

특히, '미리 준비한 연설의 경우와 달리 후보자 사이에서 주장과 반론, 질의와 대답에 의한 공방이 즉흥적·계속적으로 이루어지는 합동토론회에서는 일부 부정확한 표현이 있더라도 허위사실공표죄가 성립하지 않는다'는 대법원 판례를 무시한 무리한 판결이었다. 2007년 대법원은 판결문에서 "민주주의에서 언론의 자유는 가장 기초적인 기본권이고 선거과정에서도 충분히 보장되어야 한다"는 선거재판에 대한 정무적 판단 기준과 철학을 명시한바 있다. 이에 이재명의 항소심이 사법정의를 파훼한 부문이 대법원의 선례구속의 원칙을 위배한 것이고, 동시에 대의민주주의의 근간을 흔들 수 있기에 심각하다.

박근혜 전 대통령 국정농단의 중핵은 사법농단이었다고 해도 과언이 아니다. 단순히 이재명의 정치적·법적 구명을 위해서가 아니라, 정치·법학 전문학자로서 선거재판 및 한국정치문제에 대한 검찰과 법원의 사법적 잣대에 대해 대법원이 새롭게 '최후의 심판'을 내려줄 것을 강력히 주문한다.

누가
한국 관료에게
돌을 던지랴

칼럼의 배경과 쟁점   2014. 5. 20. 〈경기일보〉

- 2014년 4월 16일 세월호 참사 이후 국가적 위기관리 시스템과 관계부처 공무원들에 대한 책임론이 대두되면서, '관피아'라는 적폐가 세월호 참사의 주범으로 회자되고 있는데, 그것이 결코 근본적인 진단이 아님을 문제제기함

- 세월호 참사와 관련된 공무원들의 안일한 대응행태의 근본적 원인은 정치권력의 개입에 의한 공무원의 정치적 중립성 훼손이며, 이를 극복하기 위해서는 정치권력의 민주화 및 공직사회의 자정노력과 함께, 과거 대쪽 이미지의 이회창과 같은 총리감을 지명하는 것이 대통령의 책무임을 지적하는 칼럼

오늘도 대한민국은 반성하고 있다. 우리 사회가 세월호 참사에서 제대로 용서받고 소생할 수 있을까. 유가족 대표들이 대통령을 면담하면서 무척이나 답답해했다. 불안한 마음에 변호사를 대동하기를 원했는데, 받아들여지지 않고 대통령은 대부분의 요구에 구체적인 답을 주지 못했다 한다. 대통령이 반성하고 용서받는데서 방황하고 있는 듯 하고 세월호 참사 증후군에서 빨리 벗어나려 하는듯한 느낌을 받게 된다.

유가족을 비롯한 동병상련의 수많은 국민들은 선거에서 여야의 정권을 교체시키는 정치심판만큼이나 결연한 자기반성과 변혁의 정치적 결단을 박근혜 정부에게 요구하고 있다. 엘리트 집단, 국민들의 공복, 관료들의 미개한 원시적 자화상에 같은 공무원들도 혐오스러워하고 있다. '관피아'라는 적폐(積弊)가 세월호 참사의 주범으로 회자되고 있다.

과연 한국 관료시스템의 부패와 무능이 세월호 참사의 주범인가. 이들을 처벌하고 올바로 고쳐놓으면 대한민국이 정상화되고 세월호에서 진정한 반성과 용서를 받게 될까. 성경에 서기관들과 바리새인들이 음행중에 잡힌 여자를 끌고 와서 가운데 세우고 '모세는 율법에서 이러한 여자는 돌로 치라했다'고 했다. 그러나 너희 중에 죄 없는 자가 먼저 돌로 치라는 예수의 양심고백적인 자기반성을 요구하는 성경구절 요한복음 8장을 인용하고 싶은 순간이다. 한국 관료가 왜 세월호 참사의 주범인가를 근원적으로 추적할 때이다.

누가 한국 관료에게 돌을 던지랴. 헌법 제7조는 '공무원은 국민 전체에 대한 봉사자이며 국민에 대하여 책임을 진다'라고 규정하면서 공무원의 신분과 정치적 중립을 보장하고 있다. 공무원은 그 임용 주체가 국민이고 그 직무가 공공성을 띠기 때문에 특정인이나 특정의 당파, 계급, 종교, 지역

등 부분이익을 대표해서는 안되며 국민 전체의 이익을 위하여 봉사하여야 한다.

국민은 국가권력을 공무원들에게 신탁한 주권자이다. 철밥통이라고 불리우는 공무원의 신분보장도 국민에 대하여 책임을 지는 공무원이 되는 것을 돕기 위한 제도적 장치인 것이다. 자신들의 권리와 의무가 국민으로부터 나온다는 헌법 교과서적인 공무원의 법적 지위·신분·책임·정치적 중립성이 훼손되는 것이 공무원 개개인의 불법적 행위에서 구체적으로 발생하지만, 근본적 문제는 정치권력이 개입해서 비롯된다는 점이다. 심하게 표현하자면 정치권력이 공무원의 법적지위와 정치적 중립성을 짓밟아 국민의 공복인 공무원을 정치권력의 봉사자로 전락시켰다 해도 과언이 아니다.

얼마 전 청와대 출입기자로부터 세월호 참사를 극복하는데 적합한 총리는 어떤 유형이어야 하냐는 인터뷰를 요청받은 적이 있었다. 현 국무총리와 같은 실무형 보다는 정치인 출신의 국무총리가 좋은가 아니면 야당과 호남 정서와 맥을 같이할 수 있는 화합형 또는 통합형 국무총리가 좋으냐를 묻는 것이었다. 질문 자체가 나열식이어서 내 생각을 이야기 했는데, 지금은 정부 관료사회를 혁신시킬 수 있는 과거 대쪽 이미지의 이회창 같은 총리감을 지명하는 것이 대통령의 대답이라고 한 적이 있다.

여기에는 매우 중요한 대통령의 정치적 결단이 수반되어야 한다. 대통령의 권력을 고도로 자제하는 것이 필요하다. 무엇보다 청와대의 권력과잉 현상을 척결해야 한다. 청와대만 쳐다보는 검찰과 경찰을 국민에게 되돌려주어야 한다. 국가정보원이 대북대공수사와 과학적 해외정보 수집에만 전념하도록 해야한다. 여야간의 대화와 타협이 부활하여 여의도가 정치사각지대가 아닌 정치본당으로 그 기능과 명예회복을 하도록 해야한다. 즉 민주정치, 민주주의를 하라는 것이다.

정치권력의 민주화와 함께 한국 관료사회는 공직자 스스로 자기반성과 채찍을 가할 때이다. 공무원의 특권 내려놓기가 외부 요구와 수술이 아닌 공직사회 스스로 자정 노력이 함께 하여야 할 때이다. 지금은 병아리가 알에서 나오기 위해서는 새끼와 어미닭이 안팎에서 서로 쪼아야 하는 줄탁동기(啐啄同機)의 노력이 대통령과 공직자에게 동시에 요구되고 있다.

문창극 총리
지명자의
세 가지 그림자

칼럼의 배경과 쟁점　　　　　　　　　2014. 6. 17. 〈경기일보〉

- 박근혜 대통령이 지명한 문창극 총리후보자에 대한 검증과정에서 '일제식민지배는 하나님의 뜻' 발언과 병역특혜 의혹 등이 언론보도를 통해 밝혀지면서 박근혜 정부의 인사검증 시스템에 대한 의문이 제기됨

- 국무총리로 지명된 문창극 후보자의 역사인식, 책임총리제를 부정하는 국무총리직에 대한 인식 외에도 대통령 비서실장이 인사위원장을 맡고 있어 사법부를 포함한 전 공직사회를 장악하고 있는 박근혜 정부의 인사시스템을 비판하는 칼럼

많은 국민들은 문창극 국무총리 지명자의 인사검증 과정에서 한국정치의 적폐와 숙제가 참으로 많이 쌓여있다는 것을 확인했을 것이다. 일제 식민지 치하의 그림자가 여전하고, 한국 대통령의 통치 스타일과 인사는 항상 국민의 마음을 많이 불편하게 하고 있다. 그리고 국무총리가 과연 필요한 것이며, 일인지하 만인지상의 자리인가를 되묻게 된다.

문창극 국무총리 지명자의 인사검증 과정에서 드리워진 첫 번째 그림자는 일제와 일본 정부의 망언이다. 브라질 월드컵에서 일본이 코트디부아르에게 역전패하자 중계 아나운서와 해설자들은 한결같이 속 시원해 했고, 대부분의 국민들이 기분 좋은 주말아침을 맞이했을 것이다. 한국이 승리한 것도 아니고 일본이 졌다는 것 가지고 말이다. 일본에 대한 국민의 일반적 인식이 자신과 똑같다고 해명하는 문창극 지명자에게 묻고 싶다. 만약 당신이 현역 언론인으로서 정치칼럼을 쓰고 있었으면, 어떤 국무총리 지명자가 위안부에 대한 일본정부의 사과는 필요 없고 식민지 지배는 하나님의 뜻이었다고 실언을 포함한 망언을 했다면 무슨 글을 썼을까 궁금하다.

일제의 지배는 한국의 전통과 뿌리를 부정하고, 한국의 전통사상을 정리하고 통합하려는 노력을 억제하여 한국 사람으로 하여금 자기소외를 강요하며, 근대적 자각의 기회를 원천적으로 박탈하였다. 한국인의 육체와 영혼을 송두리째 앗아갔던 것이다. 독일이 히틀러를 부정하고 사죄를 거듭하면서 보통국가·문명국가로의 전환을 거듭해왔다면, 일본은 여전히 과거를 부정하고 한국의 사과 요구를 묵살하고 있다. 명백하고 현존하는 일제 식민치하의 현행범, 일본에 대한 국민의 민족적 감정이 일반적 인식의 핵심 실체임을 문창극 지명자가 자각한다면, 인사청문회 통과용 해명과 사과를 더 이상 거듭 할 수 없을 것이라 기대한다.

문창극 지명자의 인사검증 과정에서 국무총리 자리에 대한 단상(斷想)
이 두 번째 그림자이다. 바람 잘날 없고 말 많은 국무총리직의 역할에 대한
법적·정치적·국민적 합의가 필요할 때가 되었다.

  한때 국무총리 서리제 위헌공방이 무성한 적이 있었다. 대표적으로 DJP
연합의 김대중 정권 출범 당시 총리지명을 받은 김종필 국무총리 서리가
반년 넘게 국회동의를 받지 못했다. 당시 국무총리 임명에 대한 국회의 사
전동의 절차는 입법부의 권한을 강화하여 의회민주주의를 확대하려는 제
도적 장치로 인식되었다. 그러나 현실적으로는 대통령의 국회와의 관계에
있어서 대통령을 초월적 존재로 격상시키고 국무총리와 국회의장을 동일시
하려는 제왕적 대통령제 욕구의 표출이 배어 있었다. 삼권분립의 축을 국
무총리-국회의장-대법원장 식으로 정리한 것이었다.

  문창극 지명자가 '무슨 책임총리냐'고 반문하였다고 하는데, 맞는 말일
수 있다. 대통령 책임제 국가에서 국무총리에게 무슨 책임을 맡기겠다는
것인가. 향후 개헌논의가 본격화될 때 국무총리직 폐지문제까지 포함하여
국무총리 자리에 대한 새로운 국민적 합의가 필요하다 할 것이다.

  문창극 지명자의 인사검증 과정에서 마지막 그림자로서 박근혜 대통령
의 통치 및 인사스타일이 재부각 되었다. 이번 국무총리 지명은 많은 기대
도 했지만 대법관 출신 안대희 총리지명자의 낙마 때문에 '웬만하면' 수용
하려는 분위기가 역력했다. 그런데 이번 인사도 김기춘 비서실장이 집중적
인 비판대상이 되고 있다. 대통령 비서실장이 인사위원장까지 겸임하고 있
으니 장관되고 싶은 국회의원, 승진과 요직을 기대하는 검·경찰을 비롯한
정부 고위관료들, 심지어 사법부의 고위 법관까지 청와대 비서실장을 쳐다
보게 된다. 자연스럽게 과학적인 인사시스템이 실종되고 정실인사·깜짝인

사·엽관제(전쟁전리품)가 판을 치고 있는 것이다.

잇따른 인사사고와 관련해서 박근혜 대통령에게 고언을 하고 싶다. 권불5년에 단임제 대통령제에서는 처음에는 무엇을 해도 다 통하지만 시간이 흐를수록 무엇을 어떻게 하고 있느냐고 결과를 보게 된다는 것이다. 지금의 시간이 호의적이었던 많은 국민들의 눈초리가 달라져가고 있는 시기임을 대통령이 자각해주기를 바란다.

인사청문회,
이대로는 안된다

칼럼의 배경과 쟁점   2017. 7.

- 문재인 정부의 초대 내각을 구성하기 위한 인사청문회가 야당의 대정부 견제용이 아닌 과도한 신상털기식의 청문회가 남발되면서 회의론(懷疑論)을 넘어 무용론까지 일고 있음

- 5년 전 박근혜 정부의 대표적인 인사청문 대상으로서 김병관 국방부장관 후보자와 황교안 법무부장관 후보자의 명함이 엇갈렸는데, 최초 김병관 후보자에 대한 사소한 비판의 시작이 내부고발적 폭로와 언론의 맹폭이 이루어지면서 상대적으로 황교안 법무부장관 후보자가 가진 다수의 심각한 악재는 사그러들었음

- 신상과 도덕성에 관한 일차검증은 철저히 비공개적·계량적으로, 정책검증은 아주 공개적이고 충분한 시간을 할애해 검증과 토론을 통해 능력을 검증해야 함

키포 인트	과도한 신상털기식의 인사청문회 남발로 국가적 인재들의 수난을 방지하고, 신상 및 도덕성과 정책에 대한 검증을 철저히 분리하는 등의 인사청문회 개선이 필요하다는 칼럼

√ 2013년 김병관과 황교안의 명암
√ 두 후보의 엇갈린 명암

인사청문회, 정말 이대로 가면 안된다. 확언컨대 대한민국 국회의 인사청문회가 국정을 이끌어갈 진짜 괜찮은 수장들을 검증하고 있다고 생각하는 사람은 단 한명도 없을 것이다. 소위 문재인 대통령의 5대 기준에 저촉함이 전혀 없을 거라고 확신하는 필자의 경우에도 대한민국 국회의 인사청문회에는 서고 싶지 않다. 권력이 인격보다 더 소중하다고 생각하는 자만이 인사청문회에 고개를 숙일 것이다.

정말 좋은 인사청문회로의 개선이 시급하다. 대통령의 마구잡이 권력행사를 막고 청렴하고 능력있는 정치·경제·사회·문화의 리더들을 검증하는 인사청문회가 되어야 한다. 이미 미국의 예를 든다든가 하면서 인사청문회의 개선에 대해서는 그 방안들이 차고도 넘친다. 굳이 인사청문회의 개선방안에 대해서는 한마디도 거들 필요가 없을 정도이다. '인사청문회가 이대로는 안된다'는 차원에서 5년 전의 인사청문회에서 탈락한 사람과 통과된 사람을 대비하여, 필자가 목도한 바를 얘기하면서 인사청문회 개혁의 시급성을 알리고자 한다.

2013년 김병관과 황교안의 명암

인수위원회의 숙려기간 없이 출범한 문재인 정부의 인사현황을 보면 여소야대의 국회 문턱이 너무 높다. 인사청문회는 야당에게 주어진 대정부 견제용으로도 그 의의는 충분하나, 과도한 신상털기식의 청문회가 남발되면서 회의론(懷疑論)을 넘어 무용론(無用論)까지 일고 있다. 5년 전 박근혜 정부의 인수위 기간동안 명암이 교차한 두 후보자를 비교해 보면 한국정치에서의 인사검증에 대한 국회청문회와 언론풍토의 속살이 훤히 보였다.

예나 지금이나 똑같다.

2013년 2월 13일 국방부장관 내정자로 김병관, 법무부장관 내정자로 황교안이 발표되었다. 두 사람 모두 필자와 직·간접적 인연이 있다. 김병관 후보는 필자가 재임 중인 경기대학교 정치전문대학원에서 석사학위를 수료한 바 있었는데 야전사령관으로서 소탈하고 강인함의 전형이었다. 회고컨대 육사출신이지만 정통 엘리트 코스를 밟지 않았다는 의미에서 매우 괜찮은 내정이었다는 평가에서 출발하였다.

반면에 황교안 후보는 처음부터 병역문제 등 결정적 흠결이 있는 듯하였다. 성균관대학교 법률학과 선배였기 때문에 정치적 성향과는 상관없이 아는 정치인들에게 잘 부탁한다고 했던 기억도 난다. 16개월 동안 16억에 이르는 변호사 수임료는 많은 사람에게 충격을 주었고 배우자와 관련된 보도도 심각했기 때문에 낙관할 수가 없었다.

두 후보의 엇갈린 명암

김병관과 황교안의 관운의 운명은 정반대였다. 김병관 후보의 경우 부동산 편법증여의 의혹을 받았는데 내용인즉 아들과 공동매입을 하고 이를 공직자 재산신고에도 제대로 적시하지 않았다는 비판을 받기 시작했다. 이정도 가지고 국방부장관의 후보사퇴를 요구하기에는 다른 후보들과 비교할 때 상상할 수 없는 수준이었다. 김병관 후보가 본격적으로 꼬이기 시작한 것은 무기수입중개업체의 비상임 자문이사로 있으면서 고정적 급여를 받았다는 것에서 시작되었다. 김병관 후보에 대한 매우 정확한 제보들이 마치 내부자 고발처럼 국회의원실과 언론사에 날아드는 정황이 있었다. 당시 필자는 김병관 후보에 대해서는 낙관을 하고 있었는데, 약간의 흠결은 있지만 이것을 극복하지 못할 경우 다른 모든 후보들과 비교해서 형평성이 맞지 않다고 생각했기 때문이다.

그러나 김병관은 청문회도 열지 못하고 3월 22일 자진사퇴하고 만다. 그럴리는 없겠지만 군부 내에서 소수자였기 때문에 악의적인 제보로 흔들렸고 낙마했다는 생각도 들었다. 의리가 제일 강할 줄 알았던 군출신들이 어쩌면 가장 배타적이고, 동료를 감싸는 집단의식이 약하지 않느냐는 엉뚱한 생각을 가진 나머지 '군인이 의리가 더 없다'라는 말까지 했던 기억이 난다.

김병관 후보와는 달리 황교안은 2월 28일 법무부 장관으로 임명이 된다. 본인에게는 대단히 미안한 회고이지만 공안검사로서의 이념적 문제부터 시작해서 엄청난 액수의 수임료, 피부병 관련 병역면제 사유의 설득력 부족, 석사수료 후 10년 기간의 경과 후 특혜성 학위취득, 배우자의 부동산투기 의혹 등 당시 청문회의 소재로서는 악재 투성이었다. 국회와 언론도 결코 황교안 후보에게 우호적이지도 않았다. 야당의 공세는 집요했으며 황후보자도 많은 마음고생을 했을 것이다. 그런데 뜻밖에도 국방부장관 후보인 김병관이 국회와 언론의 맹폭을 받으면서 황교안의 의혹은 상대적으로 사그라지기 시작하였다. 명암이 교차한 것이다. 당시 많은 사람들의 생각이 관운은 타고나야 한다는 것이었다. 김병관 후보는 그 뒤로 단한번도 언론에 등장하지 않았고, 황교안은 국무총리와 대통령 권한대행까지 함으로써 자신을 임명한 대통령보다 더 긴 기간동안 공직에 있게 된다.

대한민국의 인사청문회와 부실검증이 야기시킨 박근혜 정부의 인사참사가 문재인 정부에도 엄습해올까 걱정된다. 대한민국의 인사청문회, 이대로는 안된다. 대안을 전혀 제시할 필요가 없을만큼 이미 대안은 많지만 글 마치기가 아쉬워 한 가지 방안을 제시해 본다.

핵심은 좋은 인재가 당당히 청문회에 나서게 하는 것으로서 3단계 인사검증을 제시한다. 첫 번째 단계는 지금과 같이 임명권자인 대통령이 청와대와 자체 검증시스템을 활용해서 좋은 인재를 찾는다. 이후 국회로 넘겨지되 신상과 도덕성에 관한 일차검증은 철저히 비공개적(非公開的)으로, 아주 계량적(計量的)으로 검증을 한다. 마지막 3단계는 정책검증인데 아주 공개적으로, 후보자에게 상당한 시간을 주어 소견을 발표하게 하고 이에 대한 검증과 토론을 또한 상당기간 함으로써 제대로 된 능력을 갖춘 자인가를 보는 것이다. 마치 대학교수를 채용할 때 연구실적과 공개강좌를 통하여 연구와 강의능력을 검증하듯이, 능력있는 공직후보자인가를 국민들이 눈으로 볼 수 있게끔 하는 것이다.

남북관계/북한정책

평창의
평화게임

칼럼의 배경과 쟁점   2018. 3.

● 북한의 참가를 계기로 평창동계올림픽이 '평화올림픽'으로 평가받은 것을 넘어 향후 한반
도평화체제 구축을 위한 새로운 과정에 돌입한 것으로 평가함

● 북한 김여정과 김영남의 개막식 참가, 정성을 들인 예술단과 응원단의 파견 그리고 폐막식
에 김영철의 참가 등은 향후 북한의 평화게임 전략을 읽을 수 있는 부분이고 미국 역시 다
양한 반응과 대응을 보여주었음

● 문재인 대통령은 북핵문제에 대한 단계적 비핵화조치를 제시하였고, 이를 성공시키기 위
해서는 한반도 평화게임에서 냉철한 운용능력이 요구됨

**키포
인트**   북한의 평창동계올림픽 참가와 적극적인 태도에 따라 한반도의 평화게임이 시작
되었기에, 주변국들의 외교전략에 대한 정확한 파악과 우리 정부의 냉철한 국제
정치 운용능력을 요구하는 칼럼

　　√ 막 오른 한반도 평화게임 판
　　√ 평화게임과 정치권의 책무
　　√ 대한민국 대통령의 승부수

평창올림픽에서 평화게임은 성공적이었다. '한반도평화'는 화약고인 중동 지역과 달리 파괴의 대상이 아니라는 것을 분명히 보여주었다. 한반도에서의 갈등 해소와 평화유지는 상호 대결구도가 아닌 상호협조에 의해서도 충분히 달성할 수 있다는 것을 보여준 것이다. 평창올림픽의 개최 능력과 남북한 간의 접촉·대화 장면은 남북 정부의 존재감과 평화게임의 주체적 지위를 부각시켰다.

막 오른 한반도 평화게임 판

북한의 참여를 유도·권유한 대한민국 정부는 평창올림픽을 통해서 한반도의 평화게임 판을 열었다. 상호일치적으로 북한의 김정은 위원장도 다양한 카드를 던졌다. 개막식에 여동생인 노동당 간부 김여정과 북한헌법상 최고 지위의 김영남을 참여시킨 것은 예술단·응원단의 등장과는 질적으로 다른 준비·숙고한 카드이고, 폐막식의 김영철은 평창올림픽 이후를 염두해둔 카드이다. 세장의 카드를 보면 북한의 생각 즉 그 패를 읽을 수 있다.

미국은 북한 못지않게 평창올림픽을 전후로 한반도 평화게임에 적극적으로 카드를 던진 나라이다. 마이크 펜스 부통령이 방한하면서 부정했던 북미대화를 재고했던 점, 그리고 이방카가 방문할 때 뜬금없이 고강도의 대북제재 카드를 던진 것은 반전을 노린 수였다. 특히 이방카를 대동하는 백악관 대변인과 대북담당관의 등장은 허수인지 의외의 카드인지를 짐작하기 어렵게 하기도 했다.

북한 및 미국과 비교할 때 일본 아베 총리의 한반도 평화게임 전략은 아주 단조로웠다. 한반도 게임에서 향후 재팬패싱(Japan Passing)의 한 대목을 엿보는 부분이기도 하다. 대북 압박과 대립구도 외에 대화와 교류라는 측면에서는 일본의 역할이 부각되지 않을 것을 예견케 한다. 일본이 단조롭다면 한반도 평화문제에 있어서 더 긴요한 국가인 중국의 카드는 전혀 읽히지 않고 있다. 일종의 포커페이스의 징후가 예견된다. 강력한 중국의 카드가 포커페이스일 때 더 위력적일 수 있다.

한반도 평화게임론을 전제로 한다면, 아군·적 그리고 동맹을 중시여기는 전략전술론의 일방적 차원에서 벗어날 필요가 있다. 게임론의 중핵은 자신과 상대방의 행동 또는 결정이 중요한 것이 아니라 가장 이익이 되는 행동을 추구하는 것이다. 한반도 평화게임에서 대한민국 정부가 무엇보다 시급히 갖추어야 할 것은 막이 오른 한반도의 게임판과 상대의 수를 읽는 능력을 고도화시키는데 있다 하겠다.

평화게임과 정치권의 책무

게임의 승리를 위해서는 수를 정확하게 읽는 것 못지않게 게임에 임하는 자세와 운용능력 또한 중요하다. 평화회담은 아군이 상대방이 아니라 적군 또는 적대적 진영이 회담과 대화의 상대방일 가능성이 훨씬 더 많다. 한반도 평화게임에서 북한을 비롯해서 대부분, 한국과는 비우호적일 가능성이 높다. 평창올림픽의 평화게임에서 등장한 천안함 사태의 주범으로 지목되는 김영철을 다루는 야당의 자세는 승부수로서는 거의 0점 이었다. 향후 북한이 김영철보다 더 자극적인 카드를 던질 경우 대한민국 전체는 어떤 반응을 할까. 많은 고민이 된다.

노태우 정부 시절 전반적인 국내외 정세를 감안하여 남북한 UN 동시가

입을 한 바 있었다. 적대적 관계에 있던 남북한을 '선의의 경쟁자'로 천명하면서 UN 동시가입의 명분을 찾고 있던 노태우 정부에 대한 보수편향 층의 성토가 새삼 연상된다. 6·25 한국전쟁의 주범을 국제사회의 선의의 경쟁자라고 말하는 것은 이적행위라고 성토하였다. 북한을 대화의 상대로 보기보다는, 전쟁과 대결의 상대로만 간주하여야 한다는 것이었다. 한반도의 전쟁 위험을 해소하고 평화체제와 비핵화를 위하여 북한을 대화의 상대로 생각하지 않으려는 자유한국당의 최근 행동과 너무나도 유사하다. 이것이 야당의 존재감과 문재인 대통령 비판을 위한 정치적 용도라면 몰라도, 대북정책으로서 제1야당이 취할 행동은 아니라고 생각된다.

대한민국 대통령의 승부수

북핵문제 해결에 있어서, 북한의 비핵화 내지 핵포기는 목표이지 전제조건이 아니다. 비핵화를 전제로 하는 것은 남북대화가 필요 없다는 것을 의미할 뿐이다. 비핵화의 목표를 달성하기 위한 과정이 있다는 것이다. 문재인 대통령은 비핵화 카드로서 '핵동결'을 입구(入口)로 하고 '핵폐기'를 출구(出口)로 하자는 비핵화조치 단계론을 제시하고 있다. 못을 뽑기 전에 못 대가리를 약간 뽑아놔야지 '뽑힌다'는 것이다. 북핵에 관한 일종의 문재인 카드인 셈이다. 이 카드에 관한 북한·미국·중국·일본·러시아의 대응을 예견하고 기다려야 하는 한반도 평화게임 판이 시작된 것이다.

대통령의 승부수가 판을 제대로 읽었다 할지라도 묘수가 되려면 냉철한 운용능력이 필요하다. 불행하게도 현재 대한민국의 게임운용 자세와 능력은 매우 불안정하다. 대한민국 카드를 던지기에 여·야당 간의 대결은 너무

적대적이다. 언론환경 또한 비전문적이고 지나치게 쏠림현상이 강하여 한국의 대통령이 제대로 된 카드를 고르기도 힘들고 던지기도 곤혹스러운 상황이 계속되고 있다. 요컨대 평창의 평화게임을 성공적으로 치른 문재인 대통령에게 제대로 읽은 게임 판의 수 못지않게 대한민국 전체를 아우르는 국민적 총의(總意)라는 승부수가 필요할 때다.

한반도
평화협정론

칼럼의 배경과 쟁점   2018. 5.

- 4월 27일 판문점에서 문재인 대통령과 김정은 위원장이 만나 판문점선언을 발표하면서 한반도 평화협정에 대한 가능성이 한층 고무되었음

- 과거 김대중 대통령과 노무현 대통령 시기 남북정상회담과 이후의 정치적 상황변화를 돌이켜 볼 때 4·27판문점선언의 제도화를 위해서는 국제적·국내적 환경이 뒷받침되어야 함

키포인트 한국의 평화협정 당사자 지위에 대해 한국전쟁 정전협정 당시 배제되지 않고 서명만하지 않은 당사자임을 확인하고, 바람직한 평화협정을 위해서는 해당국가들의 선정이 중요한 문제이며, 정전협정 당사자였던 남북한과 미국 그리고 중국이 참여하는 것이 적절하다는 칼럼

    √ 한반도 평화의 실천적 의미
    √ 정전협정과 서명 안한 당사자
    √ 바람직한 한반도 평화협정의 구상

2018년 4월 27일은 한반도 평화 기원(紀元)의 시작일이다. 기원전과 기원후의 기억과 역사는 완전히 새로운 것이다. 그럼에도 불구하고 남북관계에 관한 한 오류와 상식부족이 많기에 한반도 평화문제에 대한 교과서적 해석이 필요한 시점이 되었다.

한반도 평화의 실천적 의미

한반도에서 평화를 지키기 위해서는 남북 간의 대화와 합의 그리고 평화문제의 제도화가 필요하다. '남북대화와 합의'는 소극적 평화 즉 전쟁 없는 상태를 지켜가는 현재의 정전협정을 유지하는 것을 말한다. 반면에 한반도 평화문제의 제도화는 소위 '평화협정'을 일컫는 것인데, 이는 적극적 평화로서 전쟁의 원인을 차단하는 것이다. 2018. 4. 27을 평화원년의 기원으로 삼는 것은 정전협정이 평화협정으로 전환되기 때문이다.

한반도 평화정착을 제도적 측면에서 풀어가고자 평화협정을 마련할 때 두 가지의 대전제, 즉 남북 상호 간의 비등가적 상호주의와 정경분리의 원칙이 필요하다. 기계적인 상호등가주의에 얽매여있는 한, 평화의 정착은커녕 평화의 문을 열어볼 수도 없다. 마찬가지로 한반도평화의 제도화로서 평화협정은 남북문제를 정경분리 원칙 즉 탈정쟁·초당적 영역으로 옮겨놓을 때 가능하다. 국민적 염원 외에 현실적으로 여당과 야당 간의 초당적 협조가 필수적인 것이다.

그동안 남북관계는 긴장과 대결 못지않게 의미 있는 대화와 합의가 있었다. 대표적인 것으로 1992년의 남북 간의 화해와 불가침 및 교류·협력에 관한 사항으로서 남북기본합의서가 있었고, 2000년과 2007년 두 번에 걸친 남북 정상 간의 만남이 있었다. 짧지 않은 기간 적지 않은 남북 간 합의와 대화가 있었음에도 불구하고 한반도 평화문제의 제도화에 있어서는 실적이 거의 없었다. 서로 간의 강제력이 없는 남북대화와 합의였기 때문이다. 국제적으로는 남북 통합의 환경이 설정되지 않았고 국내적으로는 국회에서의 협의 내지 비준·동의가 전혀 없었다. 4·27 남북정상회담의 실효성확보는 제도화에 대한 국제적·국내적 환경이 뒷받침 될 때 가능하다.

정전협정과 서명 안한 당사자

현 시점에서 남북문제를 풀어가는 것은 팩트에 대한 정확한 이해에서부터 출발하여야 한다. 예를 들자면 대한민국이 정전협정의 당사자가 아니라는 오류이다. 얼마 전 북한문제 전문가가 언론매체에서 "대한민국이 정전협정의 당사자가 아니었기 때문에 앞으로 전개될 평화협정의 협의에 있어서도 제외될까봐 우려가 된다"는 문제제기를 하고 이런 저런 토론을 하는 것에 매우 당황했다. 팩트체크가 틀렸기 때문에 해법은 나올리 없는 것이다.

1953년에 체결된 제네바 휴전협정의 당사자는 UN 대표로서 미국의 마크 클라크 사령관, 북의 김일성, 중공의 팽덕회 그리고 대한민국이었다. 다만, 당시 대한민국 정부는 즉 이승만 대통령은 분단을 전제로 한 휴전과 정전에 반대했기 때문에 휴전협정의 서명을 거부하였던 것이다. 정전협정에서 대한민국의 지위는 '서명 안한 당사자'이다. 이에 정전협정을 종지부 짓는 종전선언과 평화협정으로의 전환에 있어서, 대한민국이 협상의 주체이자 중심에 있다는 것을 재확인한다.

한국전쟁 이후 남북한 간의 접촉을 당사자의 법적지위를 기준으로 구분할 때 1953년 제네바 회담은 교전단체(交戰團體) 간의 회담이고, 1972년 7·4 남북공동성명은 서로 인정하지 않는 남북한의 정치세력 내지 집단 간의 성명이었다. 그리고 1992년 남북기본합의서를 정부(government) 간의 합의라고 한다면, 2000년 남북정상회담은 정상(summit) 간의 만남으로서 국가(state) 간의 회담으로 규정지을 수 있다. 어쩌면 4·27 남북정상회담은 획기적으로 일어났다기보다도 한국전쟁 이후 한반도 평화문제를 풀고자 했던 많은 생각과 노력들이 마치 마일리지처럼 축척되어 왔기 때문에 가능했다. 아쉽고도 결정적인 문제는 남북대화와 합의가 실천의 경지(境地)에 이르지 못했던 것이다. 남북대화와 합의가 강제력을 갖는 조약·법률로 보장되지 못했다. 4·27 남북정상 간의 대화와 합의가 강제력을 갖는 것이 평화협정이다.

바람직한 한반도평화협정의 구상

65년 동안 한반도 정전협정 체제가 유지되고 있는 것은 휴전협정의 법적 구속력 때문이 아니다. 역설적이지만 세계적 수준의 군사력이 전쟁억지력을 발휘하고 있을 뿐이다. 정전협정에는 유효기간이 전혀 없기 때문에 일방적인 통보로 휴지조각이 될 수도 있다. 평화협정만이 적극적인 평화를 보장하는 평화 기원의 원년 문서이다.

한 때 평화협정 논의를 금기시할 때가 있었다. 평화협정 제안을 북한 당국의 전유물로 간주하고 위장평화 공세의 상징으로 치부했던 것이다. 분명한 것은 평화협정에는 여러 가지가 있고, 북한에 유리하거나 또는 우리에게 더 유리할 수도 있다. 가장 바람직한 것은 실효적이면서 남북한 모두에게 만족스러워야 한다.

평화협정안 중 '북미평화협정'안은 남한을 제외하고 북한과 미국 양자 간의 기본적인 평화협정을 체결하는 것으로서 북핵문제 해결을 중심에 두었을 때 현실적 구상 같아 보이지만 대한민국에게는 최악이다. 이에 반해서 '남북평화협정'안은 미국의 책임자적 지위를 평화협정 보증국가로 변경하면서 평화의 성격에 있어서도 법제도 및 시장통합과 보편적 민주주의를 전제로 하기 때문에 이론상 북한이 거부할 수밖에 없다.

평화협정에 있어서 핵심사항은 협정주체의 당사자 문제이다. 남북한의 자율성이 보장되면서도 동시에 UN과 국제법적 보장이 필요하다. 북핵폐기·체제보장·시장개방 해결을 위한 평화협정의 최소한의 당사자는 한국·북한·미국·중국으로 상정할 수 있다. 공교롭게도 정전협정 당사자와 일치되기 때문에 정전의 평화협정으로의 전환에 최적의 4개국이라고 할 수 있겠다.

요컨대 한반도 평화협상 문제의 해결사로서 대한민국이 그 역할을 다하려면 정전체제 해체 및 종전선언의 최종성 그리고 평화협정의 완결성을 확보하여야 할 것이다. 이제는 4·27의 영웅 문재인·김정은의 몫이라기보다는 대한민국 국민과 북한 인민 그리고 미국·중국인의 과제이기에 새로운 상황에 대한 많은 이의 연구와 끝없는 토론이 요구된다. 소극적 평화는 지도자의 힘으로도 가능하지만, 적극적 평화는 많은 이의 동참이 필요하다.

남·북 이여,
주저하지 말라!
(Don't hesitate, Sth. & Nth.)

칼럼의 배경과 쟁점

2018. 10.

- 6·12 싱가포르 북미정상회담 성공에도 불구하고 북미 간 세부사항 이행에 필요한 합의가 원만히 이루어지지 않으면서 한반도평화문제에 대한 국내의 우려가 증가되고 있었음

- 4·27 남북정상회담과 6·12 북미정상회담 이후 대북정책은 과거의 교류협력과 남북연합 그리고 통일이라는 기존의 로드맵이 더 이상 유효하지 않고 현재의 남북관계 변화와 한반도 정세에 맞는 새로운 형태의 북한정책 설정이 필요함

- 새로운 남북관계 재설정, 한반도평화협정의 국제적 당사자 확정, 남북 양 국민자세와 정치권의 임무를 실현하는데 남북한이 주저하지 않고 거침 없이 추진해야 하며, 각론적으로 남북경제교류협력, 통일방식 및 일정, 한반도 국제질서의 재편성에 있어서 남북한이 중심적 주체가 되어야 함

키포인트	4·27 남북정상회담과 6·12 북미정상회담 이후 후속조치에 있어서 다소 답보상태에 있으나 새로운 남북관계와 한반도평화협정론이 대두되는 시점에서 남북한의 적극적이고 미래지향적인 관계설정이 필요함을 주장하는 칼럼

√ 기존의 남북한 통일정책 수정과 남북관계 재설정
√ 한반도평화협정의 국제적 주체로서 남·북·미·중
√ 새로운 시대, 남북 양 국민의 자세와 한국정치권의 임무

한반도 평화에 대한 남·북한 국민들의 우려와 기대가 너무 심하게 교차되고 있다. 전쟁해소와 긴장완화를 목표로 하는 '소극적 평화'에서 평화를 제도화시켜야 하는 '적극적 평화'의 시대에 걸맞지 않는 자세이다. 갈 길이 정해졌는데 주저하면 결국 갈 수 없게 되고, 많은 유혹과 나약함으로 좌절될 수도 있다. 사실 지금 남북한의 주민들은 한반도평화문제에 관한 한 주저할 것 없이 거침없는 행보를 해야 할 상황에 와 있다.

한반도평화문제에는 ① 남북관계 재설정, ② 평화협정의 국제적 당사자 확정, ③ 남북 양 국민자세와 정치권의 임무 등의 총론(總論)이 있고, ① 남북경제교류협력, ② 통일방식 및 일정, ③ 한반도 국제질서의 재편성 등의 각론(各論)이 있다. 이제부터는 한반도평화문제에 있어서 총론과 각론을 분명히 나누고 구체적 현안을 인식하며 해법을 구사할 때다.

기존의 남북한 통일정책 수정과 남북관계 재설정

현재 남북한 통일정책의 내용은 솔직하게 이야기하자면, 남북대결의 시대에 탄생한 비현실적·정치선전적, 매우 이론적일 뿐이다. 공산사회주의를 중심에 둔 북한의 통일정책은 말할 것도 없지만, 3단계 통일론을 기본 축으로 하고 있는 남한의 통일정책도 1단계 이후 남북연합과 통일한국 시대에 관한 한은 사회과학적 조사와 실적이 전혀 없는 실정이다.

기존의 남북한 통일정책은 격심한 남북대결의 시대를 근거로 하고 있기 때문에 적극적 평화라는 한반도평화 제도화의 시기에 들어선 이상 폐기되어도 무방하다. 남북관계 전문가들은 현 시점과 향후 남북관계의 변화과정에 걸맞는 한반도 사회변동론을 새롭게 공부하고 논의를 시작할 때다.

남북관계의 재설정과 미래에 대한 좌표를 설정하지 않는다면 뜻밖의 남북 진전 상황들이 제자리에서 맴돌 수도 있다. 수많은 별들이 떠 있는 밤하늘에서 좌표에 해당하는 목표를 정했을 때 길을 헤매지 않듯이, 현재 남북한의 사회과학자들은 심상치 않으면서도 격동하는 이 변화에서 큰 틀의 좌표를 제시할 수 있어야 한다. 기존의 남북한 통일정책의 수정과 현재 남북관계의 재설정은 새로운 시대를 맞이하는 이 시점에서 가장 시급한 제1의 과제이다.

한반도 평화협정의 국제적 주체로서 남·북·미·중

북·미 정상 간의 종전합의는 양 국에 각각 다른 의미를 가질 수도 있다. 북한에게 종전선언은 비핵화와 북미관계 정상화 그리고 남북교류협력의 비약적 확대를 위한 출발선이자 정치적 선언이라면, 미국에게는 모든 상황이 종료되는 전시국제법적 차원에서의 종전협정을 의미할 수도 있다. 여하튼 종전선언은 한반도평화협정으로 연결되기 때문에 향후 한반도에 새로운 국제질서의 주체로서 누가 종전협정에 참여하느냐는 것을 확정하는 것은 빠를수록 좋다. 이들이 새로운 한반도의 핵심적 주체이기 때문이다.

한반도 평화협정에는 2자협정·3자협정·4자협정·6자협정 심지어는 영국과 프랑스까지 포함된 8자 회담까지 논의할 수 있으나, 이런 식의 발상은 한국에서 분쟁이 일어난 이후에 가상할 수 있는 문제이다. 적극적 평화의 중심이 되고 있는 남북한이 실존하는 한 지나친 다수국의 참여는 맞지 않다.

합리적인 기준을 제시하자면 현재의 정전협정에 참여했던 UN 대표의 미국과 북한을 지원한 중국인민군이 포함된 1953년 7월 27일 정전협정 당사자였던 남한(참석하지 않은 당사자)·북한으로 하는 것이 공정·공평하다 할 것이다. 다만, 중국의 경우 6·25 당시 교전지원국 자격 문제와 현재 미중관계의 현안문제 등으로 이견이 제시될 수도 있다. 한반도평화협정의 국제적 당사자를 정하는 문제는 이 또한 한반도평화 제도화의 큰 축이 되기 때문에 가능한 빠른 시일 내에 국제적 지지와 공인을 받아낼 필요가 있다.

새로운 시대, 남북 양 국민의 자세와 한국정치권의 임무

남·북·미·중 정상 간의 회담이 한반도평화문제의 모든 것을 결정짓지는 못한다. 남북한 양 주민들의 새로운 변화에 대한 동의와 동참이 있어야 한다. 한반도의 평화에 대한 남북한 양 국민들의 기대가 아무리 크고, 많은 우려를 표한다 할지라도 그들의 속마음은 쉽게 예단할 수 없다. 정상회담의 결과에 모두 승복하고 따르리라고 장담해서도 안된다. 보수와 진보 간의 갈등이 매우 심한 남한 못지않게 북한 주민들이 과연 지금의 격동하는 시대를 어떻게 맞이하고 있는가에 대한 통찰과 소통이 매우 필요할 때다. 양국 국민들이 함께 동참하는 남북관계의 새로운 변화가 되지 않는 한, 아무리 좋은 결실을 맺는 정상회담들이 잇따른다 할지라도 사상누각에 불과할 수도 있기 때문이다.

특히, 한국 정치권의 경우는 일반 국민의 수준을 도저히 따라오지 못하는 관계로 큰 걱정거리다. 여든 야든 불편한 토론을 피하지 말고 하고 싶은 말과 토론을 활발하게 하여 국민들과 눈높이를 맞췄으면 좋겠다. 대한민국의 정치는 대표적인 '대표정치(代表政治)'이기 때문에 국민을 대표하는 정치권이 모든 것을 독점해버릴 수도 있다. 이러한 문제에 관한 한 북한의 경우는 더욱 심각할 수도 있다. 남북관계를 재설정하고 한반도평화협정의 국제적 당사자를 확정하는 것 못지않게 남북한 양 주민들이 서로를 친화적으로 생각하는 '남북한 국민대통합 프로젝트'를 구체화할 때라고 본다.

요컨대, 새로운 시대의 변화는 궁극적으로 '새로운 시대'에 대한 '새로운 생각'을 가질 때 시작되고 그 구체적 실천과 징조가 있어야 달성된다. 이제 남북한은 남북관계 재설정, 한반도평화협정의 국제적 당사자 확정, 남북 양 국민자세와 정치권의 임무를 실현하는데 거침이 없어야 한다. 이와 같은 총론적 전제를 기정사실화할 때 비로소 각론적으로 남북경제교류협력, 통일방식 및 일정, 한반도 국제질서의 재편성에 있어서 중심적 주체가 될 수 있다. 남·북 이여, 주저하지 말라. Don't hesitate, Sth. & Nth.

한국 안보능력, 북한보다 훨씬 강하다

칼럼의 배경과 쟁점 2017. 12.

● 문재인 대통령 취임 이후 북한의 미사일과 핵실험, 그리고 트럼프 대통령의 호전적인 발언으로 한반도에 일촉즉발의 위기감이 높아지고 있는 시점에서, 세간에 노정된 네 가지 위기설에 대해 각각의 가능성을 진단하고 군사적·외교적으로 한국의 안보능력이 북한보다 우월함을 확인하고 있음

키포인트 북한의 핵무기를 이용한 선제공격 가능성, 미국의 북한에 대한 선제타격 가능성, 한중관계의 불안정성 그리고 문재인 정부의 대북안보력에 대한 사회 일부의 우려를 반론하는 칼럼

√ 네 가지 위기의 실체

√ 김정은은 핵단추를 누를 수 있을까

√ 미국의 트럼프는 선제타격 카드를 선택할 수 있을까

√ 한중관계는 어느 단계까지 정상화될 수 있을까

√ 문재인 정부의 대북안보력은 정말 약할까

두 달 전쯤, 연세대학교에서 '북핵이슈와 문재인 정부의 해법'이라는 강연을 한 적이 있었다. 주최 측에서 내가 정한 강연 제목 중 '북핵이슈'를 '북핵위기'라고 표현해달라고 하였는데, 당시 너무도 위중한 위촉즉발의 전쟁위기에 대한 체감정서를 웅변하고 있는 것이었다. 불과 두 달 전이지만 지금의 한반도 상황과 심리적 차이가 제법 있는 것 같다. 북핵위기의 먹구름이 일시적인 것인가 아니면 곧 큰 폭우를 쏟아 내릴 조짐인가에 대한 판단, 즉 북한의 군사적 능력과 우리의 대북 안보력에 대한 정확하고도 명료한 분석과 평가가 필요할 때가 작금의 한국적 상황이라고 생각한다.

네 가지 위기의 실체

북핵의 무서운 위기를 실감하고 있는 상황에서 청중들에게 네 가지의 질문을 던졌다. 첫째는 '김정은이 언제 핵탄두 미사일 발사를 해버릴지 불안하지 않느냐'고 물었다. 대부분 불안하다고 답했다.

둘째, '미국의 트럼프 대통령이 조금은 불안한 성격이고 미국 국내에서의 정치적 불안정성 때문에 대북 선제공격을 해버릴 것 같기도 하고 그래서 한반도가 전장터로 되는 것에 대한 두려움이 있느냐'고 물었고, 또한 그렇다고 답했다. 세 번째는 '사드갈등 관계에 있는 중국이 북한을 강력하게 압박·제재하고 있지 않아서 중국에 대한 서운함과 불신이 있지 않습니까'라고 물으니까 대부분 중국이라는 나라에 대해서 아쉬움과 비우호적인 태도를 취했다.

끝으로 네 번째 질문은 '문재인 대통령은 국민소통에 있어서는 어떠한 대통령보다도 훌륭하지만 안보에 관한 한은 불안하다고 생각합니까'라고 묻자, 이 또한 문재인 정부가 불안하다고 대답들을 하였다. 이러한 청중들의 반응에 대해서 단호하게 대답하기를, 대한민국의 군사력은 북한보다 훨씬 강력하며, 다양한 억제수단을 가지고 있다고 강조하였다. 강연 후에는 많은 청중들이 입장을 바꿔 대북 불안감을 상당부분 털어내는 것을 보았다.

결론적으로, 대한민국의 대북안보능력은 최소한 네 가지의 강점을 동시에 확보하고 있기 때문에 북한보다 강력할 수밖에 없다. 첫째, 현재의 자주국방으로도 북한을 제압할 수 있다. 물론 일어나서는 안되는 일이지만 일정정도의 희생을 각오한다면 몇 달 내로 북한을 압도할 수 있다라는 것이 대부분 군사전문가들의 예측이다. 둘째, 이러한 자주국방에다가 세계 어떠한 동맹보다 강력한 한미군사동맹의 국방력은 엄청난 군사적·정치적 파워를 가지고 있다. 문재인 정부가 자주국방을 위한 전시작전통제권 외에 한미동맹에 올인해야 되는 결정적인 이유가 여기에 있는 것이다. 셋째, 북한과 동맹관계에 있는 중국을 우리와 우호적 내지 협력적 관계로 끌고 간다면 이 또한 대북안보력의 엄청난 플러스 요인이 되는 것이다. 그리고 마지막으로 북한주민이 남한을 좋아하게 만들 필요가 있다. 단숨에는 아니지만 북한 주민에 대한 인도적 지원과 민족적 호의를 자꾸 배려한다면 그러한 정서는 더욱 배가될 것이다. 주적(主敵)이라고 이야기하는 북한에 살고 있는 주민들이 우리를 좋아하게 한다는 것은 그것이 곧 전쟁의 승리 아니겠는가.

김정은은 핵단추를 누를 수 있을까

잦은 북한의 핵실험과 도발은 대한민국을 포함한 한반도·동북아·세계 평화의 제1의 위험요소가 되고 있다. 특히 김정은의 개인적인 퍼스널리티와 강력한 내부단속 및 위협형 리더십은 즉흥적이고 도발적인 핵도발로 이어질 수도 있다는 것이 가장 큰 걱정거리다. 김정은 위원장이 함부로 핵단추를 누를 수 없다는 것을 확신할 수만 있다면 이는 참으로 든든한 한반도 평화유지의 백데이터가 될 수 있다 하겠다.

김정은 체제에서 가장 절실한 것은 체제유지와 핵보유국으로의 인정을 받는 것이다. 과거 김정일 시대의 강성대국 같은 국가발전 목표를 가지고 있다면 여러 가지 협상이 가능하다 했겠지만, 다짜고짜 체제유지와 핵보유국 인정의 요구는 남북은 물론 관련 국가들과의 관계가 경직될 수밖에 없다. 그렇다고 해서 김정은 위원장이 핵단추를 누르는 순간 그의 제1의 목표인 김정은 체제 유지와 핵보유국 인정은 완전 물거품이 되어버릴 수밖에 없기 때문에 핵도발은 주저할 수밖에 없다. 김정은이가 갖고 있는 카드는 교환을 위한 협상카드가 아니고 모 아니면 도, all or nothing 식의 양자택일의 카드임으로 당장의 협상은 불가능하다.

김정은 위원장은 핵단추를 누를 수도 없지만 협상의 장으로 나오기도 힘든 상황이다. 요컨대 제3의 협상카드와 새로운 환경변화가 강력하면서도 매우 빠른 속도로 변경되면 모를까 김정은 체제가 건재하는 한, 현재의 경직된 상황은 그대로 갈 가능성이 매우 크다. 이대로의 김정은 체제가 유지되는 것은 시간의 문제 즉 기한(期限)의 문제일 뿐이다. 분명한 것은 새로운 상황전개의 주체는 북한은 될 수 없으며 대한민국 아니면 미국과 중국의 역할에서 시작될 수밖에 없는 것이 현실이다.

미국의 트럼프는 선제타격 카드를 선택할 수 있을까

흔히들 미국의 트럼프 대통령에 대하여 국내정치 상황이 탄핵까지 갈지도 모른다는 우려 속에서 그것을 모면하기 위한 일환으로 북핵관련 선제타격 또는 핵무기 사용을 서슴치 않을 수도 있다라는 상상을 한다. 그러지 말라는 법은 없지만 미국의 대외정책과 시스템이 일개 대통령의 돌출행동으로 쉽게 좌지우지 되는 것은 아니었다는 것을 미국의 축적된 역사가 입증하고 있다. 특히 미국의 대 동북아시아 정책은 한동안 중동에 올인했던 미국의 역할을 오바마 대통령 시절, 정확하게는 힐러리 국무장관 때 '동아시아로의 귀환'으로 그 가닥이 바뀌었다. 세계 군사적 제패에 관한 한 소련 붕괴 후 안정궤도에 들어섰음을 확신했던 미국이지만, 중국의 아시아 제패 및 중국과 미국의 세계균형 재편성에 대해서는 매우 민감하고 적극적으로 대응하게 되었다. 그 결과가 미국에 있어서는 미일동맹의 강화이며 중국에 있어서는 한중관계의 긴밀화의 형태로 나타났었다. 이러던 미국과 중국의 동북아에서의 충돌이 사드배치 문제로 한반도에 정치적·외교적·군사적 소용돌이를 일어나게 하였다.

미국이 북한 핵에 관하여 선제타격을 하려면 중동지역에서의 정치·군사적 환경이 마련되어야 한다. 아프간을 때리든, 이라크를 때리든, 이란을 때리든 적극적 반대국가가 없어야 하고 NATO 연합과 같은 우호세력이 있었기 때문에 미국의 중동지역에서의 선제타격이 가능했던 것이다. 동북아지역의 군사 및 정치·외교적 안보환경은 중동지역과는 정반대이다.

한마디로, 미국의 선제타격은 중국과 러시아의 합의 내지 묵인이 필요하고, 일본과 대한민국의 적극적 협조가 있어야 가능하다. 과연 중국과 러시아가 합의와 묵인을 하며 일본은 아니라도 우리 대한민국이 협조 내지 동의할 수 있을까. 현재의 국제정치적 상황에서는 제로퍼센트(zero percent)라고 본다. 그럼에도 불구하고 만사불여튼튼의 준비자세로서 선제타격을 전제로 한 대비는 필요하지만, 제로퍼센트 상황의 전제를 한반도 평화와 대북정책의 중심에 둔다면 이 또한 심각한 문제이다. 대한민국의 안위는 주변 정세에 대한 흐름과 요소를 정확하게 분석·진단하고 국내적으로 이에 대한 다양하면서도 확고한 안보정책을 수립·실천해 나가는 것이 무엇보다도 중요하다 할 것이다. 이에 미국의 대북 선제타격론의 실체에 대해서 적확(的確)하고 냉정한 판단이 필요할 때이다. 과유불급(過猶不及)의 타이트한 안보정책이 필요한 것이다.

한중관계는 어느 단계까지 정상화될 수 있을까

한중관계에 있어서 유의할 것 중의 하나로서는 북중관계를 너무 가볍게 보지 말라는 것이다. 북중동맹은 어쩌면 한미동맹보다도 더 강하고 무조건적일 수 있다. 6·25 한국전쟁에서 그것이 입증되었으며 북한 못지않게 중국에서 볼 때 북한과의 군사적 동맹은 외교·안보적으로 중국에게 더 중요하다 할 것이다. 최근 중국이 한국과의 관계를 원활하게 하지 않고 북한에 대한 제재를 약하게 하고 있는 것에 대해서 답답하고 유감스럽게 생각하는 사람들이 많지만 이는 국제관계의 abc를 간과하고 있는 소치일 뿐이다.

그럼에도 불구하고 중국의 입장에서 북중동맹보다 한중관계의 정상화와 협력강화가 더 실용적일 수 있다. 북한과 중국의 공통점은 공산당 지배체제라는 것이지만 두 국가의 공산당 정치체제는 근본적으로 다르며, 북한과 중국의 더 큰 차이점은 중국에는 시장경제가 작동되고 있다는 것이고 북한은 겨우 사회주의 경제에서 장마당이 비시장적으로 작동되고 있을 뿐이다. 현재의 북한과 중국은 정치적으로도 경제적으로도 매우 이질적인 집단이 되어버렸다.

오히려 한국과 중국은 중국공산당과 대한민국의 복수정당제라는 이질적인 통치구조를 가지고 있지만 경제적으로는 같은 시장이다. 즉 중국은 공산당 통치 외에는 자연인과 법인이, 즉 일반공민(국민)들이 공식적인 시장경제 활동을 1978년부터 본격화하고 있다. 소련 동구권이 1990년대 초반부터 개혁개방 정책을 추구했다면 중국은 훨씬 이전부터 헌법과 법률에 의해서도 시장경제가 이미 작동되고 있었다. 약간의 차이는 있지만 한국과 중국의 시장경제는 작동된지 이미 오래 되었고 분야별로 협력과 경쟁을 매우 활발하게 하고 있다. 이에 중국과 북한과의 동질성보다는 한중 간의 체제 동질성이 더 긴밀함으로 일시적인 정치적 갈등에도 불구하고 한중관계는 고도화될 수밖에 없다 하겠다.

문재인 정부의 대북안보력은 정말 약할까

문재인 정부가 들어서서 보수층의 혹자들은 안보가 불안하다고 호들갑이다. 어쩌면 정치적으로 보수적 입장에 섰던 사람들에게는 호들갑 이상으로 심각한 걱정거리일수도 있다. 그러나 분명한 사실을 얘기하자면, 안보와 관련된 대북정책은 보수든 진보든 어느 한쪽 편의 전유물이 아니라 국가 구성원이라면 총력적으로 힘을 합치고 생각을 같이 하여야 할 국가지대사(國家之大事)이다. 보수적 안보방식이 옳고 진보적 안보방식이 불안하다는 이분법적 사고는 이데올로기적 대립의 산물에 불과하다. 정상적인 선진 국가는 국가안보에 관한 한 초당적 협력과 토론을 한다.

　대북안보능력을 제고하기 위해서는 보수·진보를 통틀어 모든 국민의 힘과 지혜가 하나로 합쳐져야 한다. 진보가 주장하고 있는 자주국방은 진보의 전유물이 아니라 어쩌면 보수정치세력이 더욱 강조할 부분이다. 또한 대북안보력에 있어서 한미동맹이 차지하는 위치는 절대적이며 이것 또한 어느 한켠의 주장 내지 전유물일 수는 없는 것이다. 이에 문재인 정부는 자주국방 못지않게 한미동맹에 전력을 해야 한다.

　남북대치 관계에 있어서 북한이 동맹을 맺고 있는 중국과 우호적이고 협력적 관계라는 사실은 대한민국의 대북안보력에 있어서 엄청난 힘을 배가시키는 것이다. 이번 달 문재인 대통령의 방중은 사드갈등의 해소를 위한 한중관계의 정상화뿐만 아니라 대북안보력을 강화시키는 중핵으로써 한중관계를 우호적이고 협력적으로 만든다는데 방점을 두어야 한다.

　끝으로 북핵에 관한 한 거듭되는 김정은 위원장의 핵개발 실험과 도발에 대해서 북한 주민들이 짜증을 내는 단계로 가야할 것이다. '남북관계'는 문재인 정부와 김정은 체제와의 대립관계에 국한시키는 용어가 아니라, 남북한 국민과 주민을 통틀어 아우르는 것이기 때문에 북한 주민이 대한민국을 좋아하도록 만드는 것은 안보능력 배양에 있어서 매우 중요한 것이다. 북한을 우리가 주적(主敵)이라고 할 때 그 주적이라는 북한의 주민들이 우리 대한민국을 우호적으로 생각한다면 가장 큰 전쟁승리가 아니겠는가. 남북대화 교류를 스포츠든 인도적인 측면이든 활발하고 다양하게 하는 것은 우리 스스로 무장해제를 하는 것이 아니라 본질적으로 북한을 압박하는 국가안보적 요소일 수 있다는 것을 명심해야 한다. 단언컨대 대한민국 정부가 북한에 대해서 유화제스처를 할 수 있는 것은 대북정책의 수단으로써 채찍과 당근을 효율적으로 구사할 수 있다는 대북안보능력의 힘을 보여주는 것이라 할 것이다.

　※ 대북안보력 = ① 자주국방 + ② 한미동맹 + ③ 한중우호 + ④ 남한 친화적인 북한 주민의 정서

북한정책
궤도수정론 ①

칼럼의 배경과 쟁점   2018. 6.

- 북한의 평창동계올림픽 참가와 4·27 남북정상회담을 계기로 공세적 성격이 있는 '대북정
  책'에 대한 개념 변경으로서 '북한정책'을 제시하고 기존 대북정책의 궤도수정을 설명함

- 한반도비핵화와 평화협정론의 대두로 대한민국 정부의 기존 대북정책 및 통일정책 기조였
  던 3단계 통일방안은 유효성이 약화되고, 새로운 북한정책으로서 보통국가 간의 관계로의 전
  환과 남북접촉영역 확대를 통해 남북한 주민 간 적대감까지 해소시키는 것이 매우 중요함

키포 인트 제6공화국 출범 이후 꾸준히 지속되어 온 3단계 통일방안의 조건과 환경이 변화
되고, 한반도 문제에 있어서 비핵화와 평화협정론 등의 새로운 개념이 도입되면
서 북한정책의 궤도수정이 불가피함을 주장하는 칼럼

√ 상호교류·화해협력·남북연합의 오버랩(Overlap)
√ 챙길 것이 더 많아진 보통국가 관계로서 남한과 북한
√ 문제는 남북한 주민 간의 절대적 적대감 해소다

기존의 대북정책은 통일정책에 비중을 두면 진보, 안보정책을 강조하면 보수로 구분하였다. 그러나 대북정책이라는 표현이 공세적이기에 '북한정책'으로 대체하는 것이 지금의 상황에 걸맞는 것 같다. 그 북한정책이 대폭적인 궤도수정을 할 때가 왔다. 첫째, 졸지에 기존의 3단계 통일과정 중 2단계인 남북연합단계 문턱까지 왔음을 인지해야 한다. 둘째, 남북관계가 적대적 또는 우호적인 것으로 양자택일하는 단순화 시대에서 같은 민족이지만 보통국가끼리의 관계로 재정립해야 하는 상황에 직면했음을 자각해야 한다. 셋째, 한반도평화체제가 구축되려면 남북한 양쪽의 주민들이 절대적 적대관계에서 벗어나야 한다. 이상의 세 가지 측면에서 '북한정책 궤도수정론'을 구성·토론하고자 한다.

상호교류·화해협력·남북연합의 오버랩(Overlap)

제6공화국에 들어서면서 모든 남한정부의 대북정책과 통일정책은 3단계의 구조를 갖고 있다. 1단계는 상호교류 및 화해협력·신뢰회복 등 정부별로 통일정책 기조를 다양하게 가진 반면, 2단계와 3단계는 이구동성·천편일률적으로 '남북연합'과 '통일한국'으로 설정하였다. 남북연합과 통일한국은 지금까지는 먼 미래의 문제였기 때문에 깊은 고민 없이 노태우·김영삼·김대중·노무현·이명박·박근혜 정부가 형식적으로 남북한 3단계 통일기조로 답습해왔던 것이다. 그러나 '4·27 판문점 선언'이후 갑작스러운 한반도 비핵화 및 평화협정론의 등장은 통일정책의 제1단계에서는 상상할 수 없었던 색다른 개념과 용어들이 속출하고 있다. 통일정책론적 측면에서 볼 때 남북연합시대에서 상정하는 개념과 발상들이 등장하고 있는 것이다.

제1단계에서는 민족의 동질성을 강조하면서 상호교류와 화해협력을 이야기한다면, 남북연합단계에서는 공동의 언어, 공용어와 공동의 역사 및 문화를 합작하게 된다. 군사적 측면에서도 정전협정 시절에는 상호불가침을 약속하며 소극적인 평화 즉 전쟁 없는 상태를 유지하는게 목표였다면, 제2단계인 남북연합의 시대에는 전쟁해소의 제도화 즉 군축(軍縮)을 합의해야 한다. 한반도평화협정의 자율성을 위해서는 전시작전통제권은 민족자주, 국방자주 등등 운위할 것 없이 당연히 대한민국으로 넘어와야 할 것이다. 작전통제권 없이 한반도평화협정체제를 어떻게 기획·관리하겠는가. 우호적이든 적대적이든 간에 남북 화해협력의 단계에서는 일방향의 주장을 해도 되지만, 남북연합의 문턱에 들어선 순간 쌍방향의 합의와 토론이 필요하게 되고, 심지어는 통일한국을 향한 경제통합과 단일화폐 그리고 주한미군 철수까지 논의하게 된다.

과거 남북 예멘이 통일논의를 시작하면서 생각보다 빨리 남북 예멘 간의 연합시대에 들어서게 되었으나, 공동의 역사교과서·경제표준화·종교문제 논의 등 각종 연합을 시작하면서 오히려 충돌과 갈등이 곳곳에서 증폭되어 무력대결, 즉 전쟁으로 치달은 비극적 역사가 있었다. 남북 예멘의 경험에 비춰볼 때 남북한은 고도의 협상과정과 결속력을 갖고 있기에 비교할바는 아니지만, 남북대결의 긴장관계 시대보다 더 복잡해진 한반도평화체제에서는 다른 차원의 숙제가 많이 기다리고 있음을 명심하여야 한다. 북한정책의 이론과 실제에 있어서 질적으로나 양적으로 급격한 궤도수정이 불가피한 시대가 오고 있다.

챙길 것이 더 많아진 보통국가 관계로서 남한과 북한

한반도 비핵화 이후 한반도평화체제의 시작은 남북관계를 명실공히 보통국가의 관계로 정상화·전환시키고 있다. 지금까지 남북관계는 같은 민족임을 강조하거나, 이념적으로 공산주의와 대결했던 단순구도의 시대였다. 우호적이거나 적대적이면 정리되는 것이 기존의 남북관계였다면, 이제는 남한과 북한이 보통국가로서 서로를 정확히 이해하고 대우하는 정치적 예법을 갖출 때가 되었다. 남북한의 정치·외교적 궤도와 차원이 크게 바뀌어야 한다.

당장에 청와대와 정부는 북한이 남한의 정치제도와 민주주의 양식에 대해서 충분히 알도록 해야 한다. 문재인 대통령과 김정은 위원장이 덕담을 나누고 포옹을 할 때 청와대와 대북관계자들은 한국의 정치와 민주주의를 북한이 충분히 인지(認知)·인용(認容)하도록 해야 한다. 북한과 달리 한국에는 야당과 언론이 있음을 분명히 숙지시키고 대한민국 대통령의 임기는 5년 단임제이며 문재인 대통령의 경우 4년의 임기가 남아있음 또한 강조해야 한다.

못된 야당이 탈북 공사 태영호를 국회로 불러 세미나를 한다든가 위험수위를 넘나드는 보수언론의 보도는 바람직하지는 않으나, 남한정치에서 작동되고 있는 정치·사회적 현상임을 남북이 같이 이해하도록 해야할 것이다. 청와대와 대통령 대북참모진들은 한반도 평화시대의 돌입과 함께 넘쳐나는 감격과 기쁨을 삼키고 기뻐서 웃음이 나와도 진지한 표정과 마음가짐으로 남북관계의 새로운 궤도수정의 주체, 즉 냉정한 작동자가 되어야할 것이다.

북한이 남한에 대한 정치적 이해와 외교적 예법을 숙달하도록 권유·유도하면서도, 한편 우리도 북한의 정치적 결단과정과 경제시스템 및 북한의 지방정치 등이 오로지 김정은 위원장의 지시에 의해서만 이루어지는 것인지 아닌지에 대한 확실한 연구와 인지가 있어야 한다. 현재까지 북한의 권력엘리트와 정치과정에 대한 연구는 대남정책에 집중되어 있었지 북한체제 유지 및 작동의 실체 해명에는 많은 부분 크게 미치지 못하고 있다. 한 나라가 다른 나라와 관계를 맺는 보통국가의 관계로서 남북한의 밀착관계는 매우 빠른 속도로 폭넓게 진행될 것이다. 준비가 필요하다.

문제는 남북한 주민 간의 절대적 적대감 해소다

4·27 남북정상의 만남은 새로운 남북관계로의 정점(頂点)이라기보다는 한반도평화체제의 출발점(出發點)이다. 기존의 남북관계에서와는 달리 명실공히 한반도평화체제에서는 남북한 주민들 간의 절대적 적대감이 있어서는 안된다. 70년의 대한민국에서도 오랜 기간 동·서 간 즉 전라도와 경상도 간의 정치적·사회적 갈등과 적대관계는 매우 심각했고 아직도 그 여진이 남아있다. 선거와 투표를 여러 번 같이 하는 민주국가 남한에서도 주민들 간의 적대감은 너무나 큰 과제였으며 별의별 처방으로 애써왔고 그 시간은 기나긴 세월이었다. 너무도 오랫동안 적대적 관계에 있었던 남북한 주민 간의 이질감을 상호 친화적으로 전환시키는 것은 난제이자 불가능 할 수도 있으나, 한반도평화체제에서 남북한 주민 간의 적대감 해소는 필수적 선행과제이다.

다행스러운 것은 얼마 전 트럼프 미국 대통령의 도발적인 북미회담 취소

직후 여론조사 결과 평소 보수적이었던 계층에서 김정은 위원장보다는 트럼프 미국 대통령을 더 믿을 수 없다고 반응했던 대목이다. 남북한 특수관계와 민족 내부거래를 국제적으로 공인받는 것이 한반도평화체제의 외적 유지조건으로 본다면, 남북관계 차원에서 남북한 주민의 상호 친화력 강화는 내적 조건이라 하겠다. 북한 주민이 지금의 상황을 올바르게 판단해서 마음을 내줄 수 있게끔 하는 정책 못지않게, 그에 상응하여 남한 주민들의 대북신뢰 강화정책 또한 중요하다.

명실공히 남북한 주민 간의 절대적 적대감 해소와 상호 친화력 강화는 상당부분 의식적(意識的) 차원의 문제가 본질적이어서 오랜 시간이 필요할 수도 있다. 지난 달 필자의 '한반도 평화협정론' 칼럼에서 말미 문장, "소극적 평화는 지도자의 힘으로도 가능하지만, 적극적 평화는 많은 이의 동참이 필요하다"라는 것을 반복하자면, 한반도평화체제의 진행은 전국민적 축복이자 모든 국민의 현실적 과제이다. 판문점선언으로 시작된 북한정책의 새로운 궤도로 진입하기 위해 국민적 총동원이 불가피함을 특히 강조한다. 동시에 현재의 남북관계를 리딩(leading)하는 청와대와 대북참모진들은 '북한정책 궤도수정'이라는 역사적 과제를 전유물마냥 스스로 떠안고 있을 것이 아니라 속히 다양한 전문가들과 일반 국민들에게 환원(還元)·환류(還流)시켜야 함을 지적한다.

요컨대, 지금의 남북관계야말로 비유하자면 '대기권'에서 '우주권'으로 진입하는 질적·양적 전환과 변곡의 시점이다. 대기권에서 통했던 여객선에 계속 탑승하고 우주로 갈 수 없는 것 아니겠는가. 우주선, 즉 '북한정책 궤도수정론'을 연구·실천할 때이다.

북한정책
궤도수정론 ②

| 칼럼의 배경과 쟁점 | 2019. 7. |

- 하노이 북미정상회담의 북한 비핵화 협상 결렬 이후 한국사회에 과거회귀적인 대북논쟁이 복원되고 있음을 개탄함

- 하노이 충격 이후 김정은 체제의 대응방식에서 북한사회의 근본적인 변화 조짐을 확인할 수 있음에도 불구하고, 보수·진보 진영의 구태의연한 대북관에 근거한 남남갈등이 되살아나고 있음을 경계하면서 '대북정책' 개념 대신 '북한정책' 차원의 고민과 임무를 제안함

키포인트 한반도평화체제에 있어서 중심축은 남한과 북한이지만, 미국·중국 그리고 일본·러시아 등 주변국들의 한반도정책과 외교전쟁이 시작된 것으로 보면서 남한 중심의 '대북정책'을 국제정치·외교적 관점에서 '북한정책'의 개념으로 확대시킬 필요가 있음을 주장하는 칼럼

√ 하노이 충격 이후에 본, 변화된 북한
√ 한반도평화협정론과 외교전쟁

'북한정책'이라는 용어는 기존의 '대북정책'이 남한 중심의 시각에 한정되어 있다는 점에서 현재의 시대상황에 맞게 진화된 개념이라 하겠다. 특히 하노이 충격 이후 북한의 비핵화 및 제재완화 문제가 남·북·미 3자 해결방식에서 중국·러시아 등으로 다변화되면서, 남북관계론 못지않게 국제정치·외교적 정책연구가 추가되어 이제는 '신북한정책론' 연구를 본격화할 때가 되었다.

북한사회는 이미 비핵화와 경제개방의 길로 진입해가고 있다는 사실을 전제로 할 때, 우리의 대북인식과 북한정책이 새롭게 수정되어야 한다. '북한이 어떻게 변할 것인가'에 대한 전망과 조망 없이 불변의 기존 대북정책에 계속 머물러 있어서는 안 될 것이다.

하노이 충격 이후에 본, 변화된 북한

소위 '하노이 충격' 직후 한국사회에서는 과거회귀적인 대북논쟁이 상당기간 복원되었다. '북한은 결코 핵을 포기하지 않을 것이며 남한 정부는 들러리를 하고 있을 뿐이다'라는 류의 남남갈등적 대북논쟁이 되살아나고 있는 것이다. 그러나 하노이 정상회담 불발 이후 김정은 체제의 대응방식을 유심히 관찰할 때 북한사회가 근본적으로 바뀌고 있음을 확인할 수 있다.

핵위협으로 대응하기보다는 대미 중심의 외교라인을 정비하고, 중국·러시아와의 관계를 돈독히 하며, 대미협상의 기한을 연말까지 길게 설정하는 등의 모습은 북핵협상과 제재완화를 통한 북한경제 발전에 강한 의지를 보여주고 있다. 북한정책은 변화된 북한사회를 근거로 했을 때 유효하다. 베트남에서 북한이 어떻게 변할 것인가에 대한 힌트를 얻을 수 있다. 그 유명한 월남전은 미국과 베트남 간의 치열한 전투였으며, 한국군 또한 베트남의 적이었다. 지금 미국과 한국을 빼고는 베트남 경제를 상상할 수 없다. 북한이 베트남처럼 될 개연성이 다분하다는 점에서 불변의 기존 대북정책은 수정할 때가 되었다.

6·25 한국전쟁의 호국장병을 기념하는 것은 한국역사가 있는 한 영원할 것이지만, 이것이 북한사회의 변화를 외면하게 해서는 안 될 것이다. 북한사회는 어쩌면 베트남보다 더 큰 폭의 변화가 예견될 수 있다. 북미관계가 정상화되고 중국·러시아·아시아·유럽 등과의 교류가 시작되면 상상할 수 없을 정도의 발전이 예상된다. 여기에 북핵폐기와 제재완화 및 경제교류를 견인해 줄 수 있는 남한이 있기에 북한의 변화 폭은 클 수밖에 없을 것이다. 하노이 북미정상회담 이후 관측되는 북한의 실체는 북한정책의 수정 필요성을 재확인시켜주고 있다.

한반도평화협정론과 외교전쟁

미국 리퍼트 대사 테러가 있기 전, 김기종씨의 우리마당독도지킴이가 주관하고 국가인권위가 후원한 강좌에서 한반도평화협정론에 대한 강연을 한 적이 있었다. 그 당시만 하여도 한반도평화협정론이라는 말을 거론하는 것 자체가 종북좌파 성향으로 낙인되던 시절이었다. 강연에서 한반도평화협정론이 오직 북한을 위한 논리만이 아니다는 것을 강조하면서, 한반도평화협정론의 당사자는 2자·3자·4자·6자·8자 관계로 확대될 수 있고, 그 유형마다 한국에게 유·불리가 있을 수 있다고 설명했었다.

대학원 강의 때도 한반도평화협정론에 대한 토론을 자주 하였는데 학생

각각의 입장에 따라 한반도평화론 자체를 거론하는 것에 대해서 부담스러워하는 경우가 종종 있었다. 특히 보수적인 성향의 군 출신인 경우 공개적으로 거론하는 한반도평화협정론의 필요성에 대해서 당혹스러워하기도 했다. 그러나 토론을 할수록 평화협정론에는 북한에 유리한 것도 있지만 우리에게도 유리한 한반도평화협정론이 있을 수 있음을 인정하는 분위기였다.

불과 몇 년 전만 해도 한반도평화협정론은 금기시되었거나 부분적으로만 그 개념을 수용하는 정도였다. 이제는 한반도평화협정론의 당사자로서 남·북·미는 당연하고 여기에 중국이 추가되거나 러시아, 일본 등이 가세할 정도로 확대되고 있다. 한반도평화협정 논의는 북한과 미국, 그리고 중재자로서 남한이 같이 만들어낸 종전선언문 성격에서, 한반도를 축으로 하는 새로운 외교 각축장으로 전환되고 있다. 이에 남북관계에만 치중하는 우리의 기존 대북정책은 시대적 상황에 맞지 않기에, 한반도에서의 외교전쟁을 가상·감안할 수 있는 새로운 차원의 북한정책으로 대체·보완되어야 할 것이다.

한반도의 축은 분명히 남한과 북한이지만 이미 외교전쟁이 시작되었다고 보아야 한다. 전쟁에서 승리하기 위해서는 확실한 전략·전술이 있어야 하듯이 한반도평화를 위한 우리의 전략과 대안 또한 분명하고, 관철 가능한 설득력이 있어야 한다. 최근에 문재인 대통령이 제기한 '영변 핵폐기는 북핵해결의 입구이고 완전폐기가 출구이다'라는 단계적 북핵완전폐기 및 한반도평화론은 분명한 전략·전술의 가치를 가지고 있다.

한반도평화협정 즉 종전선언을 협상의 시작으로 생각하는 북한과 종전선언을 협상의 마무리로 간주하는 미국과의 간극을 매우 쉬운 설명으로 중재한 것이다. 종전선언을 협상의 시작으로 생각하는 북한의 입장에서는 영변의 핵폐기가 시작치고는 큰 것을 준 것으로 생각하고, 종전선언을 협상의 끝으로 받아들이는 미국의 입장에서는 턱없이 부족한 것이다. 이에 북·미 간 충돌을 중재한 한국정부의 안을 보다 더 심플하게 천명할 경우, 주변국들의 지지와 동의를 얻을 가능성은 상당히 높다. 이러한 제안이 '기존의 대북정책'이 아닌 '새로운 북한정책' 차원의 고민과 임무일 것이다.

2018 평양,
핵보다 경제였다

칼럼의 배경과 쟁점   2018. 9.

● 8일 간의 평양방문을 통해 변화된 북한의 일상을 관찰하고 그 실상을 국민들에게 소개함

● 북한의 정전협정 추진의 최종 목표는 핵보다는 경제복원 내지 활성화에 있으므로, 남북교
  류에 있어서 경제협력에 중점을 두어야 함을 기행문 형식으로 표현함

**키포
인트**   8일 간의 평양방문 중 북한의 문화, 거리풍경, 교육시스템, 변화되는 지역경제 등
        을 관찰하면서 북한의 비핵화와 정전협정, 그리고 개혁개방을 통한 경제활성화
        의 의지를 전달하는 칼럼

        √ 2018 평양 스케치
        √ 종전선언 협정에서 북한 카드는 '경제'

2018년 8월 10일 개성공단을 통해서 육로로 평양을 방문하였고, 8월 17일 새로 단장한 평양 순안공항에서 북경 경유 서울로 왔다. 김정은 위원장의 판문점 남측 방문 이후 최초로 육로방북이라는 점에서 출발 전부터 설레임이 컸고, 많이 변했다는 2018년 북한의 새로운 풍광도 궁금했다. 특히 개인적으로 북한학과 주임교수 20년이라는 명색이 북한 전문가로서 새로운 북한 풍광 외에 보이지 않는 북한 권력엘리트들과 주민들의 속을 들여다보고 싶었다. 짧은 시간이었지만 북한학 학자로서 북미 간 종전선언 협상에서 북한의 속사정과 우리가 해야 할 일을 알아보려는 욕심도 가졌다.

2018 평양 스케치

1일차 8월 10일 : 남북 간 잘못된 상호주의와 첫 육로 방문 절차의 미숙

8월 10일 오전 임진각에서 총집결하였다. 도라산역 인근 통일부 교육장에서 북한 방문증을 수령하였으나, 예기치 않은 핸드폰 수거로 처음 방문하거나 항공편을 이용했던 사람들은 몹시 당황하였다. 통일부 측은 북측이 남쪽으로 올 때도 자체 핸드폰을 수거한다고 해서 우리도 상호주의에 입각한 것으로 해명하였으나, 결과적으로 핸드폰을 반납하지 않은 사람은 가지고 가고 그렇지 않은 사람은 놓고 가는 혼선과 촌극이 벌어졌다. 북측 출입소도 마찬가지로 공항검색대였으면 간단히 끝났을 절차들이 지나친 수작업을 통한 검색을 하면서 무더위에 우왕좌왕 쓸데없는 일들을 많이 하는 듯하였다. 특히 동행한 KBS, MBC, SBS, JTBC, 중앙·경향·강원신문 등 30여 명의 기자단들은 노트북 내용물마저 일일이 검색을 받느라 진땀을 흘렸다. 육로 첫 방문에 150여 명에 이르는 일행단의 육로방문을 맞이한 남북한 관계자들의 행동과 절차적 업무처리방식은 아주 미숙했다.

월경 절차의 지연으로 인하여 역설적이지만, 늦어진 덕분에 개성발 평양까지의 도로는 서해안 특유의 뉘엿뉘엿 석양을 만끽할 수 있었다. 특징적인 것은 일자(一字) 도로변의 경작지들은 대부분 옥수수밭이었고 생각보다 광활하여 제대로 된 농업생산 방식을 택할 경우 자급자족 할 만하다는 것이었다. 2시간 반에 걸쳐 도착한 곳은 평양 양각도 국제호텔이었으며 대동강 근처의 조명등은 생각보다 화려했다.

2일차 8월 11일 : 옥류관 선주후면과 수줍은 팁(TIP) 문화

많은 숫자의 방문객들 때문에 남한의 통일부 직원과 북측의 관계자(4·25 체육단·민화협·보위부) 간의 실무적 충돌이 잦아서 만경대 방문 여부를 놓고 2시간을 지체했다. 나중에 들어보니, 전적으로 통일부를 따라온 한국 관계자들의 보수적 대북인식 때문인 것 같았다. 그럴 필요가 없는데 …. 어떻든 김일성 주석의 생가인 만경대 방문 이후 개선문도 보았으며 이번 방문 공식목적인 제4회 아리스포츠컵 국제유소년 축구대회 장소인 김일성 종합운동장을 방문하였다. 5만 명 가까운 빈 객석에 재미없는 이 축구 게임에 관중의 참여가 어느 정도일지 많이 걱정되었다.

개인적으로 가장 가고 싶었던 장소 중의 하나인 대동강 강변에 있는 옥류관에 도착했다. 평양냉면을 맛있게 먹는 방법으로 선주후면(先酒後麵)이라 하여, 점심임에도 불구하고 30도의 북한 소주를 큰 잔에 들이키고 먹는 냉면 맛은 일품이었다. 다행스럽게도 같은 테이블에 있는 분들(김경성 남북

체육교류협회 이사장, 최문순 강원지사, 김광철 연천군수 등)이 대체적으로 호주가여서 모두 선주후면을 하였다.

저녁은 숙소인 양각도 호텔에서 하고 몇몇 일행들과 어울려 지하의 가라오케와 47층 전망대 바에 들렀었다. 봉사원들에게 약간 부담이 가는 팁을 중국 인민폐로 주었을 때 상당히 머뭇거리면서 어쩌면 받지 않을 것 같이 하면서 결국에는 받았다. 우리가 어린 순수한 시절에 친지분들이 용돈을 주었을 때 머뭇머뭇거리면서 받는 것, 그만큼 순진함이 있다는 것이 아니었던가. 팁을 받으면서 머뭇거리는 시간은 '순진의 시간'이라면 언젠가는 이 북한에서도 팁을 받는데 전혀 거리낌 없는 때가 올 것이라는 생각이 들었다. 아주 단편적이지만 시장경제에서 돈의 쓰임을 보는듯하다.

3일차 8월 12일 : 북한의 거리 풍광, 남한과의 데자뷰

간밤에 재미있게 놀아서인지 모닝콜(morning call)을 받고도 출발시간에 약간의 지각을 하였다. 우리 버스가 평양역을 지날 때 출근시간이어서 그런지 많은 사람들이 분주하게 이동하고 있었다. 평양 시가지에는 자가용은 보기 드물지만 택시가 제법 있었으며 대중교통 수단인 버스와 전철·무궤도 전차는 거의 만원이었다. 남한이 경제성장을 한참 할 때의 서울 도로의 모습과 유사하였다. 평양에서 70-80년대 남한의 모습을 발견한 것은 경우에 따라, 여건에 따라 북도 남과 같은 경제적 변화의 과정을 똑같이 밟으리라 생각되었다.

평양에서 북쪽으로 2시간 반을 달려서 묘향산으로 갔다. 가는 도중 과거 우리나라에서 흔히 볼 수 있었던 수양버들을 곳곳에서 보았고, 무더위

속에서 계곡 물을 즐기는 적지 않은 인파들을 보았다. 묘향산의 명소인 국제박물관, 즉 김일성·김정일·김정은 위원장이 세계 각 국으로부터 받은 선물들을 전시한 곳으로서 그 가지 수와 내용물들이 어마어마했다. 많은 북한 청소년들이 수학여행 차 관람하고 있었는데 실질 내용에 있어서 북한 3부자의 사상교육 장소라기보다도 있는 그대로의 세계사 학습장이었다. 김일성·김정일·김정숙 여사의 밀랍 앞에서 인사하는 것 외에는, 대한민국 청소년의 수학여행 코스로도 아주 적격이라는 생각이 들었다.

4일차 8월 13일 : 관광문화사업 도시의 출발지로서 평양

평양의 많은 곳을 돌아다니면서 받은 첫 인상은 건물들이 일률적이 아니고 매우 다양하다는 점에서 아름다운 도시로서의 아늑함이 느껴졌다. 대중교통 외에는 차량들이 잘 안보였고 자전거는 상대적으로 중요한 이동수단이 되고 있었으며 오토바이는 거의 없었다. 중국 또는 동남아와는 대조적인 모습이고 이는 70년대 한국의 교통환경과 매우 유사한 것이다.

대동강과 보통강변에는 많지는 않지만 배드민턴과 춤을 추며 여가활동하는 주민들을 볼 수 있었고, 한 두 마리의 반려견을 데리고 다니는 사람도 꽤 되었으며 낚시를 즐기는 사람이 많았다. 버스 창가에 비춰지는 평양 건물들은 대부분 주상복합 건물이었고 1층에 다양한 상점들이 많았다. 미용실·영화관을 비롯해서 음식점이 많다는 것은 평양 주민의 상당수가 외식을 하고 있다는 것이다.

평양은 외국인 관광 적격지였다. 물가도 아직은 사회주의식의 원가책정 때문인지 아주 저렴했다. 싼 물가에 음식도 정갈하고 자연스럽게 북한 주민들과도 마주칠 수 있어서 외국인이 관광하기 좋은 곳이 될 것 같다. 물놀이·돌고래 쇼·자연박물관 등에 북한 주민들이 붐비고 있는 것은 북한 주민의 편익을 위한 것도 있겠지만 평양 전체를 국제적 관광도시로 어느 정도 개방하고 있다는 것을 반증하고 있다. 북한을 큰 틀에서 볼 때 평양에서 출발하여 묘향산과 백두산 그리고 원산·금강산 관광으로 이어지는 관광벨트를 그려볼 수 있다. 북한의 관광문화사업 특화는 친시장경제적 특성을 가진 것으로서 향후 북한개방과 남북교류협력에 중요한 초석과 자원으로 작동될 가능성이 높다.

5일차 8월 14일 : 대동강 수산시장과 북한 양식업

오늘은 평양공단에 있는 신발공장을 안내받았고, 올 7월에 개장한 우리로 치면 노량진 시장과 같은 수산시장과 식당에 갔다. 북한의 양식업은 식량확보 차원에서 시작을 했지만 이제는 새로운 식(食)문화로 진화·발전한 듯하였다. 철갑상어를 비롯하여 칠색송어 등 양질의 양식업이 활성화되어 고급어종을 염가로 제공하고 있었다. 북한에서는 오징어를 낙지라고 부르고 있는데, 참 쌌다.

개장한지 한 달밖에 안된 대동강변의 수산시장 식탁은 산해진미라 해도 과언이 아닐 듯하였다. 그리고 요즘 함부로 할 이야기는 아니지만, 남남북녀를 실감케 하는 장소이기도 했다.

6일차 8월 15일 : 북한의 동원력과 KBS TV 단독 생중계

제4회 아리스포컵 국제유소년 축구대회의 개막식을 주석단에서 참관하였다. 며칠 전 5만 명에 이르는 관중석이 어떻게 채워질까 상당히 우려를 했으나 북한의 동원력은 대단했다. 중학생·고등학생·대학생으로 추정되는 학생들이 스타디움을 꽉 메꾸었다. 그 날 축구는 북한이 4:1로 이겼고 골이 터질 때마다 관중석은 함성 그 자체였다. 오랜만에 젊은 청소년들의 응원을 들으니 운동장 전체가 활기로 넘친 듯 했다. 오늘이 마침 8월 15일이고 개막식이 있는 날이어서 평양광장 곳곳에 모여 있는 많은 학생들이 이것과 관련이 있는 줄 알았으나, 거리의 인파들은 모두 북한정권 탄생 70주년인 9·9절에 동원된 사람들이었다. 올해 4·25 대신 2월 8일 날 인민군의 날을 조촐하게 치렀기 때문에 북한으로서는 9·9절을 아주 중요한 행사로서 많은 의미를 부여하면서 준비하고 있었다.

간밤에 같이 온 기자단에서 상당한 불협화음이 있었다. 다른 방송단과 사전 협의 없이 KBS TV가 전 날 9시 뉴스 생방송, "여기는 평양입니다"를 6분 30초에 걸쳐서 단독으로 생중계하여 타 언론사에서 강력한 항의를 하였다. 심하게는 KBS에서 무언가를 북한에 제공했기에 생방송을 할 수 있었던 것 아니냐고 따지면서, UN 제재 방침을 어긴 것 아니냐는 이야기마저 나올 정도였다. 다행스럽게도 한국 언론인들은 지혜롭게 갈등을 봉합하였고, 추후에 확인한 것이지만 모든 방송사가 서로 약간의 필름을 공유하면서 국내방송을 하였다 한다.

7일차 8월 16일 : 평양 교원대학교의 충성구호와 자율성 교육

평양 교원대학을 방문하였다. 같이 간 일행들은 평양 교원대학에서 영어를 비롯한 교육방식들이 토론방식과 인공지능을 활용한 영상교육 및 자율성 강화학습이어서 상당히 놀래는 듯하였다. 이런 교육들이 한국에서도 있느냐고 오히려 내게 물어와서 답하기를 "한국의 교육방식과 도구들은 이것 보다 훨씬 앞선 것은 분명하지만 그럼에도 불구하고 북한에서 이런 창의와 다양성의 교육이 진행되고 있다는 것은 나도 인상적이었고 다행이라고 생각한다"라고 답하였다.

북한의 곳곳을 돌아다녀보면 김일성 주석·김정일 장군·김정은 위원장에 대한 엄숙한 칭호가 반복되고, 더운 날이라 그런지 3김 초상화에 선풍기를 틀고 있는 모습도 보이지만 이미 이것은 매우 형식적이었다. 솔직히 이야기하자면 영혼이 없는 통과의례와도 같은 절차에 불과한듯하다. 북한의 수학·과학 교과과정에서 3김 찬양부분만 걷어내면 남측과 별반 차이가 없다는 점에서 매우 안도했다. 우리로 치면 예술의 전당과 같은 곳에서 미술·음악 등 예술 분야에서 조기교육을 하는 곳도 찾아 갔는데, 어린 학생들의 노래와 춤 공연을 보면서 이 부분 또한 남북한이 별 차이가 없음을 확인하였다.

얼마 전, 서울서 평양과학기술대학교 전유택 총장(작년 3월 총장에 취임하였으나 미국 시민권자여서 트럼프 정부의 행정명령에 의해 아직 평양으로 들어가지 못하고 있음)과 만나 향후 남북 대학 간의 학술·연구 교류를 제대로 해 보자고 합의를 하였는데 이번 기회에 더욱 강한 확신을 갖게 되었다. 여건이 허락한다면 경기대학교를 비롯한 한국 교수들이 안식년(연구

년)을 북한 대학에서 할 수 있도록 전유택 총장 등과 그 지평을 넓혀보고
자 한다.

8일차 8월 17일 : 순안공항과 평양·북경·서울의 차이

개인적인 일정이 있어서 이틀 후 육로로 되돌아가는 길 대신 평양 순안
공항에서 출발할 수밖에 없었는데, 이 또한 평양 여행의 횡재 내지 덤이었
다. 순안공항을 리모델링했다는 이야기는 들었지만, 막상 가보니 국제공항
으로서의 면모를 다 갖추어 놓았다는 인상을 받았다. 특히 품목은 몇 개
안되지만 면세점에서의 적극적인 판매행위는 깨끗한 남대문 시장에 온 듯
한 느낌이었다. 봉사원들의 적극적인 판촉행위에 다소 놀랐다. 서점에서 판
매원의 강권에 의해서『헷갈리기 쉬운 조선어 어휘들』(평양: 조선출판물수
출입사, 주체107(2018)) 책을 한 권 샀는데 꽤나 좋은 책이었다. 며칠 전, 호
텔 서점에서 산 조선대외경제투자협력위원회의『조선민주주의인민공화국
투자안내』, 만수대창작소의 묘향산 그림과 함께 괜찮았던 북한 쇼핑 같다.
  고려항공에 오르면서 받아 본 당일자 노동신문에 두 가지 중요한 기사
가 있었다. 하나는 우리의 행사를 사진과 함께 보도했다는 것이었고, 또 하
나는 종전선언에 대한 북한 견해를 분명히 한 것이었다. 고려항공 기내에서
도 면세품을 판매하고 있었으며 주요 품목은 약재를 중심으로 한 토산품
들이었다.
  북경공항으로 이동하고 인천공항에 도착하면서 느낀 것은 역순으로 볼
때 대한민국이 가장 자유스럽고 다양했으며, 북한에 비해 중국이 상대적
으로 자유로웠다. 의외로 북한이 생각보다 폐쇄적이 아니라는 것뿐이지 한

국·중국과 비교할 때 북한의 개혁·개방 속도는 너무 미흡하다. 만약에 평양에서 육로로 되돌아갔다면 북한에 대한 이러한 평가를 못했을 뻔 했다.

종전선언 협정에서 북한 카드는 '경제'

북한 비핵화와 관련하여 북미 간의 종전선언 협정이 교착상태에 있는데는 이유가 있다. 북한에게 종전선언은 향후 협상을 위한 출발선이고 본격 협상 전의 MOU(양해각서) 정도로 생각하는 반면, 미국은 종전선언을 북한 비핵화 협상의 마무리 단계로서의 의미를 갖고 있다. 종전선언에 대한 북한과 서방국가인 미국의 정서적·규범적 의미의 차이를 보여주고 있는 대목이다.

그럼에도 불구하고 북미 간의 종전선언이 가능할 수 있는 것은 양측이 필요성을 '동시에·절실히' 갖고 있기 때문이다. 미국의 경우 북미정상회담에서 실적을 남기는 것이 11월 중간선거에서 트럼프 정부에게는 절대적이다. 특히 미국의 선거는 한 달 전부터 사전투표에 들어가기 때문에 북미 간의 협상의 진전은 늦어도 10월 초까지 가시화되었을 때 그 가치가 있는 것이다.

북한의 경우에도 북미 간의 협상이 진척되어야 할 실체적 필요성을 가지고 있다. 잠깐의 평양 체류기간이었지만 필자는 북한 권력엘리트층과 주민들의 의식 속에 "김정은 위원장이 북핵에 끝까지 집착하지 않고 그 대신 경제성과를 추구하고 있다"라고 판단하였다. 기실 김정은 위원장 입장에서 비핵화를 합의해 주는 대신 그 반대급부로서 경제발전의 성과를 가시적으로 북한 주민들에게 보여주어야 하고, 그것이 체제유지와 직결되어야 할 것이다. 이에 대한 즉답은 미국·UN 등의 대북제재를 해제함으로써 북한경제의 청신호를 보여주는 것이다.

북미 양 정상에게 협상의 진전은 정권차원에서도 절실하다. 이 시점에서 문재인 대통령은 북한과 미국 양측에 절충점을 제시해야할 입장이자 키맨이 되고 있다. 구체적으로 종전선언을 할 만한 비핵 담보로서 북한이 제공해야 할 것이 무엇인가를 확정하게 하고, 이에 따른 미국의 대북플랜과 보상을 북한에 실질적으로 제시하도록 하는 중개역할이 필요하다. 이것을 제3차 남북정상회담에서 풀어놓아야 할 것이다. 남북정상회담을 준비하는 관계자는 이제는 남북관계의 진전과 한반도평화를 정서적 차원에서 확대시키기보다는 구체적인 남·북·미 간의 합의내용물들을 준비하는데 골몰해야 할 것이다.

요컨대 이번 평양방문을 통해서 확인한 것은 북한사회가 중국사람과 같이는 아니어도 경제적 이익, 축재(蓄財)에 관심이 많다는 것이고, 북한의 장마당이 활성화되면서 국제사회와의 교류에 적극적이라는 것이었다. 북한사회는 '핵 중심'에서 '경제우선'으로 이동하고 있다. 어쩌면 우리사회도 북한사회에 대한 관점을 '비핵화'와 함께 '경제중심'의 남북교류협력에 주안점을 두어야 할 때가 왔다.

2018平壤：
比起核武器，
更愿发展经济

2018. 09. 03.

※ 이 글은 "2018 평양, 핵보다 경제였다"를 중국 차하얼학회에서 활용하기 위해 중국어판으로 제작한 것임.

2018年8月10日，我经过开城工业园，从陆路去访问了平壤。然后8月17日，从新装修的平壤的顺安机场经过北京，又回到了首尔。这是金正恩委员长访问板门店之后，最早通过陆路来访问朝鲜的一次，所以感到非常激动，也非常想知道2018年的朝鲜有什么变化。尤其是，我个人是北韩学科的教授，20多年来都在研究朝鲜。不但想知道朝鲜的城市面貌，还想知道朝鲜的权力阶层和普通朝鲜人民的生活是怎样的。

2018平壤记行

第1天8月10日：朝韩之间的相互主义并不正确、第一次陆路访问程序的不熟练

8月10日上午,我们在临津阁集合。在那里拿到了朝鲜的访问证,但是,还要收走我们的手机。这事是第一次访问朝鲜的一些人,没有想到的,所以感到非常吃惊。统一部方面称,朝鲜来访问韩国的时候,也会收他们的手机,所以这是立足于相互主义的。但最终,有一些人没有把手机交出,而是带着去了朝鲜。有一部分人交了手机。另外,出入境也是,按理说应该就像机场检查那样,非常简单就能结束的,但是却花费了很长时间。尤其是这次同行的kbs、mbc、sbs、jtbc,中央新闻等30多名记者人,他们的电脑被检查,而且电脑里面储存的东西,也都打开检查了,所以花了很长时间。也许这一次是通过陆路第一次访问朝鲜,访问团多达150多人,朝鲜和韩国的相关人士,他们的业务处理方式并不是非常的熟练。

由于各种程序都很繁琐,所以花了很长时间。但是也正因如此,才欣赏到了夕阳美景。在路两边都是农耕地,大部分都是玉米。我在想,如果是选择农业方式的话,也能达到自给自足。两个半小时之后,到了平壤的羊角岛国际酒店。酒店大东江附近,灯光比我想象的要华丽。

第2天8月11日:玉流馆"先酒后面"、害羞的小费文化

由于访问朝鲜的人数过多,再加上韩国统一部的员工和朝鲜的相关人士之间的业务冲突,出发时间推迟了两个小时。先访问了金日成主席出生地所在的万景台之后,又看了开城门。最后又参观了第4届阿里运动杯国际青少年足球比赛的场地——金日成综合运动场。这个运动场能容纳5万人。

我个人最想去的地方就是大东江江边的玉流馆。平壤冷面的吃法是"先

酒后面",这样才最有味道。所以即使是中午,也喝了一大杯30度的朝鲜烧酒,然后再吃冷面,味道非常好。晚上,在羊角岛酒店,和同行的几人一起去了地下的卡啦ok,还去了47楼的观景台。当时给了服务人员一些中国人民币当作小费,他们一直在推辞不肯收,最终才收下。就像我们小时候,亲戚给零花钱,一直在推辞,不收,但最后还是收下。他们就像那时候那么单纯。其实,今后,朝鲜的小费文化,也应该会有发展,也可能会变的完全不会再犹豫,直接收小费。

第3天8月12日:朝鲜的街道

好像是因为前一天玩的太开心了,第二天即使上了闹钟,还是起晚了。我们坐的大巴经过平壤的时候,好像是因为是上班时间,人们都在匆忙地走着。在平壤也很少见到自家开的小汽车,有很多出租车,然后公交车、地铁、无轨道电车也都几乎满员。这个景象与迅速发展经济时的首尔类似,感觉现在的平壤就是七八十年代的韩国。所以,朝鲜也有可能会经历与韩国相同的经济发展过程。

从平壤往北开两个小时就到了妙香山。一路上能看到很多在溪边嬉戏的人们。妙香山的有名景点是国际博物馆。是金日成,金正日,金正恩委员长,展示他们从各国收到的礼物的地方。展品的数量非常多。这个地方与其说是朝鲜三父子进行思想教育的场所,倒不如说更像是世界历史的学习场所。我认为这个地方也非常适合韩国的青少年来修学旅行。

第4天8月13日：平壤——观光文化城市的新出发点

在平壤转一转，就会发现。平壤的建筑都不是千篇一律的，而是非常多样的，城市很漂亮。除了大众交通工具之外，很难看到其他的车辆，自行车是比较重要的移动手段，几乎没有摩托车，这与中国和东南亚不同。这与70年代韩国的交通环境非常类似。

在大东江和其他的江边，能看到一些人在打羽毛球和跳舞，虽然为数不多。也能看到牵着一两条宠物狗散步的人和钓鱼的人。放眼望去，大部分的建筑，都是商住两用的建筑，一楼是各种各样的商店。此外还有很多的美发店，电影院，餐厅等，这意味着平壤人民有很多人都会去外面吃饭。

第5天8月14日：大东江水产市场和朝鲜的养殖业

今天去了平壤工业园的鞋厂。还去了7月开业的水产市场。朝鲜的养殖业最开始是为了确保粮食，但现在发展为一种新的饮食文化。有很多高级的鱼类。虽然开业还不到一个月，但是大东江边的这个水产市场。餐桌上的菜可以说是山珍海味。

第6天8月15日：朝鲜的动力源、kbs电视台的直播

第4届阿里运动杯国际青少年足球比赛的开幕式开始了，我坐在主席台上观看。几天前我还担心，这个运动场能容纳5万人，不一定会有这么多人来参观。但是，我白担心了。初中生、高中生、大学生，他们都来参观，那天的

足球比赛朝鲜4:1赢了。每次进球的时候,观众席上都会有阵阵欢呼声。当天是8月15日,我以为是因为有开幕式,所以以为广场上聚集的学生们都是来看比赛的。但实际上这些人是来参加朝鲜政权诞生70周年的人。

这次一起来的记者团,人非常多,kbs电视台与其她的电视台没有事先商议,就在前一天九点的时候,播出了一段"这里是平壤"的节目,直播了6分30秒。。这引起了其他电视台的不满和抗议。甚至说kbs是不是向朝鲜提供了什么,所以才能进行直播。还说这样是不是违反了联合国的制裁方针。最后,这些媒体人和解了。结果是所有广播电视台的视频都相互共享。

第7天8月16日:平壤教员大学

今天访问了平壤教员大学。同行的人是看到平壤教员大学的教学方式非常的新颖,而且还看到在用英文授课,教学方式也是有讨论,还有利用人工智能的视频教育,还进行了自律性强化学习,非常的吃惊。所以问我,韩国有没有这种教育方法。我说韩国的教育方式和教具比这些更先进,但是朝鲜的这种创意和多样性教育,也是非常令人印象深刻的。

在朝鲜的很多地方都能看到金日成主席,金正日将军,和金正恩委员长的名字。并且还能看到由于天热,在给三金的肖像画吹风扇的样子,这些都是很形式化的。如果把朝鲜的数学、科学的教育过程中,称颂三金的部分删除,那么朝鲜与韩国的教育其实没有很大差异。后来,还去了一些美术音乐的艺术学校,小学生他们在唱歌跳舞,这也与韩国没有太大的差异。

第8天8月17日：顺安机场，平壤、北京、首尔的差异

由于我个人的行程，所以两天后不能像其他人一样通过陆路回韩国，而是再次去了平壤机场。我听说机场重新装修了，去一看，真是有一种国际机场的面貌。免税店里销售的品种虽然不多，但是他们的销售行为都很积极，就像韩国的南大门市场一样。这些工作人员，他们积极的销售行为，让我有些吃惊，由于销售员非常强势，所以我不得不买了一本《容易混淆的朝鲜词汇》。

登上高丽航空，拿了一份当天的《劳动新闻》，上面有两条重要的新闻。第一条是报道我们这次的活动，第二是报导了有关终战宣言的内容。我从北京机场又到了仁川机场，我的感受是：韩国是最自由最多样化的。和朝鲜相比，中国相对来说更自由一点，但是朝鲜也没有我们想象的那么闭塞，与韩国中国相比较，朝鲜的开放、改革速度，也很类似。

终战宣言协定中，朝鲜目的是发展经济。

朝鲜无核化以及朝美之间的终战宣言协商进入僵化状态是有原因的。朝鲜认为终战宣言只是今后协商的出发点，是正式协商之前的谅解备忘录。而美国认为，终战宣言是朝鲜无核化协商的最后一个阶段。所以，关于终战宣言，朝鲜和美国在情感、规范化的意义等方面都有差异。但有一点，朝美都认为，签署终战宣言非常重要。

即便如此，朝美间的终战宣言也是可能实现的。这是因为双方都"同时、确实"感到终战宣言的必要性。对美国这方来说，在朝美论坛中取得成果对特朗普政府在11月中期选举来说非常重要。尤其是，美国选举从一个月之前就开始，所以朝美之间的协商进展，最迟也得10月份就能可视化，这样才有价值。

对朝鲜来说，朝美之间的协商有必要向前推进。虽然这次在朝鲜带的时间比较短，但是我判断，朝鲜精英阶层和人民的意识中认为"金正恩委员长不会一直坚持拥核，而是会追求经济成果。其实，对金正恩委员长来说，如果同意无核化，就必须把经济发展的成果让朝鲜人民看到，这一点与维持目前体制有直接关系。之后，美国、联合国等对朝制裁就会解除，对朝鲜开绿灯。

对朝美两个首脑来说，协商的进展从政权层面上来看也很迫切。文在寅总统应该在朝鲜和美国之间，拿出一个折中的方案，他是一个关键人物。文总统有必要让美国提出一个终战宣言，来作为朝鲜无核化的担保，提出如果朝鲜弃核，美国今后有什么样的对朝计划，而且会对朝鲜给予什么样的补偿。

通过这次访问平壤，我看到了，朝鲜人民虽然不像中国人那样，但是也是对经济利益和储蓄等非常关注。随着今后朝鲜的集市文化的发展，其今后与国际社会的交流将会更多。朝鲜正从以核为中心转移到以经济建设为中心，所以韩国社会应该更加关注以经济为中心的朝韩交流合作。我认为这一天已经到来了。

朴相哲 教授
京畿大学副校长
政治专门研究生院教授
法学博士

X

남북통일/국제

DILEMMA *of politics*

대북정책에 대한
확신과 자신감

칼럼의 배경과 쟁점   2015. 4.

- 북한에 대한 자신감과 대북정책의 일관성이 확보되지 않으면 사드 문제와 같은 것이 등장할 때 또다시 이념대립형의 남남갈등을 고조시킬 수 있으므로 남북통일 문제에 대한 기본원칙 정립이 절실함

- 대북정책의 기본원칙으로서 ① 통일정책과 안보정책의 동일화 경계, ② 시장경제원리의 대북확산, ③ 통일정책에 대한 정치공세 자제 등을 대원칙으로 정리하며 정치·경제·문화 등의 대북우월적 지위를 활용한 일관된 대북정책의 강력한 추진을 역설함

키포 인트 절대적 대북우월적 지위를 바탕으로 대북정책에 대한 확신과 자신감을 가지는 것이 중요하며, 3대 대북정책 규범화의 필요성을 강조하는 칼럼

  √ 통일정책과 안보정책의 동일화 경계
  √ 시장경제 원리의 대북 확산
  √ 통일정책에 대한 정치공세 자제

북한에 대한 자신감과 대북정책의 일관성이 확보된다면 많은 국민들이 정말 편안해 할 것이다. 북한을 효율적으로 다루려면 무엇보다 북한에 대한 지식과 정보가 충분해야 한다.

이를 위해서 사회과학으로서 북한학이 정립되어야 하는데, 우리 사회에서 북한학 공부를 제대로 하기가 어렵다. 북한을 사회현상의 관찰대상으로 삼기가 어려운 것은 북한에 대한 정보부재가 걸림돌이지만, 가장 큰 장애는 남남갈등 수준의 이념대결 때문에 북한에 대한 객관적 연구가 불가능에 가깝다.

보수·진보 간의 서로 다른 이데올로기적 입장에서 전시작전통제권, 북한인권문제, 남북교류협력 확대 등을 객관적으로 연구하고 토론하기가 어렵다. 한·미 동맹은 새로운 동북아질서와 미국의 아시아세력 재균형 정책과 중국의 세계세력 재균형 충돌에 대한 거리낌 없는 토론을 어렵게 한다. 최근에 THAAD 문제와 AIIB 문제는 바로 이러한 고민이 현실로 다가왔음을 보여주고 있다.

한반도 평화문제는 대한민국의 모든 국사(國事)의 하드웨어이다. 한반도에서의 평화문제는 남북통일이 핵심사항이다. 무엇보다도 남북통일문제에 대한 국민적 합의가 확보되어야 한다. 다음의 질문에 같은 답변을 할 수 있는 국민들이 많아져야 한다. ① 북한은 우리에게 어떤 존재인가?, ② 어떤 통일방식이 바람직하고 효율적인가?, ③ 우리는 무엇을 할 것인가?. 대북문제를 보수·진보 간의 논쟁으로 끌고 가는 것은 정치·경제·문화 등의 절대적인 대북우월적 지위를 포기하는 것이나 마찬가지다. 여유와 다양한 전략, 그리고 보수·진보 간의 자유로운 토론과 논쟁을 할 수 있는 생산적인 정치·사회구조를 만들어 내는 것이 절실하다. 그 첫 번째로서, 국민적 합의를 담보할 수 있고 대북정책에 대한 자신감과 확신을 위한 세 가지 대북정책의 기본원칙을 제시한다.

통일정책과 안보정책의 동일화 경계

대북정책은 통일정책과 안보정책으로 구성되고 양자 간의 조화를 필요로 한다.

'통일정책'과 '안보정책'은 통일한국을 향하여 가는 열차의 두 레일에 해당된다 해도 과언이 아니다. 통일과 안보의 관계는 밀접한 관계를 갖지만 그 속성에 있어서 서로 다르다. 통일정책은 남북대결의 정책 중 이데올로기적 대립을 극복하고 사회통합으로 이끌어 가는 데 중점을 둔 반면, 안보정책은 군비경쟁을 통한 대북 군사력 우위를 점하는 것은 물론 잠재적 적국으로부터의 모든 위협에 대비하는 데 그 목적을 두기 때문이다. 통일정책은 국내외적 상황과 남북 간의 상대성을 감안한 유연성을 그 특징으로 갖게 된다면, 안보정책은 절대성과 경직성을 그 본질로 하고 있다.

이에 통일정책과 안보정책을 동일시하거나 통일정책의 안보정책화 경향은 경계의 대상이 될 수밖에 없다. 통일정책의 안보정책화가 보혁갈등에 있어서 보수적 식견의 정책일 순 없고 양 정책을 상호 대립 개념으로 이해하여서도 안 된다. 과거에도 헌법상 대북정책에 있어서 국시(기본원칙)는 반공이 아니라 평화통일이었다는 점을 상기할 필요가 있다.

정부의 통일정책은 확고부동한 안보를 바탕으로 할 때, 그 위력이 배가되기 때문에 바로 '통일정책'과 '안보정책'은 상호의존적이며, '통일한국'을 향해 가는 통일열차의 두 레일이 되는 것이다.

미국이 냉전시대에 소련을 붕괴시킨 것은 국방정책의 승리가 아닌 탄탄한 국방력을 믿고 자신 있고 탄력적인 외교정책을 발휘했기 때문이다. 우리의 안보정책에 해당되는 미국의 국방정책은 미·소 SALT회담에서 나타났듯이 미사일 보유의 비교우위를 놓치지 않으려는 절대성에 근거한 것이다. 반면, 우리의 통일정책에 해당하는 미국의 대소 외교정책은 경제 지원, 락그룹 공연·햄버거·코카콜라 등의 문화이식, 경제봉쇄정책과 같이 강경 및 온건정책을 다양하게 구사하면서 단 한발의 총성 없이 소련을 붕괴시킨 것이다. 미국의 소련정책 예에서 보듯이 우리의 대북정책 또한 통일정책과 안보정책의 탄력적 운영이 요청된다.

시장경제 원리의 대북 확산

6·15남북정상회담 이후 한 때 남북한 교류와 경제협력은 남북분단사에 유례를 찾아보기 힘들 정도로 활성화 되었다는 것은 분명하다. 다만, 자유민주주의에 대한 가치와 상호주의에 대한 개방적인 태도가 협소하거나 미진하기에 '속도조절론', '북한의 변화부정론' 등의 논리가 비등하고 있는 형편이며, 시민단체를 중심으로 한 이산가족을 비롯한 민간교류사업의 활성화가 인도주의적 성격에서 더 이상 진전이 없고 오히려 북한 지역 전단살포와 같이 정부의 대북정책에 부담을 주는 민간영역의 활동은 심히 유감이다.

남북한 교류협력사업의 목적이 뚜렷할 필요가 있다. 이제는 단순한 동포애의 차원을 넘어서서 북한에 시장경제의 가치와 의식을 접목시킨다는 목표를 설정하여 서둘지 않고 꾸준히 실현해 나가는 자세가 요청되는 시점이다. 시장경제 원리의 대북확산이라는 대전제를 분명히 한다면 이 분야에 관한 한 북측에 어떠한 형태의 지원 및 교류를 하여도 우리는 이미 남북한 간 등가성 및 대칭성의 상호주의를 확보하고 있는 셈이 된다.

정확한 통계는 없지만 얼마 전부터 북한 경제체제에서 시장경제부문이 약 30%를 상회하고 있다 한다. 물론 이는 물물교환과 같은 현물거래가 포함된 통계로서 시장경제원리의 정착근거로는 많은 한계를 갖고 있으나, 대북 교류·협력사업의 최종목적이 시장경제원리의 대북확산에 있다는 인식을 가져야 한다는 기본원칙수립에 있어서 매우 중요한 단초를 제공하는 가치가 있다.

여기에서의 시장경제원리는 '시장경제'라는 말이 당초에 경제학상의 용어가 아니었듯이 시장과 가격결정, 반사회주의 경제원리, 경쟁·자율·책임을 경제운용의 기본틀로 하는 시장경제 등과 같은 협의의 의미의 시장경제원리만을 말하는 것이 아니다.

대북정책의 일환으로서의 '시장경제원리'는 '모두를 살리는 시스템'으로서의 원리를 의미하며, '인간다운 삶'을 추구할 수 있는 사회제도를 말한다. 정치적 민주화와 인간의 기본권을 향유하는 국민이 존재하여야 작동되는 원리가 시장경제의 원리인 것이다. 과거 세계사에서 17·18세기의 보호무역주의를 구가하던 제국주의를 반역사적이고 반도덕적인 것으로 비난한 것은 시장경제원리에 반하기 때문이며, 우리 사회에서 '재벌의 악덕'을 개혁대상으로 삼는 것도 같은 연유인 것이다. 그리고 구소련이나 중국조차도 그들 국민의 '인간다운 삶'을 위해 한동안 그토록 경원시 해왔던 시장경제원리를 받아들이고 있는 것도 시장경제의 원리의 유용성과 개방성 때문임을 알 수 있다.

이에 시장경제원리의 대북 확산 또한 남북관계 규범화의 기본원칙의 하나로서 일반국민의 대북인식에 각인되어야 한다.

통일정책에 대한 정치공세 자제

우리 헌법상 대통령은 국가원수이자 동시에 국정의 최고책임자로서 조국의 평화적 통일을 완수할 정책적 결단권과 책임을 가진 자이다. 그리고 경우에 따라서 헌법 제72조에 의거 주권자로서의 국민과 합의에 의하여 통일과업을 달성할 수도 있다.

모든 국민의 정치적·헌법적 대표인 대통령은 많은 국민의 바람직한 통일관(統一觀)에 근거한 다양한 통일논의(統一論議)의 수렴과정을 거쳐 통일정책(統一政策)을 수립하는 책무를 갖되, 일관되고 당당하게 통일정책을 추진하여야 할 것이다.

과거 한때(유신 및 제5공화국 시기) 양심의 자유의 영역인 통일관의 형성에 마저 국가가 관여하기도 했으며, 다양한 통일논의를 용공시하여 금기시하였던 적이 있었다. 그런데 적극적인 통일정책을 지향했던 시기(국민의 정부·참여정부시기)에 가장 큰 문제는 정부의 통일정책 추진에 대하여 지나치게 남남갈등의 이데올로기적 정치공세가 너무 심하고, 정치권에서는 이미 일상화되었다는 점에 그 심각함이 있었다.

일반국가의 외교정책과 분단국가의 통일정책의 창구단일화는 국가운영시스템의 아주 기본적인 원리임에도 불구하고 오늘날 대한민국의 통일정책 추진에는 기이한 현상이 나타나고 있다. 이렇게 되어버린 이면에는 우리 사회의 정치세력 및 시민단체의 당리당략과 언론의 무책임성이 그 현행범이며, 대통령의 국가관리시스템과 지도력 부재가 공동정범이라고 해도 폭언은 아니라 판단한다.

이에 '바람직한 통일관→다양한 통일논의→일관된 통일정책'의 순서에 따라 형성된 국가의 통일정책이라면 정치공세의 대상이 되어서는 안 된다는 점을 남북관계 규범화의 기본원칙에 추가한다.

분명한 것은 한국은 북한과 비교할 때, 정치·경제·사회·문화 모든 영역에서 압도적 우위를 점하고 있음에도 불구하고, 남북 간의 1:1 수준의 맞대결 구도에 갇혀있는 것은 활발한 대북정책을 자신있게, 자유롭게 구사하지 못하고 있는 까닭에서 비롯된 것이다. 이를 극복하기 위해서 북한과 남북관계 주변의 역학구조에 대한 사회과학적, 지적 자신감을 갖는 것이 전제되어야 한다. 대한민국의 많은 사회과학도가 북한을 이제라도 열공할 것을 권한다.

통일은
현실문제이다

| 칼럼의 배경과 쟁점 | 2014. 1. 21. 〈경기일보〉 |

- 대통령의 신년기자회견에서 나온 '통일대박' 발언으로, 극단적 대결구도가 형성된 현실적 남북관계를 고려하지 않은 채 정부부처와 많은 언론들이 핑크빛의 통일한국에 대한 청사진을 쏟아내면서 대북정책의 기조가 혼란스러워짐

- '통일대박'이 현실적 성과를 얻기 위해서는 다양한 통일논의와 공론화 과정을 수용하고 대북조치를 거시적 안목에서 재조정하여야 하며, 국가적 통일정책은 '바람직한 통일관 → 다양한 통일논의 → 일관된 통일정책'의 순서에 따라 형성되어야 함을 강조하는 칼럼

'통일은 대박'이라는 대통령의 신년기자회견은 적절치 못했다. 대통령의 이 발언이 나오자마자 정부부처와 많은 언론들은 통일한국의 핑크빛을 그리기 시작했다. 통일한국은 정치·경제적으로 몇 안 되는 세계 최강국으로 등극하게 된다는 것이다. 심지어는 만약 통일이 된다면 안보비용이 21조가 절감된다고 1면 톱기사에 싣기도 했다.

아이러니컬하게도 '통일'에 대해 냉소적이었던 보수 언론이 더 집요했다. 흡사 '로또'에 당첨된다는 가정 하에 상상과 계획을 짜는 것과 다를 바 없다. 통일은 숱한 변수와 예기치 못한 과정이 예상되는 영역으로서 팩트(사실)를 금과옥조로 여겨야할 언론들의 반응이 상당히 당혹스럽다.

통일은 엄연한 현실의 문제이다. 통일한국은 여러 각도에서 객관적·과학적으로 구상되어야 할 것이지만, 현실적으로 통일로 가는 분단해소과정에 대한 확고한 정부정책이 수립되어야 할 것이다. 불행하게도 지금 국가정책으로서 통일정책은 정치적으로 단절과 갈등 및 대립으로 얼룩져 있는 상황이다.

6·25 한국전쟁 이후 남북한 간의 접촉을 당사자의 법적 지위를 기준으로 비교·구분할 때 1953년 제네바 회담은 전쟁 중인 교전단체간의 회담이었고, 1972년 7·4남북공동성명은 대치 중인 남북 간의 성명이었다. 반면에 1992년 남북기본합의서를 정부 간의 합의라고 한다면, 2000년 남북정상회담은 정상 간의 만남으로서 국가 간의 회담으로 규정지을 수 있다.

그런데 6·15남북공동선언을 폄하하는 입장에서는 '6·15 선언은 무허가 통일방안에 의한 국가정체성의 변조 기도', '대한민국의 정체성을 변조한 현대판 역모', 'DJ의 한여름 밤의 환각으로서 사문화된 문서' 등의 무자비한 융단폭격을 가했다. 남남갈등의 해소 없이는 통일을 향한 남북관계 발전은 한 발짝도 못나가는 극단적인 예이다.

다행스럽게도 통일 및 북한과 관련하여 우리 사회를 이념적 스펙트럼에 비춰볼 때 '극단적·냉전적 사고를 가진 사람'과 '환상적 통일론자'는 양끝의 한 귀퉁이를 차지하고 있을 뿐이다. 대다수 국민들은 합리적이고 현실적인 통일정책과 남북교류의 활성화와 그 진척을 기대하고 있다.

박근혜 대통령의 '통일대박' 발언을 평가할 가치로 승화시킨다면 상당기간동안 장롱 속으로 사라져버린 통일정책 논의를 재개하는 계기로 만들어가는 것이다. 과거 한때(유신 및 제5공화국 시기) 양심의 자유의 영역인 통일관의 형성에 마저 국가가 관여하여 사회주의 서적도 읽지 못하게 했으며, 다양한 통일논의를 용공시하여 금기시하였던 적이 있었다. 정반대로, 적극적인 통일정책을 지향했던 시기(국민의 정부, 참여정부 시기)에 가장 큰 문제는 정부의 통일정책 추진에 대하여 남남갈등의 이데올로기적 정치공세가 지나치고 정치권에서는 이미 선거전략의 도구로 일상화되었다는 점에 그 심각함이 있었다. 향후 '바람직한 통일관 → 다양한 통일논의 → 일관된 통일정책'의 순서에 따라 형성된 국가의 통일정책이라면 정치공세의 대상이 되어서는 안 될 것이다.

'통일대박'이라는 대통령의 발언이 현실적 성과를 얻기 위해서 최소한 두 가지의 대내외적 조치가 뒤따라야 할 것 같다. 하나는 대통령이 국내적으로 각계각층의 다양한 통일논의와 공론화 과정을 수용하는 것이고, 대북조치로서는 북한 지도부에 대한 평화공세와 제의를 결코 김정은 정권에 대한 화해 제스처가 아니라 큰 틀에서 볼 때 북한체제를 움직인다는 거시적 안목이 필요하다고 본다.

대통령의 통일대박 발언에 대한 정부의 방침을 정하는 것보다 더 중요한 것은 대북문제를 모든 국민과 함께 공감하기 위한 각계각층의 논의과정을 거쳐 전문가들과 입체적인 해법을 찾는 것이다. 지금의 남북시대에서 대북통일정책은 이념의 영역이 아니라 전문가의 영역으로서, 대북문제를 보수·진보 간의 정치적·사회적 논쟁으로 끌고 가는 것은 정치·경제·문화의 대북 우월적 지위를 내려놓는 어리석은 짓이다.

일본문제의
본질과 해법

칼럼의 배경과 쟁점   2019. 8.

● 일본 아베정부가 대한민국 대법원의 일제강점기 강제징용 배상판결에 대한 보복으로 소위
'백색국가'에서 우리나라를 배제시키면서 반도체 소재 수출규제 등의 경제제재를 단행함

● 자유한국당 나경원 대표가 일본의 경제보복에 대한 부당함을 지적하지 않고 문재인 정부
의 대북정책 때문에 발생한 일이라고 정치적으로 공격을 함

● 일본의 경제보복은 성동격서 격으로 경제적 갈등을 표면화 하여 한국을 압박하면서 동시
에 동아시아 열강의 지위를 회복하려는 시도라는 것을 밝히면서, 한국의 정치권이 일본논
쟁에 있어서 역사적·민족적 경계를 넘어서는 안되며 여든 야든 일본문제에 대해 국가가
우선이어야 한다는 것을 강조함

키포 인트	대법원의 강제징용 배상판결과 일본의 경제보복 조치, 그리고 이에 대응하는 한 국정부와 정치권의 인식과 해법에 대해 방향을 제시하는 칼럼

√ 일본 최종 노림수, 신동북아 열강의 지위
√ 여·야, 남북이 함께 풀어야 할 일본문제
√ 일본문제와 한국정치의 한계

작금의 일본문제는 단기적이기 보다는 장기적, 국지전보다는 전면전의 성격을 띨 가능성이 크기에 대응과 해법 또한 다양하여야 할 것이다. 무엇보다 일본이 노리고 있는 최종의 것이 무엇인가에 대한 정확한 파악이 필요하다. 일본 콤플렉스를 벗어날 기회라는 역사적 사명감을 갖고 여·야와 남·북이 함께 풀어야 할 것이 일본문제다.

일본 최종 노림수, 신동북아 열강의 지위

"현재의 악화된 한일관계는 한국과 일본 정치지도자들이 지나치게 정치화시켜버린 탓에 생긴 안타까운 일이다"라는 알만한 지일(知日) 전문가의 말, 이는 현재 아베 일본정부의 의도를 간과한 수박 겉핥기식의 천진난만한 양비론에 불과하다. 한국 수출입 품목에 대한 무역제재를 핵심으로 한 아베정부의 한국도발은 시작일 뿐이다. 일본의 진짜 노림수는 새로운 동북아 국제질서 변경에서 열강의 지위를 획득하려는데 있다. 한국경제의 압박에서 소정의 성과를 거둔다면 주요 강대국으로서의 지위 획득과 직결된다고 보는 것이다. 일종의 성동격서(聲東擊西)인 셈이다.

한국과 경제마찰 내지 압박을 이용한 동북아 절대강자의 지위획득이 일본의 진짜 노림이라는 것은 일본문제가 장기적이고 전면적일 수밖에 없는 것을 증명하고 있다. 일본정부의 계산은 간단하다. 한국이 경제굴복의 가시적 범주에 들어섰을 때를 동북아의 절대강자 즉, 열강 지위획득의 시점으로 간주하고, 일본국 헌법 제9조 즉, 비무장 평화헌법 조항의 개헌을 한국압박의 결실 내지 종점으로 본다.

한국정부의 대응과 해법은 일본보다 더 심플할 수 있다. '경제왜란'이라고 칭하는 일본의 경제전쟁을 무력화시킬 때 일본의 도발은 무장해제 된셈이다. 한국으로서는 정치·경제적으로 선진국과 후진국의 중간 정도의 애매한 지위로부터 벗어나 강력한 존재감을 가질 수 있는 기회이기도 하다. 한국정치와 경제의 국내적·국제적 힘을 한 곳으로 모을 때 즉, 한국정치권의 여·야가 초당적 대처를 하고 대기업과 중소기업 간의 협력적 구조개편을 할 때 그 위력은 가공할만할 것이다. 여기에 남북한이 일본대응을 같이할 경우 대일본 한반도 총력전이라는 신일본정책을 선보이게 되는 것이다.

여·야, 남북이 함께 풀어야 할 일본문제

작금의 일본사태에서 한국정치의 여·야를 보노라면 임진왜란 당시 동인과 서인이 데자뷔된다. 조선 조정의 동인과 서인 즉, 요즘으로 치면 여당과 야당이 서로 다른 소리를 하다가 당한 역사적 재앙이었던 임진왜란이 데자뷔되는 것이다.

자유한국당의 나경원 원내대표가 최근에 발언한 "문재인 정부는 북한팔이 하다가 이제는 일본팔이 하고 있다"라는 발언은 이유불문하고 일본에 대한 대응궤도를 이탈하고 있어서 유감이다. 국가 없이 야당도 존재할수 없듯이 야당이든 여당이든 국가가 우선임을 인식할 때다. 대통령 또한일본문제에 관한 한 초당적 리더로서 자리매김하는 정치적 숙성도를 보여야 한다.

대립과 대치의 여·야가 함께하는 그 이상으로 경제와 기업구조의 근본적 타협과 변혁이 요구된다. 대·중·소기업 간의 먹이사슬과 하청 및 지배구조가 '일본공백'을 메꾸면서 공생·협력 기조로의 체질변환을 할 기회다.

일본문제는 속성상 경제와 정치문제라 할지라도 민족과 역사문제가 수반되기 마련이다. 북한과 중국의 일본에 대한 피해의식과 반감은 상당부분 남·북·중이 공유한다. 이번 기회에 북한은 한민족의 핵심일원으로서 대외적 일체감과 통합에너르기를 같이 공감하고 공동생산하는 파트너가 되어야 한다.

일본문제와 한국정치의 한계

만약에 재앙으로 번질 수 있는 일본문제 앞에서 여야가 정치적 목표와 궤도를 달리하고 남북한이 일본의 갈라치기와 이간질에 틈을 보이거나 대기업과 중소기업 간의 불신이 여전하여 외제로서 일제(日製) 신화의 틀에서 벗어나지 못한다면, 한국 미래는 어둡다. 불행하게도 한국정치권과 경제계 그리고 남북한에 있어서 구조적 한계와 근본적 회의를 갖지 않을 수 없다. 그 중에서도 현재 여·야당의 대결·대치 행태는 임진왜란 당시 동인·서인 못지않아서 몹시 우려가 된다.

박근혜 정권 시절, 1948년 8월 15일의 건국절 논쟁과 '한일 일본군 위안부 합의'가 감행되었다. 대한민국 헌법 전문에 1948년을 대한민국 정부수립일로, 그 정통성이 일제식민시대 망명정부였던 상해임시정부에 있음을 천명했음에도 불구하고 1948년 대한민국을 새로운 신생국가로 거론하는 건국설은, 일본이 주장하는 일본식민지배의 합법화 논리와 다름없다. 이승만 초대 대통령을 반공국가의 국부로 추대하려는 이데올로기적 극성은 암암리에 일제식민통치를 불가피한 역사로 수용하는 반민족적 친일을 초래하게 한다.

얼마 전, 한·미·일 국회의원들 간의 일본문제 논쟁에 있어서 일본 측 의원의 "위안부 합의를 파기하는 비정상적인 국가와 무슨 협의를 하느냐"는 발언이 있었다. 박근혜 정권 시절 한일 간의 위안부 합의를 불가역적이라고 규정하고 10억 엔의 화해·치유재단 설립은 역사를 파는 것이었다. 최근의 대법원 징용 배상판결에 대하여 1965년 한일협정에서 이미 마무리 되었다는 일본 측의 주장은 대한민국의 사법적 최종판결 즉, 사법주권을 무시하는 행위임은 물론이요 식민찬탈의 역사 자체를 부인하는 후안무치이다. 국민적 반대에도 불구하고 강행했던 2015년 12월 28일 '한일 일본군 위안부 합의'는 역사적 탄핵의 대상일 뿐이다.

한국과 일본 간의 정상적인 정치적·경제적·역사적 관계를 정립하는 것 못지않게 한국정치권의 일본관(日本觀)·일본논쟁(日本論爭)·일본정책(日本政策)의 분별력을 명확하게 규정할 필요가 있다. 여든 야든, 보수든 진보든 간에 일본에 대한 생각은 무한정 자유로울 수 있으나, 일본정책으로 연결되는 일본논쟁 영역에서부터는 역사적·민족적 경계를 넘어서는 안 될 것이다. 작금의 일본문제는 현실적으로 부담스럽고 일본의 최종 노림수가 동북아의 신 열강지위 획득에 있기에 여·야, 남·북이 함께 풀 일본문제로 승화시킬 필요가 있다. 한국정치권은 일본문제의 본질을 어떻게 파악하고 어떠한 해법을 내놓을지에 대해서, 수많은 국민들이 지켜보고 기다리고 있다는 것을 명심하여야 하겠다.

2018 중국 상식 :
공산당·공민·
시장경제

칼럼의 배경과 쟁점　　　　　　　　　　　　　　　　2018. 1.

● 중국 방문 기회에 동행했던 인사로부터 대책없이 중국 걱정하는 것들을 듣고, 또한 중국
　공산당과 시스템의 몰이해를 확인하면서, 상식으로서 중국의 정치·경제·사회문화를 현실
　적으로 이해할 필요성을 느끼고 집필함

키포 인트	중국의 정치는 중국공산당이 담당하지만 체계적인 지도자 선출과 정권교체 시스템을 갖추고 있으며, 시장경제 역시 오랜 기간 광폭적으로 정착되어 있고, 사회문화적으로도 인민 아닌 공민이 주체가 되어 자율적으로 운영되고 있음을 기술한 칼럼(※ 그러나 2018년 3월 중국 양회에서 주석의 10년 임기제한이 무너지면서 향후 중국공산당의 정권교체 시스템을 예측할 수 없게 되어버림)

　　　√ 9,000만 명의 당원을 가진 중국공산당의 실체
　　　√ 자연인(自然人), 국민이 있는 중국헌법

'무술년' 새해를 맞이하여 '상식' 하나를 선물하고 싶다. 우리나라와는 역사적으로도 매우 오래 되었고, 정치·경제·군사·문화 등 여러 방면에서 가장 긴밀한 관계를 유지하고 있는 중국에 대한 국민적 상식이 너무 부족한 것 같다. 무엇보다도 중국공산당의 실체와 중국 통치규범, 중국의 정치·경제 작동시스템에 대한 상식이 아주 부족하다.

9,000만 명의 당원을 가진 중국공산당의 실체

얼마 전 중국을 포함한 남북한 축구대회에 격려사를 하기 위하여 중국 운남성의 곤명에 다녀왔다. 놀라운 것은 떠나기 직전 사회적 지위가 꽤나 괜찮은 분이 염려스러운 말투로 공산당이 있는 곳에 가니 걱정이 된다고 하여서 깜짝 놀랐다. 그 분의 머리에는 6·25 전후로 한 중국공산당을 연상하였을 것이고, 동시에 북한의 노동당이 오버랩 되었을 것이다. 독재는 물론이고 마음대로 해버리는 무례한 공산당에 대한 아픈 추억이 아직도 남아있는 것 같아서 이해는 했지만, 중국 상식이 너무 부족한 면은 충격이었다.

중국공산당은 제11차 당대회 이후 1970년대 후반부터 개혁개방을 결정하고 여기에 걸맞게 사회주의 시장경제를 헌법에 규정하였다. 소련 및 동구권의 개방이 1990년대 초반에 시작된 것과 비교하면 중국의 개방 및 시장경제 시스템의 작동은 상대적으로 일찍이 체계적으로 실천했음을 알 수 있다. 2000년에 들어서서는 WTO(세계무역기구) 체제에 편입함으로써 글로벌 시장경제와 다국적 기업의 활동을 완전히 풀어 놓았다. 중국이 시장경제를 시작한 것은 어쩌면 우리나라의 시장경제 역사와도 그리 크게 차이는 나지 않다고 본다. 그렇다면 과연 중국공산당은 시장경제의 '보이지 않는 손'일까? 여기에 대한 정확한 실체규명이 있을 때 중국공산당과 중국사회·경제를 적확하게 볼 수 있다 하겠다.

중국공산당은 중국사회가 어떻게 변해야 하는 가에 대한 인식과 결정의 독점권을 가지고 있다. 몇 십 명으로 시작된 중국공산당 당원이 현재 9,000만 명까지(정확하게 말하자면 당원 숫자는 2016년 말 기준으로 8,944만 명임) 이르고 있다는 점에 주목할 필요가 있다. 중국에서 공산당 당원이 된다는 것은 그리 쉽지 않으며, 현재 시진핑 주석도 열 번의 낙방 끝에 공산당 당원이 되어서 최고의 지도자에까지 오르게 되었다. 그러한 양질의 공산당원이 9,000만 명에 이르고 있다는 것은 공산당원이 되기 위한 예비준비생까지 포함시킨다면 상상컨대 실질적으로 공산당원의 자질을 갖춘 자가 수억 여명에 이른다고 짐작할 수 있다. 공식적인 인구 절반 가까이가 공산당원의 실질적 자격을 갖추고 있다는 자체가 중국공산당의 위력과 실체 그리고 그 사회적 지배력을 웅변하고 있다. 국가기강이 강한 것으로 유명한 미국의 경우 연방정부의 결정이 작은 주의 카운티에까지도 그대로 적용되는데, 그와 비견할 만한 중국사회에서 공산당의 사회적 기강과 규범력 확보는 구체적으로 공산당원에 의한 전국적 지배력과 실천으로 보아도 될 것이다.

중국공산당이 북한의 노동당과 다른 가장 결정적인 것은 중국은 주기적 정권교체와 당내 계파를 인정한 보통의 정당민주주의가 실현되고 있는 반면, 북한노동당은 김정은 1인 지배에 할아버지·아버지 3대에 걸친 세습독재라는 최악의 비민주적 집단이라는 점일 것이다. 중국과 북한의 공산당 시스템을 동일하게 보는 것 그 자체가 매우 큰 오류이다.

9,000만 명에 이르는 공산당원들이 5년에 한번씩 중국공산당 전국대표대회를 개최하고 있다. 이번 2017년 제19차 대회에서도 2,287명의 당대회 대의원 → 220명+170명 대기의 당중앙위원회 → 25명의 지도부, 정치국 위원 → 7명의 최고지도부, 상무위원 등으로 선출 및 선거에 의해서 교체하였는데, 그 절차를 상세하게 알 경우 중국공산당에 대한 상식은 마무리된다. 중국공산당의 실체는 당원이 되는 과정과 당원 숫자의 규모, 그리고 주기적으로 대표를 선출하는 정당운영시스템이라 하겠다. 중국공산당에 대한 최소한의 상식을 가지고 중국의 미래권력의 향배와 운명을 예측하는 자세를 갖기를 권한다. 물론 서구적 시각에서 볼 때 민주적 통치와 통제는 분권·분리·견제를 중심으로 하는 것이지만, 권력을 집중시켜가는 민주집중제라는 중국공산당의 통치규범은 우리의 입장에서 볼 때 큰 차별성이 있다는 것을 유의할 필요가 있다.

자연인(自然人), 국민이 있는 중국헌법

중국정치의 주체가 중국공산당인 반면 중국경제의 주체는 공민이다. 여기서 공민(公民)이라 하면 대한민국 헌법상의 국민에 해당한다. 그 국민에는 자연인과 법인이 포함되어 있는데, 이들이 정치·경제·사회·문화의 주체이다. 중국사회를 제대로 보려면 1970년대 후반 이후 인민(人民) 대신 공민이라는 개념의 등장을 눈여겨볼 필요가 있다.

중국이 사회주의 시장경제를 말할 수 있는 것은 시장의 주체가 자연인과 법인 즉 국민(공민)이기 때문이다. 북한의 경우 인민만 있지 경제와 사회의 주체가 되는 공민이라는 개념은 전혀 없다. 다만 비공식적으로 국가에서 묵인하고 있는 장마당의 작동은 암묵적으로 존재하고 있는 시장일 뿐이다. 북한에서 제대로 된 비즈니스를 하려면 당국으로부터의 허가를 받아야만이 공식화될 뿐이다. 즉 북한에는 시장경제가 없는 것이다.

중국헌법에서의 공민의 등장은 명실공히 중국의 시장경제를 제도화한 것이고 다국적 기업의 자유로운 활동이 헌법적으로 보장되고 있는 것이다. 중국 공산당 핵심간부의 이야기 중 하나는 중국 내에 벤츠, BMW, 맥도날드, 코카콜라, 인텔, 월마트 등이 들어와 있는 것은 중국공산당의 허가를 받았다기 보다 다국적 기업이 가능한 중국시스템 때문이라고 설명하면서, 한국경제인들은 이에 적응하지 않고 꼭 중국 지도자부터 만나려는 묘한 습관을 보았다고 얘기한다. 이는 중국 시장경제에 대한 본질을 있는 그대로 받아들이지 않는 한국 기업인들의 인식에서 이루어지고 있는 현상들이라 할 수 있다. 중국사회는 본질적으로 시장경제가 작동되고 있기 때문에 북한과는 매우 이질적인 반면에, 한국과는 경제공동체를 이룰 수 있는 동일한 기반을 갖추고 있다. 이에 중국공산당과 중국헌법상 공민의 존재를 기준으로 할 때 동맹관계에 있는 중국과 북한보다는 오히려 한국과 중국 간의 동질성이 더 크다 하겠다. 북한이 근본적인 개혁개방을 하지 않는 한 한·중 간의 교류협력은 자연스러울 수밖에 없고 서로 간의 적응도를 넓혀 가면서 매우 광폭적으로 증대하리라고 본다.

중국공산당과 공민의 존재, 그리고 중국 시장경제체제를 안다고 해서 중국을 다 안다고는 할 수 없다. 중국인의 민족적·인종적 특성에 대한 전문적인 연구도 있어야 하고 중국 문화와 역사에 대한 공부도 많이 해야만 중국을 안다 할 것이다. 그럼에도 불구하고 2018 중국 상식으로서 중국공산당과 공민 및 중국 사회주의시장경제에 대한 상식은 중국에 대한 쓸데없는 거리감과 편견을 버리는데 아주 큰 도움이 될 것으로 본다. 2018년 무술년부터는 중국을 '특별하게'가 아니라 '상식적'으로 대했으면 한다. 즉 중국공산당원들과 교류를 자주 하고, 중국 국민들과도 편한 눈높이를 활발히 맞추며, 한중 FTA 활용 등 보다 더 자유롭고 창의로운 중국·중국인들과의 경제활동과 장사를 하기 바란다.

중국을
많이 이야기할
때다

칼럼의 배경과 쟁점　　　　　　　2015. 5. 22. 〈농민신문〉

- 「농민신문」에 실린 칼럼으로서 2014년 중국공산당의 대미전략을 소개한 것인데, G2로 부상한 중국의 세계재균형전략론과 미국의 아시아—태평양 재균형전략론 사이에서 한국은 외교적으로 진퇴양란의 상태에 놓여 있음을 묘사함

- 정·경 일체형의 중국기업과 경제시장에 맞서도록 한국정부가 새로운 대중국형 정·경협력 시스템을 통해 한국농업과 기업의 중국진출 및 경제협력을 적극적으로 후원·지원해줄 것을 역설하는 칼럼

과거에는 자연환경을 잘 예측하고 적응하는 농부가 훌륭했지만 이제는 세상 돌아가는 많은 정보를 알아야만 훌륭한 농민이 된다. 1995년 우루과이 라운드 발효 이후 한국 농촌은 국내외 경제 및 국제정세와 함께 변화를 겪어오고 있다. 한·미 FTA와 소고기 파동의 한 가운데에는 우리 농촌의 문제가 자리 잡고 있었다 해도 과언이 아니다. 작년 한·중 FTA가 체결될 때 제일 먼저 우려하는 것은 중국의 값싼 농수산물이 몰려올 경우 우리 농촌에 주는 어려움이었다. 그러나 정 반대로 세계 곡물 최대 수입국인 중국의 현실을 감안할 때 한국 농촌의 공략 대상이 중국일수도 있다는 주장도 있다. 양쪽 다 일리가 있고 맞는 말 같기도 하기에 우리는 중국을 많이 이야기할 때다.

작년 말 중국 항저우 공항에서 2시간 거리에 있고 목조공예품과 노씨유택으로 유명한 동양시에서 차하얼학회(주석:한방명)가 개최한 2014 연례회의에 참석하였다. 세미나의 주제는 '새로운 아시아, 새로운 외교'였고 주최·협력·후원사 등의 성격은 중국의 학·산·언·관(學·産·言·官) 복합체였다.

눈에 띨만한 발표원고가 있었다. 중국 외교관료가 역설한 중국의 '아시아를 중심으로 한 세계재균형' 전략론이었다. 이는 아시아에서의 패권국가의 위치를 점하는 중국을 견제하기 위한 미국이 '아시아에로의 귀환'을 지향하는 '아시아–태평양 재균형' 전략에 맞서는 것으로서, 최근 미·중 간의 외교쟁탈전의 핵심 사항이 되고 있다.

미국의 아시아–태평양 재균형전략론은 한마디로 아시아에서 중국이 막강한 힘을 가지면 아시아에서 마음대로 전쟁을 일으킬 수도 있기 때문에 아시아 평화유지를 위해서 미국이 아시아에서 중국과 군사적으로 서로 대등하게 맞설 수 있어야 한다는 주장이다. 이에 맞서는 중국의 세계재균형

전략론은 세계를 미국이 일방적으로 지배하고 있기 때문에 언제든지 미국이 전쟁을 일으킬 수 있으므로 세계평화 유지를 위해서 중국이 맞대응해야 되는데 세계 지구촌에서 일 대 일 대결구조가 되려면 아시아는 당연히 중국이 지배해야 한다는 주장이다.

여기서 주목할 만한 사항은 중국은 아시아에서의 미·중 간의 새로운 외교쟁탈전을 이미 중국의 완승으로 파악하고, "현재 아시아의 국가들 중 일본과 필리핀이 미국에게 바싹 따라 붙어 있고, 그 외에 나머지 다수 국가들은 굳이 한쪽에 치우치는 것을 꺼려하고 있다"는 판단 하에 지난날 중화주의를 경계하고 있다는 것이다. 주변국가의 반(反)중화주의 정서를 고려하여 동아시아 국가들의 심리와 정치·경제·사회적 수요에 부응하는 다각적이고 다양한 외교전략에 머리를 맞대고 있는 모습에 상당히 놀랐다. 지금의 중국변화의 내부를 보면 매우 신중하고 아주 견고하다.

얼마 전 대권도전급 '지도자'에 해당되는 국회의원과 커피 한잔을 하였다. 마침 그 정치인이 경제전문가여서 중국을 어떻게 생각하냐고 묻자 그는 어디서 많이 들은 듯한 이야기로 열변을 토했다. 요약컨대, 우리의 경제상황이 위기인데 무엇보다 일본의 엔저현상과 중국산업발전으로 2-3년 후면 한국기업들이 중국에 따라잡힐 거라는 것이었다. 맞는 말 같기도 했지만 중국의 성장속도를 안이하게 보는 듯해서 많이 안타까웠다. 중국을 우리에게 경제에 관한한 기회의 땅으로 보기를 권했다. 중국을 싼 임금과 저렴한 생산비의 산업경제적 지역으로 보는 과거의 생각에서 완전히 벗어나서 한국의 유·무형의 제품을 판매할 수 있는 최대·최고의 시장으로 삼자고 했다. 정·경일체형의 중국기업과 경제시장에 맞서도록 우리도 대중국형 새로운 정·경협력시스템을 통해서 한국기업과 경제인의 중국진출을 적극적으로 후원·지원해줄 것을 역설했다.

한국정치개혁의 목록에 정치인의 경제협력의무 고취를 추가하고 싶을 만큼 중국이 경제적으로 매력 있는 나라임을 강조한다. 중국이 우리의 농촌과 농민에게도 기회의 땅이 되리라 확신한다. 중국을 많이 공부하고 많이 이야기할 때다.